스팅

BROKEN MUSIC: A MEMOIR

Copyright ⓒ 2003 by Sting
All rights reserved.

Korean translation copyright ⓒ 2014 by Maumsanchaek
Korean translation rights arranged with Intellectual Property Group
through Eric Yang Agency.

이 책의 한국어판 저작권은 에릭양 에이전시를 통한
Intellectual Property Group사와의 독점 계약으로 마음산책이 소유합니다.
저작권법에 의하여 한국 내에서 보호를 받는 저작물이므로
무단 전재와 복제를 금합니다.

■ 이 도서의 국립중앙도서관 출판시도서목록(CIP)은
서지정보유통지원시스템 홈페이지(http://seoji.nl.go.kr)와
국가자료공동목록시스템(http://www.nl.go.kr/kolisnet)에서 이용하실 수 있습니다.
(CIP제어번호: CIP2014018761)

스팅

뮤지션을 키워낸 성장의 순간들

오현아 옮김

마음산책

스팅 Sting 영국의 싱어송라이터. 본명은 고든 매슈 섬너.Gordon Matthew Sumner. 1951년 영국 타인 위어 주 월센드 출생. 1977년 '폴리스The Police'의 보컬, 베이시스트로 데뷔한 이후 1985년 《더 드림 오브 더 블루 터틀스The Dream of the Blue Turtles》로 솔로 활동을 시작했다. 이후 1993년 발표한 노래 〈셰이프 오브 마이 하트Shape of My Heart〉가 영화 〈레옹〉의 주제곡으로 삽입되면서 큰 인기를 얻었으며 데뷔 이후 약 1억 장 이상의 앨범 판매 기록을 보유했다. 대표곡으로 〈잉글리시맨 인 뉴욕Englishman in New York〉 〈필즈 오브 골드Fields of Gold〉 등이 있다.

오현아 옮김 서울대학교 영어영문학과를 졸업하고 조인스닷컴Joins.com에서 서평 전문 기자로 일했다. 옮긴 책으로 『실비아 플라스 드로잉집』 『내니의 일기』 등이 있다.

스팅

1판 1쇄 인쇄 2014년 7월 5일
1판 1쇄 발행 2014년 7월 10일

옮긴이 | 오현아
펴낸이 | 정은숙
펴낸곳 | 마음산책

편집 | 이승학·최혜경·박지영 디자인 | 이수연·이혜진
마케팅 | 권혁준·곽민혜 경영지원 | 이현경

등록 | 2000년 7월 28일(제13-653호)
주소 | (우 121-840) 서울시 마포구 잔다리로 3안길 20(서교동 395-114)
전화 | 대표 362-1452 편집 362-1451 팩스 | 362-1455
홈페이지 | http://www.maumsan.com
블로그 | maumsanchaek.blog.me
트위터 | http://twitter.com/maumsanchaek
페이스북 | http://www.facebook.com/maumsanchaek
전자우편 | maum@maumsan.com

ISBN 978-89-6090-190-2 03670

* 책값은 뒤표지에 있습니다.

음악은 나에게 언제나 슬픔을 달래는 탈출구였다.

*

억겁의 세월 속에서 보면 무의미한 것은 단 하나도 없다.
이게 사실이라면 나는 나의 삶을 계속 기억하고, 그 속에서 의미를 찾고,
지루하게 이어지는 나의 이야기를 아름다운 시로 승화해야 한다.

지난 수십 년을 싱어송라이터로 살면서 시어처럼 운이 맞는 짧은 노랫말로 내 생각과 느낌을 표현하고 그 정제된 노랫말에 곡도 수없이 붙여왔지만, 그동안 책을 쓴다는 생각은 한 번도 해본 적이 없었다. 하지만 인생을 되돌아보게 되는 오십 줄에 접어들자 난생처음 호흡이 긴 글을 쓰고 싶다는 생각이 들었다. 노래 만드는 일 못지않게 글 쓰는 일이 신명 나고 재미있게 느껴졌기 때문이다.

『스팅』은 이렇게 해서 생겨나게 되었다. 이 책은 유년 시절부터 사춘기를 거쳐 '폴리스'로 성공하기 직전까지의 이야기를 담고 있다. 이때의 나를 아는 사람은 많지 않다.

여느 자서전처럼 나에게 일어났던 일을 하나부터 열까지 나열하는 데에는 전혀 관심이 없었다. 그 대신 유년기와 젊은 시절의 나를 이해하고자 할 때 지금도 큰 울림으로 다가오는 특별한 순간과 사건, 사람들, 그들과의 관계를 중심에 두고자 했다.

스팅

차례

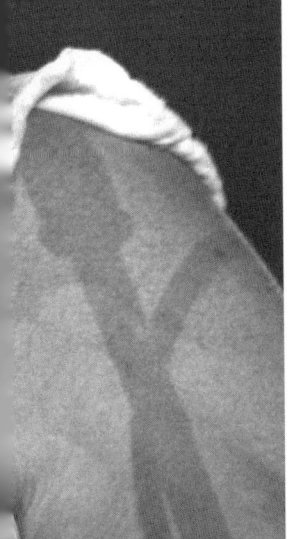

스팅 뮤지션을 키워낸 성장의 순간들   11

옮긴이의 말   405
찾아보기   409
스팅 음반 목록   420

■ 일러두기

1. 외국 인명, 지명, 작품명 및 독음은 외래어표기법을 따르되, 관용적인 표기와 동떨어진 경우 절충하여 실용적 표기를 따랐다.
2. 각주는 원서의 것이고, 옮긴이 주는 글줄 상단에 맞추어 표기했다.
3. 곡명, 앨범명은 소리 나는 대로 표기하거나 우리말로 번역해 적었다.
4. 국내에 소개된 소설, 영화 등은 번역된 제목을 따랐고, 국내에 소개되지 않은 작품은 원어 제목을 독음대로 적거나 우리말로 번역해 적었다.
5. 영화명, 곡명, 잡지와 신문 등의 매체명은 〈 〉로 묶었고, 음반명은 《 》로, 그룹명은 ' '로, 책 제목은 『 』로 묶었다.

1

　　1987년 리우데자네이루의 겨울밤. 비가 추적추적 내리고 코파카바나 호텔 앞 대로는 텅 비어 있다. 물기에 젖은 도로가 가로등 불빛을 받아 번들거린다. 나와 아내 트루디는 우산을 들고 서 있다. 갈매기 두 마리가 바람을 가르며 저 높이 머리 위를 날쌔게 맴돌고, 어둠 너머 바다는 사납게 포효하고 있다. 이윽고 작은 차 한 대가 길가에 멈춰 선다. 앞 좌석에 앉은 두 사람의 실루엣이 유리창 너머로 시커멓게 비치고 곧이어 우리에게 어서 타라는 듯 뒷문이 열린다.
　　나는 몇 차례나 전화를 걸어 조심스레 부탁한 끝에 도시 외곽의 밀림 모처에 위치한 교회에서 주관하는 종교의식에 초대받을 수 있었다. 앞 좌석에 앉은 두 남녀는 코파카바나에서 한 시간 반 남짓만 가면 교회가 나온다며 자기들이 다 알아서 할 테니 걱정하지 말라고 우리를 안심시킨다. 이름만 교회일 뿐 실제론 이교도들의 본거지인 이곳은 옛날 옛적부터 아야와스카ayahuasca라는 식물에서 즙을 추출한 뒤 이 즙으로 만든 약을 성체로 사용해온 곳이다. 놀랍고도 다채로운 광경을 보게 해준다는 바로 그 신비의 약이다.

　차가 드세진 빗줄기를 뚫고 남쪽으로 달린다. 도시를 에워싼 산줄기 너머로 번개가 번쩍 내리꽂히더니 이내 지축을 울리는 우렛소리가 저 멀리서 우르르 몰려온다. 밤새 무슨 일이 벌어질지 설레면서도 살짝 불안한 상태로 트루디와 나는 뒷좌석에 깊숙이 몸을 파묻는다. 남자가 전방의 도로를 주시하며 운전을 하고 있다. 나는 남자 바로 뒤에 앉아 있다. 커다란 머리통에 운동선수처럼 딱 벌어진 어깨가 눈에 들어온다. 남자가 우리를 돌아본다. 부스스한 갈색 머리 아래 매부리코에 금속테 안경을 걸친 얼굴이 이지적이다. 그 옆에 매력적인 젊은 여자가 진갈색 머리카락을 굽슬굽슬 길게 늘어뜨린 채 앉아 있다. 여자가 브라질 사람 특유의 환한 미소를 지으며 안심하라는 듯 뒤돌아보더니 불편한 게 없는지 물어본다. 아내와 나는 기계적으로 고개를 주억거린다. 아내도 나도 긴장한 기색이 역력하지만, 앞에 앉은 두 남녀에게는 물론이고 서로에게도 이 사실을 인정하고 싶지 않다.

　대로를 벗어나자 가로등이 듬성듬성해지는가 싶더니 어느새 코파카바나의 호화로운 호텔들은 오간 데 없고 언덕배기에 따닥따닥 붙어 있는 빈민가가 어둠 속에서 크리스마스트리처럼 반짝거린다. 곧이어 진창길이 나오고, 움푹 팬 구덩이나 길 한복판에서 꼼짝도 하지 않는 성난 개들을 만나면 차가 아예 멈춰 서다시피 한다. 그새 비는 그쳤지만 축축한 밀림에선 후드득 물방울 쏟아지는 소리가 요란하다. 싸구려 술집에서 들을 법한 노래가 라디오에서 흘러나오지만 극성스러운 매미 울음소리에 묻히고 만다. 이윽고 공터가 나온다. 기와지붕을 얹은 커다란 건물 주위로 차들이 빼곡히 들어차 있다. 화려한 장식 없이 실용적으로 지은 건물은 문도 창문도 없는 게 '교회'라는 단어와는 영 어울리지 않는다. 더욱이 종교의식이라기보다 마을 모임 같은 분위기다.

주차장과 교회 건물 안에 다양한 연령층의 남녀와 청소년, 어린이, 심지어 개까지 섞여 있다. 천장에 매달린 알전구가 교회 안을 환히 비춘다. 모두들 파란색이나 초록색 셔츠 차림이고 윗옷에 금성장gold star, 전사자 가족을 표시한다을 단 사람들도 몇몇 눈에 띈다. 유니폼인 게 틀림없다. 우리를 데리고 온 두 남녀도 외투를 벗자 파란색 셔츠 차림이다. 불현듯 나만 허허벌판에 놓인 듯이 도드라진다. 유니폼을 입을 거라고는 생각도 못했다. 유니폼은 통제와 순응, 거짓 자유, 광신의 이미지를 연상시키는 탓에 언제나 나를 불편하게 만든다. 문득 '스팅 부부, 밀림에서 광신자들에게 납치되다'라는 선정적인 기사 제목이 머릿속을 스치고 지나간다. 여기에 모인 사람들이 마약 중독자들처럼 보였다면 오히려 마음이 편했을까? 물론 그건 아니겠지만 유니폼은 어쨌든 날 당혹스럽게 만든다.

환하게 불 켜진 널따란 강당에 들어서자 만면에 미소가 가득한 사람들이 우리를 따듯하게 반긴다. 아까 그 두 남녀가 브라질을 대표하는 듯한 사람들에게 우리를 소개한다. 대부분 영어를 할 줄 아는 사람들이다. 그들과 짤막한 인사를 주고받은 뒤 아내는 배우이며 나는 가수라고 밝히고는 몇몇에게 무슨 일을 하는지 물어본다. 그중에 여자 하나가 대답한다.

"알고 있어요. 이렇게 유명한 분을 모를까 봐 그러세요? 남편과 저는 교사예요."

모두들 일상에서 묵묵히 일하는 사람들처럼 보인다. 의사와 변호사, 소방관, 회계사와 그의 쾌활한 아내, 사회복지사, 공무원, 컴퓨터 프로그래머, 교사에 이르기까지 대부분 전문직 종사자들이다. 그중에 마약 중독자는 단 한 명도 없는 듯하다. 무엇을 기대하고 왔는지 나도 잘 모르겠지만, 이렇게 많은 사람들이 환대해주니 한결 마음이 놓인다. 의사가 나에게 묻는다.

"약초는 처음 드셔보는 건가요?"

그 신비의 약을 이렇게 부르는 건 처음 듣지만, 토착민의 언어인 아야와스카를 지칭하는 것으로 짐작하고 내가 대답한다.

"네, 처음입니다."

몇몇이 알겠다는 듯이 미소를 짓고, 교사 부부 가운데 하나는 "괜찮으실 거예요"라고 위로하듯 말한다. 우리는 또다시 불안한 마음을 애써 누르며 희미하게 미소를 지어 보인다.

이제 강당에 들어선 사람들이 200명은 족히 되는 것 같다. 금속 테두리에 플라스틱 꽈배기 줄을 촘촘하게 엮어서 만든 안락의자들이 탁자를 중심으로 빙 돌아가며 놓여 있다. 파란색으로 칠한 나무 아치가 탁자 위에 세워져 있고, 그 위에 샛노란 색으로 'LUZ, PAZ, AMOR'라는 글자가 쓰여 있다. 나는 짧은 포르투갈어 실력으로 '빛, 평화, 사랑'이라고 간신히 읽는다. 오늘 저녁 우리의 보호자인 듯한 조금 전의 그 두 남녀가 다시 나타나더니 우리를 앞자리로 데리고 간다. 그러고는 문제가 생기면 기꺼이 돕겠노라고 우리를 재차 안심시킨다.

"문제라니요?"

내가 불안한 마음을 감추지 못하고 곧장 되묻는다. 남자 목소리가 살짝 동요되는 듯하다.

"정서적으로도 육체적으로도 좀 불편하실 수 있어요. 하지만 편안하게 계세요. 궁금하신 점 있으면 바로 물어보시고요."

탁자 주위로 대여섯 개의 빈 의자가 보인다. 잠시 뒤 여섯 명의 남자가 옆문으로 입장해 중앙의 탁자를 향해 걸어오자 일순간 교회에 정적이 깔린다. 남자들의 행렬에서 위엄과 엄숙함이 느껴진다. 어깨를 꼿꼿이 세우고 걷는 품새만 보아도 권위 있는 사람들이란 걸 단박에 알겠다. 극적인 사건을 앞두다 보니 괜한 편견이 생겼을지 모르지만, 하나같이 고행의 가시밭길을 걷는 비쩍 야윈 수도승이나 현자처럼 보인다. 종교의식을 주관할 메스트리초기 포르투갈 왕국에서 기사단의 우두머리를 지칭하던 말들이다.

중앙에 놓인 의자는 마나우스브라질 북서부 아마조나스의 주도에서 온 메스트리가 앉을 의자라고 누군가 일러준다. 오늘 의식을 이끌 메스트리다. 얼굴에 살짝 냉소가 어리지만 각박해 뵈지는 않는 중년의 남자다. 어둡고 깊은 동굴처럼 움푹 파인 두 눈은 깊은 생각에 잠긴 채 지긋이 세상을 응시한다. 재미난 비밀이며 이야깃거리가 넘치고 신비로운 예지 능력을 가진 사람일 것만 같다. 흥미가 생긴다. 아는 사람을 만나면 활짝 웃는 남자의 얼굴을 보면서 나도 덩달아 기분이 좋아진다. 메스트리의 따뜻한 미소가 왠지 마음을 푸근하게 한다.

탁자 한가운데의 커다란 유리그릇에 끈덕끈덕하고 누르스름한 액체가 가득 담겨 있다. 지금껏 책에서 숱하게 읽어온 전설의 성체 아야와스카가 분명하다.

기다란 줄이 복도에서부터 강당 뒤편까지 길게 늘어서 있고, 메스트리가 우리도 얼른 줄에 가서 서라고 손짓으로 알려준다. 초짜는 우리밖에 없는 것 같다. 그래서인지 누군가 우리를 정중하게 맨 앞줄로 인도하더니 하얀 플라스틱 컵을 건네준다. 메스트리가 경건한 자세로 유리그릇 바닥에 달린 꼭지를 돌려 컵에 약물을 따른다.

이토록 엄숙한 의식에서 성스러워야 할 성체가 꼭 오래된 엔진에서 흘러나온 기름 찌꺼기처럼 보인다. 코를 킁킁대며 냄새를 맡아보는데 아니나 다를까 색깔만큼이나 냄새도 끔찍하다. 나는 절망한다.

'정녕 이 오물을 마셔야 합니까? 우리 모두 미친 게 분명합니다.'

앞으로 어떤 끔찍한 일이 벌어질시 불안한 마음을 지울 수 없다. 한편으론 코파카바나에 있었더라면 지금쯤 호텔 바에 편안하게 앉아 달콤한 카이피리냐럼주에 라임, 설탕 등을 넣어 만든 브라질 칵테일나 홀짝거리면서 흥겨운 삼바 리듬에 맞춰 몸을 흔들고 있을 거라는 생각을 애써 떨쳐낸다. 되돌리기엔 이미 늦었다. 아내와 나는 마치 벼랑 끝에 선 비극적인 연인처럼 서로를 쳐다본다. 포르투갈어로 기도문을 외우는 소리가 강당에 울려 퍼진다. 기도를 따라 할 수가 없어서 나는 반쯤은 진심을 담아 "하느님, 우리를 보우하소서"라고 자그맣게 중얼거린다. 곧이어 사람들이 모두 잔을 비운다. 아내는 여느 때처럼 유머 감각을 잃지 않고 "한 번에 쭉 가는 거야"라고 말하며 약물을 단숨에 들이켠다.

나도 약물을 꿀꺽꿀꺽 삼키며 부르르 진저리를 친다. 역시 끔찍한 맛이다. 하지만 나만 그런 게 아닌 듯해 슬그머니 마음이 놓인다. 다른 사람들도 잔뜩 오만상을 찡그린 채 레몬과 민트를 입안에 집어넣고 즙을 쪽쪽 빨아댄다. 끔찍한 뒷맛을 없앨 요량으로 약물을 마시기 전에 미리 받아둔 것들이다. 나는 마치 대단한 대장부인 양 정면 승부하겠다는 강퍅한 자존심이 발동해서 민트를 사양했지만, 현실적인 아내는 현명하게도 민트를 받아두었다. 제의를 돕는 메스트리가 낡은 턴테이블에 음반을 올려놓자 기분 좋게 진부한 브라질 민속음악이 가볍게 울려 퍼진다. 사람들이 저마다 의자에 편하게 기대앉아 장조로 연주되는 기타 소리와 탬부라작고 둥근 몸체에 목이 긴 아시아의 현악기 리듬에 몸을 맡기다가 깜빡깜빡 선잠에 빠진다. 아내와 나도 사람들을 따라 의자에 기댄다. 하지만 무슨 일이 펼쳐질지 모른 채 그저 앉아서 기다릴 뿐이다. 마음을 가라앉히려고 천천히 숨을 고르며 주위를 살피던 나도 이내 가마득히 잠에 빠져든다.

윌리엄 S. 버로스와 앨런 긴즈버그도 아야와스카 앞에서 나처럼 두려움에 떨었을까 문득 궁금해진다. 비트 세대^{1950년대 미국의 보헤미안 예술가 그룹}의 대표 주자인 이 두 문인은 인종 기원학의 정수로서 거의 전설적 위치를 점하고 있는 아야와스카를 찾아 50년대 후반 길을 떠났다. 야헤 혹은 영혼의 포도나무, 망자의 뿌리로도 알려진 이 신비의 약은 수천 년 전부터 사용되어왔으며 아마존 지역의 고대 종교의식과 밀접한 관련을 맺고 있다. 예전에 읽은 글에 따르면 아야와스카는 열대산 덩굴식물인 바니스테리옵시스 카피와 커피나무의 일종인 사이코트리아 비리디스라는 아마존 토종 식물을 오랜 시간 푹 끓여서 만든다. 구성 분자는 신경전달물질인 세로토닌과 거의 일치하지만 뇌에서 어떤 화학반응을 일으키는지는 복잡할뿐더러 신비의 영역으로 남아 있다. 나는 아야와스카가 브라질에서는 합법적인 물질이고, 중독성은 없으면서도 효과는 탁월하다는 사실을 미리 확인해두었다.

이때 나는 브라질 순회공연을 앞두고 있었는데 며칠 후면 일생 최대의 공연을 펼칠 참이었다. 그날 리우데자네이루의 마라카낭 경기장에는 이천 명이 넘는 사람들이 빼곡히 들어찬다. 남미에서의 솔로 활동에 정점이 될 공연이지만 나에게는 일종의 추모제이기도 했다. 엄마가 돌아가신 지 불과 몇 달밖에 안 됐는데 아버지마저 며칠 전에 돌아가신 것이다. 나는 이런저런 이유로 장례식에 참석하지 않았고, 교회에서 추도식을 올릴 생각도 없었다. 그러나 사랑하는 이를 막 떠나보낸 사람들이 종교에 의지하고 정신분석에 매달리고 치열한 자기반성을 하고 때론 주술의 힘까지 빌리듯이 나 역시 불가지론을 믿으면서도 마음을 편하게 해줄 어떤 경험이나 의식이 절실하게 필요했다. 죽음이라는 비극 너머에 내가 이해할 수는 없지만 무언가 깊은 의미가 있을 거라고 납득하고 싶었다.

나는 무슨 이유에서인가 부모님의 죽음을 애도할 수 없었다. 물론 무척 당혹스럽긴 했지만, 나 스스로 정상적인 심리 반응을 보이지 못하도록 가로막고 있는 것 같았다. 이 크나큰 상실감 앞에서 나는 심리적으로 건강하지 못했던 것이다. 나는 울지 않았다. 아니, 눈물 한 방울 흘리지 않았다. 그저 마음이 돌처럼 차갑고 혼자 남겨진 듯 외롭고 혼란스러웠다. 위안을 구할 손쉬운 믿음조차 나에게는 없었던 것이다.

아야와스카를 마시면 신묘한 광경을 볼 수 있다는 글에 나는 불현듯 호기심이 동했다. 지금처럼 혼란스러운 상태에서 종교체험으로 기적을 경험한다면 나와 우리 부모님께 일어난 일을 더 잘 이해할 수 있지 않을까 하는 생각이 들었다.

환각제라면 스쳐 지나가듯 아주 잠깐씩 관심을 가졌었는데 삶의 근간을 뒤흔들 만큼 엄청난 경험을 선사한다는 아야와스카는 경우가 달랐다. 게다가 나는 이미 준비가 되어 있었다. 아야와스카 때문에 정신적이건 육체적이건 아찔한 상황에 놓이게 되면, 산을 오를 때나 오토바이를 탈 때처럼 언제든 크고 작은 위험은 닥칠 수 있으니까 그까짓 위험 감수하면 된다고, 나는 그만큼 성숙한 존재라고 생각하면 그만이었다. 경험자들은 하나같이 아야와스카가 마약이 아니라 약이라고 강조했다. 누군가는 이렇게 말했다.

"마약은 즉각적으로 보답을 합니다. 순간적인 희열을 맛보게 하지요. 담배건 술이건 코카인이건 마리화나건 모두 마찬가지예요. 하지만 이튿날 두통이나 숙취로 죽도록 고생하거나 심하게는 의존증이나 중독 증세를 보이기도 하지요. 담배도 많이 피워보세요. 죽습니다. 하지만 약은 즉각적으로 보답하는 법이 없어요. 종국에 보답을 받긴 하지만 한참 기다려야 하지요. 아야와스카가 바로 그런 약입니다."

그때는 무슨 말인지 몰랐지만 이제 곧 모든 것이 드러날 참이었다. 20분쯤 지났을까. 음악이 여전히 흐른다. 의식을 주관하는 메스트리의 자리는 비는 법이 없다. 주관자가 잠시 자리를 비우면 진행을 돕는 메스트리 가운데 한 명이 와서 주관자가 돌아올 때까지 자리를 지킨다. 이런 것 하나까지 절도 있게 절차와 격식을 차리는 게 마음을 편하게 해준다.

마침내 약이 효력을 발휘하는 모양이다. 호각 울리듯 고주파가 머릿속에서 날카로운 파동을 일으키더니 이내 입술에 감각이 없어지고 체온이 확연하게 떨어진다. 처음에는 보일 듯 말 듯 발이 떨리다가 점차 강도가 세지더니 이윽고 온몸이 와들와들 떨린다. 발을 타고 올라온 떨림이 다리를 지나 온몸으로 걷잡을 수 없이 퍼져나간다. 두려움에 떠는 건지 진짜로 추워서 떠는 건지 잘 모르겠다. 공황 상태에 빠지지 않을 정도의 의식은 남아서 숨을 천천히 들이마시고 내쉰다. 하지만 속이 스멀스멀 메스꺼워지더니 뱀 한 마리가 배 속에 들어앉아 밖으로 빠져나가려고 몸부림치는 것처럼 심하게 요동친다. 속에 있는 것들을 왈칵 토하지 않으려고 사력을 다할 따름이다. 팔걸이를 꼭 붙들고 앉아 최대한 심호흡을 한다.

강한 기운이 사정없이 온몸을 휘돈다. 혈관이란 혈관을 모조리 훑고는 다리를 지나 발가락 끝까지 퍼져나간 뒤 팔의 힘줄을 타고 흐른다. 그러자 손가락에 이상하리만치 기운이 넘친다. 입안에 남아 있는 끔찍한 뒷맛은 두려움의 육체적 발현처럼 느껴진다. 지금 이 순간 나의 온몸은 가늠할 수 없는 강력한 화학 반응에 사로잡혀 있다.

배 속에선 폭풍우가 휘몰아치고 하늘에선 불길한 징후를 알리듯 또다시 천둥이 몰려온다. 고개를 돌려 트루디를 바라본다. 아내는 잠든 것처럼 보이지만 눈꺼풀 아래로 눈알을 빠르게 굴리면서 무언가에 골똘히 집중하는지 이맛살을 잔뜩 찌푸리고 있다. 내가 "하느님, 우리를 보우하소서"라고 나지막이 중얼거린다. 이번에는 100퍼센트 진심이다.

　다른 사람들 배 속이 요동치기는 마찬가지인 모양이다. 의자에 앉아 몸을 뒤트는 사람이 있는가 하면 체념했는지 입을 헤벌린 채 시체처럼 앉아 있는 사람도 있고, 황홀한 광경에 할 말을 잃은 듯 미동도 없이 앉아 있는 사람도 있다. 곧이어 천둥소리에 장단 맞추듯 구역질하는 소리가 여기저기서 들린다.

　속이 메스꺼울 수 있다는 소리는 들었지만, 고통스런 육체가 게워내는 이 가엾고도 끔찍한 음악 소리에 어떻게 대비할 수 있단 말인가. 체면이고 뭐고 볼 것 없다는 듯이 문 쪽으로 황급히 달려가는 사람들을 바라보며 나도 욱 올라오는 토기를 더는 참지 못할 것 같다. 다행히 문에 당도한 사람들도 있지만 그러지 못한 사람들도 있다. 시큼한 토사물 찌꺼기 위에 뿌릴 톱밥 양동이까지 옆에 준비되어 있다.

　'제발 이 시련이 지나가게 해주세요. 이 자리에서 토할 순 없습니다. 아, 창피당하기 싫어요. 어서 무사히 지나가게 해주세요.'

　메스트리들은 이 모든 게 당연한 절차라는 듯이 무표정한 얼굴로 한 치의 흐트러짐도 없이 앉아 있다. 이들 역시 약물을 마셨지만, 그것도 많은 양을 마셨지만, 메스껍기는커녕 속이 조금도 불편해 보이지 않는다.

　바로 앞 창밖에서 고통에 몸부림치는 한 영혼이 지옥의 창자로부터 추한 악마들을 끝없이 게워내고 있다. 손으로 귀를 막고 천천히 심호흡을 한다. 이 비참한 소리를 더는 못 듣겠다. 이제 몸이 떨리지는 않지만 배 속에 들어앉은 성난 아나콘다가 금방이라도 몸 밖으로 튀어나올 태세다. 식은땀이 얼굴이며 가슴에 송골송골 맺히기 시작하고 눈알이 홱 뒤집힐 것 같다. 이 꼴을 당하려고 내 발로 예까지 걸어왔단 말인가? 미쳤던 게 분명하다. 이렇게 괴로웠던 적도, 이렇게 두려웠던 적도 없다. 하늘을 찢는 우렛소리에 고통은 한층 심해지고 배 속을 후벼 파는 맹공에 더 이상 버틸 힘이 없다고 느끼는 순간, 노랫소리가 들린다. 마나우스에서 온 메스트리가 천상에서 울리는 듯한 목소리로 홀로 노래를 부른다. 부드러운 선율이 습한 공기를 타고 강당 가득 퍼진다. 향긋한 노랫가락을 조금이라도 더 들이마시기 위해 눈을 지그시 감자, 느닷없이 빛으로 가득 찬 거대한 대성당이 보인다.

노래가 빛이 되고 색이 되고 단테와 블레이크의 몽환적인 건축물블레이크가 단테의 『신곡』에 그린 삽화를 말하는 듯하다이 된다. 나는 영혼의 지붕, 창공 위 천사의 지붕에 매달려 있다. 그러더니 어느새 놀랍도록 촘촘한 나선형 무늬와 기하학적 구조물, 탑, 터널, 소용돌이, 널찍한 방이 눈앞에 펼쳐진다. 또렷한 영상에 색감마저 강렬해서 현실에서는 경험할 수 없는 낯설음을 준다. 완전히 별세계다. 눈을 뜨면 아까 그 강당이다. 환영을 보는 게 아니다. 현실 세계는 조금의 뒤틀림도 없이 멀쩡한데, 눈을 감으면 손에 잡힐 듯 생생한 또 다른 현실이 펼쳐지는 것이다. 화려한 영상이 신천지를 이루며 깜깜한 눈꺼풀 뒤에서 일렁인다. 이곳에선 소리가 빛이 되고 빛이 색이 되고 색이 기하학 무늬가 되고 기하학 무늬가 기억과 이야기와 감정이 된다. 나의 이야기는 물론이고 놀랍게도 다른 사람들의 이야기까지 너울거린다. 깨어 있는 상태에서 꿈꾸는 게 아니라면 죽은 것이리라.

칠흑 같은 밤, 폭격기를 타고 불길에 휩싸인 도시 상공을 날고 있다. 어느덧 커다란 돛배를 타고 회색 바다를 건너고 있다. 이번엔 전쟁터다. 우렛소리가 대포알 떨어지는 소리로 바뀐다. 나는 깊이 판 참호 속에 몸을 파묻고 있다. 곁눈으로 슬쩍 보니 누군가 내 옆에 그림자처럼 서 있다. 지금부터 이 사람을 '동지'라고 부르겠다. 대포 소리가 천지를 뒤흔드는 가운데 다른 병사들도 보인다. 몸에 맞지도 않는 진흙투성이 전투복에 철모를 눌러쓴 앳된 얼굴의 병사들이 축축한 참호 속에서 두려움에 떨고 있다. 나도 두려운 나머지 전쟁 장면을 지우기 위해 머리를 세차게 흔든다.

그러자 난데없이 영국 북쪽에 있는 고향이 나타난다. 자그마한 아이인 내가 비석에 새겨진 수백 개의 이름을 내려다본다. 비바람에 풍화된 두 개의 보초병 동상이 총을 거꾸로 들고는 개머리판을 엄숙하게 굽어본다. 내가 작은 손으로 차디찬 동상의 발을 어루만진다.

우렛소리와 대포 소리가 또다시 귓전을 쾅쾅 때린다. 나는 동지와 함께 참호 속에 있다. 병사들이 겁먹은 표정으로 구덩이 아래 한 줄로 엎드려 있는 모습이 보인다. 누군가 발작하듯 기침을 한다. 텅텅대는 총소리가 그치면 참호 벽을 기어 올라가 죽음의 공간으로 진격하려고 명령을 내릴 자가 지금 막 시야에서 사라진 동지라는 것을 나는 직감한다. 조금 전에 마신 누런 액체만큼이나 쓰디쓴 공포의 냄새가 입안 가득 맴돈다. 대포 소리가 뚝 그친다. 모두들 동지를 돌아보지만 동지는 보이지 않는다.

멀리서 호각이 울린다. 깊은 열대우림에 사는 밤새 소리일지도 모르겠다. 호각 소리가 대열을 따라 점점 가까워온다. 메스트리의 아름다운 노랫소리가 여전히 들리지만, 중간중간 무조無調의 사분음을 사용하는 게 내세의 음악처럼 암울하고 불안감을 더한다. 동지가 손에 호각을 움켜쥔 채 동상처럼 꼿꼿하게 서 있는 게 느껴진다. 이때 알 수 없는 성난 목소리가 내뱉듯 소리친다.

"중사님, 호각 부세요!"

뒤이어 성난 외침이 여기저기서 들린다.

"어서요, 중사님!"

죽이고 싶고 죽고 싶어서 안달 난 것처럼 병사들이 성마른 목소리로 외친다. 천지창조가 있기 전부터 편재해온 저 야만스럽고 잔인한 세상 밖으로 한 발자국도 내딛지 못할 게 분명한데도 너무 두려운 나머지 스스로가 겁쟁이라는 생각조차 안 드는 모양이다.
"그 빌어먹을 호각 좀 불라고요!"
 그러나 참호 너머에서 총소리가 들리자 아무도 움직이지 않는다. 총성을 타고 죽음의 그림자가 짙게 깔리는 게 느껴진다. 분노와 비탄에 가득 찬 비명 소리가 들린다. 동지는 여태껏 명령을 내리지 않은 채 요지부동이고, 병사들 중 그 누구도 참호 밖으로 나가지 않는다. 전장에는 총탄이 빗발치고, 메스트리는 하늘 높이 치솟은 불길처럼 뜨거운 곡조를 길게 뽑고 있다.
 도대체 이 지옥 같은 전쟁터가 나와 무슨 상관이란 말인가? 나 역시 화가 치밀고 혼란스럽다. 극장에서 가상현실을 체험하거나 의식이 또렷한 상태로 악몽을 꾸는 기분이다. 도저히 여기서 벗어날 수가 없다. 병사들이 생사의 기로에 놓인 게 분명하다. 밀실에 갇혀 있듯 이들의 공포가 손에 잡힐 듯 생생하다. 왠지 모르게 내가 이 모든 걸 촉발했고, 마음속 깊이 자리 잡은 내면의 공포와 대면할 것 같은 불길한 예감이 든다. 총상을 입지는 않겠지만, 지금 큰 시련을 당하고 있는 것만은 분명하다.
 질문이 꼬리를 물고 머릿속을 헤집고 다니지만 눈앞의 광경이 어쩌나 생생하던지 말 한마디 할 수 없고 이 별세계에서 빠져나갈 수도 없다. 그런데 이 별천지 같은 광경 아래 또 다른 생각의 층이 놓여 있어서 이 광경을 지켜보고 판단하고 논평한다. 그리고 그 아래로 또 다른 생각의 층이 켜켜이 놓여 있어서 논평이 끝 간 데 없이 이어지는 것이다. 평소 같으면 상황을 올바르게 인식해서 가상이건 실제건 위험으로부터 벗어나

마음의 평온을 되찾겠지만, 여기선 이런 전략이 오히려 독이 된다. 견고한 현실 따위는 없으며 이른바 객관적 현실이라는 것도 인위적 구조물에 불과하다는 두려움만 가중될 따름이다. 하지만 이런 깨달음은 위험천만하기 이를 데 없다.

인식의 틀이 이렇게 달라지면 범속하지 않은 나의 특권적 존재 기반과 친구, 동료, 가족으로 둘러싸인 나의 삶에 대해서도 의문이 제기될 수밖에 없다. 현실이라는 것이 실은 이건 진짜고 저건 가짜라고 우리끼리 임의로 정한 규칙에 불과한 게 아닐까? 나는 지금 진짜와 가짜의 경계 지점에 서 있는 것일지도 모른다. 200여 명과 함께 밀림 속 교회에서 덜덜 떨고 있든가 어둡고 질척한 참호 속에서 두려움에 떨고 있든가 둘 중의 하나다. 죽음의 문전에 이른 기분이다. 어디로 가야 할지 몰라 혼란스럽고 두렵다.

인간도 다른 종들처럼 전멸全滅의 DNA가 몸에 새겨져 있지만, 차이점은 인간이 그 사실을 자각한다는 것이다. 어떻게 하면 두려움 없이 죽을 수 있을까? 용기와 존엄을 유지하면서 죽음을 받아들일 수는 없을까? 운명은 이미 다 정해져 있는데 왜 사지를 옥죄는 공포 속에서 살아야 할까? 부모님은 죽음을 맞이할 준비가 되어 있었을까? 과연 나는 얼마나 준비가 되어 있는가? 솔직하게 대답하면 나는 준비가 전혀 안 돼 있다. 그러기에 내가 이 끔찍한 참호에 있는 것인지도 모른다. 이곳에서 배워 나가야 한다.

나는 진정한 영적 체험을 해본 적이 없다. 후회막급이다. 지금껏 입으로만 믿음을 이야기했지, 삶과 존재를 송두리째 뒤흔드는 신의 현현을 목격한 적은 단 한 번도 없다. 나보다 신앙심이 돈독한 사람들은 기도와 명상, 단식, 죽음의 문턱에 이르렀던 경험을 통해 신의 영역에 발을 내디

더 왔을 것이다. 종교 서적에는 간증담이 넘쳐나고 나 또한 이런 이야기를 믿지 않을 이유가 없지만, 그러면서도 한편 나는 이런 종교적 체험을 기적으로 치부해버리곤 했다. 종교적 사유의 으뜸이라 할 신성하고 심오한 영원의 신비를 직접 체험하지 못한 나 같은 속인 수백만 명이 나고 나서야 테레사 수녀와 에스겔^{기원전 6세기경 유대의 예언자}, 윌리엄 블레이크 같은 비범한 인물이 나는 법이다. 하지만 아야와스카는 나에게 두렵고 심오하고 진저리 치게 진지한 것을 보여주었다.

나는 환생이라는 개념을 온전히 믿어본 적이 없다. 전생에 클레오파트라였네, 찰스 1세였네 하는 사람들을 워낙 많이 봐온 터라 죽음 너머 또 다른 삶이 있다는 생각에 별로 믿음이 가지 않았다. 하지만 전쟁 같은 강렬한 정신적 체험은 카를 융이 '집단 무의식'이라는 개념으로 설명하듯 사회에 엄청난 충격을 가할 수 있다. 1916년 7월 1일 솜 전투^{제1차 세계대전 중 프랑스 솜에서 영국·프랑스 연합군과 독일군이 2회에 걸쳐 벌인 격전}가 발발하자마자 개전 첫날 정오가 되기도 전에 5만 명이 넘는 사상자가 났다. 영국군만 헤아린 게 이 정도였다. 하지만 이런 전쟁이 나에게 무슨 의미란 말인가? 왜 하필 이런 각본이어야 하는가? 학교에서 배운 윌프레드 오언^{영국의 시인. 전장의 비극을 노래한 시로 유명하다}의 시에 너무 큰 감명을 받았거나 어린 시절 고향 전쟁기념비에 병적으로 집착한 나머지 그 벌을 받는 것일지도 모른다. 답을 알 수 없는 질문이 끝없이 머릿속을 헤집고 다닌다. 색과 기하학 무늬와 이질적 존재가 뒤섞인 만화경 속 광경이 다시 펼쳐진다.

지금 나는 다른 사람이 눈에 띄진 않지만 한쪽에서 군사 법정을 목격하고 있다. 동지가 두 명의 군인 사이에 서서 반대신문을 당하고 있다. 내가 책이나 영화를 통해 들어보았을 성싶지만 뜻은 정확히 모르는 법률 용어가 난무한다. 선고문이 낭독되는 동안 동지는 어떤 감정도 내보이지 않는다. 내가 고개를 돌리자 희뿌옇게 여명 밝아오는 차가운 잿빛 들판이 펼쳐진다. 나와 동지 앞에 총살을 집행하는 병사들이 들쑥날쑥 서 있다. 모두들 말이 없다. 몇몇은 겁먹은 말처럼 이리저리 발을 구르며 추운 날 밖에 나오게 했다고 성난 표정을 짓고 있다. 차가운 아침 공기에 입김이 하얗게 부서진다. 유심히 쳐다보자 참호 속에서 봤던 앳된 얼굴의 그 병사들이다. 조준 명령이 텅 빈 들판에 울려 퍼지자 병사들이 개머리판을 어깨에 대고 총을 겨눈다. 소년 병사들이 저희들의 목숨을 구해준 그 남자에게 총을 쏠 것이라는 데 생각이 미치자 몸이 부들부들 떨린다. 이 순간이 하얗게 정지한다. 그리고 나는 목격한다.

메스트리의 노래가 가슴을 에어 낼 듯이 애달픈 결말 부분으로 치닫고 있다. 내 눈가에 눈물이 고이더니 뺨을 타고 흐른다. 소리 죽여 울다가 이제는 걷잡을 수 없이 온몸을 들썩이며 흐느낀다. 뜨거운 눈물이 뺨을 적시는 사이 눈꺼풀 뒤 세상은 온통 피범벅이 된다.

시간이 흐른다. 나는 엄마 배 속에 있고 메스트리의 노랫소리는 아버지의 목소리가 된다. 이토록 가슴 옥죄는 슬픔과 배신, 뼈저린 비극이 희한하게도 부모님에 대한 기억과 합쳐진다. 저만치 동떨어진 채 일평생을 비탄 속에서 산 우리 아버지, 그리고 슬픔에 젖은 아름다운 우리 엄마. 갓 제대한 늠름한 청년은 눈부시게 아름다운 십 대의 처녀를 아내로 맞아들인다. 감정 기복이 컸던 엄마는 쉰셋에 유방암으로 세상을 뜨셨고, 아버지는 그로부터 불과 몇 달 후 쉰일곱의 나이에 영면하셨다. 아버지에게 나는 눈엣가시 같은 존재였지만, 엄마에게는 눈에 넣어도 아프지 않을 자식이었다. 우리에겐 아직 할 이야기가 남아 있다. 노랫소리 낭랑하게 울려 퍼지는 이 커다랗고 낯선, 내 기억 속 교회 강당에 내가 부모님과 함께 있는 까닭이다. 항상 그래왔듯 영혼들이 내 주위를 감싼다.

*

　초록색 눈동자에 치렁치렁한 금발의 엄마는 늘씬하고 아름다웠다. 엄마가 미끈한 다리를 드러낸 채 짧은 치마에 뾰족구두를 신고 걸어가면 남자들이 휙휙 휘파람을 불다가도 엄마가 새초롬하게 노려보면 시치미를 뚝 떼곤 했던 기억이 지금도 생생하다. 그럴 때면 난 난처하면서도 엄마가 은근히 자랑스러웠다. 엄마는 콧대가 높았고 비위 맞추기가 여간 어렵지 않았다. 엄마는 열다섯에 학교를 그만둔 뒤 미용사로 일하기 시작했다. 하지만 엄마는 남들 눈에 거만하게 비칠 정도로 스스로를 특별하다고 여겼다. 엄마가 지나가면 사람들이 수군대는 소리가 들렸는데 엄마는 자신이 남들과 다르다는 생각에 별로 신경 쓰지 않았다. 남들과 똑같이 보이고 싶은 생각도 없었다. 엄마 이름은 오드리다. 아버지를 만나기 전 엄마는 몇 번의 풋사랑만 했을 뿐 아버지가 엄마의 첫사랑이었다.

　엄마에 대한 첫 기억은 음악에 대한 첫 기억이기도 하다. 엄마 발치에 앉은 나는 탱고 리듬에 맞춰 피아노 페달을 밟았다 뗐다 하는 엄마의 능란한 발놀림을 홀린 듯 바라보았다. 엄마는 피아노로 탱고 음악 치는 걸 좋아했다. 악보에 있는 음표만 보고 음악을 만들어내는 엄마가 나는 황홀했다. 피아노 앞의 엄마는 타고난 매력에 더해서 찬란하게 빛났다.

　할아버지네 집 응접실에서 엄마는 피아노를 치고, 고음이 아름다운 아버지는 허디 레드베터의 왈츠풍 노래 〈굿나이트 아이린Goodnight Irene〉을 노랫말을 바꿔 구슬프게 불렀다. 지금도 그 모습이 기억난다.

　　지난 토요일 밤 우린 결혼했어요
　　아내와 난 보금자릴 꾸몄어요

이번 주 토요일 우린 헤어졌어요

내가 시내로 가야 하니까요

아버지는 도시 형제와 베니 굿맨이 결성한 밴드 같은 '빅밴드15명 이상의 멤버로 구성된 재즈 오케스트라'를 좋아했다. 하지만 'MGM, RCA, Decca'라는 로고가 선명하게 찍힌 새까만 78회전 레코드판을 집에 사 들고 오면서 로큰롤을 소개한 사람은 엄마였다. 수고양이처럼 새된 목소리로 〈투티 프루티Tutti Frutti〉를 부르던 리틀 리처드, 실성한 전도사가 설교하듯 〈그레이트 볼스 오브 파이어Great Balls of Fire〉를 신나게 부르던 제리 리 루이스, 나중에 안 사실이지만 성적인 암시로 가득 찬 〈올 슈크 업All Shook Up〉을 감미롭게 부르던 엘비스 프레슬리. 이런 노래를 들으며 나는 광신도처럼 몸을 뒤틀고 바닥을 뒹굴면서 천상의 기쁨을 맛보았다. 엄마는 브로드웨이 뮤지컬 음반도 사가지고 왔다. 로저스와 해머스타인이 공동 제작한 뮤지컬 〈오클라호마!〉 〈남태평양〉 〈캐러셀〉 〈왕과 나〉, 러너와 로우의 합작품 〈마이 페어 레이디〉, 번스타인의 〈웨스트 사이드 스토리〉까지 없는 게 없었다. 나는 이 음반들을 듣고 또 들었다. 음반을 손가락 끝으로 조심스레 잡고 낡은 재킷에서 꺼낸 뒤 그간 쌓인 먼지를 호호 불어내고는 턴테이블에 살짝 올려놓는 과정을 성스러운 의식 행하듯 한 치의 오차도 없이 수행했다. 나는 이 의식이 미치도록 좋았다.

음악에 관한 한 좋고 싫은 게 없었다. 나는 갓 서품된 사제처럼 모든 음악에 황홀하게 빠져들었다. 후에 본격적으로 음악을 배우면서 33회전 음반을 45회전 속도로 재생하며 베이스 기타 부분을 집중적으로 듣곤 했는데, 그러면 한 옥타브 높은 빠른 베이스 기타 연주가 좁고 깊은 홈에서 느리게 재생되었다. 나는 이 실험을 통해 아무리 복잡한 곡이라도 천천히 돌려서 듣다 보면 못 배울 곡이 없다는 사실을 깨달았다. 메커니즘이 조악한 턴테이블이니까 가능한 일이었다. 뮤지컬 〈오클라호마!〉의 서곡이나 진 켈리가 주연한 영화 〈사랑은 비를 타고〉의 사운드트랙을 턴테이블에 올려놓고 음악이 흘러나오기 전 음반 긁는 바늘 소리가 들리면 괜스레 마음이 편해졌다. 음악도 음악이지만 로봇 팔처럼 바늘이 천천히 음반 위를 도는 모습에 난 꼼짝없이 매료되었다.

빅토리아풍으로 지은 우리 집은 중앙난방이 없어서 늘 눅눅했다. 유일한 난방 수단인 거실 벽난로에 불 지피는 법을 알려준 사람도 엄마였다. 불을 지피려면 먼저 〈이브닝 크로니클〉 같은 신문지를 둘둘 말아서 제일 밑에 놓는다. 신문지는 대각선으로 길게 접어서 납작 짜부라뜨려야 천천히 오래 탄다. 거기에 달걀 상자와 마른 장작 두어 개를 얹고, 마지막으로 천금을 주고도 못 살 칠흑빛 보석처럼 빛나는 석탄을 꼭대기에 올려놓는다.

성냥은 괘종시계 옆 벽난로 선반에 놓여 있다. 일곱 살인 나는 까치발을 해야 간신히 성냥에 손이 닿았다.

"엄마, 내가 불 피울게. 할 줄 안다고. 엄마, 제발, 내가 할게!"

이 정도는 혼자서 할 만큼 컸는데 안달하지 말아야지 하면서도 조바심이 바짝 난다.

"아들, 알았어. 네가 해. 하지만 동생 손 닿는 곳에 성냥 두면 안 돼. 저 높이 둬야 하는 거 알지?"

'저 높이'라는 말은 언제 들어도 좋다.

"밑에서부터 불 피워야 한다. 위에서부터 하면 안 돼."

"알아, 엄마."

"밑에서부터 불을 지펴야 불길이 일어나. 저렇게 쌓은 이유도 다 그 때문이야. 종이가 타야 나무에 불이 붙고, 나무가 타야 석탄에 불이 붙는 거야."

"안다고, 엄마."

내가 더듬더듬 성냥갑을 찾아 어젯밤 〈이브닝 크로니클〉에 성냥불을 붙이자 엄마가 대견한 눈길로 나를 쳐다보며 말한다.

"잘했어. 이제 엄마랑 방 정리해야지. 난장이 벌어졌네."

엄마가 즐겨 쓰는 말이다. 말썽꾸러기 남동생 녀석이 한바탕 놀고 나면 집 안이 쑥대밭이 되곤 하는데, 엉망이 된 집 안을 가리키는 말이라는 걸 짐작으로 알 뿐 "난장"이 정확히 어떤 곳인지는 몰랐다. 이럴 때 엄마는 이렇게 덧붙이곤 했다.

"요 꼬맹이 녀석 맴매해야지."

나중에 엄마는 불이 꺼진 것처럼 보여도 부지깽이로 잘만 쑤시면 불길을 되살릴 수 있다는 사실을 알려주었다. 불이 뜨겁게 타오르면 주위 물건을 죄다 태울 수 있다며 늘 조심하라고도 일렀다. 엄마는 또 밤새 산소가 안 들어가게 하면서도 불씨가 꺼지지 않게 잘 관리했다가 아침에 불길을 다시 일으키는 법도 알려주었다.

어릴 적 나는 온종일 너울대는 불꽃을 바라보며 벽난로 앞에 앉아 있곤 했다. 와르르 무너지는 탑과 시뻘겋게 빛나는 고대 왕국, 동굴처럼 변한 성당, 벌건 숯덩이밖에 남지 않은 상상 속 대륙 이미지에 매료되어 시간 가는 줄 모르고 앉아 있었다. 이 마법을 가르쳐준 사람도 엄마였다. 이 마법은 지금도 내 안에서 살아 숨 쉬고 있다. 엄마는 의식 행하듯 정해진 순서대로 셔츠를 다리고 달걀을 부치고 청소기를 미는 법도 가르쳐주었지만, 내가 마법사의 도제처럼 엄마 옆에 꼭 붙어 있었던 것은 비의秘儀의 기운이 느껴지는 음악과 불 때문이었다. 엄마는 나의 상상 속 첫 정부情婦

였다.

어니스트 외할아버지는 어릴 적 엄마가 살았던 월센드[뉴캐슬에서 북동쪽으로 6킬로미터 떨어진 지점에 위치하며 타인 강 북쪽 기슭에 있는 소도시]에서 주로 외모 때문이긴 했지만 아무튼 꽤나 유명한 분이었다. 훤칠한 키에 얼굴도 잘생긴 데다 세련되기까지 해서 소도시에서 남 말하기 좋아하는 사람들의 이목을 피하기가 쉽지 않았다. 내 기억 속 외할아버지는 늘 아슬아슬하게 로맨틱한 구석이 있었다. 외할아버지가 외지인이라는 사실은 수군덕질을 더욱 부추겼다. 외할아버지는 맨 섬 출신이었다. 부모님 결혼식 사진 속 외할아버지는 다 알고 있다는 듯한 오만한 눈매에 눈썹을 짓궂게 치켜뜨고 여자들과 시시덕거리길 좋아하는 허풍선이의 모습이었다. 캐나다선생명보험[Sun Life of Canada] 외판원으로 일한 외할아버지는 나와 놀아줄 시간이 거의 없었다. 외할아버지는 그 당시 사람들이 "뻬까번쩍한 차"라고 불렀던 차를 몰고 다녔는데, 지금도 그 모습이 선명하다. 발판이 문 밑에 달려 있고 툭 튀어나온 크롬 헤드라이트가 반짝반짝 빛나는 랜드로버였다. 나에게 외할아버지는 우리와 동떨어진 신비로운 존재였다. 엄마는 그런 당신의 아버지를 흠모했다.

외할머니에 대한 기억은 딱 하나밖에 없는데 그마저도 끔찍한 기억이다. 병상 옆 유리잔에 담긴 외할머니의 틀니가 마치 나를 보고 씩 웃는 것처럼 보였던 것이다. 외할머니가 나를 무척 아꼈다는데 기억나는 게 없다. 일찍이 돌아가신 외할머니는 나에게 그림자 같은 존재였다. 외할머니 이름은 마거릿이었다.

아버지는 스물넷에 나를 낳았다. 내가 첫째를 본 것과 같은 나이다. 아버지는 공병대 출신으로 독일에서 군 복무를 마쳤다. 사진 속 아버지는 검게 그을린 잘생긴 얼굴에 국방색 군복 차림으로 한 손에 맥주를 들고 다른 한 손에는 담배를 들고서 환하게 웃는 독일 아가씨 옆에 서 있다. 아버지의 행복한 시절을 찍은 이 사진이 나는 좋았다. 아버지의 저 어두운 눈동자 속에서 나를 찾을 수 있지 않을까, 아니 이 세상에 태어날 나라는 존재를 암시할 만한 게 눈곱만큼이라도 있지 않을까 유심히 사진을 들여다보곤 했다. 그러면서 한편으론 내가 태어나지 않았어도 이 세상은 잘만 굴러갔을 거라는 생각에 일순간 섬뜩해지곤 했다. 당신 말마따나 아버지는 독일에서 멋진 시간을 보냈던 게 분명하다. 아버지는 당신이 독일을 "점령했다"고 큰소리치곤 했는데, 독일군과 전투를 벌이기엔 너무 어렸던 당신에게 남은 선택이라곤 독일 여자들과 진탕 술 마시며 노는 거밖에 없었다는 사실을 가리고 싶었는지도 모른다. 아버지가 허풍선이라는 말이 아니다. 아버지는 "본분"을 다하고 세상을 겪은, 그래서 남자로서 떳떳한 당신을 우리가 자랑스럽게 여기길 바랐던 것이다.

"아버지 팔에 있는 계급장 보이지? 공병대 일병, 그게 바로 나야. 다리 놓고 폭파시키고 또 다리 놓고. 아예 군대에 말뚝을 박았어야 했는데."

약주 한두 잔 걸치면 아버지는 지난한 현실과 달리 근심 걱정 없이 황금시대처럼 빛나던 그 시절 이야기를 꺼내곤 했다. 처자식들, 특히 그중에서도 엄마 때문에 이렇게 꼼짝 없이 갇혀 살게 되었다는 원망이 항상 말끝에 묻어 있었다. 신혼 시절에는 엄마가 아버지를 끔찍이 사랑했다고 아버지 입으로 인정한 적이 있는데, 이미 그때는 모든 일이 다 어그러진 뒤였다. "저녁마다 내가 돌아오길 목이 빠져라 기다리다 내가 딱 문을 열고 들어서면 네 엄마가 달려와 내 목에 두 팔을 감싸며 매달리곤 했지." 두 눈을 감는 그날까지 아버지는 회한으로 가슴을 치며 살았.

1927년 9월 항구도시인 선덜랜드에서 태어난 아버지는 어니스트라는 세례명을 받았는데 공교롭게도 외할아버지와 세례명이 똑같았다. 엄마와 아버지의 첫 만남에서 이름은 분명히 큰 이야깃거리였을 것이다. 상기된 얼굴로 집에 돌아온 엄마가 매리언 이모에게 토요일 파티에서 잘생긴 남자를 만났다며 이름이 뭔지 아느냐고 한껏 들떠서 떠들어댔을 모습이 눈앞에 생생하다.

아버지는 가톨릭 집안인 반면에 엄마는 영국국교회 집안이었다. 종교가 다른 두 집안의 결합은 지금도 꺼려지지만, 집안 어른들 말씀에 따르면 조부모 세대에는 훨씬 더 큰 분란을 일으켰다. 톰 할아버지는 독실한 개신교 신자인 당신 아버지의 뜻을 거역하고 아일랜드 집안의 처자인 아그네스 화이트와 혼례를 치렀다. "부잣집" 식모로 들어가기 위해 열네 살에 학교를 그만둔 선덜랜드의 부두꾼 딸이 할아버지보다 신분이 낮은 건 당연했다. 할머니 집은 여느 아일랜드 집처럼 식구가 많았는데 10남매의 아홉째인 할머니는 당차고 예쁘며 신앙심이 깊었다. 할아버지에게 개신교 따위는 집어치우고 가톨릭으로 개종하라고 으름장을 놓았을 할머니 모습이 눈에 선하다. 톰 할아버지는 조용히 살기를 원하는 분이었고, 아그네스 할머니는 원하는 건 꼭 이루는 분이었다.

할아버지가 아름다운 처녀 아그네스와 결혼하기 위해 유산 상속을 포기한 걸 두고도 뒷말이 무성하게 일었다. 섬너 집안고든 매슈 섬너가 스팅의 본명이다이 19세기에 걸출한 선장을 두서넛 배출하는 등 선박과 관련된 일을 한 것은 맞지만, 유산이라고 할 만큼 대단한 재력가 집안이었는지는 잘 모르겠다. 할아버지가 사랑을 위해 "유산"이니 "선박 회사"니 하는 걸 포기했다는 건 낭만적인 요소가 가미되면서 상당 부분 부풀려진 게 아닐까 싶다. 할아버지가 할머니를 사랑한 것은 분명한 사실이지만, 할아버지는 아버지와 마찬가지로 지난날 포기한 것을 보상받지 못하고 결혼과 가족이라는 틀에 갇혀 출구 없는 삶을 살고 있다는 말 못할 불만을 평생 마음속에 품고 지냈다.

할아버지는 리어 강가에서 유조선과 군함을 건조해 진수하는 조선공으로 일했다. 할아버지와 할머니는 딸 둘에 아들 넷을 두었고, 6남매의 맏이가 아버지였다. 둘째는 쌍둥이였는데 하나만 살아남았다.(할머니는 분만이 시작되고 나서야 쌍둥이라는 걸 알았다.) 나중에 할머니가 내 여동생에게 털어놓은 바에 따르면 할머니는 쌍둥이에게 젖을 다 못 물릴까 봐 하나를 데려가 달라고 하느님께 간절히 기도드렸다고 한다. 하느님이 기도를 들어주신 모양이다. 쌍둥이 가운데 살아남은 하나가 고든 삼촌인데 삼촌은 태어나고 나서도 삶에 대한 열의가 대단했다. 아버지는 나에게 고든 삼촌이 언제나 말썽거리였다고 말했다. 삼촌이 어린 시절 제일 좋아한 놀이가 선로 사이에 누워 머리 위로 지나가는 화물열차를 보는 것이었단다. 자기가 불사조라고 생각한 모양이다. 고든 삼촌은 달링산맥 외곽의 사막을 탐험하겠다며 내가 태어나기도 전에 호주로 이민을 갔다. 내 이름은 고든 삼촌의 이름을 따서 지은 것이다.

할머니의 신앙은 영적인 영역에만 머물지 않고 집안 대소사에도 영향을 미치는 막강한 것이었다. 할머니는 톰슨 신부님이라는 젊은 사제의 살림을 도맡아서 했는데 나는 이분을 짐 신부님이라고 불렀다. 짐 신부님은 성스러운 수양아들이자 삼촌 같은 존재였다. 나에게는 아예 한 가족이나 다름없어 보였다. 우드하우스영국의 소설가. 해학적 인물을 주로 그렸다 소설 속 인물이 현현한 듯 영국 상류층 말투에 부스스하고 산만한 품새가 피난길에 오른 지식인처럼 보였다. 신부님은 안경을 걸치고 하얀 옷깃을 단 까만 수단성직자가 평상복으로 입는 발목까지 오는 긴 옷에 비레타신부가 쓰는 각진 모자를 쓰고 까만 양말 위로 예수의 샌들을 신고는 발을 질질 끌며 할머니 집으로 들어왔다. 할머니는 짐 신부님에게 강박적으로 집착하는 듯싶었다. 성직에 몸담는 데다 책을 사랑하고 어눌하지만 상류층 말투로 사근사근하게 말하는 신부님이 선덜랜드 출신의 아일랜드 처자에게는 거부할 수 없는 유혹이었을 것이다. 할머니와 신부님 사이가 틀어졌던 적은 단 한 번도 없었다. 그러기는커녕 "신부님이 이렇게 하셨어요" "신부님이 저렇게 하셨어요"라는 말이 쉼 없이 이어질 따름이었다. 가엾은 할아버지는 감히 "그 틈에 끼어들어" 말참견할 엄두도 내지 못했다. 그저 조용히 구석에 앉아 허공을 응시하며 만돌린이나 퉁기면서 흘러간 노래를 흥얼거리는 게 고작이었다.

1951년 10월 내가 태어날 무렵 할아버지와 할머니는 짐 신부님이 뉴캐슬 북동쪽의 '선한 목자 수도원'으로 부임하자 아예 신부님을 따라 그곳으로 이사를 갔다. 수도원에는 수녀님들이 운영하는 가출 소녀를 위한 학교와 그 지역 성직자들의 침대보와 제단포를 세탁하는 세탁소가 있었다. 어른들은 나를 여학생 곁에는 얼씬도 못하게 했다. 할아버지는 수도원 지하실에서 코크스 난로를 관리하고, 세탁소 승합차로 더러운 세탁물을 수거한 뒤 다시 새하얘진 세탁물을 갖다 주는 일을 했다. 할아버지는 눈이 오나 비가 오나 다 낡아빠진 파란색 작업복 차림에 까만 육군 베레모를 납작하게 눌러쓰고 궐련을 피웠다. 꼭 필요한 말만 하는 분이었다. 전설에 따르면 어느 날 점심시간에 짐 신부님이 일요일 설교를 무슨 내용으로 할지 큰 소리로 떠들고 있었다. 그때 조용히 지켜보던 할아버지가 불쑥 입을 열었다.

"5분 정도 하시죠."

다른 사람도 들을 수 있을 만큼 목소리가 제법 커서 할머니는 할아버지를 잡아먹을 듯 무섭게 노려보고 신부님은 어리둥절한 표정을 지으며 앉아 있었다. 하여튼 재미있는 분이다. 나는 할아버지의 긴 침묵과 쪼그라드는 육신에 비해 갈수록 길어져만 가는, 커다란 콧구멍이며 귓구멍 밖으로 삐죽 삐져나온 털에 한없이 매료되었다.

수도원 한쪽에 딸려 있는 테라스하우스세대마다 테라스를 가진 경사지 연립주택에 살아서 할아버지가 일하기에는 편했다.(짐 신부님은 하루도 빠짐없이 저녁 손님으로 초대받았다.) 옆에는 수도원 농장을 운영하는 둘리 아저씨네 가족이 살았다. 내가 언덕배기를 따라 올라가 돼지 먹이를 줄 때면 아저씨는 커다란 암퇘지가 오로지 힘이 세다는 걸 보여주기 위해 아이들을 이빨로 물어뜯어 죽인다는 무시무시한 이야기를 들려주곤 했다. 그래서 나는 언제나 이만치 떨어져서 돼지 먹이를 주었다. 돼지가 사람만큼 영리하지만 야비하다는 소리를 듣고는 더욱 그랬다. 목에는 집시 스카프를 두르고 무릎까지 올라오는 웰링턴 장화에 해적처럼 큼지막한 가죽 허리띠를 두른 둘리 아저씨는 흡사 화려한 검술을 뽐내는 검객을 연상시켰다. 지금도 그 모습이 눈에 선하다. 돼지우리에 들어가는 아저씨가 내 눈에는 뱃전에서 바다 쪽으로 놓인 널빤지 위를 걷는 검객처럼 보였다.

할머니는 둘리 아저씨네 가족을 탐탁지 않게 여겼다. 고상하게 살고 싶은 할머니 눈에는 거칠고 귀살스러워 보였을 것이다. 할머니는 하루도 거르지 않고 〈타임〉지의 낱말 맞추기를 했으며 그것도 한 칸도 빠짐없이 다 채워 넣었으며, 정규교육을 못 받아서 지름길로 가야 한다며 정기 구독하는 〈리더스 다이제스트〉에서 문학작품 요약본을 열심히 챙겨 읽었다. 할머니는 평생 책을 사랑했고 실제로도 책을 손에서 놓지 않았으며 나도 그렇게 되기를 원했다.

벽난로 옆 붙박이 서가에는 천장까지 책이 빼곡했다. 배움에 대한 열의를 증명이라도 하듯 등 뒤론 높다란 책 탑이 솟아 있고, 할머니는 그

앞에서 거북 등딱지로 만든 돋보기를 코에 걸친 채 안락의자에 앉아 책을 읽곤 했다. 할머니는 단 한 권의 책도 버리지 않았다. 내가 채 일곱 살도 되기 전에 할머니가 건네준 로버트 루이스 스티븐슨의 『보물섬』을 나는 간신히 줄거리만 따라가면서도 끈덕지게 끝까지 읽어냈다. 나중에 크로스컨트리를 완주한 끝기에 견줄 만한 것이었다. 그다지 현명한 접근 방법은 아니지만 여러 방면에서 도움이 된 것은 분명하다. 특히 음악에서 그랬다. 할머니는 나에게 『성자의 삶 The Lives of the Saints』도 읽어보라고 권하셨는데 이 책은 별로 기억에 남는 게 없다.

할머니는 내가 똑똑한 건 다 당신을 닮아서 그런 거라고 입버릇처럼 말했다. 실제로 내가 스스로를 똑똑하다고 여기기 시작한 것은 할머니의 도움과 격려를 통해서였다.

우리 가족은 월센드의 테라스하우스에 살았는데 바로 옆에 스완헌터 조선소 1960~70년대 세계 최강을 자랑하지만 80년대 한국 조선소가 급성장하면서 쇠락했다. 스팅은 이때의 기억을 바탕으로 2013년 앨범 〈마지막 배 The Last Ship〉를 발표한다가 있었다. 엄마는 뉴캐슬에서 북해로 흐르는 타인 강 북쪽 해안가 마을에서 태어나 자랐다. 122년 로마의 황제 하드리아누스가 자신의 거대한 왕국 북변에 있는 이 황폐한 해안가를 직접 시찰한 뒤 성벽을 쌓겠다고 결심한 곳이 바로 월센드였다. 하드리아누스 성벽은 서쪽 해안가인 배로인퍼니스에서 동쪽의 타인 강까지 거대한 뱀처럼 황무지와 언덕을 굽이굽이 지나 130킬로미터 가까이 뻗어 있다. 성벽을 쌓을 당시 로마 황제는 스코틀랜드인과 픽트 족을 막겠다는 명분을 내세웠지만, 실제로는 북방과 남방의 교역을 막아 후일 영국 북쪽이 되는 땅을 지배하려는 속셈이 더 컸다. 라틴어로 세계 두 눈 하드리아누스 성벽의 최전방 요새을 묘사한 글을 지루한 월센드 방언으로 번역해서 읽다 보면 땅끝이 바로 여기라는 생각이 들 것이다. 손바닥만 한 가죽 치마를 두른 채 바람 휘몰아치는 이 황량한 땅에서 보초를 서던 로마 병사가 이 말을 들었다면 지당한 말이라고 맞장구쳤을 것이다. 20세기 초반 조선소 확장 공사를 하던 중에 신전이 발견되었는데 로마 보병들이 숭배하던 빛의 신 미트라에게 바쳐진 신전이었다. 또 몇 년 전에는 고향 골목길을 파헤치자 자갈길 밑에서 로마군 막사가 통째로 발견되기도 했다.

200년경 로마군이 철수한 뒤로는 변방 이민족의 침략이 끊이질 않았다. 스코틀랜드인은 물론이고 북해를 건너 색슨족과 데인족, 주트족, 바이킹, 노르만족까지 쳐들어왔다. 수세기 동안 지배 세력이 워낙 많이 바뀐 탓에 그 지역 사람들은 자기들이 어디에도 속하지 않는다고 느끼는 지경에 이르렀다. 스코틀랜드인도 아니고 영국인도 아닌 그저 '그들'이었다. 그들은 스스로를 "조르디인"이라고 불렀는데 왜 그런 이름을 붙였는지는 지금도 역사가들 사이에서 의견만 분분할 뿐 정확히 아는 사람은 없다. 영국인도 간혹 못 알아듣는 억센 사투리는 강한 지방색을 유지하는 데 톡톡히 한몫했다.

타인 강가에서는 세계적으로 유명한 선박 여러 척이 건조되었다. 큐나드사가 만든 모레타니아호는 대서양 횡단 세계기록을 보유한 배였다. 자매선인 루시타니아호는 제1차 세계대전이 발발하자마자 독일 잠수함에 격침당했는데 이 사건으로 미국 참전이 앞당겨졌다. 당시 세계에서 가장 큰 선박인 에소 노섬브리아호는 25만 톤 급의 거대 유조선으로 마을 길 끝머리에 있는 조선소에서 건조되었다. 몇 달이나 떡하니 해를 가리고 서 있더니 마침내 강을 떠나 북해로 나아갔다. 그러고는 다시 돌아오지 않았다.

조선소에서는 선사시대의 기운이 느껴졌다. 선박은 굵은 골조를 거침

없이 드러낸 채 서 있고, 조선공을 실은 커다란 철제 우리는 검은 실루엣으로 창공에 떠 있었다. 기중기들도 흡사 선사시대의 덩치 큰 짐승처럼 보였다. 먼눈파는 철제 괴물 같은 기중기들이 용접 불꽃 쏟아지는 바쁜 조선소 위를 비현실적일 정도로 느리게 움직이고 있었다.

아침 7시 출근을 알리는 애조의 사이렌이 어김없이 울리면, 멜빵바지에 모자를 눌러쓰고 작업화를 신은 수백 명의 남자들이 마을 앞길을 지나갔다. 대부분 그날 "일용할 양식"인 샌드위치와 보온병 따위를 담은 군용 배낭을 어깨에 둘러메고 있었다. 탄갱이나 선박용 밧줄 공장에서 일하는 사람들을 빼면 월센드 사람들은 모조리 스완헌터조선소에서 일하는 것 같았다. 조선소로 향하는 긴 행렬을 바라보며 나는 나의 미래와 직업을 생각했다. 나도 이 기나긴 행렬에 끼여 커다란 선박 바닥에서 일생을 보내게 될까?

일요일 아침이면 아버지는 나와 남동생을 부둣가로 데리고 가서 하염없이 배를 바라보았다. 레다호는 일주일에 한 번 차가운 북해를 지나 오슬로와 뉴캐슬을 왕복하는 노르웨이 증기선이었다. 그 옛날 바이킹이 지나던 뱃길이었다. 부두에 단단히 묶어놓은 뱃머리의 밧줄과 조타실을 꿈꾸듯 바라보던 아버지 얼굴이 지금도 눈에 아른거린다.

"바다로 나가거라!"

아버지는 나에게 이렇게 말하곤 했다. 하지만 이게 당신 자신에게 되뇌는 말이었음을, 뭍에 묶인 자신의 삶을 한탄하는 말이었음을 그때는 몰랐다.

군대에서 토목기술을 배운 아버지는 제대 후 대형 선박의 터빈과 엔진을 생산하는 들라루 엔지니어링사에서 설비기술 수습공으로 일했다. 큰돈을 벌지는 못했어도 엄마가 일을 그만두고 육아에만 전념할 수 있을 정도로는 벌었다.

내가 태어난 지 3년 뒤 남동생 필이 태어났다. 그리고 머잖아 아버지는 평생 가슴을 치며 후회할 결정을 하게 된다.

1956년 내가 다섯 살 되던 해에 아버지는 회사를 그만두고 낙농장을 인수하게 된다. 토미 클로스라는 외할아버지 친구분이 이제 그만 쉬어야겠다면서 낙농장을 인수할 사람을 찾고 있었다. 아버지는 사장이 된다는 게 일단 좋은 데다 비좁은 집에 식구가 자꾸 늘어나는 상황에서 낙농장 부지 위쪽에 커다란 이층집이 있는 게 아주 마음에 들었던 모양이다. 필립이 두 살 되던 해 엄마 배 속에는 여동생 안젤라가 자라고 있었다.

우리 집 1층은 가게였는데 우유와 아이스크림, 초콜릿, 사탕, 오렌지 크러시, 레모네이드, 내가 제일 좋아하는 음료수인 '민들레와 우엉 차' 따위를 팔았다. 점원은 둘이었다. 통통하고 신경질적인 십 대 소녀 베티는 껄렁껄렁한 "테디보이"1950년대 영국에서 로큰롤을 좋아하고 자유분방한 젊은이를 가리키는 말 남자 친구에게 허구한 날 맞는다고 다들 수군거렸다. 되바라진 구석이 있는 빨강 머리 낸시는 엄마와 속내를 터놓는 절친한 친구이자 한편으론 공모자가 된다. 가게 뒤편의 낙농장 마당에는 소형 전기차 두 대와 매일 아침 우유 배달할 때 타고 나가는 트로잔 디젤 트럭이 세워져 있었다. 아버지는 레이, 빌리 형제와 동네를 세 구역으로 나눠 우유를 배달했다. 레이는 몽땅한 키에 툭하면 욕설을 내뱉는 입이 거친 사내로 머리는 꼭 기름을 발라 뒤로 싹싹 넘겨 빗었다. 그는 틈만 나면 나에게 탈장 부위를 보여주며 "이거 봐, 졸라 주황색이지"라고 떠벌리곤 했다. 동생 빌리는 형과 달리 말투가 나긋나긋하고 이른 나이에 머리가 훌떡 벗어진 사내였다.

일곱 살부터 나는 공휴일이나 주말이 되면 아버지를 따라 도시 북쪽의 하이 농장과 광산촌까지 우유 배달을 나갔다. 아버지는 크리스마스만 빼고 일 년 열두 달 하루도 쉬지 않고 일했다. 사장이라 해도 휴일까지 챙길 여유는 없었던 것이다. 새벽 5시 아버지가 남동생은 쏙 빼고 나만 흔들어서 깨우면 나는 부스스 일어나 제일 뜨듯한 옷을 겹겹이 껴입었다. 혹한에는 유리창 안쪽에 서리가 앉을 만큼 추워서 이불을 뒤집어쓴 채 옷을 갈아입어도 숨을 내쉴 때마다 하얀 입김이 눈앞에 서렸다. 내가 비칠거리며 1층으로 내려가면 아버지는 차를 끓이고 있었다. 나는 다른 식구들이 일어나기 전에 서둘러 벽난로에 불을 지폈다. 준비를 끝낸 아버지와 나는 밖으로 나와 낡은 가죽 장갑을 낀 손으로 차가운 철제 상자를 이웃이 깨지 않게 조심조심 차에 실었다. 그러고는 어둠 깔린 텅 빈 거리를 달렸다. 나는 이른 새벽의 고요가 좋았다. 사람들이 따뜻한 침대에 몸을 파묻고 있을 이 시각, 아버지와 나는 도둑고양이처럼 조용히 거리를 활보하며 도시를 오롯이 소유했다. 신묘한 매력을 풍기던 어두컴컴한 거리가 이내 눈부시게 쏟아지는 아침 햇살에 파묻힌다. 나는 지금도 늦잠을 자는 법이 없다. 집에서 언제나 제일 먼저 일어난다. 늦잠 자는 건 내 특기가 아닌 듯하다.

내 기억 속 겨울은 혹독했다. 살을 에는 듯한 새벽 추위에 발이 꽁꽁 얼어서 몇 시간 동안 아무 감각도 없고 손이며 얼굴은 새파랗게 얼어붙었다. 빙판길이 되면 베시가 강가의 가파른 언덕을 올라갈 수가 없었다. 베시는 아버지가 애지중지하는 트럭에 붙인 애칭이었다. 이런 날 아침이면 내가 힘겹게 썰매를 지치며 우유 배달에 나섰던 기억이 지금도 생생하다. 어찌나 추운지 하얀 우유 크림이 은박지 마개 밖으로 터져서 병을 타고 얼어붙은 적도 있었다. 주둥이 밖으로 꽁꽁 얼어붙은 모양이 흡사 난생처음 보는 버섯처럼 희한했다. 이렇게 터진 우유를 돈 주고 살 사람이 없다는 걸 알면서도 우리는 추위 앞에서 속수무책이었다. 미치도록 추운 날에는 석유풍로를 트럭에 싣고 다녔는데, 풍로 때문에 트럭에 타고 내리기가 여간 힘든 게 아니었다.

아버지는 좋으나 궂으나 말씀이 없고, 나도 힘들다고 투덜거리거나 집에 가고 싶다고 투정부리는 법이 없었다. 아버지가 나를 자랑스러워하기를 바랐다. 나는 아버지처럼 되고 싶어서 겨드랑이에 우유를 한 병씩 끼고 양손으로 우유 여섯 병을 한꺼번에 나르는 법도 터득하게 되었다. 어느 집에 우유가 몇 병씩인지 훤히 꿰고 있었지만, 배달 나가기 전에 혹시 변동 사항이 있는지 아버지에게 확인하곤 했다. 아버지는 변동 사항이 생기면 공책에 꼼꼼하게 적어놓았다. 내가 생각하기에도 일을 꽤 잘한 것 같지만, 아버지가 나를 칭찬한 적은 단 한 번도 없었다.

아침 7시 반이 되면 잠시 숨을 돌리고 앉아 탄광 들머리 너머 집채만큼 쌓인 광재鑛滓 더미에서 올라오는 연기를 바라보았다. 아버지와 나는 제각기 자신의 생각에 몰두한 채 말없이 앉아 차가운 베이컨 샌드위치를 먹었다. 워낙 말수가 적은 아버지는 때로 저만치 동떨어진 사람처럼 느껴졌지만 나는 개의치 않았다. 이 고요한 시간 홀로 상상의 나래를 펼 수 있었기 때문이다. 우유병을 한 아름 안고 이 집에서 저 집으로 뛰어다니는 내 머릿속은 오만 가지의 미래로 찬연하다. 세계 여행을 한다, 식구 많은 집의 가장이 된다, 한적한 시골의 대저택에서 산다, 부자가 된다, 그리고 유명해진다.

에이미 이모는 옆집에 살았다.(그 당시에는 피 한 방울 안 섞인 이웃도 모두 이모였다.) 조선소 사무실에서 일하는 이모는 정년을 앞두고 있었다. 진수식이 있는 날이면 나는 이모를 따라 조선소에 가서는 여느 샴페인보다 네 배는 큰 커다란 샴페인을 신기한 눈으로 쳐다보았다. 진수식에 참석한 고위 관료가 첫 항해를 앞둔 선체에 힘껏 내던져서 박살 낼 샴페인이었다. 이모는 샴페인이 놓인 테이블에 나를 올려놓았다. 형형색색의 리본으로 장식된 샴페인이 내 키보다 높이 솟아 있었다. 산산이 부서진 샴페인 병에서 하얀 거품이 침처럼 선체를 타고 흘러내릴 때면 슬그머니 겁이 나기도 했다. 곧이어 요란한 박수갈채를 받으며 배가 강으로 미끄러지듯 나아가고, 강철과 갑판 기둥과 거대한 체인이 뿜어내는 귀청을 찢는 듯한 불협화음이 모든 소리를 삼켜버렸다. 한번은 엘리자베스 여왕이 진수식에 참석한 적이 있는데, 경호 오토바이를 선두로 까만 중절모 차림의 관료들이 탄 자동차 행렬이 지나가고 드디어 여왕을 태운 롤스로이스가 마을 길에 나타났다. 마을 사람들이 모두 작은 국기를 흔드는 그 순간에 나는 여왕이 나에게 미소 짓는 걸 두 눈으로 똑똑히 보았다. 돌이켜 보면 강을 떠난 배들은 세상에 첫발을 내디딘 뒤 다시는 돌아오지 않는 방랑하는 내 인생과 다를 바가 없었다.

어느 날 엄마는 나를 데리고 에이미 이모를 보러 갔다. 이모는 몇 안 되는 엄마의 동네 친구였다. 외할머니가 돌아가신 뒤 이모는 엄마에게 엄마 같은 존재였던 것 같다. 이모는 항상 단정한 옷매무새에 머리를 곱게 빗고 두꺼운 겨울 스타킹에 모직 치마를 입고 굽 낮은 구두를 신고 있었다. 어느 모로 보나 고상한 중산층 여인의 풍모였다. 엄마는 이모를 본받을 사람으로 존경했다. 엄마와 이모는 한번 만나면 마냥 차를 마시면서 별것도 아닌 이야기를 끝도 없이 나누었다. 적어도 내 흥미를 잡아끌 만한 얘깃거리는 없었다. 내가 일곱 살 아이로서는 극한이라 할 만큼의 인내를 보이다 결국 더는 참지 못하고 불쑥 이런 질문을 던지며 어른들 대화에 끼어들었다.

"에이미 이모, 다음 진수식은 언제예요? 저도 갈 수 있어요? 이모는 처음부터 조선소에서 일했어요?"

한번은 내가 허무맹랑한 소리를 한참 지껄이다 결국 호기심을 이기지 못하고 이렇게 물어보았다.

"이모는 왜 남편이 없어요?"

일순간 침묵이 흐르고 엄마 낯빛이 파랗게 질리는 걸 보면서 말실수를 했다는 사실을 대번에 깨달았다. 에이미 이모가 잠시 놀란 표정을 짓더니 이내 침착하게 대답했다.

"이모한테도 남편이 있었는데 전쟁터에서 돌아가셨단다."

이모가 나를 다정한 눈길로 바라보며 나지막하게 말을 이었다.

"아주 용감한 군인이셨지."

그러고는 엄마와 이모가 슬픔과 외로움의 군무群舞를 추는 것처럼 말없이 차를 마셨다. 나는 겁에 질린 나머지 이모부 이름이 무엇인지, 전쟁 기념비에 이모부 이름이 새겨져 있는지 감히 물어보질 못했다. 그리고 두 번 다시 이 이야기는 입 밖에 내지 않았다.

얼마 지나지 않아 이모는 몸져눕고 조선소에서 하던 일도 그만두었다. 엄마는 아침나절에 설탕 한 숟가락을 폭 떠 넣은 밀크티와 초콜릿 없는 다이제스티브 비스킷을 접시에 담아 이모에게 갖다 주라며 나에게 건넸다. 나는 홍차를 엎지를까 싶어서 살금살금 걸으며 열쇠로 이모네 집 현관문을 열고 안으로 들어갔다. 그러고는 쟁반을 들지 않은 손으로 살짝 노크를 한 뒤 어둑한 침실 문을 열었다. 정체를 알 수 없는 이상한 냄새가 훅 코를 찔렀다. 죽음의 냄새이리라. 이모는 고맙다며 내 손을 꼭 쥐었다. 몇 주 뒤 이모는 내가 아는 사람들 중에서 죽음을 맞이한 최초의 사람이 된다. 엄마는 온종일 울었다. 달래도 소용이 없었다. 나는 "죽음이 이런 거구나"라고 혼잣말을 중얼거리면서 부모님이 느닷없이 죽거나 전쟁이 터져서 나 홀로 남는 끔찍한 상상에 사로잡혔다. 하지만 그 누구에게도 이런 생각을 발설하지 않았다.

*

　우리 집 뒷길의 차가운 잿빛 자갈돌 틈새에서 풀잎이 파릇하게 돋아났다. 씨앗은 새가 물고 왔거나 바람을 타고 날아왔을 터였다. 나는 이따금씩 이 작은 풀잎들이 모여 뒷길을 풍성한 초록빛으로 뒤덮는 상상을 하곤 했다. 온통 초록 물결이 넘치는 정원을 가만히 머릿속에 그려본다. 하지만 상상은 상상일 뿐 뒷길은 변함없이 회색 자갈길이었다. 가끔씩 깃털처럼 가벼운 풀잎이 벽돌과 자갈 틈새를 뚫고 그 여린 생명력을 말없이 이어갈 따름이었다.
　에이미 이모네 집에서 조금 내려가면 손님이라곤 없는 도자기 가게와 우리 부자가 머리를 깎는 트로터스이발소가 나왔다. 아버지와 나는 늘 "뒷머리도 옆머리도 짧게" 깎았다. 키가 작은 나는 의자 팔걸이에 판자를 걸쳐놓고 그 위에 앉아야 했다. 나는 이발한 뒤 짧은 뒷머리를 만질 때의 그 까슬까슬한 감촉이 좋았다. 하지만 내가 가장 매료된 것은 남자 냄새 진하게 풍기는 이발소, 그곳의 분위기였다. 이발사들이 거침없는 손길로 칼날을 가는 가죽숫돌, 붓으로 면도 거품을 바르는 능란한 손놀림, 모발영양제와 포마드에서 나는 상쾌한 냄새, 바닥에 수북이 쌓인 머리칼, 금녀의 공간에서 남자들끼리 주고받는 은밀하고도 화려한 이야기, 중간중간 들리는 싹싹 가위질하는 소리.
　이발소 옆에는 신문 인쇄소가 있었다. 커다란 윤전기가 늦은 오후에는 〈이브닝 크로니클〉 뉴캐슬판을, 아침에는 〈저널〉을 철커덕철커덕 요란하게 찍어내는 곳이었다. 나와 절친한 토미 톰슨은 인쇄소 앞길 모퉁이에서 출퇴근하는 조선소 직원들에게 신문을 팔았다. 토미와 나는 입학 첫날부터 친해졌다. 토미는 집시처럼 어두운 눈동자에 테디보이인 제 형을 따라 숱 많은 까만 머리를 올백으로 빗어 넘기고 다녔다. 테디보이들은 한껏 멋을 부리고 동네를 공포에 떨게 하는, 아니 스스로 그런 존재라고 믿고 싶어 하는 양아치들이다. 토미는 타고난 심성은 고운 아이지만, 마치 자기가 진 빈센트*미국의 로큰롤 가수*라도 되는 양 어설픈 깡패 흉내를 내면서 표정이며 걸음걸이를 오만불손하게 꾸미고 다녔다. 그러니 선생님들과 사이가 좋을 리 없었다. 벌써 궐련을 피우고 학교도 기분 내킬 때만 갈 뿐 아니라 울워스*영국의 대형 판매 및 유통 업체*에서 고물을 훔칠 때면 그 대담함에 혀가 내둘릴 정도였다. 게다가 현란한 어휘를 동원해서 성에 관한 놀라운 지식을 뽐냈다.

"너, 젖퉁이 뭔지 알아?"

내가 수치스러우면서도 한편으론 솔깃한 마음을 금할 수 없어서 우물거리며 대답했다.

"몰라."

"우유 통인가?"

"토미, 모른다니까……."

"남자가 거시기를 꺼내서 그 사이 골에 넣고 비비……."

토미는 교회에 나가지도 않고 제 입으로 하느님도 믿지 않는다고 떠들고 다녔다. 토미는 나의 첫 실존주의자 영웅이었다.

세상 물정에 훤한 이 친구를 오랫동안 붙들어놓는 운 좋은 날에는 친구가 담배와 차 한 잔을 가지러 인쇄소로 들어간 사이 내가 신문 판매를 맡았다. 친구가 길거리에서 신문 이름을 외치는 법을 일러준 대로 나는 모음을 최대한 길게 늘여서 "이이브니잉 크로으니이클"이라고 목청껏 소리 질렀다. 엄마가 보면 천박한 짓이라고, "쌍스럽게 컸다"고 사람들이 흉본다며 펄쩍 뛸 게 뻔하기 때문에 엄마 몰래 신문을 팔았다. 내가 목소리로 돈을 번 첫 경험이었다.

거리 맞은편에는 빅토리아 고딕 양식의 성^聖누가영국국교회가 하늘을 찌를 듯 날카롭게 솟아 있고, 강가를 따라 쭉 내려가면 로이드은행과 우체국이 나온다. 나는 이 우체국으로 수요일마다 아동수당을 받으러 터덜터덜 걸어갔다. 아침이면 성누가교회 신부님이 우리 낙농장에 와서 야옹이 먹이라며 우유 한 갑을 사갔다. 신부님 나름의 농담이다. 신부님이 고양이를 키우지 않는 걸 잘 알기 때문이다. 신부님이 나에게 슬쩍 윙크를 하더니 유행을 좇아 까만 색깔 렌즈를 눈에 낀 베티를 쳐다보며 짓궂게 빙글빙글 웃었다. 나는 신부님이 좋았다. 온화한 미소도 좋고, 까만 모자 밑으로 살짝 보이는 흰머리도 좋고, 실없는 농담도 좋았다. 큰길을 두 번 건너야 나오는 가톨릭교회에서 아일랜드 광신자들을 보면 슬그머니 겁이 나는데 거기에 비하면 신부님은 한결 부드러운 종교의 예언자처럼 보였다.

우체국 아래로 내려가면 기차역이 나온다. 토미의 형인 믹이 이곳에서 일했다. "만화"에 나오는 인물들처럼 서둘러 집으로 돌아가는 사람들에게서 기차표를 받는 일이었다. 믹은 잠시 짬이 나면 휴 가^{Hugh Street} 쪽으로 난 높은 대기실 창문 밖으로 고개를 내밀고 길 건너편으로 침 뱉는 연습을 했다. 어느 날 내가 형을 발견하고 "믹 형!"이라고 반갑게 부르자 형은 내가 무슨 하등동물이라도 되듯이 못 들은 체하더니 내 발치에 누런 가래침 한 덩이를 내뱉고는 기차 진입을 알리는 종소리에 건물 안으로 쑥 들어가버렸다. 통근 열차는 15분에 한 대씩 역사에 들어왔다. 아주 가끔씩 선사시대 유물 같은 증기기관차가 요란한 바퀴 소리를 내며 스테이션 로^{Station Road}의 다리를 지나가면, 84번가에 사는 소년^{스팅을 뜻한다}은 집 밖으로 뛰어나가 홀린 듯 기관차를 바라보며 오르가슴에 가까운 환희를 맛보았다.(증기기관차 발명으로 세계에 이름을 떨친 조지 스티븐슨은 여기서 5킬로미터도 떨어지지 않은 곳에서 태어났다. 요 근방 출신 중에 유일하게 유명한 사람이 아닐까 싶다.)

금요일 아침이면 엄마는 갓 잡은 싱싱한 대구며 해덕^{대구와 비슷하지만 그보다 작은 바닷물고기}을 사 오라고 철교 밑으로 나를 보내곤 했다. 생선 파는 노파는 낡은 유모차 바퀴 위에 판자를 대충 박아서 만든 수레에 생선을 가득 싣고 부둣가에서 다리 밑까지 수레를 끌고 와 생선을 팔았다. 노파는 물기에 젖어 번들거리는 생선을 누런 신문지에 싸주었다. 손톱은 더럽고 찌개 줄 듯 자글자글한 얼굴 위로 바짝 당겨서 묶은 반백의 머리칼에 이는 하나밖에 없었다. 나는 노파가 무서웠다. 생선 비린내 물컥물컥 풍기는 내 머릿속 세계에서 노파는 바다 동물의 사악한 아내이고, 입을 쩍 벌린 채 두 눈을 동그랗게 뜨고 꿈틀거리는 물고기는 노파가 잡아온 제물이었다. 나는 금요일 아침만 되면 어떻게든 생선 심부름을 안 가려고 온갖 핑계를 대다가 그게 안 통하면 죽은 생선을 파는 가게로 가겠다고, 살육의 현장에서 멀찌감치 떨어진 깨끗한 가게로 가겠다고 엄마에게 간곡하게 부탁했다.

*

나는 빅토리아풍으로 지은 유서 깊은 성^聖콜럼바초등학교에 다녔다.

부모님은 학교 옆의 교회에서 결혼했는데, 5세기와 6세기에 걸쳐 토착민들을 가톨릭으로 개종시킨 아일랜드의 열혈 선교사 성 콜럼바의 이름을 따서 교회 이름을 지었다고 했다. 선교사들이 오딘^{북유럽신화에 나오는 최고신}과 토르^{북유럽신화에 나오는 천둥, 전쟁, 농업 등을 주관하는 신} 대신에 오른쪽 뺨을 맞거든 왼쪽 뺨을 내밀라는 사랑의 신을 받들라고 토착민들에게 강요하기 위해 아이오나 섬의 수도원에서 머나먼 길을 떠날 때에 "술병"은 물론이고 감언이설에 능한 "달변가"까지 챙겨갔던 게 분명하다. 그러나 수백 년이 흐른 지금도 성직자들은 여전히 미친 아일랜드인들이고, 토르를 믿던 사람들은 일주일의 네 번째 날을 아직도 '토르데이'라고 부른다. 세상에는 죽어도 바뀌지 않는 것들이 있다.

내가 일평생 종교에 매료되면서도 또 그만큼 종교로 인해 번민하게 된 것은 성콜럼바초등학교에 다니면서였다. 가톨릭 학교 학생들은 모두 손바닥만 한 크기의 빨간 교리서를 갖고 다니는데, 세상 변혁을 꿈꾸는 초기 마오쩌둥주의자처럼 토씨 하나 틀리지 않고 교리문답을 통째로 외워야 했다.

누가 너를 만들었지?
"하느님이 만드셨습니다."
하느님이 너를 왜 만드셨지?
"하느님을 알고 사랑하고 섬기기 위해서입니다."
하느님이 무엇을 본떠 너를 만드셨지?
"하느님의 형상을 본떠 만드셨습니다."

이 모든 질문과 대답에 내포된 것은 하느님도 가톨릭 신자이고, 가톨릭을 믿지 않는 사람은 그 누구도 천국에 들어갈 수 없으며, 이 불쌍한 불신자들을 진정한 교회의 품 안으로 개종해야 한다는 것이다. 다행히도 종교가 다른 부모 밑에서 자랐기 때문에(엄마는 영국국교회 신자이고, 아버지는 이름뿐인 가톨릭 신자다) 나는 이 생각을 온전히 믿지 않았다. 가톨릭 여성연합회 회원이 아니라는 이유만으로, 혹은 성콜럼바기사단원이 아니라는 이유만으로 수백만 명의 길 잃은 양들을 영원히 지옥불에 타게 한다는 생각은, 내가 오만이라는 단어를 알기 훨씬 전부터 참을 수 없게 오만해 보였다. 가톨릭으로 세례받지 못한 불행한 아기의 영혼이 영원히 머무는 곳이라는 림보라는 개념도 지옥만큼이나 나를 진저리 치게 했다.(일요일 미사에 빠져도 지옥에 떨어진다고 했다.) 연옥이건 지옥이건 천국이건, 영원이라는 개념 자체가 나에게는 섬뜩했다. 부모님은 물론이고 내가 아는 사람들은 모조리 지옥불에 타고 있는데 나 홀로 천국에서 천년 만년 사는 것은 언제 끝날지 모르는 지루한 미사를 듣는 것과 다름없었다. 나는 복사服事로도 일했는데, 오히려 그 덕분에 미사가 덜 지겨웠다. 무슨 말인지 거의 못 알아듣긴 했지만, 라틴어 미사를 앵무새처럼 제법 근사하게 따라 했다. 라틴어를 못 알아듣는 건 나뿐만이 아니었을 것이다. 나는 미사 전례복을 차려입는 게 마냥 좋았다. 먼저 무릎까지 내려오는 까만 수단을 입고 그 위에 주중에는 하얀 서플리스성직자가 의식을 거행할 때 입는 성의를, 주말에는 빨간 서플리스(기본적으로 드레스)를 입었다. 미사가 극적인 요소가 있는 데다 엄숙하고 거창해서 내 안에 잠재된 연주자 기질을 자극한 게 분명하다.

  그때까지 진정한 영적 체험이란 걸 해본 적이 없기 때문에 나는 언제나 신자의 집에 몰래 들어온 사기꾼 같은 기분이었다. 그곳에 속한다는 느낌이 들지 않았다. 일곱 살이면 옳고 그름을 어느 정도 가릴 수 있는 나이지만, 내가 알기로 대죄를 짓는 일곱 살짜리는 거의 전무하다. 지은 죄가 없어도 엄숙한 고해성사를 하려면 사방이 막힌 좁은 고해소에 무릎

꿇고 앉아 촘촘하게 짠 그물망 너머 까만 실루엣으로 보이는 신부님께 죄를 고해야 한다.

고해성사는 이렇게 시작된다. "신부님, 죄지은 저에게 하느님의 은총을 내려주세요. 2주일 전에 마지막 고해성사를 했습니다."(고해성사는 두 이레에 한 번은 해야 한다.) 하지만 이 두 문장을 말하는 게 얼마나 힘들었는지 모른다. 내가 기억하기로 고백할 만한 큰 죄를 짓지도 않았는데 차마 그렇게 말할 수는 없는 노릇이라 죄지었다고 말한 첫 번째 문장은 그 자체가 거짓말이었다. 그러곤 "어른들 말씀을 안 들었어요(실제로는 잘 들었다)"나 "거짓말을 했어요" 같은 미죄를 지어내면서 또 다른 거짓말을 늘어놓았다. 거짓말이라곤 고해성사 때 하는 게 전부인데, 거짓말한 걸로도 모자라 신성모독까지 더해지니 지옥에 떨어져 천벌을 받을 게 자명했다. 이 끔찍한 존재론적 난제와 도덕적 역설은 일곱 살짜리가 감당하기에 너무 벅찬 것이었다. 그래서 나는 마치 역병 피하듯 고해성사를 피해 다녔다. 상황이 악화된 건 불 보듯 뻔했다. 적어도 1년에 한 번은 성찬을 받아야 하는데, 이조차도 안 하면 파문당할 각오를 해야 한다.(교리에 따르면 이 또한 지옥불에 떨어질 대죄였다.) 순전히 당혹스런 고해성사를 피하고 싶은 마음에, 나는 스스로에게 교회 바깥 테두리에서 살 것을 선고했다. 그럼으로써 아일랜드인 성직자들이 그토록 흠모해 마지않는 조이스제임스 조이스적인 지옥에서 영원히 고통받는 벌도 스스로에게 면제해주었다. 일곱 살 무렵 나는 바보이거나 생각이 너무 많은 아이였다.

이 종교석 딜레마는 어른이 된 뒤에도 풀리지 않았는데, 살다 보면 도움이 될 때도 있지만 그렇지 않을 때도 있었다. 생각이 많으면 고뇌가 깊어지는 법이다. 이 깨달음은 가톨릭 신앙이 나에게 남겨준 영원한 유산이었다.

*

　밀림 속 교회에서 시간이 흐른다. 시간이 얼마나 지났는지 알 길이 없다. 트루디는 편안한 얼굴로 자신만의 세계에서 부유하는 것 같다. 왼쪽 뒤편에 앉은 여자는 고통인지 환희인지 모를 가냘픈 소리를 내며 신음하고 있다. 오른편에 앉은 여자는 어깨를 들썩이며 흑흑 흐느낀다. 깊고 고른 숨소리만 들릴 뿐 나는 조용히 앉아 약 기운이 온몸을 휘돌아 구석구석 퍼지도록 가만히 내버려둔다.

　눈앞에 펼쳐지는 광경과 이미지가 이토록 다양하고 광범위하다는 것이 경이롭게 느껴진다. 지금껏 살면서 맺은 인간관계란 인간관계는 모조리 시험대에 오르는 것 같다. 부모, 형제, 누이, 친구, 연인, 아내, 아이들이 모두 기억이라는 법정에 들어와 증인석에서 제 차례를 기다리는 듯하다. 피하고 싶은 문제들(아들로서, 형으로서, 오빠로서, 친구로서, 연인으로서, 남편으로서, 아빠로서 거듭하는 실패, 그리고 언젠가는 나에게도 닥칠 죽음에 대한 두려움)이 저만치 사라지기는커녕 의식 한복판에 보란 듯이 자리 잡고 있다.

　암울하고 거친 이미지들이 많이 잦아들었지만 여전히 가벼운 경험은 아니다. 오히려 숨 막히도록 진지하다. 의식 깊숙한 곳에서 들끓는 분노를 직시하고, 지금 이 뜨거운 분노를 정제하고 있음을 겸허히 받아들일 따름이다.

　오른쪽 뒤에 앉은 여자는 여전히 흐느끼고 있지만 울음소리가 한결 진정되었다. 왼쪽 뒤에 앉은 여자는 격렬한 오르가슴을 느끼는 듯하다. 스테레오에서 아는 가수의 노래가 흘러나온다. 브라질 여가수 지지 포시다. 정열적인 목소리는 로맨틱하고 관능적인 갈망으로 터질 듯하다. 처음 들는 노래지만 반주로 흐르는 에이토르 빌라로부스^{브라질의 작곡가이자 지휘자}의 클래식 선율이 귀에 익다. 강당에 첼로 독주 선율이 깊고 장중하게 울린다. 이미지가 다시 나타난다.

나선형으로 휘감는 기하학 무늬가 눈꺼풀 뒤에서 음악 리듬에 맞춰 일렁이더니 차차 사람의 형체로 바뀐다. 보석처럼 찬란하게 빛나는 모습이 여자임에 틀림없다. 내 평생 이토록 아름다운 여자들은 처음 보지만 어딘가 섬뜩한 구석이 있다. 잔혹하게 아름답고 숨 막히게 관능적인 형상이 어찌 보면 곤충 같기도 하다.

내가 신비롭고 이국적인 여자들에 빙 둘러싸인 채 엘리베이터 통로처럼 생긴 커다란 수직 통로 위로 쑥 올라간다. 위로, 위로 올라간다. 상황을 통제할 생각도, 여자들에게 저항할 생각도 없다.

곧이어 벌집처럼 생긴 큰 방이 나온다. 한복판에 탁자가 있고 그 위에 체스판이 놓여 있다. 아름다움에서도 지위에서도 한참 위처럼 보이는 매혹적인 여자가 맞은편 탁자에 앉아 나에게 앉으라고 손짓한다. 여자들이 우아한 자태로 탁자 주위를 빙 에워싼다. 내 앞에 하얀 말들이 놓여 있다. 체스를 두자는 게 분명하다.

내가 첫 수로 하얀 졸을 두 칸 앞으로 옮긴다. 으레 이렇게 시작하는데 맞은편 여자도 똑같이 응수한다. 체스를 두는 내내 여자는 체스판에 눈길 한 번 주지 않고 한결같은 낯빛으로 내 눈만 빤히 쳐다본다. 내가 말을 움직일 때마다 여자가 즉각적으로 공격해온다.

음악 소리가 방 안으로 너울너울 울려 퍼지자 탁자를 에워싼 요정들이 드럼 리듬에 맞춰 관능적으로 몸을 흔든다. 여자가 내 수에 응수하며 유혹하는 것 같기도 하고 조롱하는 것 같기도 한 눈길로 나를 쳐다본다. 음악이 점차 빨라지더니 진한 향수 냄새처럼 내 머리 주위를 휘감는다. 눈동자며 입술이며 표정 없는 얼굴을 망사로 가리고 미끄러지듯 춤추는 사원 무희들처럼 여자들이 기다란 손가락으로 섬세하고 정교한 무드라^{인도} ^{무용의 손동작}를 만들며 손을 흔든다. 게임에 집중해야 한다. 하지만 방 안은 온통 성적인 이미지로 가득 찬 요지경이다.

 맞은편에 앉은 여자가 이제는 무섭도록 아름답고 지능적인 여왕이자 여신이 된다. 여자가 흑단으로 만든 검은 말을 옮길 때마다 마치 나무판에 말을 쑤셔 넣기라도 하듯 손가락 사이에서 말을 비튼다. 나를 겁주고 불안에 떨게 하려는 의도라는 걸 잘 알면서도 나는 속수무책이다. 더 이상 게임이 아닌 것 같다. 마치 목숨이 걸려 있는 것처럼 느껴진다. 허 찔린 채 벼랑 끝에 내몰린 나는 어찌 할 줄 몰라 허둥대기만 한다.

 무희들이 엉덩이를 더욱 노골적으로, 선정적으로 흔들면서 농염한 춤 사위를 보인다. 나는 당황한 나머지 실수를 연발한다. 이제는 무희들이 미친 듯이 몸을 흔들며 애욕을 발산하는 바람에 도무지 정신을 차릴 수가 없다. 나는 흥분되기도 하고 두렵기도 하다.

 여왕이 가차 없이 공격하며 내가 쌓는 보루를 모조리 파괴한다. 왕을 한복판으로 옮기는 수밖에 없다. 허허벌판에 알몸으로 서 있는 왕을 검은 여왕과 호위병들이 먹이를 노리는 매처럼 매섭게 노려본다. 궤멸은 시간문제다.

 전설의 새가 날갯짓하듯 무희들이 곧게 뻗은 팔과 다리를 흔들며 방 안을 빙글빙글 돈다. 탄트라^{성력(性力)}을 교의의 중심으로 하는 인도의 밀교 사원에 새겨진 조각상처럼 우아하면서도 음란하다.

 검은 루크가 하얀 기사를 죽인다. 왕이 다시 벼랑 끝으로 내몰린다. 무희들이 내 귀에 대고 음탕한 말을 속삭인다. 숨조차 쉴 수 없다. 뱀이 혀를 날름거리듯 뜨거운 혀가 내 귀밑을 핥는 동안, 검은 여왕이 상처 입은 왕 앞에 모습을 드러낸다. 여왕이 "체크^{장기의 장군에 해당}"라고 도도하게 외치는 소리가 방 안에 쩌렁 울린다. 여자들이 뒤로 물러선다.

나는 후퇴를 거듭하고, 여왕은 이글이글한 독기를 내뿜으며 찬란하게 빛난다. 검은 여왕이 조롱하듯 왕을 애무하고 마치 암거미가 정교하게 자은 거미줄에서 기회를 노리듯 최후의 순간을 기다리며 승리의 환희를 맛본다.

나는 후퇴하고 또 후퇴한다.

어느새 음악이 멎었다. 방 안에 정적만이 흐른다.

나는 흥분되고 팽팽하게 부풀어서 공격에 무방비로 노출된다.

검은 여왕이 싸늘한 미소를 지으며 엘리자베스 여왕 궁전의 무희처럼 비웃듯 옆으로 한 칸 옮기며 길을 터준다.

왕은 이제 구석 자리까지 왼쪽으로 한 칸밖에 남지 않았다. 검은 루크가 H8^{체스판에서 오른쪽 제일 윗자리}에서 왕을 잡는다. 상황 종료.

*

내가 낙농장 위 어두운 다락방 침대에서 첫 몽정을 경험한 뒤 몽롱하게 누워 있다.

필립 라킨^{T. S. 엘리엇과 함께 영국을 대표하는 시인}은 자신의 시 「놀라운 해^{Annus Mirabilis}」에서 섹스는 『채털리 부인의 연인』이 해금된 해부터 비틀스가 첫 음반을 발매한 해 사이에 생겨났다고 말했지만, 토미 톰슨의 현란한 성 지식에도 불구하고 나에게 섹스는 아직 존재하지 않는 것이었다. 집에서는 그 누구도 성에 관한 이야기를 입에 올리지 않았다. 텔레비전에 섹스 장면이 나올 리 만무하고, 영화에 그런 장면이 나온다 하더라도 내가 본 적은 한 번도 없었다. 크리스틴 킬러(1960년대 초반 당시 국방부 장관과의 성 스캔들로 영국 사회를 뒤흔든 쇼걸)와 그녀의 친구들이 국방부 장관을 야단스레 접대하고, 이 사건으로 토리당 내각이 무너질 위기에 처하지만, 언론은 아직 이 사실을 모르고 있었다. 삼십여 년 전 D. H. 로렌스가 쓴 외설스러운 소설에 대해서 대법관이 머잖아 해금 판결을 내릴 테지만, 나에게는 이 모든 것이 아무 의미가 없었다.

나는 손에 묻은 물질이 무엇인지 전혀 알지 못한 채 망연히 어둠 속에 누워 있다. 끈적끈적하고 뜨뜻미지근한 게 피 같다는 느낌밖에 없다. 찰나적인 쾌락도 잠시, 나는 내 손으로 내 몸을 다치게 했고 날이 밝으면 몸이며 침대며 온통 피 천지일 거라는 공포에 사로잡힌다. 불을 켜면 동생이 깰 것이다. 이건 나만의 비밀이다. 아버지가 후려칠 허벅지 부위가 벌써부터 얼룩해 오는 것 같다. 두려움과 죄책감으로 얼룩진 환희는 이날 이후 뜨듯한 사타구니 밑에 오랫동안 남아 나를 유혹한다.

아버지는 애정 표현에 인색한 분이다. 포옹이니 키스니 하는 것은 겉으로만 그럴싸하지 아무짝에도 쓸데없는 거라고 여겼다. 아버지 세대에는 서로 살갗 부비면서 친근감을 표현하는 게 낯설고 남자답지 못한 행동이었다. 양차 세계대전 사이에 끼인 세대이다 보니 곤궁하고 피폐한 전시를 이겨낼 수 있도록 스파르타인 기질이 절로 생긴 게 아닐까 싶다. 여기서 벗어나는 행동은 계집애나 하는 유약한 짓으로 치부되었다. 그네들은 울지 않고 서로 끌어안지 않았다. 키스는 영화에서나 하는 짓이었다. 아버지는 모질거나 난폭하지 않았지만 또래 분들과 다르지 않았다. 마음속 깊이 우리를 사랑하면서도 그걸 어떻게 표현해야 할지 방법을 몰랐다. 아버지는 쇠창살 뒤에 갇힌 죄수처럼 홀로 떨어져서 침통한 표정을 지으며 자기 세상으로 한없이 침잠해 들어갔다.

엄마는 아버지와 달리 감정에 즉각적으로 반응하는 분이다. 작은 일에도 웃고 기뻐하지만 또 그만큼 쉽게 짜증내고 눈물을 흘렸다. 엄마는 낭만과 모험을 갈망했다. 비록 가정이라는 새장에 갇혀 있지만, 마치 열대우림에 사는 희귀종 새처럼 어디로 튈지 예측할 수 없는 위험천만한 분이었다. 나는 엄마를 끔찍이 사랑하면서도 두려워했다.

일요일 오후에 엄마와 나는 BBC에서 트레버 하워드와 셀리아 존슨의 〈밀회〉나 제임스 스튜어트의 〈멋진 인생〉 같은 흑백영화를 보았다. 영화가 끝날 무렵에는 "손수건 석 장도 부족할" 정도로 눈물범벅이 되곤 했다. 엄마는 어린아이처럼 화면 위에서 일렁이는 흑백 이미지에 정신을 빼놓고 보다가 바이올린이나 첼로 선율이 처연하게 흘러나올라 치면 어김없이 눈물 바람이 되었다. 나는 엄마의 아들인 동시에 아버지의 아들이기에 목구멍을 치고 올라오는 울음을 고통스럽게 삼켜야 했다. 또한 슬픔에 젖은 엄마를 꼭 안아주면서 눈물을 닦아주고 싶은 마음을 꾹 참아야 했다. 아버지는 오후에 낮잠을 꼭 잤다. 영화 따위에 낭비할 시간이 없었던 것이다. 나는 아버지의 대변인이라도 되듯 돌처럼 딱딱하게 굳은 얼굴로 엄숙하게 앉아 영화를 보았다. 누가 보면 치미는 울화를 삭이는 걸로 알았을 것이다.

아버지의 하루 일과는 판에 박은 듯 매일 똑같았다. 정오까지 우유 배달을 끝내고 점심을 먹고 두어 시간 낮잠을 자고 일어난 뒤 석간신문을 훑어보고 술 한잔 걸치러 선술집으로 간다. 보통은 우유 배달 구역에서 멀지 않은 하이 가의 '페니 웨트'나 코스트 로의 '라이징 선'을 찾았다. 술고래가 아니라서 조금만 많이 마셨다 하면 이튿날 머리가 아프다며 온종일 힘들어했다. 아버지는 곤드레만드레 취하는 법도, 집에 늦게 들어오는 법도 없었다.

술은 입에 대지도 않는 엄마가 아버지를 따라 선술집에 갈 턱은 더욱 만무했다. 고상한 행동이 아니기 때문이다. 더욱이 엄마는 "기품 넘치고 우아한" 여자였다. 술집은 노는 여자들이나 가는 곳이었다. 적어도 당시에는 이렇게들 생각했다. 엄마는 어린 동생 둘을 돌보고 하루 세 끼 식사를 준비하고 가끔 짬이 나면 하이 가에 쇼핑을 가거나 가게 뒷방에서 빨강 머리 낸시와 깔깔 웃으며 수다 떠는 걸로 하루를 보냈다. 엄마는 가게에서 일하지 않았다. 엄마는 스스로를 여염집 부인으로 여겼고 남들도 그렇게 생각했다. 자가용도 굴리고 전화도 놓은 집은 동네에서 우리 집밖에 없었다.

전축은 뒷방에 있었다. 엄마는 45회전 음반인 챔프의 〈테킬라Tequila〉에는 자이브를, 에벌리 브라더스의 〈내가 할 일은 꿈꾸는 것뿐All I Have to Do is Dream〉(내가 받은 화음이라는 것에 관심을 갖게 된 최초의 노래가 아닐까 싶다)에는 블루스 추는 법을 가르쳐주었다. 훌라후프 돌리듯 흥겨운 처비 체커의 〈트위스트Twist〉를 틀어놓고는 지쳐서 쓰러지거나 배가 아파서 서 있지도 못할 때까지 트위스트를 추고 또 추었다. 행복한 시절이었다. 엄마와 나는 눈물이 나도록 깔깔 웃었다. 하지만 오후에는 아버지가 "잠시 눈을 붙이실 수 있게" 집 안이 조용해야 했다. 이 시간 동안 엄마는 망사 커튼 드리운 2층 창가에 앉아 지나가는 사람들을 내려다보았다.

상대적으로 풍족한 편이었지만 돈과 관련해서 무슨 문제가 있었던 게 분명하다. 토요일 오후에 아버지는 레이, 빌리 형제와 함께 뒷방에서 이레 동안 수납한 돈을 정산했다. 나는 1페니짜리 동전은 열두 개씩, 3페니짜리 동전은 네 개씩, 6페니짜리 동전은 두 개씩 쌓아 1실링을 맞추고, 1실링짜리 동전은 스무 개씩, 2실링짜리 동전인 플로린은 열 개씩 쌓아 1파운드를 맞추었다. 당시 화폐제도에서는 12페니가 1실링이고, 20실링이 1파운드였다. 반 크라운

짜리 동전과 반 페니짜리 동전은 물론이고, 네 개가 모여야 1페니가 되는 파딩도 일일이 세었던 기억이 난다. 이렇게 동전 하나까지 다 챙겼는데도 수지를 맞추지 못할 때가 많았던 모양이다. 아버지가 거듭해서 숫자를 확인하는 동안 레이, 빌리 형제는 안절부절못하며 다리를 외로 꼬고 바로 꼬고 했다.

어느 날 갈색 작업복 차림의 남자 넷이 불쑥 현관으로 들어서더니 2층에서 피아노를 내갔다. 길가에 세워둔 파란색 화물차 짐칸에 피아노가 실리는 순간, 나는 엄마 얼굴에서 어떤 불꽃 같은 게 사그라지는 걸 목도했다. 하지만 아버지도 나도 엄마를 위로하지 않았다.

이 일이 있은 지 며칠 안 돼 빌리가 사라졌다. 레이가 아침나절에 우리 집에 오더니 동생 방문을 아무리 두들겨도 대답이 없다며 불안해했다. 아버지가 급하게 차를 몰고 빌리 집에 가서 이십 분 넘게 방문을 두들겼지만 부질없는 짓이었다. 아버지는 빌리가 맡았던 구역을 레이와 나눠서 어떻게든 가게를 꾸려가려고 애썼지만, 일손이 턱없이 부족한 바람에 내가 학교 가는 날에도 팔을 걷어붙이고 나서야 했다. 오후가 되도록 일은 끝나지 않고 나는 완전히 녹초가 되어 아버지 옆에서 곯아떨어졌다. 빌리는 그다음 날에도, 그 다음다음 날에도 나타나지 않았다. 레이도 동생의 행방을 모르기는 마찬가지였다. "떡이 되도록 술 마시고는 어디 처박혀 있겠지"라고 말하며 어깨를 으쓱할 뿐이었다.

이후 빌리를 본 사람은 아무도 없었다. 빌리라는 이름을 입 밖에 꺼내는 사람도 없었다. 이제 빌리를 대신할 직원을 뽑아야 했다.

며칠이 지난 뒤 직업소개소에서 보낸, 열정이라곤 눈곱만큼도 없어 보이는 지원자들이 애처롭게 뒷방으로 터덜터덜 걸어 들어왔다. 손가락 사이에 반쯤 탄 담배를 끼고 팔짱을 지른 채 방 모퉁이에 서 있던 낸시가 남자들 몰골이 볼썽사나운지 경멸감을 숨길 생각도 없이 들으라는 듯이 콧방귀를 흥 뀌었다. 베티는 구석에 앉아 비통한 얼굴로 눈물을 주룩주룩 흘리며 소리 죽여 흐느끼고 있었다. 어젯밤 남자 친구에게 맞았는지 아랫입술이 기괴하게 부어 있었다. 엄마가 베티를 위로했지만 소용없는 일이었다. 직업소개소 직원이 오후에 지원자 몇을 더 보내긴 하겠지만 이 엄동설한에 우유 배달할 사람이 어디 많겠느냐며 입바른 소리를 하고는 가버렸다. 내가 이 소리에 귀가 번쩍 뜨여서 나지막이 맞장구를 쳤다.
"맞아요, 맞아."

훗날 돌이켜 보며 이날이 중요해서 그랬는지, 아니면 기억에 상상력이 덧칠된 건지 분명하지는 않지만, 어쨌든 이 장면이 지금도 어제 일처럼 생생하다. 아버지는 빌리를 대신할 "꽤 괜찮은" 사람을 뽑고 잠시 눈을 붙이기 위해 방으로 들어갔다. 앨런이라는 사내였다. 붉은 기가 감도는 금발에 이목구비가 반듯하고 눈동자가 파란 사내였는데, 아버지보다 두어 살은 아래로 보였다. 앨런이 작업복과 배달 장부, 수금 가방을 받기 위해 다시 낙농장에 들른 참이었다. 낸시가 이번에는 흡족한지 만면에 미소를 머금고 모퉁이에 서서 담배를 태우고 있고, 베티는 집에 갔는지 보이지 않았다. 이때 엄마가 들어왔다.

일순간 모든 것이 정지하고 나는 투명 인간처럼 보이지 않는다. 서로를 쳐다보는 이 셋의 시선이 내 뇌리 속에 깊이 아로새겨진다. 불가해한 신비와 힘과 정적이 시선 속에 뒤얽혀 있다. 나는 이 모든 것을 목격한다.

*

눈을 뜨고 아내를 돌아본다. 손목시계를 보니 아야와스카를 마신 지네 시간이 흘렀다. 억겁이 지난 것만 같다. 하지만 중요한 부분은 한순간 눈앞을 스쳐 지나간 것 같다. 다른 사람들도 깨어나는지 몸을 뒤척인다. 아내가 눈을 뜨고 나에게 환하게 웃어 보인다. 아내가 자기는 아주 특별하고 멋진 경험을 했다면서 벌겋게 피가 지고 부석부석한 내 눈을 보더니 어땠느냐고 물어본다. 나는 많이 울었다고 대답한다. 아내가 내 팔을 잡으며 위로한다.

"어떡해? 나만 좋은 데 다녀왔나 봐. 이제 괜찮아?"

"응, 괜찮아."

이유는 모르겠지만 지금은 기분이 상쾌하다. 메스트리가 정식으로 개회를 선언하고, 마지막 노래가 끝나면 모든 의식이 갈무리될 터다. 어설픈 포르투갈어 실력으로 빛과 평화와 사랑이라는 말을 얼추 알아듣지만 더 이상은 무리다. 폭풍우에 조난되었다가 극적으로 구조된 승객들처럼 모든 사람들이 환하게 미소 지으면서 서로 얼싸안는다. 환희의 기운이 넘치고 다 같이 하나라는 의식이 가득하다. 트루디가 거대한 포세이돈 신전을 보았다. 수염을 길게 늘어뜨린 신이 삼지창을 든 채 커다란 왕좌에 장엄하게 앉아 있었다. 아름다운 여자들이 미소 띤 얼굴로 그 주위를 에워싸고 있었다며 제 경험을 설명한다. 아내는 줄곧 현실 너머 공간에 있었던 것 같다.

안내자 역할을 한 두 남녀가 오더니 어땠느냐며 이것저것 물어본다. 힘들지 않았나요? 무섭지는 않았나요? 이미지를 보았나요? 깨달음을 구했나요? 혹시 놀아가신 분을 만났나요? 신의 말씀을 들었나요? 나는 뭐가 뭔지 얼떨떨해서 횡설수설 얼더듬고는 자리를 피한다. 교회 밖으로 나오자 저녁 공기가 청수처럼 상쾌하다. 밀림은 생기로 파르르 떨리는 듯하다. 완전히 무장해제당한 기분이다. 이렇게 우주 만물과 하나로 연결되어 있다고 느껴본 적이 없다. 내가 미친 것일 수도 있지만, 미세한 분자 하나까지 생생하게 다가오며 나와 타자를 가르던 모든 장벽이 일시에 무너지는 것 같다. 마치 이 세상 모든 잎사귀며 풀잎이며 꽃잎이 나에게 손을 내밀고, 온갖 곤충이 나를 애타게 부르고, 청명한 밤하늘을 수놓은 수천수만의 별이 내 머리 위로 찬란한 빛을 내리쏟는 듯하다.

 세상과 하나라는 생각에 가슴이 벅차다. 감정의 망망대해에서 표류하는 기분이다. 이 막막한 감정을 설명할 단어는 오직 하나, 바로 사랑이다. 예전에 나는 사랑이라는 단어를 우리와 그들, 영웅과 악당, 친구와 적처럼 내가 좋아하는 것과 싫어하는 것을 가르는 데 사용했다. 그때에는 모든 존재가 높은 성벽 도시나 언덕 위 요새처럼 난공불락의 공간을 만들고 제 보물을 꽉 움켜쥐고 있는 것처럼 느껴졌다. 하지만 이제는 거대한 힘의 조류에 휩쓸려 땅과 하늘이 맞닿고, 나를 둘러싼 모든 것이 제 존재를 드러낸 채 찬란히 빛난다. 신의 은총을 받아 영원불멸하리라. 그런데 더욱 놀라운 점은, 이토록 거창한 철학적 사유가 거창하기는커녕 지극히 정상적인 것처럼 느껴진다는 것이다. 몇 시간 전에 눈앞에 펼쳐졌던 극적인 광경이 무한한 가능성의 세계로 가는 문을 활짝 열어젖힌 것만 같다.

 밀림과 밤하늘의 별을 바라보며 황홀경에 빠진 나는 교회 건물 계단에 가만히 앉는다. 주체할 길 없는 벅참이다. 고개를 숙이자 돌층계 사이로 좁은 틈새가 보이고, 어둠 속 반 자쯤 아래 거친 화강암 사이를 비집고 가냘픈 자주색 꽃 한 송이가 삐죽 솟아 있다. 물망초 같은데, 별처럼 생긴 노란 중심부에 매달린 자홍색 꽃잎 다섯 장이 찬연하다. 이 연약한 미물이 온 힘을 다해 빛을 향해 나아가고, 나는 이 경탄할 만한 용기를 지켜보는 유일한 목격자다. 불현듯 나는 이렇게 작고 아름답고 여린 존재에도, 이들을 에워싼 차가운 돌에도 사랑이 충만해 있음을 깨닫는다. 온 세상의 삼라만상이 서로 주는가 하면 받고, 튕겨내는가 하면 빨아들이고, 저항하는가 하면 순종한다. 사랑은 결코 허비되지 않는다는 걸 이 순간 처음으로 깨닫는다. 사랑을 부정하고 무시하고 심지어 왜곡한다고 해서 사랑이 사라지는 것은 아니다. 우리가 사랑의 신비와 힘을 온몸으로 받아들일 때까지 단지 다른 형태를 띨 뿐이다. 찰나에 사랑을 받아들일 수도 있지만, 천추의 시간이 걸릴 수도 있다. 하지만 억겁의 세월 속에서 보면 무의미한 것은 단 하나도 없다. 이게 사실이라면 나는 나의 삶을 계속 기억하고, 그 속에서 의미를 찾고, 지루하게 이어지는 나의 이야기를 아름다운 시로 승화해야 한다.

 오늘 밤 어두운 호텔 방 침대에 누워 뜬눈으로 밤을 지새울 듯싶다. 뿌옇게 앙금 가라앉은 내 삶 깊숙한 곳까지 우물을 파내려가 '과거'라는 겹겹의 견고한 암반을 뚫자 물줄기가 콸콸 솟구치는 것 같다. 의식 표면에 떠오르는 장면 하나하나가 또 다른 장면을 연이어 호출한다. 나는 호텔 방 천장에서 펼쳐지는 기억의 파노라마를 숨죽이고 지켜본다.

2

　스테이션 로의 낙농장은 이제 예전 상태로 돌아간 것 같다. 나는 엄마가 로 교장 선생님에게 써준 편지를 가방에 넣고 학교에 간다. 내가 그동안 아팠다고 엄마가 공손한 어조로 쓴 거짓 편지다. 엄마는 내가 아버지를 도와 우유 배달하느라 학교에 못 갔다고 말하는 것보다 "담즙분비이상"으로 아팠다고 거짓말하는 게 더 낫다고 생각한 모양이다. 엄마는 "담즙분비이상"이라는 단어를 쓰면 거짓 편지가 좀 진실해 보인다고 생각했는지 이 단어를 즐겨 사용했다. 담즙분비에 이상이 생긴 적이 단 한 번도 없는데도 엄마는 병가 편지마다 이 단어를 집어넣었다. 엄마가 이렇게 거짓 편지를 써준 이유를 꼭 집어 말할 수는 없지만, 일단 우리 집 사정을 드러내는 게 수치스러웠던 것 같다. 가정 문제를 감추고 싶은 본능이 작용한 까닭이 아닐까 싶다. 분명치는 않지만 나도 거짓 편지의 공모자라는 기분이 들었다.
　그냥 학교 가는 게 싫은 날이 있었다. 학교가 지겨워지면 엄마를 살살 구슬려 집에 있곤 했는데, 엄마도 내가 집에 있는 걸 은근히 좋아했던 것 같다. 이런 날 엄마는 나를 억지로라도 침대에 누워 있게 하다가 내가 일어나겠다고 하면 못 이기는 척 그냥 내버려두었다. 그러면 나는 엄마를 도와 집안일을 하거나 벽난로 앞에 오도카니 앉아 불꽃을 홀린 듯 바라보았다. 혹은 한 줄기 햇살이 틈새로 쏟아지게 커튼을 치고는 허공에서 은하수처럼 부유하는 먼지 입자를 하염없이 지켜보았다.

빅토리아풍으로 지은 우리 집은 커다랗고 꼬불꼬불해서 여기저기 숨을 곳이 많았다. 계단 밑 벽장은 사제의 은신처가 되고, 깊숙한 장롱은 은둔자의 동굴이 된다. 때로는 보초 서듯 낙농장의 슬레이트 지붕에 앉아 머릿속으로 우리 집이 포위당하는 상상을 한다. 내가 몽상가라는 사실을 엄마도 안다. 엄마도 창문 저 너머 세상에서 길 잃은 나그네의 시선으로 스스로를 바라보는 몽상가가 아니었을까. 그다음 날 학교 가는 길 내 점퍼 주머니 속에는 엄마가 써준 병가 편지가 들어 있었다.

이따금씩 타인 강가에 한 치 앞도 못 볼 정도로 짙은 안개가 깔린다. 온 세상이 안개 속에 파묻히고, 낡은 집들이 난파선 잔해처럼 희뿌옇게 보이는 이런 날 아침에 학교까지 걸어가는 길이 그렇게 좋을 수가 없다. 창백한 새벽달이 깎은 손톱처럼 파란 하늘에 걸려 있는 맑은 봄날 아침은 또 그것대로 좋다. 학교로 가다 보면 전쟁 중에 융단폭격으로 처참히 부서진 동네가 나오는데 거리마다 온통 불탄 집들밖에 없다. 15년 전 독일 공군이 조선소로 오인해 폭격한 곳이다. 나무 계단은 산산이 부서진 채 아무 데나 널려 있고, 침실은 창공 아래 처참한 몰골을 드러내놓고 있다. 낡은 벽시에 서글프게 매달린 휘장, 눅눅한 곰팡내, 무너진 마룻바닥과 대들보, 십자가에 못 박혀 죽은 예수를 연상시키는 잔해들.

폐허가 된 거리의 낭만과 신비가 나름으로 멋지지만, 음산한 기운이 감도는 게 으스스하다. 덧없이 스러져 적막감만 감도는 이곳이 독기 서린 구름처럼 주위의 모든 것을 삼켜버리지 않을까 슬그머니 겁이 난다.

총선을 앞두고 해럴드 맥밀런 총리와 토리당이 새로운 선거 구호를 내건다.

"이보다 더 좋을 수는 없다.(YOU'VE NEVER HAD IT SO GOOD.)"

벽보에 낙서처럼 휘갈겨 쓴 문구가 득의양양하다. 노동당은 이에 질세라 토리당 구호에서 마지막 두 글자를 지워 자기 당 구호를 만들었다.

"한 번도 좋았던 적이 없다.(YOU'VE NEVER HAD IT.)"

아버지는 벌써 일을 하러 나가고 없다. 나는 학교 가는 날이라 일찍 일어나 옷을 챙겨 입고 뒷방에 불을 피우려고 1층으로 내려간다. 층계참을 도는데 좁은 테라스와 현관으로 이어지는 복도 끝에서 무슨 소리가 들린다. 층계에 쪼그리고 앉자 테라스의 반투명 유리문 너머로 두 명의 그림자가 어른거리는 게 보인다. 발소리를 내지 않으려고 나무 난간에 체중을 실은 채 계단을 살금살금 걸어 내려간다. 유리문 너머에서 가냘픈 신음 소리가 가쁜 숨소리에 섞여 들려오고, 벽에 바짝 기댄 머리통 두 개가 흐릿하게 보인다. 발소리를 죽인 채 긴 복도를 천천히 걸어간다. 숨조차 쉴 수 없다. 고통스러운 듯 신음 소리가 점차 커진다. 손잡이에 손을 뻗는데 한편으론 두렵고 다른 한편으론 야릇한 용기가 솟는다. 문을 열고 싶은 충동과 호기심이 강하게 일면서 막연하게나마 위험으로부터 엄마를 구해야 한다는 절박감에 가슴이 조이는 듯하다. 손잡이를 돌리자 유리문 너머에 급작스런 공포가 깔린다. 문 틈새를 벌리기가 무섭게 반대편에서 문이 쾅 거칠게 닫힌다.

"괜찮아, 괜찮아."

짐짓 아무렇지 않은 척 나를 달래는 엄마 목소리가 들린다. 그 순간 우리는 추락하는 비행기에 탑승한, 곧 죽음을 맞이할 가족이 된다. 엄마는 나에게 위험한 상황을 숨기고 당신의 공포를 내비치지 않으려고 필사적으로 매달린다.

나는 아무것도 보지 못했지만, 그 자리에서 있는 힘껏 도망친다. 등 뒤에서 현관문 닫히는 소리가 들린다. 엄마가 내 방에 올라와 나를 찾아보았자 아무 소용이 없다. 나는 알 수 없는 비밀을 홀로 간직한 채 계단 밑 벽장 깊숙한 곳에 몸을 숨긴다.

아버지가 엄마의 불륜을 알게 되었는지, 혹은 무슨 낌새를 채고 꼬투리를 잡아 앨런을 해고했는지 알 수 없는 일이지만 언제부터인가 앨런이 보이지 않는다. 이 일에 대해 그 누구도 말하지 않는다. 사정이야 어찌 됐든 다시 예전 상태로 돌아간 것 같아 마음이 놓이면서도 한편 불안한 마음을 억누를 수 없다. 나는 자꾸 안으로만 침잠해 들어가며 말수가 적어진다. 혹시 내가 잘못한 건 아닐까 하고 내심 걱정이 되었지만, 그때 나에게는 속내를 터놓고 이야기하면서 내 잘못이 아니라고 위로해줄 사람이 아무도 없었다.

할머니네 집에서 지내는 시간이 점점 많아진다. 할아버지나 할머니에게 비밀을 털어놓지는 못해도 두 분이 그 긴긴 세월을 함께 지낸 집에 있으면 왠지 마음이 푸근해진다. 나는 응접실 피아노를 손 가는 대로 쾅쾅 내리친다. 피아노 위에는 뾰족한 가시덩굴에 둘러싸인 성심聖心이 몸 밖에서 환하게 빛나는 그리스도의 그림이 걸려 있다. 피아노가 집에서 없어진 뒤 그립기도 하고, 나의 말 못 할 혼란과 분노를 표출하기에 할머니네 피아노가 안성맞춤이기도 했다. 행복했던 시절 아버지는 노래를 부르고 엄마는 그 옆에서 피아노를 치던 바로 그 방이다. 〈굿나이트 아이린〉

의 기억이 희미한 향수처럼 주위를 맴돈다. 응접실 문을 닫고 커튼을 내린다. 그러고는 페달을 힘껏 밟으면서 건반을 미친 듯이 두들겨댄다. 상처 입은 영혼을 보듬어줄 천상의 화음을 원한 것인지도 모르지만, 그런 화음은 훈련받지 않은 내 손가락으로는 감히 흉내도 낼 수 없는 소리였다. 천상의 화음은커녕 지옥의 소리가 방 안 가득하지만, 한참 그렇게 피아노를 두들기다 보면 나도 모르게 마음이 편안해진다.

치미는 울분을 피아노로 풀지 못했다면 삐딱하게 자라서 지금쯤 버스 정류소 기물을 때려 부수거나 울워스에서 고물을 훔치면서 살았을지도 모른다. 내가 그쪽으로 끈이 있었다는 건 신만이 아신다. 내가 왜 미친 듯이 피아노를 두들겼는지 할아버지와 할머니가 알았다면 이 끔찍한 불협화음을 듣는 게 오히려 두 분께 위안이 되었을 것이다. 하지만 불행히도 두 분은 아무것도 몰랐다. 이 세상 그 누구도 몰랐다.

응접실 문을 살그머니 열던 할머니 모습이 지금도 눈에 선하다. 할머니가 거북딱지로 만든 돋보기 너머로 나를 불안하게 쳐다보면 나는 무슨 부끄러운 짓을 하다가 들킨 사람처럼 화려한 솔로 연주를 멈춘다.

"음, 조금만 부드럽게 연주해주면 안 될까? 그런……"

할머니가 적당한 단어가 떠오르지 않는지 잠시 말을 멈춘다.

"그런…… 깨진 음악 말고."

나는 차마 할머니 눈을 정면으로 마주 볼 용기가 없어 고개를 떨구며 대답한다.

"알았어요, 할머니. 그렇게 할게요."

봄바람에 추위가 눅자 직원 구하는 일이 한결 쉬워진다. 집에서도 긴장 상태가 완화된 듯하다. 부모님은 비록 서로 살갑게 대하지는 않을지언정 최소한의 예의는 지킨다. 이제 테라스는 엄마가 앨런과 밀회를 즐기기에 안전한 공간이 아니다. 엄마는 목요일 밤에 낸시네 집에 가는 것 외에는 바깥 활동이 거의 없다. 하기야 낸시에게 간다는 것도 엄마가 우리에게 하는 말이다. 엄마가 목요일에 차를 몰고 나가면 아버지는 혼자서 분노를 삭이는 듯 저녁 내내 말이 없다. 엄마는 앨런과의 은밀한 관계를 끊으려고 수차례 시도한 것 같지만, 그러기엔 정서적으로나 육체적으로나 너무 깊숙하게 얽혀 있었다. 엄마에게는 일생일대의 사랑인 것이다. 가슴 아프게도 엄마는 두 눈을 감는 그날까지 사랑과 가족 사이에서 방황하며 산산이 부서진다.

 1962년 부활절이다. 나는 뉴캐슬의 그래머스쿨 주로 대학 입시를 대비하는 영국의 7년제 인문계 중등학교에 진학할 수 있는 장학금을 받는다. 학교 서열에서 꼭대기 층이라 할 수 있는 그래머스쿨에 들어갈 자격을 갖춘 학생은 우리 반 사십여 명 가운데 남학생 넷에 여학생 열이 고작이다. 토미 톰슨은 내가 보기엔 또래 중에서 제일 똑똑한데도 선택받은 자에 들어가지 못했다.
 아버지는 허튼 데 절대 돈을 안 쓰는 분이지만, 열심히 공부한 나에게 보상을 해줘야 하지 않겠느냐는 엄마 말에는 수긍이 가는 모양이다. 엄마가 물론 말은 안 했지만 그때 그 사건 때문에 나에게 미안한 나머지 뭔가를 해주고 싶었던 것 같기도 하다. 나는 자전거포에서 봐놓은 자전거가 있다고 넌지시 엄마를 떠본다. 경주용 자전거처럼 아래로 굽은 핸들에 바퀴 옆면이 하얗게 칠해진 4단 기어의 빨간 자전거다. 값이 무려 15기니 영국의 구 금화. 1기니가 21실링에 해당했다나 나간다. 입이 떡 벌어진다. 무모한 짓이라는 걸 알지만, 다시는 이런 기회가 오지 않을 거라는 것도 잘 안다. 아버지가 떨떠름한 표정을 지으며 하이 가가 끝나는 지점 장의사 바로 옆에 있는 자전거포로 나를 데리고 들어간다. 자전거가 텔레비전 게임

쇼 경품처럼 유리창 한가운데 걸려 있다. 날렵한 뼈대와 기어, 브레이크를 보더니 엔지니어 기질이 발동하는지 아버지도 살짝 흥분하는 눈치다. 나는 핸들을 잡고 반짝반짝 빛나는 새 크롬 자전거 냄새를 폐부 깊숙이 빨아들인다.

"아버지, 고맙습니다."

"조심해서 타야 한다."

"네, 아버지!"

나는 자전거포에서 2킬로미터도 떨어지지 않은 임대주택 단지의 토미네 집으로 간다. 새 자전거 타고 처음 나서는 길이다. 싱그러운 봄날에 자전거가 모험과 일탈의 상징인 양 눈부시다. 페인트칠 갈라진 토미 집 부엌문이 저만치 앞에 보인다. 부엌문 옆에 자전거를 세우고 안으로 들어간다.

"토미 안에 있어요?"

"테레비 보고 있다. 기분이 별로던데."

아줌마 말에 신경 쓰지 않고 내가 힘차게 거실로 들어간다.

"친구, 나 자전거 샀다."

커튼 드리운 어두컴컴한 방 안락의자에 토미가 웅크리고 앉아 텔레비전 화면 위 테스트 패턴을 뚫어져라 응시하고 있다. 화면에는 까맣고 하얀 줄이 가로세로로 그어져 있다. 오후에는 정규 방송이 시작되기 전에 이런 테스트 화면만 내보냈는데, 안방에 편안히 앉아 온 세상을 다 보게 해주는 이 놀라운 신기술에 방송국 기술자들이 적응하기 위함이 아니었을까 싶다. 토미는 아무 대꾸도 없다. 입을 앙다물고 화면만 응시할 따름이다. 어둠이 눈에 익자 토미의 두 눈이 벌겋게 부풀어 오른 게 보인다. 아줌마가 부엌에서 들어온다.

"너 왜 이래? 입이 달라붙었어? 친구가 왔는데 인사도 안 해?"
"조용히 해!"
내가 움찔 놀라자 아줌마가 나를 돌아보며 말한다.
"장학금 못 받았다고 오후 내내 저렇게 울고 짜고 한다니까."
"조용히 하라고 했지!"
토미가 금방이라도 칠 듯한 기세로 으르렁대지만, 내가 옆에 있는 한 아줌마도 호락호락 물러설 리가 없다.
"인물 났네, 인물 났어. 벌써 담배 맛을 알아가지고 밥 먹듯 학교 빠지면서 농땡이 칠 땐 언제고, 이제 와 장학금 못 받았다고 울고불고 난리를 쳐?"
"조용히 하라고!"
"어디서 눈을 동그랗게 뜨고 대들어? 좀 컸다고 엄마가 못 때릴 것 같아?"
"저리 가!"
말이 끝나기가 무섭게 토미가 의자에서 벌떡 일어나더니 쏜살같이 뛰어나간다. 그러고는 영화 속 한 장면처럼 장엄하게 부엌 문가에 멈춰 서더니 천천히 나를 돌아본다.
"안 나올 거야?"
내가 최대한 아줌마 눈에 안 띄게 조심하며 쭈뼛쭈뼛 토미를 쫓아 나간다.
"안녕히 계세요."
"잘 가라."
아줌마가 마지못해 대답하고는 토미 뒤통수에 대고 소리를 꽥 지른다.
"어둡기 전에 와, 아버지한테 혁대로 맞기 싫으면. 알았지?"

말이 끝났을 때에는 토미도 나도 이미 집 밖으로 나온 뒤였다. 토미가 분명히 자전거를 보았을 텐데 아무 말도 없다. 그 순간 토미가 자전거 얘기를 안 하는 대신에 나는 벌겋게 핏발 선 눈 얘기를 안 하는 것으로 서로 간에 암묵적 동의가 이루어진다.

"어디 갈래?"

여태껏 행선지를 정한 건 토미라서 내가 흠칫 놀라며 대답한다.

"고스포스공원 어때?"

"좋아, 가자."

토미가 마당 한쪽의 다 쓰러져가는 창고에 들어가더니 누나가 쓰던 고물 자전거를 끌고 나온다. 낡은 대로 낡은 자전거다. 여아용 자전거라 낮은 크로스바에 앞바퀴는 살짝 휘어 있고 바퀴살도 한두 개 빠져 있으며 까만색 페인트로 엉성하게 덧칠한 게 오히려 더 조악해 보인다. 무엇보다 토미가 타기엔 너무 작다. 한마디로 민망하고 웃기지만 차마 친구에게 사실대로 말할 수는 없다. 그러면서도 한편 약 올리고 싶은 마음이 스멀스멀 올라온다. 능멸하듯 내 손에서 찬연히 빛나는 빨간 트로피를 보고도 지금껏 아무 말도 없는 게 못내 괘씸하다. 시험에 든 것 같다. 장학금 탄 기쁨에 겨워 나는 토미도 당연히 장학금을 탔을 거라고 생각했다. 장학금 정도야 충분히 탈 똑똑한 친구였기 때문이다. 게다가 토미 자전거가 이렇게 고물이라는 걸 깜빡했다. 하지만 번쩍번쩍 광채 나는 새 자전거 옆에서 짐짓 의연한 척 능숙하게 페달을 밟는 토미를 보고 있자니 〈석양의 무법자〉 첫 장면에서 당나귀 위에 걸터앉은 클린트 이스트우드가 떠오른다. 그렇지. 토미 자전거는 우스꽝스러웠다. 하지만 나는 아무 말도 하지 않는다.

고스포스공원은 뉴캐슬에서 북쪽으로 8킬로미터쯤 가야 나온다. 그곳에 좀 시골스럽긴 하지만 경마장이 하나 있다. 요 근방에서 가장 가까운 경마장이다. 이제 공원으로 출발이다. 나는 저만큼 앞서가고 난파선 위에 올라앉은 토미는 한참 뒤처져서 따라온다.

몇 블록 안 가 토미의 고물 자전거로는 도저히 나를 따라올 수 없다는 사실이 자명해진다. 나는 모퉁이를 돌 때마다 멈춰 서서 작은 바퀴로 힘겹게 따라오는 토미를 기다린다. 토미가 화가 치미는지 시뻘건 얼굴로 숨을 헉헉 몰아쉰다. 또다시 자전거를 멈추고 기다리는데, 토미가 화딱지가 나서 견딜 수 없다는 듯이 찌그러진 자전거를 배수로 안으로 냅다 걸어차는 게 보인다.

"빌어먹을 고물 깡통 같으니."

내가 눈부시도록 빨간 크롬 자전거를 되돌려서 토미에게 간다. 급기야 토미가 폭발하고 만다.

"뭘 봐?"

"토미, 이 속도로 가면 공원 못 가."

빨리 가고 싶은 마음을 애써 참으며 내가 대답한다. 그러고는 내심 갈등이 일면서도 큰맘 먹고 토미에게 말한다.

"내 자전거 탈래? 나는 네 거 탈 테니까."

효과가 즉각적이다. 토미가 처음으로 내 자전거를 아는 체하더니 의심쩍은 눈길로 나를 쳐다본다.

"누가 사줬어?"

"아버지."

내가 짧게 대답한다. 조심스럽다.

"생일도 아니잖아."

할 말이 턱 막힌다.

"장학금 탔다고?"
나는 묻는 말에 대답하는 대신에 아까 했던 말을 되풀이한다.
"내 자전거 탈래?"
토미가 계산속 빠른 영민한 눈길을 자전거에 던지며 연극배우처럼 손가락으로 아래턱을 톡톡 건드린다.
"한번 타보지, 뭐."
토미가 마지못한 듯 이렇게 대꾸하고는 새 자전거에 올라탄다. 기막히게 멋지다. 나는 배수로에서 끌어낸 고물 자전거 안장 위에 앉는다. 이제 토미가 저만치 앞서고, 나는 덜렁거리는 페달과 휜 바퀴에 저주를 퍼부으며 낑낑대면서 따라간다.
"가서 엄마 찌찌나 먹어라!"
모퉁이를 도는데 누군가 큰 소리로 비웃는다. 가뜩이나 힘들어 죽겠는데 얼굴이 훅 달아오른다. 저 앞에 번쩍이는 빨간 자전거가, 그것도 바퀴 옆면이 하얗기까지 한 자전거가 내 자전거라고, 지금 나는 친구에게 호의를 베푸는 중이라고 되받아치고 싶지만 그럴 수도 없는 노릇이다. 얼마 못 가 나도 이 빌어먹을 고물 자전거를 배수로 안으로 냅다 걷어차며 누가 만들었는지 벼락 맞으라는 저주의 말을 퍼붓는다. 그러자 토미가 말한다.
"자전거 바꿀래?"
어찌어찌해서 우리는 고스포스공원에 도착하고 어두워지기 전에 집으로 돌아온다. 오가는 동안 내내 토미와 나는 자전거를 번갈아 가며 탄다. 나중에 토미는 손을 놓고 내 자전거를 타다가 조롱하듯 내 주위를 뱅글뱅글 돌기도 한다.
우리는 스테이션 로와 웨스트 가가 교차하는 지점에서 헤어진다. 토미는 제 고물 자전거에, 나는 내 새 자전거에 올라탄다. 각자 제 집으로 돌아갈 시간이 되자 거리낄 게 없다. 토미가 먼저 입을 연다.

"고맙다, 친구."

"천만의 말씀."

토미는 초등학교 6년 동안 나의 절친한 친구였지만, 그 후 우리는 완전히 다른 길을 가면서 점점 멀어진다. 대신에 나는 이 시기 단금지교를 누릴 평생 친구를 만나게 된다.

우리 집에는 늘 음악이 흘렀다. 엄마는 피아노를 치고, 아버지는 노래를 부르고, 톰 할아버지는 만돌린을 치며 흘러간 노래를 흥얼거리고, 이런 환경 아래서 자라다 보니 음악은 기본권이나 다름없다는 믿음이 생겨나게 되었다.

아그네스 할머니의 막냇동생인 조 외삼촌할아버지는 아코디언을 연주했다. 외삼촌할아버지는 "아코디언을 연주할 줄 알지만 (잠시 극적으로 멈추고는) 연주하지 않는 사람"이 신사라고 했다. 외삼촌할아버지 나름의 '자학 개그'인 셈이다.

전쟁 중에 "외삼촌할아버지의 활약상이 긴급 타전으로 보고되었다"고 한다. 외삼촌할아버지 부대는 크레타 섬 해변에 고립된 채 영국 해군의 구조를 기다리는 중이었다. 독일 폭격기가 몇 날 며칠 무자비하게 폭탄을 투하하고 있었다. 외삼촌할아버지는 이 힘든 시기 내내 아코디언을 연주해서 긴급 타전 공문에 따르면 "일생일대의 위기에서 병사들의 사기를 진작했다"는 것이다.

외삼촌할아버지는 실은 광세영웅이 아니라 다른 동료들처럼 두려움에 떤 일개 병사에 불과했다. 하지만 폭탄이 비처럼 쏟아지는 상황에서도 아코디언을 연주한 이유를 나는 알 것 같다. 내가 외삼촌할아버지를 사랑하지 않을 수 없는 이유이기도 하다. 외삼촌할아버지는 전쟁에서 살아남았고 늙어 은퇴할 때까지 클럽에서 아코디언을 연주했다.

내가 기타를 처음 접하게 된 건 또 다른 삼촌 덕분이다. 피가 섞이지는 않았지만 삼촌이나 다름없는 아버지의 오랜 친구분이다. 그분은 캐나다로 이민 갈 준비를 하던 중 차마 처분할 수 없었는지 물건 몇 가지를 우리 집 다락에 맡겨놓았다. 그 속에 다섯 개의 줄이 모두 녹슨 낡을 대로 낡은 어쿠스틱 기타가 있었다. 나는 걸인이 빵집에서 주린 배를 허겁지겁 채우듯 기타를 꽉 움켜쥐고 줄을 퉁겨보았다. 신성불가침의 권리로 처음부터 내 것 같았다. 집에 피아노도 없고 할머니네 집에서 피아노를 안 친 지도 한참 되었다. 쾅쾅 내리치는 굉음으로 할아버지와 할머니를 더 이상 괴롭힐 수 없었던 것이다. 엄마는 파란색 화물차가 피아노를 싣고 간 날 이후로 피아노의 '피'자도 꺼내지 않았다. 하지만 엄마의 슬픔을 나는 잘 안다.

일단 줄부터 갈고 그다음에는 기타 치는 법을 배워야 한다. 브레이드포드악기점은 고몽극장 바로 옆에 있었다. 브레이드포드 아저씨는 두꺼운 돋보기안경에 반백의 머리는 늘 부스스 헝클어져 있고 언청이라서 말하는 게 좀 이상했다. 아저씨는 희한하게도 모음으로만 말을 하는 것 같아서 아저씨 말을 알아들으려면 길고 긴 인고의 시간이 필요했다. 한번은 테디보이들이 긴 벨벳 외투에 좁은 넥타이를 매고는 통굽 구두를 신고 악기점에 떼 지어 몰려온 적이 있었다. 그러고는 터무니없는 요구를 하며 아저씨 골탕 먹이는 게 재미있어 죽겠는지 저희들끼리 킥킥거렸다.

"아저씨, 소시지 반 근하고 새비로이 딥주*로 영국에서 먹는 양념 맛이 강한 훈제 소시지 두 개 좀 줘봐."

마치 단어 자체가 숨이 컥 막혀서 안 나오는 것처럼 아저씨가 말을 뱉으려고 무진히 애를 쓴다. 영원의 시간이 흐르고 이윽고 아저씨가 노기 띤 목소리로 떠듬떠듬 말하기 시작한다.

"아아아악 기이이이 저어어……."

"이 아저씨 뭐래? 아저씨, 말할 줄 몰라? 말 못 해?"

내가 나서서 큰 소리로 외치고 싶다.

"악기점이라고 하시잖아, 이 멍청이들아."

하지만 나는 수치심에 부르르 떨 뿐 이렇게 외칠 용기가 없다. 어리고 겁쟁이인 게 한없이 부끄럽다. 나는 테디보이들이 무섭다. 하기야 이 깡패들은 내가 옆에 있다는 사실조차 모른다.

"그러면, 페인트는 있어? 벽 마감재는?"

아저씨가 뭐라고 대꾸하기도 전에 테디보이들은 벌써 따분해졌는지 가게 밖으로 우르르 몰려 나간다. 저희들끼리 주고받는 농담에 한껏 도취되어 낄낄거리면서 외투 소매로 코를 쓱 닦으며 껄렁껄렁 걸어간다.

나는 아저씨도 좋고 악기점도 좋다. 아저씨 가게는 나에게 알라딘의 동굴이었다. 유리창에는 LP판과 최신 싱글 앨범이 진열되어 있고, 자동 벨소리가 울리는 문을 열고 들어가면 〈멜로디 메이커〉영국의 음악 주간지. 2000년 폐간되었다의 '금주의 20곡' 차트가 벽에 걸려 있다. 스프링필스, 델 섀넌, 에벌리 브라더스, 빌리 퓨리. 벽에는 어쿠스틱 기타와 밴조와 만돌린이, 계산대 뒤에는 트럼펫과 테너 색소폰이 진열되어 있다. 개중에 제일 압권인 것은 빈스영국의 기타 제소 회사 전기기타다. 그룹 '더 섀도우스'의 리더인 행크 마빈이 치는 기타와 같은 기타다. 월센드에 이렇게 값비싼 기타를 살 사람이 있을까 싶지만, 멀리서도 한달음에 달려온 사람들이 경이에 찬 눈으로 기타를 올려다보곤 했다. 그때 나는 전기기타의 원리를 아직 모르던 때라서 벽에 기타 코드를 꽂기만 하면 황홀한 음악이 흘러나올 거라고 생각했다. 또한 드라이아이스 구름 쫙 깔린 무대에서 내가 노래를 부르면 〈땡크 유어 럭키 스타스〉1960년대 ABC 방송국이 제작한 영국의 음악 프로그램를 보던 젊은 여자들이 꺅 비명을 지르는 광경을 머릿속에 그려보기도 했다.

아저씨는 계산대 뒤 서랍에 기타 줄을 넣어두었다. 나는 무려 5실링이나 내고 블랙 다이아몬드 기타 줄 세트를 산 뒤 엄마를 졸라 5실링을 더 받아내서는 제프리 시슬리의 『초보 기타 교본』을 손에 넣었다. 이 책을 보면서 나는 아버지의 친구분이 남겨준 고물 기타를 조율하는 법도 배우고, 기본 코드와 악보 읽는 법도 차차 익히게 된다. 천국이 따로 없다. 나는 점점 기타에 빠져들어서 시간 날 때마다 어깨를 잔뜩 움츠리고 앉아 울림구멍을 뚫어져라 쳐다보며 똑같은 코드를 연습하고 또 연습한다.

악기에 몰두하는 것이 강박 장애나 사회 부적응의 징후가 아닐까 의심스러울 때가 있지만, 인과관계가 어떻게 되는지는 잘 모르겠다. 악기에 빠지다 보니 사회적 부적응자가 되는 건지 아니면 태어날 때부터 반사회적 경향이 있어서 악기 연주에 몰두하는 건지 분간이 안 된다. 기타에 빠지다 보니 말수가 더 적어진 건 당연한 일이다. 나는 마음만 먹으면 언제든 꽁꽁 밀폐된 나만의 세계로 도망칠 수 있었다.

그래머스쿨 장학금을 탄 이후로 나는 학교 수업에 통 관심이 없어진다. 공부를 안 하는 것은 물론이고 공부하는 시늉도 안 하게 된다. 내가 11세 시험영국에서 11살 초등학생들이 중등학교에 진학하기 위해 본 시험에 합격한 남학생 넷 가운데 하나였기 때문에 로 교장 선생님은 나의 이런 태도에 불같이 화를 냈다. 한번은 아이들이 다 보는 앞에서 "건방지다"고 혼내기도 했다. 내가 건방지다고 혼난 건 비단 이번이 처음은 아니다. 하지만 나는 건방진 게 아니라 단지 게으를 뿐이다. 어찌 됐건 학교는 지루하고, 나는 이제 그래머스쿨로 진학한다.

　엄마의 불륜 이후 기나긴 겨울이 지나고 야생화가 피어나듯 섹스가 도처에서 꽃망울을 터뜨린다. 신문은 연일 "스캔들, 프러퓨모크리스틴 킬러와 섹스 스캔들에 연루된 국방부 장관, 킬러"라고 떠들어대며 야단법석을 떤다. 맥밀런 총리 내각이 무너질 날이 멀지 않았다. "짜릿한 성애"니 "외설 시비"니 하는 적나라한 문구가 적힌 영화 포스터는 하룻밤 사이에 야한 예술 작품으로 둔갑한다. 하이 가의 신문 가판대는 반라의 여자들이 유혹하듯 웃고 있는 잡지와 문고판 책들로 넘쳐난다. 집에서는 줄리 런던이 자신의 앨범 표지에서 푹 파인 드레스를 걸치고 가슴골을 훤히 드러내고 있다. 손으로 드레스를 가리면 줄리 런던은 실오라기 하나 걸치지 않은 알몸이 된다. 이걸 보고 있노라면 느닷없이 아랫도리가 뻣뻣해져서 얼른 밖으로 뛰쳐나가 뒷길 가로등 기둥에라도 기어 올라가야 한다. 하지만 되레 상황만 악화돼서 몇 시간이고 거기에 매달려 있어야 할 형국이 된다. 나는 밤의 환희에 거의 강박적으로 집착하는데(이제 침대보에 묻은 게 피가 아니라는 걸 안다) 엄마는 당혹스러워서인지 아니면 미안해서인지 나의 명백한 밤 활동에 대해서 일언반구의 말도 없다. 게다가 나는 이 놀라운 신비가 나에게만 일어나는 일이라고 확신한 탓에 그 어떤 친구에게도 이 사실을 털어놓지 않았다. 다른 친구들은 말할 것도 없고 토미도 무슨 소리냐며 나를 이상한 눈초리로 쳐다볼 것만 같았다. 고해성사는 이제 생각조차 할 수 없다. 죄지은 자, 남몰래 기쁨에 겨워한다. 상상 속에서 나는 타락한 천사가 된다.

　학교에서 나는 토미 말고도(토미가 학교에 오면) 불량한 아이들과 꽤 많이 어울린다. 나를 보호할 목적이 컸지만, 담배 피우고 욕하고 좀도둑질

하는 저 껄렁한 지하 세계가 진심으로 좋아서이기도 했다. 그 세계에 묘한 매력을 느꼈다. 나는 다른 친구들처럼 사소한 악행을 저지르진 않았지만, 무슨 외국 특파원이라도 되는 양 엄정하게 중립을 지키며 이 친구들이 노는 꼴을 지켜보았다. 스테이션 로와 하이 가 교차 지점에 있는 울워스가 좀도둑들의 메카라면, 리츠극장 뒤는 궐련 마는 솜씨가 완성되는 곳이다. 머잖아 궐련 마는 기계가 출시되지만 말이다. 궐련이 제대로 말리지 않는다 싶으면 거친 욕설에 침 뱉는 소리가 뒷골목에 요란하게 울렸다. 싸움도 내키지 않는 건 마찬가지지만, 그나마 이 패거리들과 유일하게 같이 한 행동이 싸움이었다. 나는 입학할 때부터 또래보다 머리통 하나가 더 컸는데 우리 반 껄렁패들은 껑충한 내 키가 별로 거슬리지 않는 모양이었다. 하지만 상급생들, 그중에서도 키 작은 상급생들이 툭하면 시비를 걸어왔다. 그래서 본의 아니게 학교가 파하면 리츠극장 뒤에서 이 멍청이들과 한판 싸움이 붙곤 했다. 일곱 살부터 이력이 나도록 우유 트럭에 철제 상자를 실어 날랐으니 싸움이 일방적인 건 당연하다. 하지만 조금 낫다뿐이지 이겨도 고통스럽긴 매한가지다.

리츠에서 나쁜 기억만 있었던 건 아니다. 내가 내 인생의 첫 영화들, 그러니까 데이비드 크로켓으로 분한 페스 파커와 〈애정의 고빗길Please Don't Eat the Daises〉의 도리스 데이를 처음 본 게 바로 리츠극장이다. 우리 형제가 집에서 나가길 엄마가 바랄 때면 나는 남동생을 데리고 극장에 가서 오후 시간을 때우곤 했다. 당시에는 영화라고 부르지 않고 "활동사진"이라고 불렀다. 한때 동네 영화관이 대여섯 군데도 넘었지만, 50년대 말에 이르러서는 고몽극장과 리츠극장 두 군데밖에 남지 않았다. 필립과 나는 리츠극장에서 그레고리 펙과 데이비드 니븐의 〈나바론 요새〉도 보았다. 심지어 〈위대한 욕망The Carpetbaggers〉 같은 성인영화도 보았는데, 앞줄에 선 어른에게 보호자인 체해달라고 부탁하고 극장으로 들어가서는 데카당스 영화를 마음껏 즐겼다. 토요일 아침에는 리츠극장에서 어린이 만화와 시리즈물을 상영하는 이른바 "ABC 마이너리그"를 주최했다. 엄청 신나는 일이었는데, 무슨 까닭에서인지 광부 아들이라고 해야 극장에 들어가게 해줄 것 같다는 생각이 들어서 가짜 광부 아들 행세를 했다. 걱정이 과한 데다 고지식한 성격 탓일 게다. 그래서 우리 형제는 두어 주 동안 가짜 광부 아들 행세를 했는데, 〈시스코 키드〉를 보던 중에 동생이 사소한 일로 옆 좌석에 앉은 아이와 시비가 붙고 급기야 싸움이 커지는 바람에 극장에서 영영 쫓겨나고 말았다. 그중에서 가장 강렬한 기억으로 남은 것은 어두컴컴한 극장을 수놓던 화려한 영상이었다. 영화관 밖으로 나오면 칙칙한 거리가 한층 더 암울해 보였다. 커다란 전함 뒤 잿빛 하늘 아래 우중충한 타인 강을 건너면, 은백색 광택이 나고 환한 노란색이 깔리고 다홍색과 짙푸른 풀색이 한없이 이어지는, 완전히 다른 색깔의 세상이 펼쳐질 거라고 상상했다. 하지만 이런 세상은, 추적추적 비 내리던 그 긴 오후에 우리의 눈과 귀를 사로잡은 스크린 위 동화에나 존재한다는 사실을 아주 나중에야 알게 되었다.

 나는 학교보다 영화에서 세상에 대해 더 많은 것을 배운 것 같다. 그렇다고 내가 학교에서 내내 농땡이만 친 건 아니다. 다른 선생님들은 물론이고 나를 별로 안 좋아한 로 교장 선생님도 나를 꽤 똑똑한 아이로 여겼다. 그런 까닭에 나는 껄렁한 친구들과 뚝 떨어진, 여자들이 득시글거리는 특별 구역에 앉게 된다. "똘똘한 친구들"을 위해 교실 오른편에 따로 마련한 좌석이다. 브라이언 번팅이 내 짝꿍이다. 영리하고 지적인 아이지만, "분비샘 이상"으로 덩치가 황소처럼 우람해지는 바람에 교실 왼편 껄렁패에게 늘 놀림을 당하는 친구다. 나도 큰 키 때문에 눈에 띄는 입장이라 브라이언에게 은근히 동질감을 느꼈다. 게다가 나는 다른 친구들과 나누지 못하는 지적인 교감을 브라이언과 나누었다.

노래 부르기만큼은 학교에서도 재미있다. 피아노 반주에 맞춰 찬송가며 캐럴이며 민요며 온갖 종류의 노래를 배웠다. 나는 목청이 좋지만, 로 교장 선생님이 한 명씩 돌아가며 독창을 시킬 때에는 혹시 친구들과 멀어지고 내 영향력이 줄어들까 싶어서 타고난 목소리를 숨기고 껄렁패들처럼 탁한 목소리를 꾸며서 내곤 했다. 교장 선생님이 뒷줄 어디선가 맑고 깊은 목소리가 들린다고 자꾸 의아해하지만 그 목소리의 주인공이 누구인지는 끝내 밝혀내지 못했다.

브라이언과 나를 포함한 남학생 넷과 여학생 아홉이 그래머스쿨에 최종 합격한다. 진학하는 학교가 달라지다 보니 토미 톰슨 같은 친구들과는 자연스레 멀어진다. "구빈원"이나 다름없는 근대 중등학교그래머스쿨과 달리 실업교육을 중시하는 학교가 이들에게 보장해주는 성공의 가능성은 극히 희박하다. 이건 이 친구들도, 선생님들도, 선택받은 우리도 잘 아는 사실이다. 우리는 교복으로 스스로를 차별화하고, 라틴어와 미적분으로 사고 체계를 달리하고, 주위의 기대에 어긋나지 않게 행동거지를 달리한다. 우리에게 이런 특별 대우는 당연한 권리로 여겨진다. 하지만 이렇게 제도화된 차별은 선택받은 우리에게도, 선택받지 못한 그들에게도 깊은 상흔을 남긴다.

첫 학기가 시작될 무렵, 흐루쇼프와 케네디는 쿠바의 미사일 기지를 두고 북대서양 상공에서 날카롭게 대치하고, 스테이션 로 84번지에 찾아온 데탕트특히 국가들 간의 긴장 완화도 얼마 안 가 종지부를 찍게 된다. 세상이 혼란과 공포의 나락으로 떨어지지 않으려고 안간힘을 쓰는 동안 낙농장 위 우리 집은 비루하고 추한 싸움으로 서서히 몰락해간다.

부모님은 입만 열면 서로를 빈정대고 비난하는 말을 쏟아냈다. 일부러 상대방 마음을 후벼 파는 말만 골라서 하는 것 같다. 남동생과 나는 이 속에서 파괴의 언어를 자연스레 배우게 된다. 욕설 난무하는 독기 서린 구름이 머리통 위로 뭉게뭉게 피어오르면 우리는 그 아래 참호에 쪼그리고 앉아 언제 끝날지 모르는 전쟁을 온몸으로 견뎌낸다. 엄마는 말로 안 되면 아무것이나 손에 잡히는 대로 아버지를 향해 내던졌다. 하지만 아버지는 단 한 번도 엄마와 똑같은 방식으로 보복하지 않고, 그저 위협하듯 얼굴을 잔뜩 찌푸리거나 엄마를 비웃듯이 쳐다보거나 그것도 아니면 아예 입을 꽉 다물어버렸다. 이러면 엄마는 진정되기는커녕 오히려 더 불같이 화를 내곤 했다. 엄마는 아버지의 물리적 반응을 무의식적으로 바랐는지도 모른다. 그리고 아버지도 엄마의 이런 바람을 무의식적으로 알고 있었을 것이다. 하지만 어린 나로서는 피 튀기는 싸움이 벌어지지 않는 것이 그저 감사할 따름이었다.

오늘은 우리 집 보물 복스홀 빅터^{GM의 영국 자회사 복스홀이 만든 중형차} 때문에 대판 싸움이 벌어진다. 목요일 저녁이라 엄마는 낸시네 집에 가겠다며 차를 쓰겠다고 하고, 아버지는 무슨 이유에서인지 심사가 뒤틀려서 열쇠를 안 주겠다고 버틴다.

"어디 가는데?"

"목요일마다 가는 데 가지, 어디 가겠어?"

"그러니까 거기가 어딘데?"

아버지 말투가 짐짓 차분하지만, 말 속에 가시가 돋아 있다. 그러고는 언제나처럼 아버지가 왜 속 시원히 행선지를 밝히지 않느냐고 공연히 트집을 잡으면 엄마는 비꼬지 말라고 쏘아붙이면서 서로 치열한 신경전을 벌인다. 하지만 엄마도 아버지도 차마 그 얘기는 입에 올리지 않는다. 구석에 몰린 엄마가 아버지의 뼈아픈 소리를 참다 참다 이내 깜깜한 절망감에 못 이겨 단말마의 비명 소리를 악 하고 지른다. 이제부턴 아버지의 어떤 말도, 어떤 행동도 엄마를 달랠 수 없다.

부모님이 싸우는 동안 남동생은 엄지손가락을 쪽쪽 빨고, 나는 어깨를 잔뜩 웅크리고 앉아 기타 줄을 퉁기면서 이제 그만 싸우라고 마음속으로 간절하게 빈다. 부모님이 이혼하면 나는 아버지를 따라갈 것이다. 내가 그럴 거라는 걸 나는 잘 안다. 엄마를 끔찍이 사랑하지만, 내 삶을 맡겨도 된다는 믿음이 가는 사람은 아버지다. 아버지가 어떤 고난이 닥쳐도 이겨낼 용감하고 정직한 군인이라면 엄마는 새된 비명을 내지르는 유령 같은 존재다. 나는 왠지 모르게 엄마가 젊은 나이에 요절할 거 같다는 끔찍한 생각을 떨쳐낼 수 없다.

악다구니와 비명 소리로만 점수를 매긴다면 오늘 싸움은 엄마가 판정승을 거둔 듯하다. 잠시 뒤 엄마가 분에 못 이겨 발을 쾅쾅 구르며 위층으로 올라간다. 이제 엄마는 옷을 갈아입고 외출 준비를 할 것이다. 나는 뒷문으로 살짝 빠져나와 자전거에 올라탄 뒤 로렐 가 모퉁이에서 엄마를 기다린다.

그로부터 20분쯤 지났을까, 엄마가 발갛게 상기된 얼굴로 쫓기는 사슴처럼 종종거리며 밖으로 걸어 나온다. 나는 엄마 눈에 안 띄게 저만치 떨어져서 엄마를 쫓아간다. 낸시네 집은 우리 집에서 동쪽으로 2킬로미터 남짓 떨어진 곳에 있는데, 어느새 엄마가 반대 방향으로 가는 게 보인다. 엄마가 하이 가에서 차를 돌리더니 오던 길을 되짚어 내려오는 것이다. 불안감으로 가슴이 터질 듯하다. 나는 미친 듯이 페달을 밟으며 엄마 뒤를 바짝 쫓아간다. 엄마가 거울로 나를 보아야 한다. 반드시 그래야 한다. 자동차가 푸르스름한 배기가스를 뿜어내며 속도를 높이자 나는 더 빨리 페달을 밟는다. 액셀러레이터 밟는 소리에 이어 기어 바꾸는 소리가 들리더니 자동차가 이내 시야에서 사라진다.
  나는 집으로 돌아와 굳게 닫힌 안방 문 앞을 지나간다. 아버지는 지금쯤 지근지근 쑤시는 두통으로 머리를 싸매고 있을 터다. 하지만 이것은 숨죽여 흐느끼고 있을 아버지가 감내해야 할 몫이다. 아버지를 어떻게 위로해야 할지 나는 도무지 모르겠다.

3

1962년 9월 나는 뉴캐슬의 성聖커스버트 그래머스쿨에 입학한다.
 아침 8시에 집을 나선 뒤 통근 기차를 타고 센트럴 역까지 가서는 34번 버스를 타고 도시 서쪽 지역인 웨스트게이트 로에서 내린다. 학교까지는 서둘러 가도 한 시간 남짓 걸린다. 정문에서 바라보는 학교 건물은 공포 영화의 첫 장면처럼 음침하고 을씨년스럽다. 고딕 양식의 시커먼 벽돌 건물은 종주먹을 들이대듯 높이 솟아 있고, 짙은 색깔의 창틀은 위협하는 눈길을 던진다. 고만고만한 교실이 죽 늘어선 회색 별관은 꼭 종양 덩이처럼 중앙 건물에 괴이하게 붙어 있다. 이곳이 내가 7년 동안 나의 젊은 날을 보낼 곳이다. 그런데 그 첫날이 우울하기 이를 데 없다.
 엄마가 굳이 학교 정문까지 나를 따라온 것이다. 내가 혼자서 다닌 지 벌써 몇 해가 지났으니 걱정하는 마음으로 따라나선 건 아닐 테고, 학교가 어떤지 엄마가 궁금했던 것이다. 껑충하게 올라간 바지에 학생모를 써야 한다고 우긴 것만 해도 울화가 치미는데, 학교까지 따라온 건 정말 너무했다. 기차를 타고 뉴캐슬까지 오는 동안에도 내내 부아통이 부글부

글 끓었는데 34번 버스에서는 완전히 돌아버리는 줄 알았다. 엄마만 빼고 모든 승객이 줄무늬 넥타이에 자주색 재킷을 걸친 교복 차림의 학생이었던 것이다. 나도 내 또래들처럼 진정한 남자가 되려면 통과의례 거치듯 엄마를 거부해야 한다는 생각에 암묵적으로 동의하고 있었던 모양이다. 남자는 자고로 엄마 "치마"에 매달려서는 안 되는 것이었다. 어떤 식으로든 엄마와 연결되는 순간 "남성성"이 치명타를 입는 건 자명한 일이었다. 나는 엄마가 끝내 고집을 세워서 내 요금까지 내고 버스에 탄 뒤 쉴 새 없이 말을 붙여와도 내 왼편에 서 있는 이 아름다운 금발의 여자가 모르는 사람인 양 창문만 뚫어져라 쳐다본다.

버스가 선술집 '팍스 앤드 하운스' 앞에 다다를 무렵 화가 머리끝까지 치민다. 정문으로 걸어가는 동안 나는 엄마가 학교까지 따라왔다는 사실을 누구한테 들킬세라 엄마와 뚝 떨어져서 발걸음을 재게 놀린다. 정문에 이르고 나서야 엄마에게서 완전히 벗어난다. 엄마가 학교 건물을 보더니 움찔 멈춰 서는 게 보인다. 나도 일순간 몸이 움츠러들지만, 나는 이때다 싶어서 얼른 학생들 무리 속으로 섞여 들어간다. 속으론 엄마에게 달려가 집으로 돌아가고 싶은 마음이 간절하지만 뒤돌아보지 않는다. "엄마, 안녕"이라는 인사도 없이 정문에 홀로 버려진 엄마 심정이 어땠을까. 집으로 돌아가는 길은 또 얼마나 멀고 서글펐을까.

첫날 엄마가 학교까지 쫓아온 건 그 후에 겪을 숱한 난관에 비하면 아무것도 아니었다. 나는 그때도 또래보다 머리통 하나는 더 컸다. 2학년들보다도 너 컸던 것 같다. 3학년처럼 껑충한 키에 또 그만큼 껑충한 바지를 입었으니 그 몰골이 참으로 가관이었을 것이다. 이 때문에 나는 몇 주 동안이나 상급생들에게 네안데르탈인이 살아서 돌아왔다며 괴롭힘을 당한다. 사실 이들은 내 큰 키가 저희들의 남자다움에 모욕을 가한다고 생각했던 것 같다. 나는 '껙다리'라는 별명이 붙은 채 〈아담스 패밀리〉에 나오는 침통한 표정의 집사처럼 휘청휘청 교내를 걸어 다닌다.

나는 나름으로 재치와 외교술을 발휘해 이 멍청이들을 흠씬 두들겨 패는 일도, 또 내가 얼빠지게 두들겨 맞는 일도 용케 피한다. 드디어 그해 겨울 엄마가 거금을 들여 긴 회색 면바지를 사준다. 마음이 놓이면서 그렇게 감사할 수가 없다. 하지만 이때는 이미 나도 이 괴상한 무리에 슬그머니 동화되고 난 뒤였다.

전교생을 다 합치면 2000명이 넘는다. 집이 먼 학생들이 제법 많은데 북쪽 국경에 인접한 교구에서 다니는 학생도 있다. 중산층은 물론이고 전문직에서 노동자까지 온갖 계층의 자녀들이 모여 있어서 성직자 아들, 변호사 아들, 광부 아들, 조선공 아들, 공장 노동자 아들이 모두 한 교실에서 공부한다. 그 속에 우유 배달원 아들이 하나 섞여 있다.

몇몇 친구는 도시 북서쪽의 부자 동네 다라스홀에 사는데, 어느 주말에 그 친구들 집에 놀러 가게 되었다. 정원이 시원하게 펼쳐져 있고 차 두 대가 들어가는 널찍한 차고에 냉장고는 사람이 들어갈 만큼 커다랗고 그림이며 책이며 오디오까지 없는 게 없는 커다란 단독주택이었다. 급격히 늘어나는 중산층 가정의 전형적인 모습이었다. 우리 집 뒷길 대신 잔디 곱게 깔린 교외의 정원을 바라보고 있자니 공부를 많이 하면 나에게도 이런 미래가 찾아오겠지 하는 희망이 생기면서도 한편으론 나 자신이 이곳에 어울리지 않는 존재처럼 그렇게 이질적이고 초라하고 하찮게 느껴질 수가 없었다. 내가 우유 배달원 아들이라는 사실에 화가 나고, 그러면서도 화려한 미래를 갈망하는 나 자신한테 화가 나서 견딜 수가 없었다.

성 커스버트 그래머스쿨은 신부님들이 운영하는 학교다. 교장 선생님인 캐시디 신부님은 마치 하느님이 검은 옷을 입고 우리 눈앞에 현현한 것처럼 두려운 존재였다. 대머리에 무섭도록 짙은 눈썹, 표정이라곤 없는 암갈색 눈동자에 푹 꺼진 창백한 얼굴은 시종일관 성난 표정을 짓는 오페라 속의 악당을 연상시켰다. 학교에서 교장 선생님을 무서워하지 않는 사람은 단 한 명도 없었다. 겉으로 표현을 안 할 뿐 속으론 우리를 많이 위하는 좋은 분이란 걸 알지만, 학교를 단호하고 엄격한 원칙으로 운영하려면 공포정치를 선택할 수밖에 없었을 것이다. 교감 선생님은 월시 신부님이다. 내가 알기로 월시 신부님은 수업을 하지 않는다. 대신에 학교에서 하는 일이라곤 교감실에서 학생들에게 몽둥이질을 하는 게 전부였다. 지각하거나 공책에 낙서하는 것과 같은 아주 사소한 이유부터 교사에게 버릇없게 굴거나 욕을 하거나 담배를 피우거나 싸우는 것과 같은 중한 이유에 이르기까지 온갖 이유로 학생들이 교감실로 보내진다. 어느 해인가 나는 교감실로 일곱 번이나 보내져 총 마흔두 대를 맞은 적이 있는데, 내 이름을 걸고 맹세코 이렇게 몽둥이찜질을 당할 만큼 잘못한 게 없다. 어쩌다 보니 그 상황에 휘말렸고, 어쩌다 보니 그때 거기에 있었고, 어쩌다 보니 그 친구들과 어울렸고, 어쩌다 보니 그 표정을 지었을 뿐이다.

이 광폭한 매질에 "사랑의 매"라니 당치도 않은 말이다. 본관으로 "보내지는" 시간은 보통 점심시간 이후다. 건물에 들어서면 왼편으로 예배당이 있고, 좁은 복도가 수요 미사에서 사용한 향내로 그윽하다. 제물에서 나는 신성한 냄새다. 교감실 바깥 복도에 제물로 받쳐질 학생이 한 명만 서 있는 경우는 극히 드물다. 오후 수업이 시작되면 학교에는 괴괴한 정적이 깔린다. 복도 시계가 천천히 똑딱거린다. 우리는 감히 입 놀릴 엄두도 못 내고 사형수들처럼 기다리고 또 기다린다. 기다림은 하염없이 이어진다. 심리적으로 괴롭히려는 심산이라는 걸 나는 지난 경험으로 잘 알고 있다.

나는 미래의 내 모습을 머릿속에 그려본다. 어른이 되어 우아하고 편안하게 살고 있는데 불현듯 이때의 기억이 떠오른다. 그러면 나는 싱긋 웃으며 아련한 향수에 젖는다. "나중에 돌이켜 보면 별거 아닐 거야"라고 짐짓 대수롭지 않은 척 스스로를 위로한다. 이렇게 끔찍한 상황에서는 자기 암시가 어느 정도 효과가 있지만, 그것도 잠시뿐이다. 시계는 여전히 똑딱똑딱하고 이윽고 문이 서서히 열린다. 처음에 불릴 때도 있지만 중간 혹은 제일 마지막에 불릴 때도 있다. 후딱 해치우는 게 제일 좋지만, 계속 기다리다 보면 교감 선생님의 어머니가 느닷없이 돌아가셨다는 전화가 걸려와서 "사랑의 매" 훈육이 취소될지도 모르고, 혹은 지진이 일어나서 학교 건물이 폭삭 주저앉을지도 모를 일이다. 잔해 더미에서 월시 신부님을 구출하는 내 모습이 눈앞에 선하다. "용감한 학생이 날 구해줬어"라고 말하는 신부님 목소리가 귓가에 들리는 듯하다. 하지만 상상은 상상일 뿐, 지금 이 자리에서 필요한 건 또 다른 영웅적 행위다.

"재킷 벗어서 의자 등에 걸쳐놔."

교감실 창밖으로 운동장이 보인다. 하늘 높이 공을 차는 아이들이 있는가 하면 저만치 뒤처져서 달리는 아이들도 있다. 하지만 지금 운동장에서 일어나는 일에 관심을 가질 사람은 아무도 없다.

"창문 보고 엎드려뻗쳐."

선견지명으로 회색 면바지 속에 팬티를 두 장 겹쳐 입었을 리는 만무하다. 게다가 바지 속에 공책을 집어넣는 건 만화에서나 통하는 일이다. 이윽고 공기를 가르는 섬뜩한 소리가 들리고 곧이어 칼로 에는 듯한 통증이 엉덩이에 퍼진다. 고통스런 나머지 반사적으로 몸이 곧추 펴지면서

헉 하고 허파 터지는 소리가 절로 나온다.

"엎드려뻗쳐."

설마 또 때리진 않겠지.

쉭!

1밀리미터 정도 벗어났을까, 아까와 거의 똑같은 자리에 두 번째 매가 정교하게 내리꽂힌다. 몸이 다시 곧추 펴진다.

"엎드려뻗쳐."

창가 옆 십자가에 매달린 남자가 더는 못 보겠는지 눈길을 피한다. 이 혹독한 매질이 정녕 이 남자의 이름으로 행하여지는 것이 맞습니까? 쉭! 몸이 또다시 곧추 펴진다.

"엎드려뻗쳐."

여기에 동성애적인 요소가 있다 하더라도 나에게는 해당되지 않는 이야기다. 내 생각엔 우리 선량한 신부님도 마찬가지였을 것이다. 체벌은 교육과 종교를 빙자하여 일상화된 중세적 폭력을 행사하는 것일 뿐, 정작 학생은 안중에도 없는 어리석은 발상이다. 픽! 몸이 다시 곧추선다. 스스로 강하다고 자부하는 사람도 이렇게 넉 대만 맞으면 뜨거운 눈물을 펑펑 쏟을 것이다. 고통도 고통이지만 살을 녹이고 뼈를 녹일 듯한 분노가 가슴속에서 맹렬히 들끓는다. 이제 맞을 만큼 맞았다. 내가 무엇을 이토록 잘못했단 말인가?

"엎드려뻗쳐."

이 야만적 행위가 우리를 순종하게 하고 입 다물게 하며 고분고분하게 만드는 데 일조한다는 것은 일견 맞는 말이다. 사실 일조 정도가 아니라 아주 큰 역할을 한다. 그러나 창자가 뒤틀리는 듯한 이 끔찍한 치욕을 겪었다고 어른들이 바라는 대로 되느냐, 그건 별개의 문제다. 우리가 책임감과 준법정신이 투철한 사람이 된다면 그건 체벌 때문이 아니라 체벌에도 불구하고 그렇게 되는 것이다. 교회의 가르침을 맹목적으로 좇는 무뇌아가 되겠다는 생각은 마지막 매가 분노로 들끓는 내 엉덩이에 내리꽂히는 순간 창밖으로 영영 사라져버린다.

다행히도 수년 전 야만적 체벌이 법으로 금지된 덕에 오늘날 학교는 한결 인간적인 곳이 되었다. 하지만 음침한 기운이 어둠의 정령처럼 구석구석에 서려 있는 그 옛날 학교에서도 한 줄기 빛처럼 찬란히 빛나는 선생님들이 있었다. 이 선생님들은 앎에 대한 열정으로 찬연했다. 교단에 서는 것이 이분들께는 성직에 몸담는 것만큼이나 복된 일이었다. 아니 단순히 일이 아닌 그 이상의 것이었다. 최고의 선생님은 교실 안을 뜨거운 열정으로 채우는 분이었다. 내가 평생에 걸쳐 말과 책과 세상사에 관심을 갖게 된 것은 몇 명 안 되는 이런 선생님들 덕분이었다. 나는 이분들의 열정에 감복하여 모험 떠나듯 줄곧 배움을 좇았다. 안개 자욱한 어두운 대륙이 어서 와서 켜켜이 쌓인 신비를 발견하라고 손짓하는 듯했다.

맥거프 선생님은 6척이 훨씬 넘는 큰 키에 대벌레처럼 몸이 비쩍 마른 분이다. 선생님이 어두운 복도를 잽싸게 뛰어가는 학생들을 굽어볼 때면 큰 머리통이 저 혼자 허공에 붕 떠 있는 것처럼 으스스해 보인다. 선생님에게는 반어법의 전설로 남을 만한 "땅꼬마"라는 별명이 붙지만, 선생님 면전에서 이 별명을 부를 만큼 용감한, 아니 어리석은 학생은 단 한 명도 없었다. 선생님은 바싹 마른 몸에 딱 맞는 회색 양복을 입고 그 위에 까만 수단을 헐렁하게 걸친 채 언제나 두어 권의 책을 옆구리에 끼고 다닌다. 복도를 지나가다 감히 선생님을 올려다볼라치면 영락없이 불쾌하고 경멸하는 듯한 표정과 마주치는데 그러면 나도 모르게 흠칫 몸이 움츠러든다. 차가운 눈동자는 마치 저 아래 세계에 형을 선고하듯 무자비하다. 올림포스 신처럼 저 높은 곳에서 아래 세계를 내려다보면 선생님 눈에 우리는 육체적으로나 정신적으로나 피그미^{주로 아프리카나 아시아에 사는, 성인 남자의 평균 신장이 150센티미터 이하인 종족}로 비쳤을 것이다. 선생님은 소인국 릴리퍼트에 도착한 걸리버처럼 속으로 분노를 삭이며 난쟁이들 사이에서 살아갈 운명이었던 것이다.

맥거프 선생님은 영문학을 가르친다. 언어를 정교하게 나누고 분석하는 솜씨는 이를테면 검시관이 조각조각 해부된 시체를 다시 맞춘 뒤 숨결을 불어넣는 기적에 비견할 만한 것이다. 선생님은 초서와 셰익스피어의 난해한 시를 마법사의 손길로 원문의 주술적 힘을 그대로 살리면서 정확하고 깔끔한 현대 영어로 옮겨놓는다. 문장 중간에서 잠시 멈출 때면 머리통 꼭대기에 선생님이 찾는 단어나 표현이 있기라도 하듯 허옇게 흰자위가 드러나게 눈을 치뜨고 생각에 잠긴다. 이윽고 놀라운 언어의 향연이 펼쳐지면서 선생님이 지성인의 교실이라고 반어적으로 부르는 어두컴컴한 교실에 광휘로운 서광이 비친다. 나는 이 괴팍하고 별난 선생님을 두려워하면서도 한편으론 무기 휘두르듯 언어를 준엄하고 통렬하게 구사하는 능란한 솜씨에 탄복하며 점점 영문학에 빠져든다.

선생님에게 말 못할 슬픔이 있는 게 분명해 보인다. 학교에 친한 선생님도 거의 없는 듯하다. 오십 줄에 접어든 남자가 처자식도 없이 늙은 아버지 한 분 모시고 사는 게 이상하지 않느냐고 친구들이 수군덕거렸다. 지금 같았으면 성 정체성이 뭐냐는 둥 정상의 정의가 뭐냐는 둥 선생님에게 짓궂은 질문을 던졌겠지만 다행히 그때 우리는 순진했다. 나도 은둔자 같은 선생님에게 묘한 매력을 느꼈지만 그 이상 알고 싶지는 않았다. 선생님이 어느 날 저녁 집에 들어갔더니 노부가 벽난로 앞에 반쯤 탄 채로 죽어 있더라는 소문을 몇 년 뒤 우연히 듣게 되었다. 이 섬뜩한 이미지는 신화 속 지하 세계의 스틱스 강을 건네주는 뱃사공 카론처럼 우리에게 수많은 드라마와 비극을 소개해준 선생님의 모습과 한데 어우러지면서 뇌리에 깊이 박히게 된다.

맥거프 선생님은 학교에서 자행되는 광적인 체벌에 가담하지도 않고 관심도 두지 않았다. 선생님은 언어의 세계에서 은둔자처럼 살아갈 뿐 폭력에 기댈 필요가 없었던 것이다. 선생님은 엘리엇의 『황무지』와 단테의 『신곡』을 통해 폐허처럼 황폐하고 을씨년스러운 풍경을 보여주고, 조이스의 『젊은 예술가의 초상』을 통해 지옥불을 맛보게 해준다. 그리고 셰익스피어의 작품을 통해 인간의 비극을 경험하게 해주고, 초서의 『캔터베리 이야기』를 통해 인간의 사소한 약점을 알게 해준다. 또한 『머스그레이브 중사의 춤20세기 영국 극작가 존 아든의 희곡』과 스위프트의 염세적인 소설 『걸리버 여행기』의 우화를 해독하는 법도 알려준다. 헨리 필딩의 『톰 존스』의 난해한 줄거리도 즐기게 해주고, E. M. 포스터의 섬세한 미학과 사회에 대한 예민한 감수성도 접하게 해준다.

나는 신세계로의 여정에 푹 빠진 나머지 학업이 끝난 이후로도 많은 책을 읽는다. 우리 집에 있는 책이라곤 성경책과 아버지가 수습공 시절에 읽었던, 성경만큼이나 난해한 엔지니어링 관련 서적이 전부지만, 이윽고 나는 소유욕에 불타 먼지 켜켜이 앉은 책으로 방을 가득 채우게 된다. 할머니처럼 나도 절대 책을 버리지 않는다. 학창 시절에 책장 접어가면서 본 문고판 책들까지 내다버리지 않고 흡사 여우 사냥에서 탄 트로피처럼 책장에 고이 모셔둔다. 빼곡히 책으로 둘러싸인 방에 앉아 책 속의 이야기를 떠올리며 그 책이 어디에 꽂혀 있는지, 그리고 그 책을 맨 처음

읽었을 때 내가 어디에 있었고 또 무슨 일이 있었는지 기억하는 것은 예술 작품 감정하듯 나른하면서도 순결한 즐거움이다. 내 인생을 풍요롭게 해준 이 찬란한 즐거움은 순전히 맥거프 선생님처럼 순수한 열정으로 빛나던 분들 덕분이다.

*

처음부터 나는 수학과 인연이 없었다. 차갑고 잔인한 관념에 불과한 숫자는 오로지 나 같은 불쌍한 영혼을 고문하기 위해서 존재하는 것처럼 보였다. 하릴없이 더하고 빼고 곱하고 나누고 더 끔찍한 건 무한까지 추론하면서 사람을 갖고 노는 것이었다. 야생동물이 올가미를 두려워하듯 나는 숫자에 대해서 본능적인 두려움을 느꼈다. 지금껏 어떤 수학 선생님도 방정식이 얼마나 아름다운지, 또 정리定理가 얼마나 우아한지 증명해 보이지 못했다. 더욱이 음악에 대한 열정과 숫자 사이에 유사점이 많다는 걸 내다볼 만큼 선견지명이 있는 분도 없었다. 11세 시험은 운 좋게도 수학보다는 일반 상식에 대한 문제가 많았다. 나는 학년이 올라갈 때마다 이번엔 또 어떤 추상적이고 황당한 내용이 나와서 나를 괴롭힐까 두려움에 떨어야 했다. 지금껏 이렇게 매 학년을 버텨왔다.

빌 마스타글리오 선생님은 우리 학교에서 오랫동안 수학을 가르친, 거의 전설로 통하는 분이다. 이탈리아계 영국인답게 콧대는 살짝 휘어 있고 머리숱이 빠져서 점점 훤해지는 이마 위로 반질반질한 까만 머리를 싹싹 빗어 넘긴 게 그 옛날 로마 백부장로마 군대에서 병사 100명을 거느리던 지휘관이나 나폴리 권투 선수의 얼굴이라고 하면 딱 좋을 것 같다. 우리가 선생님을 부른 호칭을 그대로 빌리자면, '빌'은 첫 시간에 시험부터 보게 했다.

수학 실력이 얼마나 형편없는지, 그래서 앞으로 어떻게 대비해야 할지 그것부터 알아야겠다는 심산이었던 것이다. 나는 진땀을 흘리며 문제를 풀고는 금요일에 나올 시험 결과를 초조하게 기다렸다.

금요일 아침 빌 선생님이 도둑 잡는 개처럼 잔뜩 찌푸린 얼굴로 교실에 들어오더니 시험지 뭉치를 책상에 쾅 하고 내려놓는다. 집단 처형 명령을 전하는 로마 병사의 기세다. 징조가 안 좋다. 선생님이 월요일에 본 시험 성적을 읽어 내려간다. 목소리에 경멸하는 기색이 점차 확연해진다.

"핸런 75점, 베리먼 72점, 테일러 69점…… 혼스비 25점, 엘리엇 23점…… 꼴찌 섬너 2점, 음, 진짜 2점 맞네. 섬너, 자네가 왜 2점이라도 받았는지 아나?"

"모르겠습니다."

"그 잘난 자네 이름을 제대로 썼기 때문이야."

"네, 고맙습니다."

교실 뒤쪽에서 킥킥거리는 웃음소리가 들린다.

"어떻게 자네처럼 수학의 '수'자도 모르는 녀석이 우리 학교처럼 좋은 학교에 들어왔는지 설명해주겠나? 우리 집 고양이도 자네보단 수학을 잘할 것 같은데. 어떻게 들어왔지?"

"타고난 재치로 들어왔습니다."

킥킥거리는 소리가 더욱 커진다.

"타고난 재치가 돋보입니다"는 초등학교 6학년 때 담임 선생님이 영 나아질 기미가 없는 내 점수를 보고 성적표에 써준 말이다. 나는 이걸 칭찬으로 생각하고 엄마에게 보여주기까지 했다. 그때 엄마가 쓰디쓴 미소를 지었던 기억이 난다.

그날 이후 빌 선생님은 말 그대로 나를 당신의 품 안으로 거둬들인다.

평생 갚아도 그 은혜 다 못 갚을 일이다. 원주민에게 하느님이라는 단어를 가르치는 선교사처럼 선생님은 나를 당신의 솜씨를 아로새길 백지장으로 여겼는지도 모른다. 아니면 진정한 선생님이기에 그저 할 일을 묵묵히 했던 것일 수도 있다. 선생님은 수업 시간에 천재 녀석들에게 문제를 풀도록 시킨 뒤 슬그머니 나를 교탁으로 불러서 옆에 앉히고는 더디지만 매일 조금씩 로그표에 숨겨진 비밀과 이차방정식의 완전무결함과 수많은 정리에 내재된 논리의 미를 펼쳐 보인다. 그때껏 짙은 안개에 가려진 대륙이 이제야 그 웅장한 자태를 드러낸 것이다.

빌 선생님은 좋은 교사일 뿐만 아니라 입담 좋은 이야기꾼이기도 했다. 기분이 좋으면 살짝만 부추겨도 영웅담이 술술 나왔다. 북아프리카에서 영8군 부대원이었던 선생님은 몽고메리 육군 원수의 지휘 아래 토브루크에서 엘 알라메인까지 종횡무진하며 '사막의 여우'인 롬멜제2차 세계대전 당시 독일 방위군 총사령관과 그의 독일 장갑부대에 맞서 싸웠다. 이탈리아 군인들에게 붙잡혀 반역죄로 총살당할까 봐 이름도 마스타글리오에서 매시로 바꿨다. 나는 선생님에게 수학은 말할 것도 없고 현대사까지 제대로 배웠다고 생각한다. 이태 후 나는 당연히 떨어질 줄 알았던 수학에서 놀라운 성적을 거두며 무사히 통과한다. 오로지 빌 마스타글리오라는 이름의 매시 중위, 아니 그냥 빌이라고도 불린 그분 덕분이다.

그래머스쿨에서 두 학기가 지나자 부모님과는 더욱 멀어지게 된다. 두 분 모두 책나운 책은 읽지 않는 데다 외국말은 한마디도 할 줄 모르는 분들이다. 그나마 아버지는 군 복무로 짧게나마 독일에 있었지만, 엄마는 영국을 벗어나 본 적이 한 번도 없다. 그런데 나는 라틴어 동사 변화를 배우고, 간단한 프랑스어 문장을 쓰고, 물리와 화학 법칙을 외우고, 문학

작품을 읽고, 시를 공부한다. 그러니 부모님이 내가 무슨 공부를 하는지 알 리가 없다. 이럴 바에야 해왕성으로 가서 공부하는 게 차라리 더 나을 뻔했다. 부모님 잘못이 아닌데도 나는 공부 좀 한다고 잘난 척은 혼자서 다 떠는 재수 없는 인간이 된다. 아들만은 공부를 많이 하기를 바란 것뿐인데 이런 바람이 오히려 부모님과 나를 가르는 장벽이 되고 만 것이다. 해독 불가능한 교과서와 수학 정리와 외국어와 철학으로 쌓아 올린, 베를린장벽보다 더 견고한 철옹성 앞에서 부모님은 상처 입고 혼돈에 빠진다.

부모님은 절대 무식한 분들이 아닌데, 오만에 취하고 분노에 취한 나는 부모님을 그렇게 대하기 시작한다. 입을 굳게 다문 채 오만상을 찌푸리고 다니면서도 속으론 외로움과 불안에 떨며 숨 막히도록 답답한 집에 갇힌 절벽 같은 절망감을 그 누구에게도 털어놓지 못한다. 엄마와 아버지는 조금도 개선될 기미 없이 끝 간 데 없는 소모전을 벌이며 우리 모두를 지치게 한다.

이 시기에 내 예전 친구들과도 멀어진 건 당연한 일이다. 어느 날 저녁 기차역에서 집으로 걸어오는데 저쪽 모퉁이에서 〈크로니클〉을 파는 토미가 눈에 들어온다. 옆구리에 신문 뭉치를 끼고 있던 토미도 나를 힐끗 돌아본다. 나는 교복 차림에 책가방을 메고 언덕을 터벌터벌 올라가는 중이다. 6년 동안 친하게 지낸 친구지만, 토미와는 그래머스쿨 당락이 갈린 이후로 서먹서먹한 사이가 되었다. 내가 그래머스쿨에 진학하고 토미가 근대 중등학교에 진학한 뒤로는 한 번도 만난 적이 없다. 토미의 청바지 아래로 굽 높은 새까만 "뾰족 부츠"가 반짝거린다. 내 자주색 재킷과 구겨진 회색 면바지, 지독하게 편한 운동화는 유행과는 거리가 멀다. 100미터 밖에서도 토미를 한눈에 알아보겠다. 토미 입가에 언뜻 조소가 어린다. 내가 가까이 다가가자 토미가 경멸이 가득 찬 눈초리로 내 위아래를 찬찬히 훑어본다. 인사하고 싶은 마음이 싹 가신다. 왈칵 화가 치밀면서 왠지 모르게 수치스럽다. 일순간 그와 눈이 마주치지만 당혹감에 황급히 고개를 돌린다. 토미를 지나쳐 걸어가는데 뒤통수에 따가운 시선이 내리꽂힌다.

이날 이후로 난 인쇄소 앞길을 피하느라 기차역 맞은편의 터널로 빙 돌아다닌다. 네 블록을 간 뒤 두 블록을 되돌아오는 먼 길이지만 묵묵히 이 길로 다닌다. 그 덕에 한동안 토미와 마주치지 않는다. 이후로도 잠깐 스쳐 지나갈 뿐 두 번 다시 말을 붙이지 않는다.

내가 대학 다닐 때니까 이로부터 10년은 지난 어느 날, 아버지가 느닷없이 토미 톰슨 소식을 들었느냐고 묻는다. 토미를 안 본 지 몇 년이 지났는데도 아버지는 여전히 우리가 친한 사이라고 생각한다.

"그 녀석이 글쎄, 토요일 밤에 '페니 웨트'에서 진탕 마시고 집으로 돌아와서는 가스난로에 불도 안 붙이고 가스만 틀어놓고 잠이 든 모양이야. 아침에 발견했을 때는 이미 죽어 있었다는구나."

나는 강가 선착장으로 내려가 강 건너 유령처럼 짙은 안개에 파묻힌 작은 마을 헤번을 물끄러미 바라본다. 머릿속이 복잡하다. 잿빛 강물이 나를 위로하듯 찰싹거리면서 거역할 수 없는 큰 힘을 따라 바다로 천천히 흘러간다. 아일랜드 성직자들이 협박조로 을러대던 설교에 쫑긋 귀 기울이던 어린 시절에는 "고양이 세수'Catholic'을 'catlick'으로 잘못 알아들은 것이다" 잘하는 착한 사람이 영생을 얻을 수 있다는 천국heaven을 헤번Hebburn으로 잘못 알아늘었다.

"토미, 저기가 네가 있는 곳이니?"

마치 토미가 듣기라도 하듯 내가 나지막한 목소리로 묻지만 아무 대답이 없다. 내 절친한 친구였던 소년이 죽었다. 그 순간 나는 죽은 자 앞에서 살아남았다는 사실이 얼마나 끔찍하게 죄책감 드는 일인지 난생처음 깨닫는다. 내가 선택되지 않았다는 안도감과 또한 이 친구에게 다시 연락하기 위해 어떤 노력도 하지 않았다는 수치와 후회가 묘하게 교차된다. 친하게 지낸 것만으로도 감사하게 생각해야 할 이 멋진 친구에게 연락할 길은 이제 완전히 끊겨버렸다.

음악은 나에게 언제나 슬픔을 달래는 탈출구였다. 존 삼촌의 고물 기타에 줄도 새로 갈아 끼웠고, 할머니를 그토록 심란하게 했던 "깨진 음악"도 이제 더 이상 연주하지 않는다. 기타 연주 솜씨가 제법 좋아졌지만, 나의 첫 기타로는 한계에 부딪칠 수밖에 없었다. 이 고물 기타가 도저히 낼 수 없는 소리가 있었다.

나는 우유 배달을 열심히 나가 알토란 같은 돈을 한 푼 두 푼 모았다. 석 달 전부터 브레이드포드 악기점 벽에 걸려 있는 어쿠스틱 기타에 눈독을 들여왔기 때문이다. 나는 기타가 여전히 악기점에 걸려 있기를 간절히 바라면서 학교가 파한 뒤 저녁마다 악기점에 들러 기타를 올려다보았다. 쇠줄에 금빛 광택 나는 울림통, 흑단으로 만든 새까만 지판指板, 울림구멍 주위로 정교하게 장식된 상감기법의 화려한 무늬까지 흠잡을 데 없이 아름다운 기타였다. 무려 16기니나 하지만 나는 첫눈에 이 기타와 사랑에 빠졌다.

비틀스 음악을 처음 들은 게 초등학교 6학년 때였다. 수영장 탈의실이 지금도 눈에 선하다. 우리는 로 교장 선생님 감독 아래 물속에서 나와 시끌벅적 떠들며 탈의실로 들어갔다. "감독"이라는 말은 물에 빠져 죽은 녀석이 하나도 없다는 걸 의미한다. 우리는 언제나처럼 몸의 물기를 닦다 말고 수건으로 서로의 성기를 툭툭 건드리며 장난을 치는 중이었다. 탈의실 모퉁이의 트랜지스터 라디오에서 〈러브 미 두Love Me Do〉1962년에 발표된 비틀스의 데뷔곡의 첫 소절이 흘러나온 것은 바로 그 순간이었다. 효과는 즉각적이었다. 우리는 일순간 짓궂은 장난을 멈추고 현란함과는 거리가 먼 음악 소리에 귀를 기울였다. 존 레넌의 쓸쓸한 하모니카와 폴 매카트니의 베이스 기타는 '투 비트4/4박자로 제2박과 제4박에 강세를 두는 리듬'에 맞춰 연주되고, 듀엣 부분에서는 5도 화음에서 단3도 화음으로 바뀌었다가 후렴구에서는 다시 솔로로 돌아온다. 당시에 이렇게까지 상세하게 안 건 아니지만, 이 단순한 곡에 무언가 중요하고 혁명적인 게 있다는 것을 직감했다. 그런데 재미있는 사실은 나뿐만 아니라 모든 아이들이 똑같이 느꼈다는 것이다.

〈그녀는 널 사랑해She Loves You〉가 음반 차트 1위에 오른 것은 내가 그래머스쿨에 입학한 뒤였다. 나는 "예, 예, 예"라고 신나게 불러 젖히는 원시적인 후렴구보다 G6 코드의 종결부에 더 열렬한 환호를 보냈다. 귀에 익은 춤곡 멜로디지만 비틀스가 부르니까 어딘지 묘한 느낌이 들었다. 이 곡도 당시에는 이렇게까지 세세히 알지 못했지만, 비틀스 이전의 팝 음악에서는 절대 느낄 수 없었던 세련미를 나는 단박에 알아보았다. 비틀스는 클래식과 포크, 로큰롤, 블루스, 전통 인도 음악, 보드빌춤과 노래 따위를 곁들인 가볍고 풍자적인 통속 희극까지 모든 음악 장르를 아우른 뒤 그 속에 다양한 사상과 문화를 완벽하게 녹여 넣었다. 비틀스의 노래는 세계 어디서나 들을 수 있는 국경 없는 노래이자, 이들의 노래가 세상을 바꿀 거라고 믿은 세대에게 마쳐신 헌정가였다.

짐 베리먼은 내 전기인 『이야기 속의 스팅A Sting in the Tale』에서 1963년 비틀스가 시 청사에서 공연할 때 내가 건물 밖에서 기다리고 있다가 폴 매카트니의 머리칼을 움켜잡았다고 서술하고 있다. 사실 이 부분만 빼면 꽤 괜찮은 책이다. 당시 무슨 대단한 지식인이라도 되는 양 허세를 부렸던 내가 그런 짓을 하다니 얼토당토않은 이야기다. 어찌 됐건 비틀스가 학창 시절 나에게 크나큰 영향을 미쳤다는 건 말할 나위도 없다. 게다가 비틀스는 여러모로 출신 배경이 나와 비슷했다. 이 사실을 안 순간 어렴풋이 가출과 성공을 꿈꾸던 나로서는 천군만마를 얻은 것이나 다름없었다. 존 레넌과 폴 매카트니는 둘 다 뉴캐슬과 크게 다르지 않은 소도시 리버풀의 가난한 집안에서 태어나 그래머스쿨을 졸업했다. 음반 차트를 휩쓸며 화려하게 데뷔한 비틀스는 자신들이 직접 쓰고 부른 노래로 온 세상을 평정한다. 그럼으로써 비틀스는 당시의 모든 음악가들에게 자신들처럼 하면 된다는 믿음을 심어주게 된다.

나는 로저스와 해머스타인의 뮤지컬 앨범을 들을 때처럼 비틀스 앨범에 거의 병적으로 집착한다. 다만 지금은 기타가 있다는 게 다를 뿐이다. 이제는 노래 속에 감춰진 코드 구조와 리프^{두 소절이나 네 소절의 짧은 구절을 몇 번씩 되풀이하는 연주법}의 마법을 풀 수 있는 기타가 내 손에 있다. 나는 어떤 곡이건, 어떤 앨범이건 조금씩 조금씩 끈질기게 연습해나간다. 한 곡도 빠뜨리지 않고 모든 곡을 익힌다. 포기하지 않고 계속 연습하면 당장은 연주할 수 없는 곡도 종국에는 그 비밀을 드러낼 거라는 확신이 든다. 도저히 따라 할 수 없는 소절이 나오면 축음기 바늘을 그 부분에 수없이 갖다 대면서 무한정 듣는다. 내 것이 될 때까지 포기란 없다. 비밀번호를 알아낼 때까지 금고 다이얼을 돌리는 금고털이범이 혀 내두르고 갈 판이다. 어떤 과목의 공부도 이렇게 시간과 열정을 투자하면서 해본 적이 없다. 음악가로서 내 미래를 미리 내다본 것은 아니지만, 이 무서운 집념에는 어딘가 특별한 구석이 있었다. 무의식적으로 나 자신에게 이렇게 속삭이는 듯했다. '도망치려면 이렇게 해야 해, 어서 서둘러.'

1966년 여름 독일을 꺾고 월드컵에서 우승을 차지한 영국은 여세를 몰아 전후 호황이라는 달콤한 열매를 즐기게 된다. 당시의 멋스러운 표현을 빌리자면 "영국이 흐드러지게 무르익는다". 하지만 뉴캐슬에서는 사회변혁과 문화혁명이라는 이름으로 행해지는 쾌락주의가 대학가에서만 성행할 따름이다. 킹스칼리지 주변 술집과 클럽, 서점에는 곰팡내 나는 지성주의와 보헤미안적 세련미가 넘쳐난다. 그 유명한 비트겐슈타인이 전쟁 중에 뉴캐슬을 찾았다고 하는데, 푸르스름한 담배 연기가 자욱하게 깔린 헤이마켓의 술집에서 흑맥주 한 잔 쭉 들이켜며 『논리 철학 논고』의 난해한 한 대목을 설명하는 비트겐슈타인의 모습이 눈앞에 어른거리는 듯하다.

'클럽 에이 고고'는 헤이마켓 뒤편의 퍼시 가에 있는 클럽이다. 원래는 대학가의 세련된 취향에 맞춘 재즈 클럽이었다. '애니멀스'가 대성공을 거두기 전에 공연했던 곳이 바로 여기다. '애니멀스'는 뉴캐슬에서도 비틀스의 기적이 일어날 수 있음을 보여준 명백한 증거다. 나는 열다섯 살에 난생처음으로 라이브 공연을 보게 된다. '그레이엄 본드 오가니제이션'의 공연이었는데 첫출발이 운이 좋았다. 그레이엄 본드는 커다랗고 동그스름한 얼굴에 기름으로 반질반질한 머리를 길게 늘어뜨리고 더부룩한 팔자 콧수염을 기른 사내로, 해먼드오르간을 치고 알토색소폰을 불면서 거친 바리톤 목소리로 열창을 한다. 이 밴드에는 머잖아 전설이 될 두 명의 멤버가 활동하고 있다. '크림'에서 베이스 기타와 드럼을 맡을 잭 브루스와 진저 베이커가 그 주인공이다. 보컬은 딕 헥스톨 스미스가 맡는다. 음악은 거칠고 단호하다. 내가 좋아하는 음악이라고 할 수는 없지만, 묵직하고 진지한 음악이라는 느낌이 든다. 이 장르는 후에 "헤비"로 규정되고 희화화되기에 이른다. 그레이엄 본드는 훗날 주술을 맹신하게 되고 급기야는 런던의 한 지하철역에서 열차에 몸을 던져 짧은 생을 마감한다.

'고고'에서 '존 메이올&블루스브레이커스'의 공연도 보는데, 전설로 기억될 기타리스트들 중에서 이날 누가 연주했는지는 잘 기억이 나지 않는다. 피터 그린인 거 같은데 에릭 클랩튼은 분명히 아니다. 그해 12월 나는 삶이 송두리째 뒤흔들리는 경험을 하게 된다.

목요일 저녁 7시 30분이 되면 나는 텔레비전 앞으로 가서 〈톱 오브 더 팝스Top of the Pops〉를 마치 종교의식 행하듯 경건한 마음으로 시청했다. 나는 이 프로그램을 숭배했다. 1966년 무렵이니까 지금으로부터 40여 년 전에 진행자 지미 새빌이 '금주의 20곡' 차트 앞에 서 있던 모습이 엊그제 일처럼 생생하다. 1위 자리를 놓고 겨루던 노래들을 지금도 부를 수 있다. 하지만 이렇게 음악을 늘 곁에 두고 살았어도 지미 헨드릭스라는 기타리스트가 몰고 온 세찬 돌풍과 해일과 지진 앞에서는 속수무책이었다.

1966년 12월 '지미 헨드릭스 익스피리언스Jimi Hendrix Experience'가 〈톱 오브 더 팝스〉에 나온 뒤로 나의 모든 것이 바뀌었다. 헨드릭스는 오래된 포크송인 〈헤이 조Hey Joe〉를 블루스풍으로 편곡해서 연주했다. 기타 선율은 우아하면서도 격렬하고, 세련되면서도 힘이 넘쳤다. 목소리는 성이 난 듯 거칠지만 열정적이고 뜨겁고 관능적이었다. 이 3인조 그룹이 무대를 뒤흔드는 3분 동안에 사람들은 느긋하게 텔레비전을 보다가 번개라도 맞은 듯 벌떡 일어나 앉으며 이렇게 중얼거렸을 것이다.

와우! 도대체 저거 뭐야?

이렇게 전율적인 경험을 한 지 며칠 안 돼 헨드릭스가 '고고'에 온다는 소문이 돈다. 도시 전체가 술렁인다. 나는 나이트클럽에 들어가기엔 아직 어린 나이지만 후리후리한 키 덕분에 적게 잡아도 열여덟은 돼 보인다. 아침에 리바이스 청바지와 벤 셔먼영국의 의류 회사 셔츠를 가방에 넣고 학교에 간다. 내가 가진 옷 중에서 제일 "쿨한" 옷인 데다 교복 코트 아래 받쳐 입으면 제법 근사해 보인다. 나는 센트럴 역 화장실에서 숨을 최대한 참으며 옷을 갈아입는다. 지린내와 슬픔의 냄새가 코를 찌른다. 성병의 위험을 경고하는 보건부의 빛바랜 포스터가 화장실 문에 붙어 있고, 그 앞에서 나는 바지 자락이 더러운 바닥에 끌릴까 봐 주술에 걸린 사람처럼 조심조심 옷을 갈아입는다. 희망은 있다! 아직 난 섹스 근처에도 못 가 보았기 때문이다. 남학교라서 여학생은 구경도 못 하는 데다 기차 타고 버스 타고 집에 오면 벌써 날이 어둑어둑 저물기 일쑤다. 더욱이 집에 오면 숙제가 산더미처럼 많고, 가뭄에 콩 나듯 여학생을 만나도 쑥스러워서 말 한마디 꺼내지 못한다. 사실 이러는 데에는 또 다른 이유가 있다. 음악이 나의 모든 열정을 앗아가버린 것이다. 나는 역사 사물함에 가방을 집어넣고 밖으로 나와 상쾌한 저녁 공기를 흠 들이마시며 퍼시 가를 향해 발걸음을 재게 놀린다. 기대와 흥분으로 가슴이 터질 듯하다.

　줄이 길모퉁이까지 길게 늘어서 있다. 나는 줄 끄트머리에 서서 기다린다. 내가 제일 어린 축에 드는 것 같다. 여기선 큰 키가 사람들 무리에 섞이게 하는 데 도움이 된다. 아프간 코트옷 가장자리에 긴 털이 달린 가죽 코트에 팔자 콧수염을 길게 기르고 데저트 부츠를 신은 이국적인 분위기의 "멋쟁이들"이 드문드문 보이긴 하지만, 대부분의 사람들은 나와 비슷한 차림이다. 여자들은 한결같이 까만 가죽 코트 차림에 반듯하게 앞가르마 탄 머리를 어깨까지 찰랑찰랑 늘어뜨리고 있다. 아주 중요한 행사를 앞두고 있기라도 하듯 엄숙한 기운마저 감돈다. 오늘 밤 공연은 1부와 2부로 나뉘어 있다. 나는 간신히 1부 표를 구했다. 2부 공연을 보려면 귀가 시간이 늦은 이유를 둘러대야 하니까 어차피 잘된 일이다. 부모님은 내가 여기에 온 걸 까맣게 모르는 데다 알리고 싶은 생각도 없다. 부모님과 사이가 멀어지면서 좋은 점이 있다면 시시콜콜 설명하지 않고 웬만한 건 나 혼자서 알아서 한다는 것이다.

클럽은 비좁았다. 나는 한가운데로 비집고 들어가 자리를 잡는다. 보는 데 아무 지장이 없다. 밴드는 언제나처럼 무대에 늦게 오르지만 관중은 참을성 좋게 기다린다. 누군가 "60년대를 기억하는 사람은 그 시대를 산 것이 아니다^{미국의 영화배우인 로빈 윌리엄스가 60년대는 마약과 섹스, 로큰롤에 취한 시대라는 것을 강조하기 위해 이렇게 말했다}"라고 말했다. 이 말은 오늘 공연에도 해당되는 말이다. '지미 헨드릭스 익스피리언스'는 귀를 먹먹하게 하는 압도적인 사운드로 모든 분석을 무의미하게 만든다. 〈헤이 조〉와 〈폭시 레이디Foxy Lady〉의 몇 소절을 얼핏 들은 것 같지만, 귀청을 찢는 고함과 숨 막히는 거장의 연주, 아프로 헤어스타일, 과감한 의상, 마셜^{영국의 기타 앰프 제조사} 앰프가 한데 섞여 흐릿한 기억만 남아 있을 뿐이다. 흑인을 본 것도 그때가 처음이었다. 헨드릭스가 무대 위에서 기타를 번쩍 추켜올린 뒤 회반죽 천장에 구멍을 낸 기억도 생생하다. 그리고 공연이 끝났다.

그날 밤 침대에 누워서도 음악 소리가 내내 귀에 쟁쟁 울렸다. 이제 세상을 보는 눈이 달라졌다.

학교 공부는 낙제하지 않을 정도로만 하고 뒷전이다. 온통 머릿속은 노래와 기타 생각뿐이었다. 나는 밥 딜런 노래를 줄기차게 들으며 〈해티 캐럴의 쓸쓸한 죽음The Lonesome Death of Hattie Carroll〉부터 〈에덴의 문Gates of Eden〉까지 그의 노래에 녹아 들어간 서정성을 온몸으로 받아들인다. 재즈도 좋아하게 되는데 이건 좀 힘들었다.

나는 학교에서 나의 음악적 열정을 알아본 형들과 친분을 쌓게 된다. 그중 한 형이 텔로니어스 멍크^{미국의 재즈 피아니스트이자 작곡가}의 앨범을 두 장이나 빌려주는데, 《멍크, 파리 올림피아홀 실황 음반^{Monk Live at Olympia in Paris}》과 《솔로 멍크^{Solo Monk}》가 그것이다. 유난히 난해한 선율이며 그 속에 빽빽하게 들어찬 화음에 적잖이 당황하면서도 한편으론 무언가 중요한 게 있다는 느낌을 강하게 받는다. 그래서 나는 할머니에게 빌린 책을 읽거나 기타 연주법을 독학으로 깨우칠 때처럼 미련할 정도로 고집스럽게 멍크 음악을 파고든다. 지적인 접근 방법 따위는 알지도 못했다. 다만 끝까지 가겠다는 굳은 의지밖에 없다. 학교에서 오면 일단 멍크 음악부터 틀어놓고 숙제를 시작하는데, 기하 증명으로 진땀을 빼는 동안 음악이 서서히 내 안으로 스며드는 게 느껴진다. 마일스 데이비스와 존 콜트레인의 음악을 듣고 있으면 이들이 음향 실험실의 물리학자처럼 인간의 이해를 넘어서는 영역을 탐구하는 게 아닐까 하는 생각이 들기도 했다.

이 시기에 이렇게 다양한 음악을 듣지 않았더라면 과연 어디까지 재즈를 이해할 수 있었을까 의구심이 든다. 나는 재즈 연주자는 아니지만 재즈에 대한 이해의 폭을 넓히면서 재즈 연주자들과 깊은 교감을 나누게 된다.

1967년 우리 집은 어느 정도 여유가 생겨서 월센드에서 몇 킬로미터 떨어지지 않은 타인머스의 바닷가에 있는 듀플렉스 하우스^{중앙 벽을 두 집이 공유하는 형태의 주택으로 오늘날 이른바 '땅콩주택'에 해당된다}로 이사를 간다. 아무리 이름뿐인 부부라 해도 부모님이 그 기나긴 세월 동안 한 지붕 밑에서 산다는 것은 기적에 가까웠다. 이혼은 경제적으로나 사회적으로나 부모님 같은 사람들이 선택할 수 있는 것이 아니었다. 그저 이혼만은 할 수 없었던 것이다.

부모님의 이혼으로 삶이 뒤흔들리지 않은 게 다행이라면 다행이지만, 살얼음 밟듯 위태로운 분위기에 지치는 날에는 집이고 뭐고 다 날아가버리라고 자포자기 심정으로 바라기도 했다.

나는 민첩하지 않은 탓에 축구는 잘 못하지만 뜀박질은 누구 못지않게 잘한다. 학교 다니는 동안 100미터 달리기 시합에서 단 한 번도 진 적이 없다. 원체 기골이 장대하고 힘도 장사인 데다 어릴 적부터 아버지와 체력을 단련한 탓이다. 물론 여기에 공짜 우유도 톡톡히 한몫을 한다.

나는 학교 100미터 달리기 시합에서 신기록으로 우승한 뒤 아싱턴에서 열리는 노섬벌랜드 카운티 선수권대회 출전 자격을 얻는다. 1967년 여름, 내 나이 열여섯일 때였다. 지금껏 출전한 대회 중 가장 큰 대회였다. "제자리에!" 구령이 떨어지자 정적이 감돌고, 출발 총성을 기다리는 동안 내내 가슴은 미친 듯이 쿵쾅거린다. 토할 듯한 그 메스꺼움이 지금도 입안 가득 느껴진다. 왼쪽 무릎과 손끝 사이의 거리를 가늠하며 징 박힌 운동화를 초조하게 내려다본다. "차려!" 고개를 들고 엉덩이를 뒤로 빼고서 출발선까지 아득하게 뻗어 있는 긴 터널을 응시한다. 영겁의 시간이 흐른다.

다른 선수들을 멀찌감치 따돌리고 1등을 차지한 나는 그날 저녁 승리와 자신감에 한껏 도취되어 집으로 돌아온 뒤 막 소파에서 낮잠을 자고 일어난 아버지에게 들뜬 목소리로 이 사실을 알린다. 아버지는 "잘했네" 툭 한마디 던지고는 부엌으로 가서 차를 마신다. 서운한 것도 잠시 불같이 화가 치민다. 아버지의 도움으로 이렇게 이겼는데도 함께 기뻐하지도 않고 자랑스럽게 여기지도 않다니 화가 나서 견딜 수가 없다. 아버지는 당신 자신의 불행에 너무 깊이 빠져 있었던 것이다. 하지만 아버지는 입 밖으로 내지 않았을 뿐 당신의 슬픈 뼈에 사무치도록 아들을 자랑스러워하고 있었다. 그때는 몰랐다.

그해 여름 국가 대항전 예선전에서 생애 첫 패배를 맛본 뒤 나의 육상 경력은 종지부를 찍게 된다. 나는 단거리 경기에 전략이고 훈련이고 그런 게 무슨 소용이 있겠느냐며 낙심한 나 자신을 애써 위로한다. 세상에서 가장 빠른 사람이 될 수 있는 근육조직을 가지고 태어나거나 아니거나 둘 중 하나다. 잔인한 일이지만 운동 능력은 태어나는 순간 이미 결정되는 것이다. 두려움에 구토가 목울대 너머로 울컥울컥 몰려온다. 타고난 운동선수가 아닌 탓에 경기에서 지고, 그래서 패배자가 될지도 모른다는 두려움이 엄습한다.

이제 아버지의 관심 따위는 필요 없다고 짐짓 태연한 척하지만, 사실 나의 삶은 아버지에게 인정받으려는 헛된 노력에 지나지 않았다. 먹어도 먹어도 채워지지 않는 이 허기는 언제쯤 달래질까.

나는 중산층의 가식을 대변하는 듯한 새집을 경멸에 찬 눈초리로 쳐다보며 마땅찮게 여긴다. 하지만 아버지는 월센드까지 우유 배달을 다니느라 더 일찍 일어나야 하는데도 마당이 있는 이 집을 좋아했다. 아버지는 뒷마당에 창문 달린 허름한 헛간을 지어놓고 틈만 나면 거미 우글거리는 그곳 "온실"에 틀어박혀 슬픈 선인장들 옆에서 시간을 보내곤 했다.

엄마는 지금도 목요일 저녁이면 낸시네 집이라는 비밀 장소로 향하지만, 이제는 엄마의 밤 외출에 시비를 거는 사람이 아무도 없다. 목소리를 높이기엔 벽이 너무 얇은 까닭일 것이다. 우리는 트라피스트회(기도나 침묵 등을 강요하는 엄격한 수도회)가족처럼 각자 자신의 침묵 속으로 한없이 침잠한다. 동생들에게 나는 있으나 마나 한 형이자 오빠였다. 동생들도 나만큼 혼란스러웠을 테지만, 그때 나는 내 앞가림만으로도 벅찼다. 몸만 집에 있을 뿐이지 가슴속은 텅 비어 있었다. 나도 동생들을 사랑하고 동생들도 나를 사랑하지만, 나는 동생들에게 따뜻한 눈길 한 번 주지 않았다. 아니, 따듯한 눈길은커녕 어떤 감정도 내비치지 않았다. 냉혈한이라고 생각했을 게 분명하다. 동생들이 정확히 무엇을 알았고 무엇을 견뎌냈는지 나는 모른다.

나는 남동생과 한 방에서 지냈다. 바다가 보이는 방이다. 바다를 보려면 장롱 위로 올라가 창문 너머로 고개를 내밀어야 하지만, 그래도 저 멀리 황량한 잿빛 북해가 망망하게 펼쳐져 있었다. 나는 틈만 나면 밖으로 나가 골똘히 생각에 잠긴 채 바다 물결 따라 타인머스에서 휘틀리 만까지 바닷가를 하루 종일 거닐었다.

휘틀리 만의 YMCA에서 지내는 저녁 시간이 길어지면서 나는 브리검 형제와 친해진다. 나처럼 뉴캐슬의 그래머스쿨에 다니는 켄은 빼어난 피아니스트이자 기타리스트다. 우리보다 두어 살 위인 피트는 보조 요리사로 일하며 베이스 기타를 연주한다. 피트는 혼자서 기타를 만들었는데 그 솜씨가 기가 막히다. 기타는 조금의 조악함도 없이 기능적이며 조금의 추함도 없이 실용적이다. 피트는 나에게 싱글코일 픽업 속에 감춰진 전자의 신비와 스케일 길이에 담긴 수학과 프렛과 프렛 사이의 간격에 숨겨진 의미를 알려준다. 베이스 기타에 대한 숭배가 시작되는 순간이다. 사실 그 이전에 나는 스스로를 리드 기타리스트라고 여겼기 때문에 베이스 기타에 별 관심이 없었다. 이때쯤에는 연주 실력이 몰라보게 좋아져서 헨드릭스 곡의 리프 부분을 연주하면 제법 그럴듯해 보였다. 그래서 난 이 기술을 적극 활용해 주말 저녁이면 음악실에 모여드는 젊은 음악가들 사이에서 큰 인기를 끌었다. 그곳에서 난 〈자줏빛 연기 Purple Haze〉를 연주하는 친구로 통했다. 이 곡은 내 단골 연주곡이 된다. 명성은 이렇게 작은 성취로부터 시작되는 법이다. YMCA 친구들 중 절반은 나에게 리프를 배운 것 같다.

키스 갤러거도 이 친구들 가운데 한 명이다. 훗날 키스는 내 결혼식에 신랑 들러리를 서주고, 나 역시 그의 결혼식에 신랑 들러리를 서준다. 나에게 음악적 재능이 있음을 일깨워주고 꿈을 꿀 수 있게끔 도와준 사람이 젊은 시절부터 한결같은 마음으로 나를 응원해준 내 평생의 벗 키스였다.

키스는 현실적인 친구다. 뉴캐슬의 엔지니어링 회사에서 수습사원으로 일하는 한편 퇴근한 뒤에는 야간학교를 다닌다. 그는 공부를 끝까지 하겠다는 야망도 끈기도 있어서 결국 컨설턴트 엔지니어가 되어 자신의 꿈을 이룬다. 내가 성공에 이르기까지 훨씬 복잡하고 종잡을 수 없는 길을 가긴 했지만, 우리는 서로에게서 비슷한 점을 알아본 것 같다. 먼저 숨 막히는 부모님의 세계에서 벗어나겠다는 일념이 똑같았다. 우리는 하염없이 바닷가를 거닐며 때론 새벽녘까지 이야기하고 몽상에 젖었다. 키스는 젊은 날 내가 만든 곡의 첫 청중이기도 하다. 돌이켜 보면 낯 뜨거운 곡이지만 키스는 좋은 곡이라며 계속 노래를 만들라고 격려를 아끼지 않았다.(키스가 얼마 전에 들려준 이야기에 따르면 그때 내가 만든 곡 가운데 사막에 핀 꽃 한 송이를 노래한 곡이 있었다고 한다. 나는 이 사실을 까마득히 잊고 있다가 그때로부터 35년이 지나서 〈사막의 장미Desert Rose〉를 만들게 된다. 이 곡이 수록된 앨범은 100만 장이 넘게 팔린다. 이렇게 사적인 노래를 수많은 사람이 함께 부른다는 사실은 지금도 가슴 벅차게 다가온다. 하지만 신산스러운 고비마다 주저앉지 않게 나를 믿어주고 용기를 심어주는 단 한 사람만 있다면 이런 곡이 나오지 않을까 싶다.)

키스가 나의 스벵갈리조지 듀 모리에의 소설 『트릴비』에 나오는 인물. 가수나 배우 같은 사람을 실질적으로 조정하고 지배하는 사람을 일컫는다라면, 브리검 형제 중에 동생인 켄은 나의 멘토다. 켄과 나는 〈휘청거리다 The Stumble〉나 〈숨어 Hide Away〉 같은 프레디 킹의 오래된 노래를 한 음 한 음씩 익힌 뒤 신물이 나도록 연주한다. 피트는 묵묵히 베이스 기타를 치고 켄과 나는 블루스를 어르고 달래면서 힘겹게 나아간다. 우리는 '플리트우드 맥'의 피터 그린과 '치킨 샥'의 스탠 웹, '존 메이올&블루스브레이커스' 공연을 보러 다니면서 언젠가 우리도 블루스 연주자가 되리라는 희망에 한껏 부푼다. YMCA가 여의치 않으면 바닷가 근처의 테라스하우스인 켄네 집 다락방에서 연습을 했다. 어느 날 밤 피트가 여자 친구와 약속이 있는 바람에 베이스 칠 사람이 없자, 내가 숭고한 마음으로 조연을 자원한다. 그사이 켄은 블루스를 구슬리느라 여념이 없다.

줄도 얇고 목도 짧은 작은 악기에 익숙해지면 처음에는 베이스 기타가 어색하게 느껴진다. 묵직한 중량감이 두 손에 가득 차오르는 게 흡사 무기처럼 위협적이지만 고요한 아름다움이 있다. 베이스야말로 화음의 기본이요, 오선지의 근간을 이루는 악기다. 켄과 연주를 하면서 나는 베이스가 어떤 음을 내느냐에 따라 기타 연주가 조화롭게 들릴 수도 있고 아닐 수도 있다는 걸 깨닫게 된다. 기타의 C코드를 결정하는 것은 베이스의 C코드다. 베이스가 제대로 받쳐주지 않으면 기타로 C코드를 연주한다고 해도 다 부질없는 짓이다. 그래서 나는 마음속으로 일종의 전략을 짜기 시작한다. 아직 어렴풋하게 구상하는 단계에 지나지 않지만 분명 전략은 전략이다. 베이스가 화려하진 않지만, 나대는 걸 싫어하는 내 성격에 오히려 더 잘 맞을 거라는 생각이 든다. 두 발을 땅에 딱 붙이고 시련을 감내하는 아버지처럼 내가 원하는 것은 조용한 영웅이다. 내 야망은 기초가 탄탄하면서도 은밀하고 효과적일 것이다. 나는 화려한 조명을 받고 싶은 욕망을 꾹 누른 채 한 우물을 파면서 때를 기다리기로 한다.

오랜 시간이 걸리리라는 걸 나도 잘 안다.

내가 음악가로 성공하리라고 그때 상상이나 했을까. 나는 밴드 활동도 하지 않으면서 짐짓 태연한 척 느긋하게 A레벨 시험영국 대입 준비생들이 17세나 18세 때 치르는 과목별 시험. 대학에 들어가려면 보통 몇 과목 이상에서 A를 받아야 한다을 치른다. 나에게는 공부도 음악만큼이나 뜬구름 잡기였다. 그 중요하다는 마지막 학기에 나는 하릴없이 학교에서 시간이나 때우고 있었다. 음악을 듣거나 기타를 치거나 그것도 여의치 않은 늦은 오후나 저녁에는 "스페인 도시휘틀리 만에 위치한 유원지"로 가서 오락실에 죽치고 앉아 시간을 죽였다. A레벨 시험에 심드렁하게 반응한 사람은 나만이 아니었다. 폴 엘리엇과 휴이 맥브라이드가 그랬다.

화음을 잘 맞추고 소리에 민감한 폴은 드럼을 기가 막히게 연주한다. 그리고 키스처럼 나를, 아니 적어도 나의 음악적 재능을 믿어준 친구다. 그는 삶에 대한 불타는 열정이 있지만, 잘나가는 부자 아버지 그늘 속에서 신음하고 있었다. 곱게 자란 부잣집 아들이 투정부린다고 수군덕거리는 친구들도 있지만, 나는 그가 산해진미가 잔뜩 차려진 밥상 대신에 초라해도 제 자신의 밥상을 차리려고 무던히도 애를 쓴다는 사실을 잘 알고 있었다. 내 친구라서 하는 소리가 아니다. 고민 없는 유년 시절은 없는 모양이다. 폴은 괴로워 죽겠다는 듯이 걸핏하면 인사불성으로 취하곤 했다. 나도 가끔은 술로 마음을 달래지만, 폴처럼 체질적으로 술을 잘 마시지는 못한다. 내가 술집 뒷골목에서 웩웩대며 토하는 동안 폴은 거나하게 취기가 오른 얼굴로 또다시 한 잔 쭉 들이켠다.

아일랜드 대가족의 맏아들인 휴이는 새파란 눈에 이목구비가 깎은 듯 반듯하다. 영화배우처럼 잘생긴 얼굴이다. 근시인 것도 매력적인 이 친구는 축구부 주장이자 중앙 수비수로 눈부신 활약을 한다. 폴처럼 술을 잘 마시지만 아무리 말술을 마셔도 그 기분 좋은 얼굴이 흐트러지는 법이 없다.

시험을 치른 이튿날 우리는 몇백 미터 간격으로 웨스트 로에 서서 차가 지나갈 때마다 엄지손가락을 치켜든다. 배낭에는 침낭과 갈아입을 옷 가지 몇 벌만이 들어 있다. 스트랜라^{스코틀랜드 남서단의 작은 항구도시}에서 만난 뒤 연락선을 타고 북아일랜드로 갈 작정이다.

그로부터 3주가 지난 어느 날 밤 천지가 깜깜한 속에 우리는 다운^{아일랜드 북동쪽에 위치한 카운티}의 골프장 벙커에 있다. 저쪽 뒤에 아무렇게나 팽개친 침낭이 보인다. 이 밤엔 침낭에서 쪽잠을 자야 한다. 미국인 우주 비행사 셋이 달에 첫발을 내딛는 역사적인 순간에 우리는 제 몸 하나 가누기 힘들 만큼 만취해 있다. "오징어처럼 흐느적거리는 다리"가 우리 상태에 딱 맞는 표현이다. 내가 휴이와 번갈아 가면서 폴을 업고 오느라 진땀을 빼지만, 단 한 번 바닥에 떨어뜨렸을 뿐 다들 다친 데 없이 술집에서 예까지 왔다.

우리는 공원 벤치건 들판이건 부둣가건 가리지 않고 아무 데서나 자면서 무전여행을 하는 중이다. 듄 레러 부두에서는 이틀 밤도 잤다. 1년 전에 우리는 콘월^{영국 남서부에 있는 주}의 작은 항구도시 폴페로까지 가서 절벽 꼭대기에 서 있는 간이 휴게소에서 여름을 나기도 했다. 원래는 밥 딜런을 보러 와이트 섬에 갈 계획이었지만, 중간에 행로를 바꿔 그곳에서 신나게 먹고 마시기만 하다 돌아왔다.

나름대로 "고수"인 우리는 각자 떨어져서 차를 얻어 타고(한꺼번에 시커먼 장정 셋을 태워주는 운전자는 없다) 저녁에 가장 가까운 도시에서 만나기로 한다. 서쪽으로 가면 아일랜드 남단의 리머릭과 케리가 나온다. 한 농부가 트랄리 외곽에서 차를 세우고 나를 태워준다. 농부도 나처럼 다리가 휘청거릴 정도로 취해 있고, 짐칸엔 암퇘지와 새끼 돼지 두 마리가 실려 있다. 영국이 아일랜드에 준 게 매독밖에 더 있느냐며 농부가 열을 올린다. 내가 은행나무도 마주 서야 열매가 열고 손뼉도 마주쳐야 소리가 나는 법 아니냐고 대꾸하자, 농부가 재미있다며 낄낄거린다.

폴과 휴이와 나는 남서쪽에 위치한 땅끝 마을 딩글까지 간다. 우리는 밤이면 밤마다 맥주에 위스키를 퍼마시고는 아무 데서나 퍼져서 잠이 든다. 무려 3주나 부모님들에게 잡히지 않고 돌아다닌 게 신기할 따름이다. 우리는 란에서 영국행 연락선을 타기 위해 다시 북쪽으로 길을 떠난다. 술이 얼큰하게 취해서 몬 산을 걸어서 넘는다.

마침내 휘영청 밝은 보름달 아래 골프장에 당도한 젊은이들이 상처 입은 짐승처럼 사납게 포효한다. 그 순간 나는 맹세하건대 '고요의 바다[1969년 암스트롱이 달 표면에 최초로 발을 내디딘 곳]'에서 무언가 희미하게 움직이는 물체를 보았다. 그들에겐 작은 발걸음이지만 우리에겐 위대한 도약이었다.[암스트롱은 달 표면에 첫발을 내디디며 "한 인간에겐 작은 발걸음이지만 인류에겐 위대한 도약이다"라고 말했다.]

아일랜드 여행을 마치고 집에 돌아오자 갈색 무지 봉투에 담긴 A레벨 시험 성적표가 나를 기다리고 있다. 나는 온종일 봉투를 안 뜯고 버티다가 종국에는 굴복하고 만다. 기다란 하얀 쪽지를 봉투에서 꺼내 내려다본다. 영어와 지리와 경제에서는 합격점을 넘었지만, 다른 과목 점수로는 상아탑을 환하게 밝히기는커녕 대학 문턱도 못 넘게 생겼다. 영어 점수만 눈부시게 빛날 뿐 대학에 가려면 재시험을 적어도 두 번은 치러야 한다. 나는 재시험 대신에 방황하는 인생을 선택한다.

이후 반년 동안 나는 대여섯 가지의 직업을 전전한다. 첫 직업으로 버스 차장을 택하지만 곧 그만두고 실업급여를 신청한다. 그러고는 얼마

후 공사장 막노동꾼으로 일하기 시작한다. 초겨울로 접어들 무렵 바이커 뉴캐슬의 도심 지대에 쇼핑센터 기초공사가 한창이다. 날씨는 춥고 보람 없는 일은 고되기만 하다. 출근 첫날 언제나처럼 좋은 뜻에서 나서는 엄마가 이번에도 사달을 일으킨다. 그 전날 엄마가 샌드위치를 싸서 타파웨어 용기에 담아줄 테니 점심으로 갖고 가라고 일러주었다. 첫날 아침은 별 탈 없이 지나간다. 삽질도 곡괭이질도 다 문제가 없는데, 덤프트럭 운전사 자리가 은근히 탐이 난다. 운전사가 하는 일이라곤 인부들이 적재함을 채우는 사이 시동 걸린 차 안에서 손을 비비고 앉아 있는 게 전부다. 그러다가 적재함이 다 채워지면 이 세상의 주인이라도 되는 양 푸르스름한 매연을 요란하게 내뿜으며 저만치 멀리 가버린다. 짐짓 무심함을 가장하면서도 길 건너 건물에서 일하는 아가씨들 시선을 끌어보려는 그의 행동이 유치하기 짝이 없지만, 나는 그 자리가 탐이 나서 견딜 수가 없다.

이제 점심시간이다. 공사장 한쪽 귀퉁이에 있는 나무 창고로 20여 명의 인부들이 우르르 몰려든다. 우락부락하고 건장한 사내들이 나무 의자에 비집고 앉는다. 다들 담배를 하나씩 피워 물고 〈미러〉나 〈선〉〈스포팅 라이트〉 같은 신문을 읽으면서 두툼한 샌드위치를 한입 크게 베어 물고는 델 듯이 뜨거운 차를 꿀떡꿀떡 잘도 마신다. 중간중간 거친 웃음소리가 터져 나온다. 식탁 위 찌그러진 주전자에선 하얀 김이 모락모락 솟고 담배 연기까지 자욱하게 피워 올라 창고 안이 희뿌옇다. 신참인 나는 조용히 한쪽 구석으로 가서 앉는다. 배도 고프고 춥기도 해서 곱은 손으로 도시락 뚜껑을 황망히 여는데 그 순간 나는 경악을 금치 못한다. 나의 사랑하는 엄마가 교회 가든파티에 딱 어울릴 만한 오이 샌드위치를 손가락만 한 크기로 네 등분해서 도시락 통에 가지런히 넣어놓은 것이다. 이런 샌드위치를 단테의 『신곡—지옥편』에 나올 법한 공사장 창고에서 꺼내 먹느니 차라리 분홍색 발레복에 진주 귀고리를 하고 나타나는 게 낫겠다. 나는 누가 볼까 무서워 잽싸게 뚜껑을 덮는다. 그런데 동작이 너무 빨랐나 보다.

"왜? 안 먹어?"

"배가 안 고파서요."

내가 우물쭈물 대답한다. 내일부터 도시락은 내가 싼다.

몇 주가 지난 어느 날 나는 내 또래로 보이는 젊은이와 함께 진흙 구덩이를 파고 있다. 날씨는 비참하도록 춥고 등은 쑤시고 손등은 난도질해 놓은 것처럼 다 터져 있다. 감독관이 저만치 가면 일손을 놓고 이런저런 잡담을 나누는데 어쩌다 보니 학교 이야기가 나온다. 열다섯에 근대 중등학교를 그만둔 이 청년은 공사장에서 막일을 하지 않을 때는 실업급여를 받는다고 했다.

"인생이 지랄 같아."

그가 삽과 갈라진 손바닥을 번갈아 쳐다보며 퉁명스레 툭 내뱉고는 나에게 묻는다.

"너는?"

내 이야기를 하고 싶지 않지만, 이 친구가 다 까놓고 말하는 바람에 거짓말을 할 수도 없는 노릇이다.

"그래머스쿨 다녔어……. 한 7년."

나는 형기를 다 채우고 나온 죄수처럼 칠 년이라는 말을 덧붙인다. 사실 그런 면도 없지 않다. 그러자 이 친구가 정색을 하며 되묻는다.

"미쳤어? 왜 여기 있는 건데?"

"뭐가 어째서? 내가 여기 일을 못한다는 거야?"

내가 변명하듯 대꾸한다.

"아니, 그런 말이 아니고. 일이야 잘하는데, 여기서 왜 이러고 있느냐고. 더 나은 일을 할 수도 있잖아."

뼈아프게 맞는 말이지만 나는 질척한 땅을 묵묵히 파내려갈 따름이다. 며칠 뒤에 드디어 꿈에도 그리던 덤프트럭을 몰게 되지만, 매서운 날씨에 일감이 줄자 크리스마스 전전날 나를 포함한 대다수의 일꾼들이 일자리를 잃는다. 슬펐다고는 말할 수 없다.

토요일 밤 나는 타인머스 바닷가에 있는 '플라자' 무도장에 곧잘 놀러간다. 이제는 유지비가 많이 들어서 애물단지로 전락한 곳이다. 20여 년 전 부모님이 처음 만난 곳이기도 하다. 그런 까닭에 여기에 오는 게 좀 꺼림칙하기도 하지만, 연애가 나의 지상 목표는 아니다. 사실 밴드를 보러 오는 이유가 더 크다. 지역 밴드 세 팀이 무대에 올라 사이키델릭 사운드(환각제를 복용한 뒤 경험하는 강렬한 환각 상태를 재현한 음악)와 모타운(미국의 소울 전문 레코드 제작사)의 곡과 언제 끝날지 모르는 형식이 자유로운 열두 마디 블루스를 연주한다. 으레 간담이 서늘한 드럼 독주가 들어가는데 흥에 겨운 사람은 드러머밖에 없는 듯하다. 내가 쭈뼛거리다 이윽고 용기를 내서 예쁜 여자들 두엇에게 다가가 함께 춤을 추겠느냐고 묻는다. 가만히 있기 뭐해서 나서긴 했지만, 아니나 다를까 시간 낭비다. 마지못해 응한 여자가 곡이 연주되는 동안 내내 나를 애써 외면하며 천장을 휘둘러보거나 킥킥거리는 친구들을 노려보거나 가느스름히 뜬 눈으로 소중한 제 가방을 더듬는다. 한마디로 나와 눈이 마주치지 않으려는 것이다. 여자는 나에게 관심이 없다. 나는 좌절한다.

모든 게 허사로 돌아가면 이제 남은 건 평범한 여자들뿐이다. 예쁜 여자들에 가려 늘 뒷전인 이네들은 남자들이 춤을 추자고 하면 반색하며 일어선다. 무도장 한가운데서 거드름 피우며 비트적거리는 예쁜 여자들보다 성격 좋은 이네들과 어울리는 게 사실 훨씬 유쾌하다.

그해 겨울 나는 메이비스라는 여자와 가까워진다. 얼굴도 예쁘장하고 유머 감각도 있으며 세상을 바라보는 시각도 꽤 세련된 구석이 있다. 허구한 날 손거울만 들여다보는 여자들과는 차원이 다르다. 게다가 흑맥주 병뚜껑을 이로도 딸 줄 아는 여자다. 당연히 나는 이 모습에 홀딱 반한다. 두둥실 구름에 떠 있는 듯한 몇 주가 지난 뒤 홀연히 그녀는 언니에게 간다며 런던으로 떠난다. 얼마간 우리는 편지를 주고받다 이내 연락이 끊긴다.

진정한 나의 첫 여자 친구는 데버러 앤더슨이다. YMCA에서 만난 친구 존 매진과 쌍쌍 데이트를 하기로 했는데 그 자리에 데버러가 나온 것이다. 처음에 나는 데버러의 친구와 한 쌍이 되는데 독감에 걸린 내 짝이 저녁 내내 손수건에 코를 팽팽 풀어대느라 데이트가 제대로 될 리 없었다. 존도 데버러와 잘된 것 같지는 않았다. 일주일 뒤에 넷이 다시 술집에서 만나는데, 데버러를 품에 안은 사람은 결국 내가 된다. 존은 쓸쓸히 혼자서 집으로 돌아간다.

데버러는 아름다운 얼굴에 키가 훤칠하게 크고 수줍음을 많이 탄다. 껑충한 키가 민망한지 어깨를 구부정하게 굽힌 채 휘청휘청 걷지만, 매끈한 다리에 흑갈색 머리를 치렁치렁 늘어뜨리고 그 큰 입으로 환하게 웃을 때는 치약 모델처럼 눈부시게 아름답다. 첫 만남이 어긋나긴 했지만, 데버러와 나는 서로에게 열렬히 빠져든다. 우리가 함께 있는 걸 보면 누구나 알 수 있는 사실이다. 우리는 어린아이들처럼 어둠 속에서 피의 언약으로써 서로의 사랑을 확인하고, 조용히 손과 입술을 더듬으며 불안한 미래를 약속한다. 첫 경험의 위험과 새로움과 갈망을 공유하기 위한 무언의 계약이었던 것이다. 에덴의 기억처럼 일생에 단 한 번 맛보는 순수함이다. 십 대가 끝나갈 무렵 뒤늦게 경험한 것이기에 한결 더 아련한 아픔으로 다가온다. 못 말리도록 낭만적인 우리 엄마는 데버러와 나를 보자마자 당신이 그토록 갈망했지만 끝내 이루지 못한 이상적인 사랑을 발견한다. 그러고는 데버러를 친딸처럼 꼭 안아주면서 알 수 없는 미래를 확신하려고 든다. 첫사랑에 홀린 이 시기 데버러를 집에 데려다주고 돌아오는 길은 나에게 노래가 된다. 사랑에 빠지면 무중력상태가 되는 법이다.

데버러는 뉴캐슬의 법률 회사에서 비서로 일한다. 결혼해서 가정을 꾸리는 것 말고는 별다른 꿈이 없어 보인다. 결혼 이야기를 입에 올린 적은 없지만, 당시 사는 수준도 나이도 비슷한 내 또래에게 육체적 결합은 자연스레 결혼으로 이어지는 것이었다. 나 역시 무언의 동의를 하지만 한편으론 왠지 모르게 부당하다는 생각이 든다. 임신일까 아닐까 가슴 졸이는 일을 한 번 겪은 뒤 나는 차차 그녀에게서 멀어진다. 내 마음속에는 이미 다른 여자, 교장의 딸이 들어와 있었다. 4년 후 데버러는 꽃다운 청춘에 절명한다. 지금도 그녀 생각만 하면 마음이 한없이 쓰리고 아프다.

*

버스 차장과 공사장 인부를 전전한 뒤 나는 사무실에서 할 수 있는 일을 찾기로 마음먹는다. 적어도 추위에 떨지 않을 테고, 엄마가 기뻐할 것이며, 더욱이 내가 냉소적으로 비꼬아 말하는 "나의 비상한 머리"를 쓴다고 자부할 수도 있기 때문이다. 〈이브닝 크로니클〉에 "A레벨 시험을 이용하세요. 공무원이 될 수 있습니다"라는 광고가 난다. 나는 원서를 정성껏 작성해서 내국세 세무청에 제출한다. 그러고는 낡은 교복 넥타이에 빗살

무늬 양복을 입고 제일 점잖은 구두를 신은 뒤 머리를 단정하게 빗고 "취미가 뭐죠?" 같은 질문이나 던지는 타성에 젖은 중년 남자들 앞에서 면접을 보려고, 그것도 고작 이십 분이면 끝날 면접을 보려고 맨체스터까지 기차를 타고 간다.

나는 거짓말하고 싶은 강한 유혹을 받는다. 제물낚시가 취미라고 대답하고 싶지만 낚싯바늘을 직접 매느냐, 노섬벌랜드에서 송어가 제일 많이 잡히는 강은 어디냐 따위의 질문을 해오면 골치 아파질 게 뻔하다. 물론 음악이라고 할 수 있지만, 음악이 취미라니 생각만 해도 화가 치민다. 강박, 그래 강박이라 부를 수는 있어도 취미라 부를 수는 없다. 산책을 취미로 하기로 마음속으로 정한다.

"주로 산책은 어디에서 하나요?"

"어디든 상관없습니다."

내가 건성으로 대답한다.

"섬너 씨, 여기서 일하면 산책을 많이 하지는 못할 겁니다."

"네, 저도 알고 있습니다."

"신문은 어떤 걸 읽지요?"

맨체스터니까 〈가디언〉이요?"라고 내가 대답하자 몇몇 면접관이 눈을 치켜뜨며 나를 올려다본다. 과격한 극좌파라고 생각할까 싶어 "음, 어, 〈텔레그래프〉도요"라고 덧붙인다.

"균형이 잘 잡혀 있어요. 섬너 씨."

면접관들도 거짓말이라는 걸 빤히 안다. 솔직히 말해서 면접관들이 한 일이라곤, 내 앞에 거울을 갖다놓고 하 불어보라고 한 뒤 입김이 거울에 뿌옇게 서리는 걸 확인하는 게 전부였다고 해도 내가 뽑혔을 거라는 생각이 든다. 이만큼 면접이 건성이었다는 뜻이다.

"공무원이 다 이렇지, 뭐."

내가 혼잣말로 중얼거린다. 이렇게 해서 나는 예전에 이 일 저 일 떠돌았던 것처럼 홀연히 세무 공무원이라는 사무직 노동자가 된다. 적성에 맞는 일도 아니고, 흥미는 더더욱 없는 우울하기 짝이 없는 일이다. 공무원을 해고하기란 사실상 불가능한 일이지만, 세무 공무원이라는 내 자리는 급속도로 위태로워진다. 처리해야 할 서류가 방치된 채 책상에 산더미처럼 쌓이고, 수천수만 명의 세금 내역서가 담긴 낡은 서류들이 근엄한 성직자처럼 사방 벽을 위압적으로 빙 에워싼다. 이 서류의 주인들도 나 못지않게 보람 없는 일에 절망적으로 매달리고 있을 거라는 생각이 들지만 별 위로가 되지 않는다. 나는 툭하면 한 시간 늦게 출근하고 점심시간은 오후 늦게까지 이어지고 5시 땡 치면 제일 먼저 사무실을 나선다. 데버러를 끌고 술집과 클럽, 무도장으로 밴드를 보러 다니는 내 진짜 인생은 퇴근 이후부터 시작된다. 나는 로드 스튜어트와 '페이시스'를 보기 위해 '메이페어'를 뻔질나게 찾아가고, '플리트우드 맥'과 줄리 드리스콜, 브라이언 오거를 보기 위해 '고고'를 제 집처럼 드나든다. 그러고는 언젠가 나도 저 매력적인 음악가 무리에 들어가고 말리라 하는 몽상에 빠져든다. 그런 나를 데버러는 말없이 옆에서 지켜보고, 내가 집으로 오는 버스 안에서 이 밴드는 어떻고 저 밴드는 어떻고 하면서 열심히 떠들어대도 묵묵히 내 이야기를 들어준다. 하지만 이튿날 아침이 밝으면 또 어김없이 일상이 찾아온다.

사무실에서 20년 넘게 일한 월슨 씨가 어느 날 놀라운 이야기를 들려준다. '애니멀스'의 키보드 연주자인 앨런 프라이스가 유명해지기 전에 바로 내 자리에서 일했다는 것이다. 월슨 씨는 사무실 역사의 산증인일 뿐더러 음흉한 염탐꾼이기도 하다. 그는 여직원들이 갈색 서류와 분홍색 서류를 맨팔에 한 아름 안고서 기다란 사무실 복도를 지나 서류를 책상마다 나눠주는 모습을 음흉하게 지켜본다. 하이힐에 짧은 치마를 입은 어여쁜 여직원들이 까치발을 하고 저 높은 책꽂이에 손을 뻗을라치면 의자에서 몸을 돌려 짐짓 멍한 시선을 던진 채 연필 깎는 시늉을 한다. 이 지루한 일상에서 재미있는 일이라곤 없기에 나도 의자를 돌리고 멍한 시선을 던지고 연필 깎는 시늉을 하는, 이 교묘한 안무에 동참하기 시작한다. 윌슨 씨와 나는 한 쌍의 수중발레 선수들처럼 한 몸이 되어 욕망의 바다를 유유히 떠다닌다. 여직원들도 그다지 신경 쓰지 않는 게 그들도 우리만큼이나 따분하다. 사이렌처럼 예쁜 직원이 두엇 있는데, 이들의 매력에 맥없이 무너지면 감각의 신전에서 사는 슬픈 프리아포스그리스 신화에 나오는 번식과 다산의 신. 거대한 남근이 특징이다처럼 영영 이곳에 눌러앉아 또 한 명의 윌슨 씨가 되어 좁은 책상에서 여생을 마칠지도 모른다는 위기감이 엄습한다.

하지만 영혼을 갉아먹는 이 일이 오히려 나를 일깨운다. 나는 어디든 적을 둘 수 있는 곳을 찾아 그곳에서 음악에 대한 꿈을 키워야겠다는 생각을 하게 된다. 70년대 학비 보조금은 사치스러운 생활은 아닐지언정 최소한의 인간다운 생활, 곧 먹고 잘 수 있는 방에 하루 두어 개의 달걀을 부쳐 먹고도 얼마간의 돈이 남아 학생회관에서 맥주 한 잔 들이켤 수 있는 생활 정도는 보장해주었다. 더욱이 그곳에서 나와 생각이 비슷한 친구도 만날 수 있다.

반년 남짓 비참한 생활을 영위하다 이윽고 나는 세무청을 그만두고 노더카운티사범학교에 입학한다. 후일에 나의 멘토이자 음악 지도자이자 동료이자 경쟁자가 될 요크셔 출신의 무뚝뚝하고 투박한 친구를 만나게 되는 것은 1972년 가을 바로 이곳에서다.

4

제리 리처드슨은 나보다 한 학년 위지만, 나와 공통점이 굉장히 많다. 나처럼 그도 그래머스쿨을 졸업하고 이 직업 저 직업 떠돌다가 음악을 향한 간절한 마음에 당분간 대학에 적을 두고 본격적으로 음악 활동을 할 수 있는 길을 모색하는 중이었다. 리즈에서 태어나 자란 그는 아주 어릴 적부터 피아노를 친 데다 부모님 모두 음악을 하는 음악가 집안이었다. 음악가로서 그는 나보다 저만치 앞서 있지만, 그와 나의 우정은 두 가지 사실로 공고해진다. 우리의 유일한 열정은 음악이고, 둘 다 교사가 되고 싶은 생각은 털끝만큼도 없다는 것이다. 사범학교에서는 최소한의 공부만 해도 낙제하지 않고 근근이 버티다 졸업하는 게 가능했다.(그때는 그랬다. 이는 곧 "공연할" 시간과 힘이 남아돈다는 뜻이다.)

공연은 우리가 원하는 전부였다. 음악 활동만으로 생계를 꾸리는 것은 우리에겐 세상에서 가장 고귀한 야망에 버금가는 것이었다. 밤마다 공연한다는 건 그 자체로 영광스럽고도 낭만적인 전통이었다. 적어도 우리에겐 그렇게 보였다. 클럽과 카바레라는 꿈의 세계에 먼저 발을 내디딘 사람은 제리였다. 당시에는 연주는 물론이고 여러 방면에서 다재다능하다는 걸 보여주면 저 유명한 형제들의 세계, 저 선택받은 음악가들의 세계에 들어가서 가수와 곡예사와 스트리퍼와 마술사와 가수 겸 코미디언 뒤에서 반주 넣는 일을 할 수 있었다. 전업 음악가, 곧 처음 보는 악보도 즉석에서 연주하고 저마다 스타일이 다른 노래도 거뜬히 소화하는 능숙한 음악가가 되는 것, 이것이 제리와 나의 궁극적인 목표였다. 그런데 제리는 현란한 솜씨로 이 모든 걸 할 줄 알았다. 나는 경외심마저 느꼈다.

지금도 훌륭한 음악가로 산다는 것은 자신의 모든 열정을 쏟아야 하는 지난한 과정이다. 매일 연습을 거르지 않아야 하고, 악보를 더 잘 읽으려고 노력해야 하며, 다가가면 멀어지는 음악의 신비에 흠씬 도취되어서 마지막 숨을 거두는 그 순간까지 음악에 대한 앎을 추구해야 한다. 이런 이상적 삶을 살도록 나를 인도하고 격려해준 사람이 바로 나의 벗 제리였다. 허세 부리는 법 없이 이성적인 내 친구가 이 말을 들으면 그게 무슨 소리냐며 지금도 펄쩍 뛰겠지만 말이다.

대학은 우리에게 미래를 모색할 3년의 시간을 주었다. 그사이 당연히 교사로서가 아닌, 어떤 형태로건 음악가로 살 수 있는 길을 찾아야 한다. 이 기간 동안 음악가로 "성공"하지 못하면 교사직이 대안으로 남는다. 하지만 퇴근 시간도 이르고 방학도 길고 큰돈은 아니지만 경제적으로도 안정되고 실컷 공연하고 겉으로는 점잔도 뺄 수 있는, 한마디로 아주 괜찮은 대안이다 우리가 꿈꾸는 대로 내운이 찾아와서 아마추어와 프로의 경계에 어정쩡하게 서 있는 우리가 큰물로 나가 활동할 그날까지 탄탄한 안전망 역할을 해줄 터였다.

제리를 처음 만난 것은 첫 학기가 끝나갈 무렵 어느 추운 겨울밤 대학가 클럽에서였다. 클럽에서는 독창적 해석과는 거리가 멀어도 랄프 맥텔과 캣 스티븐스의 곡이 제법 그럴듯하게 연주되곤 했다. 혹은 원곡의 미묘한 여운까지 살리지는 못해도 레너드 코헨의 명곡이 잔잔하고 애절하게 연주되었다.

그날 밤 나는 무대에서 연주하겠다고 마음을 단단히 먹은 뒤 분연히 자리를 박차고 일어선다. 그러고는 무대에 올라 영화 〈매시〉의 주제곡 〈고통 없는 자살 Suicide is Painless〉을 나름대로 느낌을 살려 연주하고 곧바로 디즈니 영화 〈정글북〉의 〈원숭이의 왕 King of the Swingers〉으로 흥겨운 리듬을 탄 뒤, 고대영어에 나올 법한 괴상한 욕설을 추임새처럼 넣으며 즉흥으로 두어 곡을 더 연주한다. 전혀 어울릴 성싶지 않은 노래만 선곡해 연달아 연주한 게 리처드 군의 관심을 끈 모양이다. 요크셔 출신답게 그는 마음속에 말을 담아놓는 사람이 아니다. 아마추어 연주자들이 보통은 대학가 클럽 무대를 빛내주지만, 간혹가다 자신의 세련된 음악 취향을 모욕한다 싶으면 가차 없었다. 이런 까닭에 그는 신랄하고 매서운 비판으로 유명했다.

연주가 끝날 무렵 제리가 한 손에는 맥주잔을, 다른 한 손에는 담배를 들고 나에게 다가온다. 미술 교사처럼 근사한 턱수염에 보헤미안 예술가답게 부스스한 갈색 머리칼 사이로 눈을 가늘게 뜨고 나를 쏘아본다. 나는 내 소중한 기타를 케이스에 넣는 참이다. 그가 먼저 말을 건넨다.

"일요일 밤에 연주되는 형편없는 곡들보다는 좀 들을 만했어."
"아, 네, 고맙습니다."
으쓱하며 좋아해야 할지, 안도의 숨을 내쉬어야 할지 잘 모르겠다.
"난 제리, 피아노 연주자야. 카운터로 가자. 내가 한잔 살게."
"네, 고맙습니다."

내가 한 손에 기타 케이스를 들고 어느 정도 거리를 두며 뒤따라간다.
"〈매시〉 주제곡은 코드를 잘 잡던데."
그가 고개를 돌려 내가 잘 따라오나 확인하고는 말을 잇는다.
"기타 오래 쳤어?"
"좀 됐어요. 원래는 베이스 연주자예요."
제리와 내가 사람들을 헤치며 카운터 앞에 이른다.
"그래? 같이 연주하는 사람 있어? 켄, 스페셜로 두 잔 주세요."
"딱히 정해진 사람은 없고요. 학교 친구들하고 가끔씩 연주해요."
"제군, 40페니 되겠습니다."
바텐더 켄이 맥주잔을 건네며 말한다.
"괜찮은 드러머 아는 사람 있어?"
제리가 주머니를 더듬더듬하며 돈을 못 찾는 시늉을 한다.
"예, 있어요."
나는 술 마시자고 한 사람이 누군데라는 말을 차마 입 밖에 내지 못하고 주머니에서 돈을 꺼낸다.
"폴 엘리엇이라고 저랑 같이 연주하는 친구가 있는데 슬링어랜드^{미국의 드럼 제조 회사} 드럼을 갖고 있어요."
제리가 미지근한 맥주를 홀짝거리며 알겠다는 듯이 고개를 끄덕인다.
"그 친구 승합차도 있어요."
내가 프로답게 보이려고 덧붙이자 여태껏 시큰둥한 반응을 보이던 제리가 푸 하고 맥주를 뿜어내며 만색을 한다.
"승합차라고? 진짜? 그 친구, 밴드 하고 싶지 않대?"
"밴드라니요?"
"대학 밴드 말이야. 드러머가 필요하거든."

"좋아할 거예요. 그런데 실력도 안 보고요?"
"승합차가 있잖아. 안 그래?"
"아, 네."
수완이 좋은 사람이다. 하지만 속물근성을 너무 내비쳤다고 생각했는지 한결 누그러진 어조로 덧붙인다.
"음, 그러니까, 내 말은, 베이스 연주자도 필요하긴 해."
"예전 연주자한테 무슨 문제라도 있나요?"
"아니. 없어. 다만 승합차 가진 드러머 친구가 없을 뿐이지."
제리도 나도 큰 소리로 웃음을 터뜨린다. 자정 넘어 길바닥으로 내쫓길 때까지 우리는 학생회관 구내 술집에서 이 음악은 좋네, 저 음악은 싫네 하면서 끊임없이 음악을 논한다. 제스몬드의 제리 아파트로 오는 길에도 내내 음악 이야기뿐이다. 도시 북동쪽의 제스몬드는 학생 숙소며 진기한 술집이 몰려 있어서 보헤미안적 분위기를 물씬 풍기는 곳이다. 제리는 바이올리니스트인 브라이언과 한 아파트에서 지내는데, 이 친구의 형이 이곳에선 이미 전설적 존재로 통하는, 후일 '킬링워스 소드 댄서스Killingworth Sword Dancers'의 창립 멤버가 되는 조니 핸들이다. 브라이언은 제리를 살짝 비꼬듯 "재즈 연주자"라고 부르는데 그 호칭에 애정이 담겨 있음은 분명하다.

빅토리아풍의 아파트 주위로 나무가 빽빽하다. 집 안에 들어서자 먹던 채로 팽개친 접시와 커피 잔과 담배꽁초와 빈 맥주병과 더러운 옷가지와 구겨진 문고판 책과 낡은 앨범 재킷이 아무렇게나 뒹굴고 있다. 반쯤 먹다 만 음식에 반쯤 쓰다 만 리포트에 반쯤 읽다 만 신문이 한데 뒤섞인, 한마디로 거지 소굴이다. 느닷없이 전장으로 끌려 나온 군기 빠진 군인들의 막사 같기도 하고, 빈민굴 같기도 하다.

제리는 책 더미와 신문 뭉치 밑에서 단세트^영국의 휴대용 축음기 제조 회사의 고물 축음기를 끄집어낸 뒤 능숙한 솜씨로 음반 재킷들을 쭉 넘기다 마일스 데이비스의 《비치스 브루Bitches Brew》를 골라내더니 재킷에서 음반을 꺼낸다. 돼지우리 같은 이곳에서도 음반 가장자리에 바늘을 내려놓는 손놀림만은 종교의식 행하듯 엄숙하고 조심스럽다. 마치 나에게 마약을 투여하고 내가 어떤 반응을 보이는지 살펴보겠다는 듯이 제리가 쿠션 더미에 몸을 획 던지고 나를 지긋이 바라본다. '쿨'한 대사제로 현현한 마일스는 익히 알고 있고^1957년에 발매된 마일스의 앨범 《쿨의 탄생Birth of the Cool》을 말하는 것으로 보인다, 거슈윈의 오페라 〈포기와 베스Porgy and Bess〉를 장인의 솜씨로 재해석한 동명의 앨범은 내가 가장 좋아하는 앨범 가운데 하나다. 하지만 이 위대한 트럼펫 연주자가 이전과는 완전히 다른 방식으로 연주하는 이 앨범은 처음 듣는다. 이는 후일에 퓨전 음악으로 알려지게 되는데, 내 생각엔 원초적인 록의 요소에 재즈의 즉흥적 연주 기법이 섞인 것 때문이 아닐까 싶다. 이 곡이 나에게 미친 영향은 즉각적이고도 강렬했다. 한 시간 동안 나는 이 음악의 강렬한 마법에 걸려 헤어나지 못한다.

십수 년이 지난 뒤 나는 마일스 데이비스를 처음 대면하게 된다. 그가 자신의 뉴욕 스튜디오로 나를 초대한 것이다. 이 만남이 있기 얼마 전에 나는 마일스가 데리고 있던 실력 있는 음악가 한 명을 훔쳐와 내 프로젝트에 투입했는데, 이 곤욕스런 만남을 주선한 인물이 바로 그 음악가인 대릴 존스였다. 이미 그는 내가 이끄는 밴드 '블루 터틀스Blue Turtles'의 멤버가 된 뒤였다.

재즈의 거목이 나를 뚫어져라 쳐다본다.

"자네가 스팅이야?"

"네, 그렇습니다."

"스팅이라…….."

마일스가 입안 가득 침을 굴리듯 단어를 음미하더니 불쑥 한마디 던진다.

"머리통 한번 졸라 크네."

나지막이 중얼거리는 목소리에 적의가 배어나는 듯하다. 내가 화들짝 놀라 묻는다.

"네? 뭐라고 하셨지요?"

"자네가 나오는 영화를 봤는데 머리통이 졸라 커서 화면을 꽉 채우더라고."

어떤 영화를 말하는지 모르겠지만, 여기저기서 킥킥거리는 웃음소리가 터지더니 급기야는 와 하고 웃음보가 터진다. 나 빼고 방에 있던 사람들이 모두 큰 소리로 웃는다. 내가 상처 입은 짐승처럼 쓰라린 표정을 짓자 마일스가 웃음기를 거두고 다시 입을 뗀다. 상처를 얼마라도 보상해 주고 싶었던 모양이다.

"그러니까, 스팅……."

또 입안 가득 침을 굴리더니 저 유명한 트럼펫에 입을 갖다 대며 말을 잇는다.

"불어 할 줄 알아?"

"네."

내가 이번에는 경계하는 어조로 대답한다.

"좋아, 이거 불어로 옮겨봐."

그러더니 미란다원칙을 적은 종이쪽지를 나에게 건넨다.

"당신이 말하는 것은 모두 당신에게 불리하게 적용될 수 있습니다……."

손에 쥔 쪽지를 내려다보며 내가 침을 꿀꺽 삼킨다. 곤경에 빠지기에 딱 좋을 불어 실력으로 이 난관을 헤쳐나간다는 것은 어림도 없는 소리다. 그런데 위대한 마일스 데이비스는 나에게 임무를 맡겼고, 나는 어떻게 해서든 그의 마음을 흡족하게 해야 한다.

"몇 분 이내에 해야 하죠?"

내가 묻자 마일스가 큰 소리로 대답한다.

"5분."

"네."

머릿속이 하얗다. 나는 스튜디오의 안내 데스크로 부리나케 뛰어가 전화를 쓸 수 있느냐고 묻는다. 트루디가 집에 있기를 간절히 기도하며 런던 집으로 전화를 건다. 아내는 원어민처럼 불어를 잘한다. 가정부가 전화를 받는다.

"아니요, 안 계세요. 웨스트본 그로브에 가셨어요. 인도 식당 '블록 카트' 가신다고 했는데, 어딘지 아시죠?"

"제기랄."

시간이 속절없이 흐른다.

"캐럴, 식당 번호 좀 알 수 있을까? 아주 급한 일이야."

제기랄, 제기랄, 제기랄, 만년은 걸리는 것 같다. 마침내 캐럴이 수화기를 들더니 전화번호를 알려준다. 내가 미친 사람처럼 식당 번호를 누른다.

"여보세요, 시금 그곳에 있는 손님과 통화 좀 할 수 있을까요? 초록 눈에 금발이에요. 아마 하이힐에 짧은 치마를 입었을 겁니다. 아주 예쁜 여자예요."

째깍째깍 초침이 돈다. 마일스의 조수가 문틈으로 빼꼼히 얼굴을 내밀며 묻는다.

"다 하셨어요?"

"거의요, 잠시만요. 여보세요, 트루디? 제발 아무것도 묻지 말고 지금 내가 말하는 거 불어로 옮겨줘."

내가 미란다원칙을 읽어 내려간다.

"'당신을 체포합니다. 묵비권을 행사할 수 있으며, 당신이 말하는 것은 모두 당신에게 불리하게 적용될 수 있습니다……. 그러니까 입 닥쳐!'"

몇 분 뒤 내가 득의에 찬 얼굴로 종이쪽지를 손에 쥐고 스튜디오로 뛰어 들어간다.

"좋아, 따라와."

마일스가 녹음실로 들어오라고 나에게 손짓한다.

"내가 신호 보내면 그 꼬부랑 불어를 내 얼굴에 대고 목청껏 소리치는 거야. 졸라 소리쳐, 알았지?"

"네!"

젊은 날의 우상인 마일스 데이비스와 한 녹음실에 있다니 믿어지지 않는다. 헤드폰에서는 펑크 음악이 휘몰아치고 이제 곧 나는 미란다원칙을, 그것도 불어로 그의 얼굴에 대고 있는 힘껏 소리칠 것이다. 마일스가 고개를 끄덕인다. 자, 간다.

"'VOUS ETES EN ETAT D'ARRESTATION, VOUS AVEZ LE DROIT DE GARDER LE SILENCE, TOUT CE QUE VOUS DIREZ POURRA ETRE RETENU CONTRE VOUS,' ALORS TAIS-TOI!"

마일스가 제 사타구니를 가리키며 소리친다.

"뭐? 이걸 닥치라고, 좆 까!"

얼마 뒤 나는 건물 밖으로 나선다. 강도라도 만난 것처럼 얼떨떨한 기분이지만, 이렇게 기쁘고 득의양양할 수가 없다. 마일스 데이비스 앨범에 내 목소리가 나온다. 앨범 제목은 《당신을 체포합니다You're under Arrest》다.

"어때?"

음반이 다 돌아가자 제리가 나에게 묻는다. 나는 몽롱한 꿈에서 깨어난다. 이 음악이 나를 어떤 별천지 같은 곳으로 인도했건, 혹은 이후 나의 인생행로가 어떻게 바뀌었건 간에 그때 제리에게 이렇게 말할 수 있었다면 얼마나 좋았을까.

"내 미래를 그려봤는데, 마일스가 나한테 완전 열 받아서 나보고 자기 얼굴에 대고 불어로 막 소리치라고 하는 거야. 자기 앨범에 들어갈 펑크 음악에 넣는다고 말이야."

제리는 분명 "지랄하고 있네"라고 대답했을 것이다.

폴과 나는 제리의 대학 밴드에 들어간다. 트럼펫과 플뤼겔호른을 연주하는 알도는 천성이 자상한 이탈리아인이고, 스티브는 독불장군이지만 테너색소폰은 참 맛깔나게 분다. 나는 베이스 기타와 백업 보컬을 맡는다. 밴드 이름은 '어스라이즈Earthrise'로 정한다. 알도가 아폴로 우주 비행사들이 달에서 찍은 지구 사진에서 영감을 얻었다고 했다.

보컬은 제리의 여자 친구 메건이 맡는다. 하지만 보헤미안 예술가답게 무사태평한 제리의 성격과 쇠가 자석에 끌리듯 매력적인 여자에게 끌리는 나의 동물적 본성이 서로 맞물려 메건은 머잖아 내 여자 친구가 된다. 그래노 제리는 이상할 만큼 개의치 않는다. 데버러와 아직 헤어지기 전이라 두어 번 연습장에 데리고 왔는데, 메건에 압도당했는지 데버러는 두 번 다시 함께 오겠다는 소리를 하지 않는다. 데버러와 나는 의심이 싹 터도 입 밖에 내지 않고, 거짓말을 해도 모른 척하는 단계에 이른다. 우리는 곧 헤어지게 되지만, 깔끔함과는 거리가 먼 이별을 하게 된다.

메건은 숫기가 좋고 노래하는 목소리가 아름다우며 놀랍도록 새파란 눈동자에 피부가 도자기처럼 매끄럽고 풍성한 금발의 머리칼이 어깨까지 찰랑찰랑하게 내려온다. 자신만만하니 온몸으로 성적인 매력을 뿜어낸다. 제리처럼 리즈 출신이라 돌려 말할 줄 모르는 탓에 이따금 주위 사람들을 안절부절못하게 만들 때도 있다. 본데 있는 집안에서 자라 가정교육도 잘 받았건만, 속에 있는 말을 내뱉을 때는 교양이라곤 찾아볼 수가 없다.

"제리, 이 지랄 맞은 키 좀 바꿔. B 플랫에서 앵무새처럼 목소리가 째지잖아."

"아, 내 사랑, 편곡 벌써 다 끝났는데. 그리고 호른 연주자들은 올림표 많은 거 싫어해."

제리 목소리가 간곡하다. 음악 이론 얘기를 꺼내서 메건이 현혹되기를 바라는 모양이다.

"그러면 그 사람들한테 이 그지 같은 노래 부르라고 해. 난 안 할 테니까. 그리고 잘난 척 좀 작작해. '내 사랑' 어쩌고 하는 염병할 소리도 그만하고!"

제리가 메건을 무섭게 노려보지만, 이내 아침나절부터 힘들게 작업한 악보에 좍좍 줄을 긋기 시작한다. 그러면서도 밴드에 여자가 있으면 이렇게 골치 아픈 일이 생긴다고 내내 구시렁거린다. 참 재미있는 사실은 제리가 음악이라면 결코 호락호락하지 않은데 드센 여자에게는 숙맥같이 당한다는 것이다. 메건의 거친 태도가 요긴할 때도 있지만, 실은 겉으로 보이는 모습보다 훨씬 섬세하고 연약한 내면을 감추기 위한 위장막에 불과하다는 사실을 나는 곧 깨닫게 된다. 그럼에도 불구하고 메건은 나의 가슴을 갈가리 찢어놓는 두 번째 여인이 된다.

'어스라이즈'는 본질적으로 제리의 밴드라서 기타가 주를 이루는 거친 팝 음악보다 재즈 선율이 가미된 피아노 위주의 음악을 지향하게 된다. 기타리스트는 끝내 뽑지 않는다. 그레이엄 본드의 〈도시의 봄Springtime in the City〉은 우리가 연습한 첫 곡들 가운데 하나다. 메건의 거칠면서도 단호한 저음이 〈나를 위해 울어주세요Cry Me a River〉나 〈편지The Letter〉를 부를 때는 진짜처럼 제법 그럴듯하게 들리지만, 조 카커의 앨범 《미친개와 영국인Mad Dogs and Englishmen》 수록곡에 이르러서는 편곡을 바로 수정한다.

우리는 변변한 장비가 없어서 공연할 기회를 좀처럼 얻지 못한다. 금요일 밤이면 런던에서 활동하는 밴드가 공연을 하러 학생회관을 찾는데, 그때 우리가 지원 밴드메인 밴드가 공연하기 전에 공연하는 밴드로 두어 번 무대에 오른다. 내가 보기엔 노래도 연주도 곧잘 하는 것 같은데, 간혹가다 클럽에서 공연하는 것 말고는 별다른 성과를 거두지 못한다. 그렇게 대담해 보이는 메건도 무대에 오를 때면 무대 공포증으로 한바탕 홍역을 치른다. 공연을 앞두고 그녀는 제리를 향해 내뿜는 뿌연 담배 연기 장막 속에 초조함을 감추느라 무진히 애를 쓴다. 메건이 아파서 무대에 못 오르면 내가 제리의 지지를 받으며 보컬을 맡는다. 내가 마이크를 잡는 일이 점차 잦아지지만, 나는 밴드가 와해되기 훨씬 전부터 슬픈 파국을 예감한다.

우리는 근 1년을 버티지만, 어느 날 제리가 브리스톨의 나이트클럽에서 일수일에 엿새 동안 3인조 그룹과 여자 가수의 피아노 반주자로 일하지 않겠느냐는 제안을 받는다. 그가 대학을 그만두고 밴드를 떠나겠다고 발표하자 나는 그 누구보다도 상실감에 빠진다. 타고난 재주꾼인 제리 없인 밴드가 해체될 게 분명하기 때문이다. 폴은 아버지 회사에서 일하겠다며 밴드를 떠나고, 알도와 스티브는 교사직에 전념하겠다며 밴드를 그만둔다. 메건과 나는 졸업까지 아직 1년이 남은 터라 학교를 함께 다니며 밀애를 즐기지만, 그 전에 나는 쓰디쓴 고통의 약부터 삼켜야 했다.

데버러는 엄마의 욕망을 대변하는 존재였다. 내가 마음속 깊은 곳에서 뜨거운 분노를 느낀 것은 엄마와 데버러가 이렇게 원초적인 상호 이해를 공유한다는 사실 때문이었다. 이들 사이에서 나는 배신과 복수로 점철된, 모호하고 혼란스런 신화를 재연하도록 무의식적으로 강요받는 기분이었다. 이 속에 어떤 심리적 진실이 내재되어 있건, 혹은 읽지도 않은 신화가 어떤 내용으로 펼쳐지건 간에 무대의 막은 이미 올라갔고, 메건은 난장판이 된 내 머릿속 극장으로 아마존 여전사처럼 기세 좋게 밀고 들어온다. 부정不貞은 적절한 타이밍에 적절한 거짓말을 해야 하는, 그래서 사람 진을 쏙 빼놓는 위태로운 줄타기지만, 거부할 수 없는 최음제이기도 하다. 지금껏 맛보지 못한 짜릿함에 나는 빠져든다. 감미롭고 순수했던 나의 첫사랑은, 허랑방탕하지만 감상적이지 않은, 한층 세련되고 기분 좋게 서늘한 쾌락 앞에서 맥없이 무너지고 만다. 이것은 성性 이상의 갈망이었다. 사실 집안이며 학교 같은 문제도 무시할 수 없는 것들이었다. 마음 한편으로 메건을 나의 구세주이자 탈출구이자 무기로 바라본 것은 내 냉혹함의 발로였다.

이제 걸핏하면 오후 수업을 빼먹고 대학 교정 맞은편의 메건의 기숙사 방에서 나른하게 뒹구는 시간이 늘어난다. 당시 레너드 코헨이 〈그렇게 안녕이라고 말하지 마 Hey, That's No Way to Say Goodbye〉에서 "그녀의 머리칼이 잠에 겨운 황금빛 폭풍우처럼 베개 밑으로 흘러내리네"라고 감미롭게 속삭이면 어김없이 메건이 떠오르곤 했다.

메건의 책장에는 주네와 이오네스코의 희곡이며 사르트르와 카뮈의 소설이 즐비하게 꽂혀 있다. 그녀의 문학적 취향이 프랑스 작품에만 국한된 건 아니지만, 실존주의라는 말조차 들어본 적 없고 『이방인』과 『구토』의 과묵하고 외로운 주인공을 아직 만나보지 못한 나로서는 이런 이국적 이름에 끌릴 수밖에 없었다. 그녀의 방에서 오후를 함께 보낸 첫날, 메건은 나에게 『영혼 속의 죽음 Iron in the Soul』을 빌려주며 이 책이 마음에 들면 사르트르 3부작 중에 첫 두 권을 주겠다고 말한다. 사르트르는 대하연작소설 『자유의 길』을 4부작으로 기획하지만 『철들 나이』『유예』『영혼 속의 죽음』을 완성한 뒤 제4부의 일부인 『기이한 우정』만 발표하고 4부작을 미완으로 남겨놓는다. 지금 돌이켜 보면 첫 데이트치곤 참 이상하고 진지했던 것 같다. 하기야 우리 사이는 여러모로 거꾸로 가고 있었다. 급속도로 친밀해진 뒤 서서히 서로를 탐색하고 알아가는 단계로 나아가는 중이었다.

나는 한 학기 넘게 양다리를 걸치다가 그다음 학기 중반 무렵에 더 이상 버틸 수 없는 상황에 이르자 데버러와 헤어질 결심을 한다. 하지만 이것은 계획의 절반에 불과했다. 나머지 절반은 메건을 엄마에게 소개하는 일이었다. 딱히 기쁜 일은 아니지만 차가운 쇠의 감촉처럼 은근한 쾌락을 안겨줄 것이었다.

메건을 집에 데리고 간 첫날, 공손함 속에 싸늘함이 감돈다. 엄마는 애써 태연한 척하지만 가시 돋은 눈길에 화난 기색이 역력하다. 메건은 메건대로 엄마를 자극하는 말을 하지 않으려고 바짝 신경을 곤두세우고 있다. 두 여자가 차를 홀짝이며 무의미한 말을 주고받는다. 나는 그 순간 여자들이 수컷의 아둔한 머리로는 도저히 가늠할 수 없는 미묘한 방법으로 의사소통을 한다는 사실을 깨닫는다. 하지만 이 불편한 만남이 끝날 즈음, 두 여자가 이미 서로를 파악했다는 것은 아둔한 나에게도 자명해 보였다.
　메건을 따듯하게 반긴 사람은 다름 아닌 아버지였다. 메건이 건방질 정도로 거리낌 없이 행동하자 아버지도 어느새 그녀에게 싱거운 농을 건넨다. 나는 아버지의 모습에서 불씨가 사그라졌다고 생각한 젊은 시절의 아버지를 다시 본다. 아버지는 여전히 잘생긴 중년이고, 상황 판단이 빠른 메건은 간들간들 교태부리는 제 역할을 우아하고도 당돌하게 수행한다. 도저히 종잡을 수 없는 여자다. 모든 남자에게 제 자신을 맞출 수 있는 배우의 피가 흐르는 여자다. 이런 그녀와 난 사랑에 빠질 도리밖에 없다.
　아버지와 메건의 첫 만남은 아주 기막힌 상황에서 이루어진다. 몇 주 전의 일이다. 새벽 5시 무렵, 내가 타인머스 프론트 가의 빨간 공중전화 박스 안에서 전화기를 들고 있다. 집으로 전화를 건다. 지금쯤 아버지는 출근 준비를 할 때라 달걀 두 개와 얇은 베이컨 한 장을 프라이팬에서 부치고 있을 것이다. 전화벨이 세 번 울린다. 어두컴컴한 복도를 걸어오는 아버지의 놀란 얼굴이 눈앞에 서물거린다. 아버지가 까만 수화기를 들기 위해 부엌에서 나와 복도를 저벅저벅 걸어오고 있을 터다. 제발 다른 사람이 받지 않기를 속으로 기도한다.
　"여보세요?"
　"아버지, 저예요."
　"어디냐?"
　내 목소리에 살짝 주저하는 기색이 묻어난다.
　"스패니시 배터리요."
　"아, 그래?"
　타인 강 어귀의 스패니시 배터리는 예전에 대포가 있던 격전지였다.

젊은 놈이 새벽 5시에 이런 곳에 있다면 이유는 오로지 하나뿐이라는 것을 아버지는 너무나 잘 알고 있다. 못된 짓을 하던 게 아니고서야 이 시각에 그곳에 있을 리가 없다.

"누구랑 있는데?"

"친구요."

내가 애써 태연함을 가장하며 짧게 대꾸한다. 이야기가 옆길로 새서 이 수치스러운 일이 들통나면 곤란하다.

"아, 그래? 친구 누구?"

"아버지, 잠시만요. 혹시 차 트렁크에 견인용 밧줄 있으세요?"

"있지."

"그럼 여기로 좀 갖다 주실래요?"

"무슨 일인데?"

다 알면서도 모른 척이다. 도와주기는커녕 시치미 뚝 떼고 묻는 아버지의 질문을 못 들은 척 외면하면서도 한편으론 침착함을 잃지 않으려고 노력한다.

"견인을 해야겠어요. 차가 빠졌어요."

어떻게 된 일인지 자초지종은 대략 이러했다. 격정적인 밤, 아니 솔직히 말해서 새 "친구"와 서툰 사랑을 나눈 뒤 나는 낭만에 취해 이 지역의 자랑인 타인 강 어귀의 장관을 보여줄 생각을 한다. 11세기에 지어진 사원이 절벽 꼭대기에 들어앉아 있고, 그 아래 방죽이 곳까지 좁다랗게 이어져 있다. 물가로 둥그스름하게 뻗쳐나간 곳에는 그 옛날 수십 문의 대포가 버티고 있어서 스페인 무적함대부터 나폴레옹을 거쳐 20세기 독일군에 이르기까지 숱한 외세의 침략으로부터 타인 강을 지켜주었지만, 이제 전흔은 온데간데없고 그 자리에 깔끔하게 포장된 주차장만이 들어서 있다. 예전처럼 위압적이진 않지만 주차장에서 바라보는 경치는 여전히 장관이다. 보초병처럼 양쪽 강가에 서 있는 등대가 쌍둥이 부두를 환히 밝힌다. 스패니시 배터리는 전략적 요충지 대신에 "사랑을 즐기는 장소"로 새로이 탈바꿈하여 이 지역 젊은이들의 폭발적인 사랑을 받는다. 휘황한 달빛 아래 저만치 사원이 올려다 보이는 주차장에서 보얗게 김 서린 창문에 차체가 부드럽게 흔들리는 자동차를 발견하기란 어려운 일이 아니다. 하지만 이는 오스왈드 왕앵글로색슨족의 7왕국 중 하나인 노섬브리아를 7세기경에 통치했다이 혈기 왕성한 젊은이였을 때부터 이 자리에서 은밀히 행해진 뿌리 깊은 번식의 비의秘儀를 보여주는 일면에 불과하다. 여하튼 나는 이런 사이비 역사 운운하며 메건을 이곳으로 데려오는 데 성공한다. 섬유 유리 재질로 만든 보닛에 구석구석 내 손길이 닿지 않은 곳이 없는 1964년 형 초록색 고물 미니영국의 BMC에서 1959년부터 2000년까지 생산한 소형 자동차를 타고 기숙사 방에서 예까지 10여 킬로미터를 달려온 것이다.

자신감으로 충만한 나는 하늘을 찌를 듯한 기세로 차를 몬다. 거센 폭풍우도 거뜬히 헤치고 나아갈 내 운명의 키를 잡은 선장이 된 기분이다. 심야 라디오 방송에서는 재즈가 쾅쾅 울려 퍼지고, 똑똑하고 신비롭고 섹시한 새 여자 친구는 바로 내 옆에 앉아 있다. 나는 능숙하게 2단 클러치를 밟고 포식 동물처럼 영민하게 주위를 살피는 내 모습을 그녀가 봐 주길 은근히 바라면서 급하다 싶게 모퉁이를 돌고 회전 교차로를 지난다. 내가 이렇게 유치한 행동으로 그녀에게 말하고 싶었던 것은 "내가 옆에 있으니까 걱정 마. 나는 당신의 제임스 본드니까"였을 것이다.

빠르게 흘러가는 시커먼 구름 위로 반달이 잠시 얼굴을 비추었다가는 이내 폐허가 된 사원 벽 뒤로 숨는다. 비가 세차게 퍼부었던 터라 달빛 아래 진창길이 번들거린다. 하지만 어느새 비가 개어서 동녘 하늘에 샛

별이 환히 빛난다.

  해안 지대에서 가파른 내리막길을 따라 내려가면 곶으로 연결되는 좁은 방죽이 나오고, 그곳을 지나 오르막길을 오르면 텅텅 빈 주차장이 나온다. 내리막길을 빠르게 내려오는데 예의 그 검은 구름이 하늘을 휘덮자 사위가 난데없이 칠흑처럼 어두워진다. 전조등 불빛만이 희미하게 어둠을 밝힐 따름이다. 그 순간 나는 눈앞에 펼쳐진 광경을 보고 아연실색한다. 방죽이 바닷물에 잠겨 흔적조차 없이 사라진 것이다. 이미 때는 늦었다. 차가 빠른 속도로 무언가를 덮치며 멈추자 얼음장같이 찬 물이 저 만치 앞에서부터 차 안으로 밀고 들어온다. 순식간에 물이 무릎까지 차오르더니 시동이 꺼진다. 차 안이 죽은 듯이 조용하다. 나도 죽은 듯이 차 안에 앉아 있다.

  내가 경악에 찬 시선으로 메건을 돌아보자 차갑게 경직된 그녀의 옆모습이 보인다. 그녀가 천천히 고개를 돌리며 입을 연다.

  "여자 신나게 하는 방법 너무 잘 아는데?"

  희미한 미소가 보일 듯 말 듯 입가에 떠오르더니 이내 메건이 고개를 뒤로 젖히며 도저히 못 참겠다는 듯이 깔깔거리며 웃는다. 나는 귀까지 새빨개진다. 그녀가 어찌나 대놓고 웃던지 오히려 내 마음이 놓일 정도다. 무릎께까지 물이 찼을 뿐 다친 데 없이 아직 살아 있다는 사실이 당혹감을 누그러뜨릴 따름이다. 얼마나 지났을까, 마침내 아버지 차가 환한 불빛을 쏟아내며 좁은 길을 내려오는 게 보인다. 메건은 근처 벤치에 앉아 있다. 몸에서 물이 뚝뚝 떨어지는데도 가죽 부츠를 신고 담배를 피우는 모습이 멋지기만 하다. 호수처럼 생긴 곳 한복판에 처박힌 내 차의 차창 너머로 바닷물이 부드럽게 찰랑인다.

  아버지가 차에서 내리더니 눈앞에 펼쳐진 광경을 쓱 훑어본다. 얄미운 미소가 아버지 얼굴에 물살처럼 번져나간다. 아버지가 여전히 웃는 얼굴로 차 뒤쪽으로 걸어가 긴 줄을 꺼내더니 나에게 말 한마디 건네지 않고 줄을 휙 던진다. 그러고는 벤치로 가서 메건 옆에 턱 앉더니 담배에 불을 붙인다. 아버지가 도와줄 마음이 없다는 사실은 분명하다.

내가 달빛 아래 무거운 줄을 들고 차 두 대를 낑낑거리며 오가는 동안 메건과 아버지는 저만치 떨어져서 재미있다는 듯이 내 모습을 지켜본다. 그러면서 칵테일파티에 초대받은 손님들처럼 뭐가 그리 좋은지 연방 빙글댄다. 아버지가 나지막하게 속삭이자 메건이 청명한 웃음을 터뜨린다. 내 이야기를 하는 게 틀림없다. 아버지는 믿을 수 없게 세련되고 편안해 보인다. 나는 온몸을 휘감는 수치심으로 부르르 떤다.

수컷이 다른 수컷 앞에서 경쟁심을 느끼는 건 어쩔 수 없는 본능이라고 하지만, 나는 아버지의 영혼이 이렇게 한껏 자유로워지는 것을 보면서 내가 생각했던 것보다 메건을 훨씬 많이 사랑한다는 사실을 깨닫는다. 물론 이건 내가 어느 정도 마음이 가라앉고 난 뒤의 일이었지만 말이다.

제리가 브리스톨로 떠나면서 나에게 기회조차 남겨놓지 않고 매몰차게 떠난 것은 아니었다. '어스라이즈'가 공연이 없는 날 제리가 부업 삼아 뛰었던 밴드 두 곳에 내가 오디션을 볼 수 있게 미리 주선해놓은 것이다. '피닉스 재즈맨Phoenix Jazzmen'과 '뉴캐슬 빅밴드Newcastle Big Band'라는 밴드였다.

'뉴캐슬 빅밴드'에서 가장 화려했던 순간은 대학극장 주차장에서 찍힌 밴드 사진이 지역신문 1면을 장식했을 때가 아닐까 싶다. 일요일 아침에는 보통 관중이 빼곡히 들어찬 대학극장 구내 술집에서 공연을 하는데 이날은 법적으로 문제가 생겨서 극장 안이 아닌 주차장에서 공연을 하게 되었다.

내가 얼마 전에 새로 장만한 시트로엥 2CV 배터리에 베이스 앰프가 꽂혀 있고, 내 왼편으로는 드럼 뒤에 앉은 돈 에디가 보이고, 그 뒤편에는 존 헤들리가 기타를 든 채 서 있다. 그리고 세 파트의 연주자들, 곧 트럼펫과 트롬본 각각 다섯, 색소폰 여섯, 알토 둘, 테너 셋, 그리고 바리톤 하나가 보인다. 앞에 서서 팔을 흔들고 있는 사람은 리더인 앤디 허드슨이다. 앤디는 들불같이 번졌다가 바람같이 사라진 60년대 패션에 대한 사랑을 온몸으로 표현하는 사람이다. 풍신한 스웨터 위로 새파란 스카프를 두르고 최신 유행의 꼭 끼는 바지에 해적이나 할 법한 굵다란 허리띠를 매고는 스웨이드 구두를 폼 나게 신고 있다. 이 모든 패션의 완성은 보트 전시회 갈 때 쓰면 딱 어울릴 우스꽝스러운 마도로스의 모자다. 다른 멤버들도 이보다 조금 점잖게 입었다뿐이지 별반 나을 것도 없다. 가만 보면 나도 예외는 아니다. 그런데 사진에 경찰관들도 보이는 게 분위기가 심상치 않다. 패션 모독죄뿐만 아니라 우리가 체포될 만한 이유가 또 있었기 때문이다.

사진 전경에 노섬벌랜드 지구대에서 출동한 경찰관 두 명이 보인다. 앤디 팔을 붙잡으며 그를 제지하려고 애쓰는데, 그렇게 하면 우리의 신성모독적 광란을 멈추지 않을까 착각하는 모양이다. 우리의 죄목은 주일에 공공장소에서 세속적인 음악의 공연을 금지하는 일요일준수법을 어겼다는 것이다. 이 법은 19세기 근본주의자들이 세속적 쾌락을 금지하기 위해 만든 법이 아닐까 싶다. 우리 밴드는 지난 2년 동안 일요일 낮에 대학극장 구내 술집에서 공연을 해온 터였다. 빅밴드가 연주하는 스탠 켄튼과 닐 헤프티, 카운트 베이시, 듀크 엘링턴, 조니 댕크워스의 곡을 듣기 위해

200명이 넘는 젊은이들이 기꺼이 입장료 1파운드씩을 내고 이곳에 모여든 것이다. 원곡의 섬세한 선율이나 우아한 분위기까지 담아내지는 못했을지언정, 혼을 바친 듯한 강렬하고 열정적인 연주는 이 모든 것을 상쇄하기에 충분했다. 뉴캐슬의 청중이 결코 호락호락한 상대는 아니지만 연달아 도는 맥주잔 앞에서는 좋은 게 좋은 게 되었다. 그러고는 모두들 "불경스런" 쾌락에 빠져들었다.

일요일 이곳에 모인 젊은이들 가운데 성경에 적힌 그대로 주일을 지키는 젊은이가 단 한 명도 없다는 이유로 교회가 우리 밴드를 경찰에 신고한 것은 아니었다. 그렇다면 우리를 경찰에 찌를 사람은 단 한 명, 라이벌 밴드의 리더밖에 없다. 토요일 밤에 포시파크호텔에서 하는 "급이 다른" 자기네 밴드 공연에 앤디의 재치 있는 표현을 빌리자면 "레즈비언 간호사 둘하고 래브라도_흔히 맹도견으로 쓰이는 커다란 개_ 한 마리"가 오면 대운이 뻗친 건데, 우리 밴드는 일요일 오전마다 수백 명의 열광하는 관중을 몰고 다니니 속에서 천불이 날 만도 했을 것이다.

비통에 빠진 이 인간 밑에서 연주를 했던 불행한 경험이 나에게도 딱 한 번 있다. 그런데 이 인간이 어떻게 재판부에까지 아는 사람이 있는지 앤디에게는 "공연 금지 명령"이, 극장 구내 술집에는 폐쇄 명령이 내려진다. 이리하여 그날 우리 밴드는 대학극장 주차장에서 공연을 하게 된다. 우리가 불굴의 저항 정신으로 무장한 채 오히려 평소보다 더 요란하게 연주를 하자, 극장에서 쫓겨난 관중은 더 열렬한 환호를 보낸다. 그때 경찰관들이 들이닥친다.

'뉴캐슬 빅밴드'는 60년대 후반 대학생들이 주축이 되어 결성한 밴드다. 화학과 학생인 앤디 허드슨은 똑똑한 영문과 학생인 방탕아 나이젤 스탱어를 만난다. 뛰어난 색소폰 연주자이자 피아니스트인 나이젤은 마음만 먹었으면 음악가로 이름을 드날렸을 것이다. 내가 밴드에 들어갔을 때 이미 나이젤은 건축가의 길을, 앤디는 사업가의 길을 걷는 중이었다. 키가 후리후리하고 귀티 흐르는 존 피어스가 이들과 함께 밴드를 꾸려 나갔다. 존은 변호사인 동시에 훌륭한 트럼펫 연주자이자 야심 찬 편곡자였다. 앤디는 피아노를 치긴 하지만, 감탄을 자아낼 만한 실력은 절대 아니다. 감동은커녕 피아노를 둥당거리는 수준에 불과하다. 자신의 한계를 깨달으면 미련 없이 진로를 바꿔 자신이 두각을 드러낼 분야에 모든 열정을 쏟아붓는 현명한 사람들이 있는데, 앤디가 바로 그런 부류에 속했다.

앤디 허드슨은 리더로서는 조금도 손색이 없는 사람이다. 나는 그에게서 많은 것을 배운다. 그는 에너지 넘치고 창의적이고 세련되고 매력적이고 또한 재능을 알아보는 눈이 매서워서 전혀 뜻밖의 곳에서 가능성을 발견한다. 내 오디션이 이런 경우였다.

내가 오디션을 보기 전에 '뉴캐슬 빅밴드'는 이미 고스포스호텔 2층에서 공연을 할 만큼 근방에서는 꽤 잘나가는 밴드였다. 그런데 몇 주째 베이스 연주자 없이 버티는 참이었다. 입장료 수익은 멤버들끼리 똑같이 나누어 갖는데, 헌신도가 떨어지는 멤버는 유리한 조건을 내세운 밴드로 갈대처럼 홀라당 넘어가곤 했다.

제리가 '뉴캐슬 빅밴드'와 공연하던 무렵에 두어 번 구경하러 따라간 적이 있는데, 모두들 1940년과 1959년 사이의 어디쯤에 "시간 자물쇠^{정해신 시간이 되어야 열리는 자물쇠}"를 채워놓고 시간을 잊은 듯 신명 나게 연주를 하고 있었다. 나도 그들 속에 들어가 연주하고 싶은 마음이 간절했다. 차고에서 백날 로큰롤 연습해보았자 손만 아프지만, 이들과 함께라면 분명 많은 걸 배울 수 있을 것 같았다. 드디어 내가 제리의 추천을 받고 베이스와 앰프를 움켜쥔 채 오디션을 보러 고스포스호텔로 향한다.

오디션 전에 빅밴드가 연습하는 소리만큼 기를 죽이는 것도 없다. 빠른 손놀림으로 현란하게 연주하다 느닷없이 아르페지오 주법을 선보이는가 하면, 트릴악보에 적힌 음과 2도 위의 음을 떨듯이 빠르게 오가는 꾸밈음과 리프를 오가며 이 곡조 저 곡조 연주하다 불현듯 악상이 떠오른 듯 즉흥연주에 몰입하기도 한다. 오디션 보러 온 불쌍한 영혼을 불안에 떨게 하려는 게 유일한 목적일 터다. 나는 좌중을 조심스레 살피면서 낯선 이에게 동정 어린 눈길을 던지거나 따뜻한 환영의 몸짓을 보여줄, 내 편이 되어줄 사람을 애타게 찾지만 되돌아오는 것은 얼음장 같은 시선뿐이다.

멤버 대부분이 연배로 치면 아버지뻘인 데다 연주하지 않은 곡이 없을 정도로 베테랑들이다. 내가 강당 뒤편에 장비를 세우는데 누군가 내 앞으로 편곡한 악보 뭉치를 휙 던진다. 여기저기 누런 맥주 자국에 줄이 죽죽 그어져 있고 종결부 위치가 옮겨져 있는가 하면, 곡의 순서를 통째로 뒤바꾼 것도 있고 아예 한 소절이 사라진 것도 있다. 한마디로 한때는 연주의 안내자 역할을 했지만 이제는 그 기능을 완전히 상실한 악보들이다. 밴드가 우디 허먼의 〈우디의 휘파람Woody's Whistle〉을 연주하는 사이 나는 애써 불안한 마음을 감추며 짐짓 여유 있게 베이스를 친다. 기본적으로 열두 마디 블루스라 악보를 보지 않고도 얼추 연주를 따라간다. 사실 악보라고 해봤자 식초에 담갔다 꺼낸 거미가 몸부림치며 뒹군 자국에 더 가까웠지만 말이다.

내가 중간에 악보와 상관없이 즉흥연주를 하자 트럼펫 쪽에서 마뜩잖은지 툴툴거리는 소리가 튕겨 나오지만, 곡이 끝날 즈음에는 내가 생각해도 제법 잘한 것 같다. 색소폰 연주자 두엇이 고개를 절레절레 내젓는 게 눈에 띄지만, 엘링턴의 〈A 열차를 타세요Take the 'A' Train〉도 탈선하지 않고 무사히 종착역에 도착한다.

하지만 머잖아 참변을 당하게 된다. 나이젤 스탱어는 고문을 빨리 끝내고 싶은지 더블 베이스의 전설인 찰스 밍거스의 〈너의 영혼에 닿고 싶어Better Get Hit in Yo'Soul〉로 가자고 말한다. 내가 모르는 곡이기도 하거니와 더블 6/8박자로 어찌나 빠르던지 도저히 따라갈 수가 없다. 열여섯 마디에 이르기도 전에 내가 찰스 밍거스가 아니라는 건, 아니 그 근처도 못 간다는 건 누가 보아도 자명해진다. 나는 악보를 읽으려는 시도도 하지 않은 채 맥을 놓아버린다. "A 열차"는 종착역에 무사히 도착했지만, 지금 우리는 전속력으로 달리다 전복된 고속 열차 잔해 속에서 나뒹굴고 있다. 모든 게 와르르 무너져 내린다. 색소폰은 처참히 부서지고 트롬본은 우스꽝스럽게 미끄러지며 트럼펫은 하늘 높이 솟구쳤다가 땅바닥으로 곤두박질친다.

이제 다 끝장났으니 짐 싸들고 나가는 편이 낫겠다. 다들 내가 앞에 있는데도 대놓고 히죽히죽 웃는다. 개중에 누군가는 아예 들으라는 듯이 "안 되겠네. 나이젤이 '저런 애송이'하고 연주하기 싫다잖아"라고 비아냥거린다. '애송이'가 누군지 못 알아들을까 봐 고갯짓으로 나를 가리키는 것도 잊지 않는다. 이렇게 당혹스럽고 수치스럽고 비참할 수가 없다. 내가 괜스레 악보를 뒤적이다가 창밖을 내다보는데 앤디가 이쪽으로 걸어온다.

"곡이 어렵지?"

웃는 낯이지만, 내 눈에는 사형집행인의 얼굴로 보인다.

"죄송해요."

울고 싶은 심정이다. 그런데 앤디가 〈우디의 휘파람〉 연주가 마음에 든다고, 음감이 아주 좋은 것 같다고 말한다. 외교관의 화술을 가진 사내다. 잠시 뒤 그가 결정타를 날린다.

"악보 갖고 가서 다음 주까지 연습해올 수 있겠어?"

나는 귀를 의심하면서도 행여 그가 마음을 바꿀까 봐 잽싸게 악보를 챙기며 대답한다.

"네, 그럼요."

나는 대답하기가 무섭게 서둘러 방문을 나선다. 그날 앤디가 나에게서 어떤 가능성을 보았는지 난 모른다. 오디션 결과만 봐서는 도저히 납득할 수 없는 신뢰를 앤디가 보여준 셈인데, 나는 어떻게든 이 신뢰에 부응하겠다고 굳게 결심한다. 그러고는 이레 뒤 악보에 적힌 암호를 해독하는 데 성공하고 당당히 베이스 자리를 꿰찬다.

리즈의 메건네 집에서 그해 여름방학을 난다. 메건이 헌슬렛의 냉동야채 공장에 내 일자리까지 구했는데 그녀의 부모님이 내가 거처할 수 있도록 방을 내준 것이다. 이 시기에는 공장에서 일하는 사람들이 모조리 학생이다. 한 달 내내 하루도 쉬지 않고 아침 8시에 출근해서 꼬박 열두 시간을 일한 뒤 밤 근무 조와 교대한다. 주당 60파운드를 받는데 지금껏 이렇게 큰돈을 벌어본 적이 없다.

메건은 부유한 가톨릭 집안에서 5남매 중 셋째로 태어났다. 중학교 교장 선생님인 아버지는 성질이 고약하고 매사에 불만이 많은 사람이다. 집안을 종횡무진 누비며 하늘같이 너그러운 부성을 보이다가도 일순간 표변해서 불같이 화를 내기도 한다. 메건의 아름다운 엄마는 우아함과 기품이 서린 이탈리아 조각상처럼 귀티가 흐른다. 켈트족의 피가 흐르는 다혈질 아버지와 이질적이면서도 묘한 조화를 이룬다. 이들은 여전히 서로를 끔찍이 사랑해서 애정 어린 몸짓에 자부심마저 깃들어 보인다. 이들의 사랑이 황홀하게 아름답다. 바람 잘 날 없이 시끌벅적한 대가족 속에서 살아남으려다 보니 메건이 드세질 수밖에 없었을 거라는 생각이 든다. 독립한 오빠와 언니는 딴 집에서 살지만 일요일 점심 모임 말고도 생쥐가 제 집 드나들 듯 수시로 집 안을 드나들고, 아직 학교를 다니는 동생이 둘이나 있다. 메건네 식구들은 가족 놀이하듯 말씨름을 벌이는데 우리 집처럼 서로를 잡아먹을 듯한 기세로 덤비는 것이 아니라 명민한 지적 능력을 겨루듯 언쟁 속에 열정과 사랑과 참신한 생각과 재치 있는 표현이 번뜩인다. 메건과 사랑에 빠진 건지, 그녀의 가족과 사랑에 빠진 건지 잘 모르겠다.

 공장에서는 아침나절에 짧게 한 번 쉬고, 점심시간에 한 시간 쉬고, 오후에 또 한 번 짧게 쉴 수 있다. 그 외의 시간에는 내내 초록색 콩꼬투리를 컨베이어 벨트에서 냉동고로 밀어 넣는 작업을 한다. 메건은 파란색 작업복에 하얀색 두건을 두른 여자들과 함께 아래층 포장 부서에서 일한다. 나는 휴식 시간에 짧게 메건을 볼 뿐이다.

 작업장 소음이 엄청 커서 대화는 아예 생각도 못 한다. 컨베이어 벨트를 타고 끝없이 밀려드는 초록색 콩꼬투리를 바라보며 나는 환각에 빠지듯 거대한 곤충부대가 저항할 수 없는 힘으로 종말론적 전쟁터로 몰려드는 상상을 한다. 전장 한복판에서 나는 기다란 갈퀴로 전사들을 파멸의 구덩이로 쓸어버리는 무자비한 죽음의 신이다. 한바탕 춘몽 꾸듯 메건과의 섹스를 머릿속에 그리고 나면 이런 전쟁터 상상이 유일한 낙이다. 한날 뒤 이 지옥에서 빠져나오면 꽤 큰돈을 손에 쥐고 내 영혼을 송두리째 앗아간 펜더^{미국의 악기 제조 업체} 프레시전 베이스를 드디어 내 것으로 만들 수 있다는 사실이 가장 큰 위로였지만 말이다.

 여름 학기가 시작될 무렵부터 나는 뉴캐슬의 바라트악기점 뒤편에 걸려 있는 중고 펜더에 눈독을 들여왔다. 하도 많이 쳐서 세 번째와 다섯 번째 프렛이 닳을 대로 닳아 있고 페인트칠과 광택제 칠이 군데군데 벗겨진 초라하기 이를 데 없는 60년대 고물 베이스였다. 반짝반짝한 새 베이스도 많지만, 주인에게 버림받은 채 삶의 상흔을 고스란히 간직한 이 악기에 나는 묘하게 마음을 빼앗겼다. 새 베이스는 사고 싶은 마음이 전혀 없었다. 긁히고 파인 흔적 하나하나에 이야깃거리가 깃들어 있는 오래된 베이스가 그저 좋았다. 이 낡은 악기가 만들어냈을 아름다운 선율을 가만히 머릿속에 그려본다. 이 악기를 손에 든 채 밤이면 밤마다 무대에 오르거나 혹은 긴 여행길을 떠났을 음악가의 모습을 고즈넉이 상상해본다. 이들은 무엇을 꿈꾸고 열망했을까? 자신들의 꿈에 얼마나 가까이 다가갔을까? 왜 악기를 팔았을까? 무슨 사정이 있었을까? 악기점에 있는 그 누구도 정확히 기억하지 못하지만, 나라면 저 악기의 지난 자취를 따라갈 수 있으리라는 확신이 든다. 내가 연주하듯 꿈을 꿀 수 있다면, 지난날 미완으로 끝난, 미래에의 원대한 꿈을 새로이 꿀 수 있을 것 같았다.

나는 신학기를 일주일 앞두고 메건을 리즈에 남겨둔 채 뉴캐슬로 돌아온다. 부엌문을 열고 들어간 나는 데버러가 엄마 옆에 사랑스럽게 앉아 있는 모습을 발견하고는 경악을 금치 못한다.

데버러를 안 본 지도 벌써 1년이 되어간다. 엄마의 계획이 뭔지 난 모른다. 엄마도 계획을 모르기는 마찬가지일 것이다. 엄마가 무언가를 염두에 두고 이런 짓을 벌였을 것 같지는 않다. 그럼에도 불구하고 엄마는 옛날 영화를 보며 숱하게 머릿속에 그려온 낭만적인 장면을 꿈꾸면서 이 무모한 만남을 주선한 게 분명하다. 비 오는 일요일에 엄마와 함께 보던, 값싼 감상과 진부한 결말조차 아름다운 추억의 영화들. 엄마는 이 영화들에 바친 뜨거운 당신의 열정은 물론이고 나의 열정마저 도저히 놓을 수 없었던 모양이다. 엄마는 느닷없이 연애 전문가가 되어 산산이 부서진 사랑의 꿈을 다시 끼워 맞추고 헤어진 연인을 이어주는 산파 노릇을 자청한다. 악의가 없다 해도 위험한 개입임에는 틀림없다. 무의식의 세계에서 엄마는 나를 사랑과 의무 사이에서 갈등하고 낭만적인 꿈과 현실 사이에서 고뇌하는 당신 자신과 똑같이 만들어서 우리 두 모자 사이에 놓인 엄청난 간극을 좁히고 싶었는지도 모른다. 엄마와 나는 이런 이야기를 나눠본 적도 없고, 복잡하게 얽힌 상황을 풀어갈 만큼 말재간이 좋지도 않다. 이제는 엄마와 나 사이에 공통의 언어조차 사라져버렸다. 각자의 삶을 은유적으로 빗댈 수 있는 문학작품 하나 공유한 적이 없으니, 도저히 엄마를 이해할 수 없는 지경에 이른 것이다. 우리는 탈바가지를 뒤집어쓴 채 무언의 가면극을 벌이거나 혹은 작가 미상의 기적극을 연기하는 것인지도 모른다.

 이리하여 운명이 엇갈린 두 연인이 해후한다. 물론 나도 엄마처럼 이 감상적이고 유치한 '사랑'이라는 단어 앞에서 맥없이 무너진다는 사실을 엄마는 잘 알고 있다. 아들을 모른다고 해도 그 정도는 안다.

 문제는 '사랑'을 표현하는 단어가 너무나 적다는 데 있다. 결도 모양도 강도도 저마다 다른 이 복잡 미묘한 감정을 '사랑'이라는 한 단어로 두루뭉술하게 설명할 수는 없는 노릇이다. 이누이트족이 눈雪을 스무 개도 넘는 단어로 달리 표현하는 것은 이들이 사는 지역에선 눈 모양이 조금만 달라져도 일상에 큰 변화가 생기기 때문이다. 이런 중요성이 언어에 반영된 것이다. 그러나 우리는 이토록 많은 시간과 정력과 노력을 바쳐서 사랑을 생각하고 사랑을 받고 사랑을 주고 사랑을 갈망하고 사랑을 위해 살고 심지어 사랑을 위해 죽기까지 하는데, 정작 가지고 있는 단어는 '사랑'이라는 보잘것없는 단어 하나다. 신비롭고도 무궁무진한 남녀의 합궁을 표현하는 단어로 '섹스'가 부적절한 것처럼 '사랑'이라는 단어 역시 이 신묘한 감정을 설명하기에 턱없이 부족하다. 마치 도시인이 밀림을 바라보며 '나무'라는 단어 하나로 수억 개의 나무 종을 표현하려고 애쓰는 것과 같다. 배불리 먹여주는 나무가 있는가 하면, 치료해주는 나무가 있고 혹은 생명을 앗아가는 나무도 있다. 어떤 나무인지 빨리 파악할수록 밀림에서 살아날 확률이 높아진다.

그러나 대중문화라는 얕고 뜨뜻미지근한 물속에서 자란 나는 이미 감정적 거세를 당한 뒤라 그저 신석기인의 손을 번쩍 치켜들고 투덜거리는 게 고작이다. 데버러는 영화배우처럼 한 치의 어긋남도 없이 무대 지시를 따른다. 그 모습이 눈부시게 아름답다. 애잔한 바이올린 선율만 흐르면 그만일 텐데. 주르륵 눈물만 흘리던 데버러가 느닷없이 내 품 안으로 뛰어들고, 엄마는 흑흑 흐느낀다. 제기랄, 난 이제 망했다. 엄마 덕분에 나는 데버러와 또다시 헤어져야 하는 쓰라림을 맛본다. 오히려 첫 이별보다 더 힘들다. 좋은 점이 하나 있다면 내가 메건을 사랑하고, 메건 역시 나를 사랑한다는 사실을 뼈저리게 깨달았다는 것이다.

가을 학기가 시작될 무렵 나는 제스몬드에 있는 제리의 낡은 아파트로 이사를 간다. 메건이 친구 두엇과 자취하는 아파트와 그리 멀지 않은 곳이다. 한집에서 살진 않아도 우린 누가 보아도 다정한 연인으로 대학 교정을 누빈다.

*

메건과 나는 이른 나이에 부모가 될까 봐 노심초사하며 한 달에 한 번

피가 마르는 고통의 시간을 보낸다. 콘돔이 안전한 섹스를 보장해주는 시대는 아직 먼 미래의 일이라 우리는 모든 것을 천운에 맡긴 채 섹스를 즐긴다. 더욱이 난 혈기왕성하고 무지하기까지 해서 여자의 생물학적 주기에 맞춰 욕정을 다스릴 수가 없었다. 그런데 마침내 하루가 이틀이 되고 이틀이 이레가 된다. 여드레째 되는 날 절망적으로 구토 증상까지 나타나자 메건은 이제 좋은 시절은 다 갔다며 임신을 확신한다. 나는 침대에 누운 메건을 뒤로한 채 학교로 향하지만, 수업 시간 내내 머릿속에서는 드라마 배경음악처럼 노랫말이 웅웅 울린다. 아이가 생기고 결혼을 하고 직업을 갖고, 언젠가는, 언젠가는 모든 게 좋아지겠지.

그날 저녁 나는 늙수그레한 피아니스트와 또 그보다 더 늙수그레한 드러머와 함께 무도회장에서 공연을 한다. 둘 다 은퇴할 나이가 한참 지난 터라 쪼그라든 유물처럼 허리를 구부정하게 꺾은 채 제 악기 앞에 서 있다. 피아니스트가 반들반들한 주근깨투성이 알머리를 덮을 요량으로 몇 가닥 안 남은 은발을 왼쪽 귀 위로 싹 쓸어 넘긴 모습이 안쓰럽다. 드러머는 창백한 얼굴과 어울리지 않게 풍성하게 부푼 시커먼 가발을 뒤집어 쓰고 있는데 그 모양새가 흡사 고양이 한 마리를 머리 위에 얹은 것처럼 우스꽝스럽다. 둘 다 손목만 살짝살짝 건들거릴 뿐 움직임이라곤 없다. 이 빠진 "제론티우스그리스어로 노인이라는 뜻"는 조금만 더 힘을 주었다가는 금세라도 쓰러질 것처럼 달걀 휘젓듯 맥없이 드럼 채를 흔들고, 피아니스트는 스탠더드댄스에 폭스트로트에 퀵스텝에 왈츠까지 메들리가 한 시간 넘게 이어지는 동안 잊어질 듯 넘어질 듯 위태롭다. 피아니스트가 보일 듯 말 듯 오른손으로 살짝 신호를 보내면서 다음에 나올 조성을 알려준다. G장조면 쪼글쪼글한 손가락 한 개를 들어 파에 올림표가 붙었음을 일러주고, 손가락 두 개를 들어 올리면 D장조, 세 개면 A장조 이런 식이다. 내림표는 손가락으로 바닥을 가리키는데 손가락 한 개면 F장조, 두 개면 B플랫 장조 이런 식이다. 이것이 이들이 서로 주고받는 유일한 의사소통이다. 두 마디 안에 무슨 곡조인지 알아내야 중반에서 얼추 따라가는 게 가능하다. 그러다 어느 결에 조성이 또 바뀐다. 이 둘은 30년대부터 이렇게 똑같은 노래를 똑같은 순서로 연주해왔을 것이다. 나는 다음에 무슨 화음이 올지 추측하기 위해 금고 비밀번호를 알아내는 도둑처럼 귀를 곤두세우고 집중한다. 결코 녹록하지 않은 일이다.

우리는 한 시간 후 목도 축일 겸 샌드위치로 허기도 달랠 겸 무대에서 잠시 내려온다. 이 둘은 앉아서 묵묵히 샌드위치만 먹는다. 수십 년 동안 하루도 빠짐없이 똑같은 낡은 재킷을 입고 무대에 올라 똑같은 노래를 똑같은 화음으로 연주했을 것이다. 이들과 동고동락해왔을 베이스 연주자는 어디 갔느냐고 물어보고 싶지만 죽었을지도 모른다는 두려움에 차마 물어보질 못한다. 산전수전 다 겪은 이 늙은 양반들에게서 신비로운 기술을 배운다는 사실에 한편으론 감사하지만, 다른 한편으론 내 또래 젊은 애들과 함께 있지도 못하고 대체 이게 무슨 짓인지 한심한 생각이 치민다.

휴식 시간이 지나고 다시 무대에 오른 우리는 반짝반짝 빛나는 구두를 신은 채 무도회장에서 미끄러지듯 춤추는 한 무리의 손님들을 위해 춤곡을 연주한다. 이런 공연은 으레 〈브래드퍼드 반 댄스Bradford Barn Dance〉나 〈호키코키Hokey Cokey〉, 혹은 왈츠로 끝을 맺는다. 장비를 챙기는 나에게 피아니스트가 5파운드짜리 지폐 두 장을 슬쩍 찔러주며 "다 좋은데 〈별빛의 스텔라Stella by Starlight〉는 연습을 더 해야겠어"라고 잔뜩 쉰 목소리로 말한다. 드러머는 가발을 고쳐 쓰더니 나에게 엄지손가락을 치켜세우며 하얀 이가 다 드러나도록 활짝 웃어 보인다. 나는 꾸깃꾸깃한 지폐 두 장을 주머니에 쑤셔 넣고 집으로 돌아오는 차 안에서 이렇게 가족을 먹여 살릴 수 있을까 의구심에 사로잡힌다. 나도 저들처럼 죽음을 눈앞에 두고도 무도회장에서 연주를 할까? 부르르 몸서리가 쳐진다. 나는 침대에 누워 있을 가여운 메건을 떠올린다. 이제 어찌 해야 한단 말인가?

코스트 로가 끝나는 지점에 커다란 회전 교차로가 있는데, 3월이라 온통 수선화 천지다. 나는 교차로를 두 번 돌며 근사한 생각을 떠올린다. 가까운 곳에 차를 세운다. 이른 시각이라 아무도 없다. 경찰차가 있는지 주위를 휘둘러본 뒤 교차로로 뛰어간다.

반 시간 뒤 메건의 아파트로 들어가 침실 문을 살며시 연다. 어림잡아 100송이는 될 수선화를 한 아름 안고 들어가자 고개 숙인 샛노란 꽃송이가 방을 환히 밝힌다. 메건이 와락 울음을 터뜨리고 나도 뜨거운 눈물을 쏟는다. 이튿날 아침 하느님이 우리의 간절한 기도를 들어주신 덕에 가슴을 쓸어내리며 안도하지만, 말 못할 아쉬움이 묘하게 교차된다.

*

'피닉스 재즈맨'은 홍보 사진을 만들지 않았는데 다 그럴 만한 이유가 있었다. 제정신 박힌 사람이라면 우리 사진을 보고 공연을 맡길 리가 없기 때문이다. 1973년 봄에 나는 주말마다 '피닉스 재즈맨'과 공연을 한다. 분홍색 나일론 셔츠에 회색 바지가 밴드 유니폼이다. 스물한 살의 베이스 연주자인 나는 밴드에서 가장 어리고 경험도 일천하다. 나에게 스팅이라는 이름을 지어준 사람이 바로 이 밴드의 리더이자 트롬본 연주자인 고든 솔로몬이다.

'피닉스 재즈맨'은 50년대 "트래드" 붐을 타고 결성된 밴드다. 루이 암스트롱과 킹 올리버, 시드니 베쳇, 빅스 바이더벡 등은 전쟁 전에 수많은 명곡을 발표하며 영국에서만 수천수만의 추종자들을 거느렸는데, 조지 멜리, 험프리 리틀턴, 크리스 바버가 이 추종자 무리의 대표 주자라 할 수 있다. 이들의 음악은 글렌 밀러와 도시 형제로 상징되는 40년대 빅밴드의 감미로운 선율에 대한 지극히 자연스러운 반동反動처럼 보인다.

  트래드, 곧 전통 뉴올리언스재즈는 원초적인 정통 재즈를 표방하며 그 뒤에 나온 세련된 댄스음악보다 블루스에 더 가깝다. 이렇게 정통 재즈를 추구하는 음악가들이 뭉쳐서 만든 작은 규모의 밴드는 리듬 악기부와 무대 최전방을 맡는 세 명의 연주자, 곧 트럼펫과 클라리넷, 트롬본으로 구성되는 경우가 대부분이다. 일반적으로 트럼펫이 멜로디를 맡고 클라리넷과 트롬본은 일종의 푸가를 즉흥적으로 연주하면서 본 멜로디를 보조한다.(이런 형식의 음악은 계속 진화하여 찰리 파커, 디지 길레스피, 텔로니어스 멍크의 비밥 스타일의 즉흥연주에서 정점을 이룬다. 하지만 영국의 아마추어 음악가들은 흘러간 옛 노래를 재창조하는 데에만 심혈을 기울일 뿐 비밥의 대가들에게는 큰 관심을 기울이지 않는다.) 소규모 밴드가 뉴캐슬의 술집과 클럽에서 성황을 이루고, '리버시티 재즈맨'과 '뷰카 재즈맨', '피닉스 재즈맨'이 그 맥을 이어간다. 나는 제각각 다른 시기에 이 밴드들과 함께 연주할 기회를 갖게 된다. 그러면서 정신을 쏙 빼놓는 요란한 폴리포니[둘 이상의 성부가 독립된 선율로 연주되는 음악]에 깊은 애착을 갖게 된다. 로큰롤 못지않게 흥겹고 본능에 충실한 음악이다.

  우리는 〈12번가 래그Twelfth Street Rag〉와 〈타이거 래그Tiger Rag〉, 〈빌 가의 블루스Beale Street Blues〉, 〈베이슨 가Basin Street〉 같은 곡을 전도사가 복음을 전파하듯 열과 성을 다해 연주한다. 이 노래가 당시 유행과 동떨어져 있다는 사실은 중요하지 않다. 70년대 초반은 글램록['매혹적인 록'이라는 뜻으로 파격적인 패션과 퇴폐적인 분위기로 젊은이들의 열광적인 지지를 받았다의 시대로 한쪽에는 데이비드 보위와 마크 볼란이, 다른 한쪽에는 게리 글리터와 '스위트'가 포진해 있었다. 나는 글램록 따위에는 전혀 관심이 없었다.

분홍색 나일론 셔츠를 입으면 촌스럽긴 해도 왠지 모르게 가슴이 뿌듯해졌다. 토요일 밤에는 주로 노동자들이 드나드는 클럽에서 공연을 했다. 빙고 게임이 끝난 뒤 우리는 무정부주의적 자유를 만끽하면서 흘러간 옛 노래를 신명 나게 연주하곤 했다. 크램링턴의 광부와 그의 아내, 선덜랜드의 조선공과 티사이드의 공장 노동자는 우리가 어떤 곡을 연주하든 크게 신경 쓰지 않았다. 힘든 무대였다. 그러나 우리는 의상과 음악이 유행에 한참 뒤떨어져 있어도 피 끓는 패기와 열정으로 이 모든 것을 메울 수 있다고 굳게 믿었다. 실제로 우리는 그렇게 꽤 오랜 시간을 잘 버텨냈다. 내 기억으로는 클럽에서 딱 한 번 쫓겨났을 뿐이다.

영국 북부의 노동자 클럽에서 저녁 쇼의 핵심은 공연도 "장기 자랑"도 아닌 빙고 게임이다. 모든 행사가 제의를 방불케 하는 빙고 게임에 맞춰져 있다. 게임 진행자는 제사장처럼 무대 한복판에 앉아 의식을 주관하고, 그 앞에 놓인 커다란 퍼스펙스흔히 유리 대신에 쓰는 강력한 투명 아크릴 수지 통에는 1부터 100까지 숫자가 매겨진 형형색색의 탁구공이 가득 들어 있다. 스위치를 켜면 통 안에 있는 팬이 돌아가면서 공들이 한데 뒤섞이고, 그러다 공이 한 개씩 기다란 관으로 빨려 들어가 밖으로 나온다. 그러면 진행자가 공을 집어 들어 숫자를 큰 소리로 읽고 선반에 공을 가지런히 내려놓는다.

"켈리의 눈영국 빙고 게임에는 번호마다 별명이 붙어 있다, 1번!"

"의사의 지시, 9번!"

"다우닝 스트리트, 10번!"

"작은 오리 두 마리, 22번!"

"뚱뚱한 여자 두 명, 88번!"

"그녀에게 그만한 가치가 있을까요? 76번!"

보통은 클럽 지배인이 빙고 진행을 맡는데, 마치 재판관이 교수형을 내리듯이 엄숙한 목소리로 숫자를 읽는다. 이 이야기에서 통의 구조가 매우 중요한데, 진행자가 통 밖으로 나온 공을 집어 들 때까지 공이 사방팔방으로 튕겨나가지 않도록 관 주둥이에 작은 플라스틱 뚜껑이 붙어 있다.

치욕의 사건은 어느 토요일 밤 선덜랜드의 '레드하우스 팜 소셜 클럽'에서 일어난다. 도시 북부의 노동자 계층이 모여 사는 거친 곳이다. 우리 공연은 빙고 게임이 끝나고 밤 9시에 시작될 예정이다. 아직 이른 저녁이라 분장실에서 시간을 때우고 있는데 하필 그곳에 퍼스펙스 통이 있었다.

밴드 멤버가 모두 그곳에 모여 있다.

밴드 리더인 고든 솔로몬. 줄여서 솔리라고 부르기도 한다. 얼굴은 아직 소년티를 벗지 못한 것처럼 천진난만하고 통통하지만, 사디스트적인 짓궂은 농담을 일삼는다. 트롬본 연주가 일품이다.

드러머 돈 에디. 내가 만나본 드러머 중에서 손가락 안에 꼽히는 미친 드러머다. 동시에 가장 훌륭한 드러머 가운데 하나이기도 하다. 그와 연주하다 보면 고속 열차 앞에 매달려 질주하는 기분이다. 덩치 좋은 사십대의 사내로 머리가 훌렁 벗어지고 카이트 공군 중위^{1947년 BBC 라디오 프로그램 〈회전목마〉의 주인공 이름}처럼 팔자 콧수염을 기르고 있다. 연주는 출중하지만 알코올중독자다.

클라리넷 연주자 그레이엄 셰퍼드. 괴짜지만 은근히 지적인 구석이 있는 음대생으로 여자들과 노닥거리는 걸 좋아한다. 대표곡이 애커 빌크의 〈해변의 길손Stranger on the Shore〉이다. 그레이엄이 이 곡을 끔찍이 싫어하는 것을 알면서도 우리의 자상하고 사려 깊은 리더인 고든께서 매번 이 곡을 연주하게 한다. 나에게 '더 시커스The Seekers'의 〈끝없는 사랑 노래Never Ending Song of Love〉를 부르라고 하는 것과 같은 가학적 취향이다. 나는 진저리를 치면서도 무대에 오를 때마다 이 곡을 부른다.

마지막으로 트럼펫 연주자이자 보컬인 로니 영. 오십 줄에 들어선 사내로 자상하기 이를 데 없고 트럼펫 연주보다 노래 실력이 훨씬 뛰어나다. 재즈 공연에서 독주나 독창을 맡으면 참신한 곡조를 즉흥적으로 뽑아내는 게 관례다. 하지만 로니에게 즉흥연주를 하라고 하는 것은 교황에게 벨리댄스를 추라고 하는 것만큼이나 무리한 요구다. 그는 악보에 적힌 그대로를 자신이 알고 있는 것만큼만 연주할 줄 안다. 모든 곡을 매번 똑같이 연주하다 보니 로니가 독주를 할 때마다 무대 뒤에서 조용히 따라 부르던 우리까지 그 부분을 다 외울 지경이다. 루이 암스트롱처럼 능란하게 스캣가사 대신 '다다다다다다' 등 아무 뜻도 없는 소리로 노래하는 재즈 창법도 할 줄 알고, 시나트라처럼 읊조리듯 노래할 줄도 알아서 우리가 트럼펫 연주가 그게 뭐냐고 타박해도 별로 개의치 않는 눈치다.

고든이 오늘 밤 공연을 점검하는 참이다.

"로니, 오늘은 〈카라반Caravan〉 고음 부분에서 목소리 갈라지지 않게 신경 좀 써봐. 오늘도 또 그러면 '공포의 저음'이라는 별명을 붙일 거야."

"돈, 음악가들과 어울려 다니는 사람을 뭐라고 하는지 알아?"

"모르겠는데."

"드러머! 조금만 더 얘기할까? 〈타이거 래그〉는 경주가 아니야. 어젯밤 자네가 하도 미친 듯이 드럼을 두들겨서 클럽에 불난 줄 알았다니까."

배짱 두둑한 리더가 멤버들의 사기 진작을 위해 이런저런 이야기를 하는 동안 빙고 기계에 몸을 기대고 관 주둥이에 붙어 있는 작은 플라스틱 뚜껑을 무심코 만지작거린다. 공이 사방으로 튕겨나가지 않도록 막아주는 바로 그 뚜껑이다.

"스팅, 우리 막둥이……."

몇 주째 이렇게 부르고 있다. 그 빌어먹을 스웨터를 딱 한 번 입었을 뿐인데, 까맣고 노란 줄무늬가 말벌처럼 보이게 했던 모양이다. 그날 이후로 이 바보 같은 이름이 나에게 붙기 시작한다.

"스팅, 이렇게 한번 해보면……?"

딱!

대기실에 총성 한 방이 울리듯 큰 소리가 난다.

"이런, 제기랄."

그 소중한 작은 플라스틱 부품이 고든 손안에서 두 동강으로 부러져 있다. 우리 모두 경악한다. 기물 파손으로 그칠 일이 아니다. 노동자 클럽에서 이런 짓을 저지르다니 목숨을 부지하기 힘든 신성모독이다. 고든의 얼굴에서 조롱기가 싹 가신다. 아연실색해서 입을 떡 벌리고 있는 모양새가 최후의 날을 기다리는 애처로운 사형수 같다.

바로 이때 클럽 사장이 직원 둘을 데리고 대기실로 서둘러 들어온다. 돈푼깨나 있답시고 함부로 남을 업신여기고 거들먹거리는 사내로, 나이에 걸맞지 않게 머리칼이 새까맣고 숱도 많아서 가발이라는 걸 한눈에 알 수 있다. 이런 까닭에 고든이 '시럽'이라는 별명을 붙였다. 사장이 직원들에게 빙고 기계를 무대로 옮기라고 지시하기 위해 대기실에 들어온 것이다. 빙고 기계 다룰 때 보면 신줏단지 모시듯 한다.

고든은 무서운 속도로 다가오는 트럭 앞에서 오들오들 떨고 있는 토끼

신세나 다름없다. 무슨 일이 벌어졌는지 설명할 틈도 없이 사장이 예의 그 가발을 살짝 삐뚜름하게 쓴 채 속사포처럼 지껄여댄다.

"오늘 밤은 숙녀분들이 춤 좀 추시게 신식 유행곡을 연주하는 게 좋을 거야. 저번처럼 쓰레기 같은 재즈 나부랭이 연주했다가는 어떻게 되는지 알지?"

고든이 용기를 쥐어짜서 겨우 입을 뗀다.

"저, 사장님, 그런데…… 그러니까……"

하지만 이미 때는 늦었다. 퍼스펙스 통이 무대 한가운데로 벌써 옮겨지고 있다. 사장이 거드럭거리며 우리를 한 번 더 매섭게 노려보고는 배우라도 되듯 성큼성큼 무대로 걸어 나간다. 그러고는 무대에 올라 마이크를 잡자 시장통처럼 시끄럽던 클럽이 삽시간에 조용해진다.

"신사 숙녀 여러분, 오늘 '피닉스 재즈맨'이 여러분을 책임집니다. 과연 그럴 수 있을까 의구심이 듭니다만. 제 취향은 아니지만 좋아하실 분도 분명 계시리라 믿습니다."

우리가 경악과 공포로 눈을 휘둥그레 뜨고 참혹한 광경을 맞닥뜨릴 준비를 하는 동안, 고든이 로니에게 얼른 주차장으로 가서 승합차에 시동을 걸어놓으라고 속삭인다.

"자, 이제 오늘 밤의 하이라이트로 가 볼까요? 상금이 무려 100파운드입니다."

클럽 지배인이 기계 뒤에 자리를 잡고 앉는다. 손에는 스위치가 들려 있다. 손님들은 기대와 흥분에 찬 표정으로 빙고 카드와 볼펜을 꼭 쥐고 무대를 응시한다. 클럽이 대박을 향한 꿈으로 후끈 달아오른다.

"자, 빙고 게임의 막을 올립니다. 지배인님, 스위치 눌러주세요."

지배인이 스위치를 누르자 팬이 서서히 돌기 시작한다. 하지만 공이 섞이기가 무섭게 장내가 아수라장이 된다. 반짝이는 탁구공들이 기계에서 튕겨져 나와 맥주잔이며 가발이며 가슴골에 소나기처럼 사정없이 쏟아지고, 쟁반을 들고 가던 여종업원들은 발치에 떨어지는 탁구공에 놀라 넘어지고, 손님들은 공 세례를 피하느라 혼비백산이다.

우리는 슬그머니 대기실 문을 열고 나가려다 장내를 보고 그만 그 자리에 얼어붙고 만다. 죄스럽고 창피한 기색이 우리 얼굴에 역력하다. 사장이 저승사자처럼 험하게 얼굴을 일그러뜨리고는 천천히 검지를 들어 문간을 가리킨다. 곧이어 창자 저 깊은 곳에서부터 분노를 끌어올리는 듯한 태곳적 소리가 장내에 쩌렁쩌렁 울려 퍼진다. 공개 교수형장에서 들릴 법한 격노의 외침이다. 우리는 살기 위해 도망친다.

마지막 학년은 하루하루 생활이 강의와 과제물, '피닉스'와의 주말 공연으로 판에 박은 듯 똑같이 돌아간다. 교사 자격증을 따려면 교생 실습을 해야 한다. 나는 레이크 지방영국 잉글랜드 북서부의 호수가 많은 지역의 스렐켈드라는 작은 마을에 있는 시골 학교로 교생 실습을 나가게 된다. 산세가 험하고 외진 블렌캐스라 산의 북쪽 등성이에 위치한 마을인데, 이곳 사람들은 블렌캐스라 산을 '새들백안장 모양의 산등성이'이라고 부른다. 메건은 하고많은 학교 중에서 하필 월센드에 있는 학교로 실습을 나간다. 5주 혹은 길게는 6주 동안 떨어져 지내야 한다는 사실을 우리는 뼈아프게 받아들인다.

스렐켈드는 서쪽으로 케스윅과 동쪽으로 펜루도크 사이에 널따랗게 형성된 빙하곡에 자리 잡은 시골 마을이다. 마을 너머 북쪽으로는 블렌캐스라 산과 스키도 산이 요새처럼 버티고 있고, 계곡 아래로 2킬로미터쯤 내려가면 완만한 구릉 지대인 클러프헤드가 나온다. 학교는 이 지방에서 흔히 보는 화강암과 점판암으로 멋없게 지은 석조 건물에 교실이 달랑 두 개뿐이고, 운동장은 산그늘이 져서 거무칙칙하다. 학교가 세워진 지 100년이 다 되어가지만 변화라곤 거의 찾아볼 수 없다.

교직원도 두 명이 전부다. 스터리지 교장 선생님은 내년에 정년을 앞둔 육십 대의 초로로, 생김은 우락부락하지만 심성은 고운 분이다. 앤더스 선생님은 끊임없이 불평을 늘어놓는 투덜이지만 가끔은 살갑게 굴 때도 있는 노처녀 선생님이다. 케스윅에서 근무하던 당시 등산화에 등산복으로 무장한 채 메뚜기 떼 몰려오듯 마을로 내려오는 "여름휴가 관광객 행렬"에 지쳐서 얼마 전 이곳으로 전근을 온 분이다. 낮은 산기슭에 아늑하게 자리 잡은 이곳은 예전 학교에 비하면 두메산골이나 다름없다고, 그래서 여기가 좋다고 말한다. 전쟁 이후부터 이 학교에서 교편을 잡아온 스터리지 교장 선생님은 옷이고 머리칼이고 죄다 회색인 데다 얼굴 생김도 학교 돌담을 쌓은 돌로 빚은 것처럼 험상궂다. 학생들은 학교생활에 만족한 듯 행복해 보인다. 많은 아이들이 평생 이곳을 떠나지 않고 어제가 오늘 같은 생활을 하면서 케스윅으로 가는 차의 행렬을 어깨 한 번 으쓱해 보이며 무심한 표정으로 바라볼 것이다. 나는 얼마 안 가 이 산골 마을에 온통 마음을 빼앗기고 만다. 그래서 학교가 끝난 뒤 매일 밤 "뒷산 산보"에 나서는데, 농운濃雲 아래 아득하게 펼쳐진 계곡을 보고 싶은 마음에 몇 발자국 못 가 한 번씩 뒤돌아본다.

주말에는 뉴캐슬로 돌아와 메건과 금요일 밤을 함께 보내고 토요일에는 클럽에서 '피닉스'와 10파운드짜리 공연을 펼친다. 일요일 점심에 대학극장에서 공연을 한 뒤 오후가 되면 페나인산맥을 가로질러 컴벌랜드의 자취방으로 돌아온다. 일요일 저녁에는 도로가 텅 비어 있을 때가 많아서 앰블사이드까지 가파른 오르막길을 오르면 저 아래 구불구불 휘어진 도로가 20킬로미터도 넘게 장엄하게 펼쳐진다. 경사가 완만한 탓에 나는 시동을 끄고 핸드브레이크만으로 속도를 조절하면서 지붕을 활짝 열어젖히고 펜리스까지 활강하듯 내려온다. 지금껏 모은 돈으로 뽑은 새 차를 몰면서 물 위의 요트처럼 언덕을 미끄러지는 기분이란 이루 말할 수가 없다. 상쾌한 바람이 얼굴을 스치고 구름 아래 서녘 하늘에는 붉은 석양이 깔려 있다. 고요한 저녁 계곡으로 내달리는 나는 마냥 행복하다.

교생 실습은 대성공이다. 교장 선생님이 내가 마음에 들었는지 가을 학기부터 정식 교사로 일할 생각이 없느냐고 물어본다. 학생들이 나를 좋아한다는 말도 덧붙인다. 은근히 기분이 좋다. 교장 선생님에게 일단 고맙다고 인사한 뒤 생각할 시간을 달라고 대답한다.

그날 저녁 나는 클러프헤드 정상에 오른다. 험난한 산마루에 이르러 아래를 굽어보자 나의 미래가 깊디깊은 계곡처럼 저 밑에 펼쳐진다. 스터리지 교장 선생님처럼 백발이 성성한 시골 학교 선생님으로 늙어서 허리는 구부정하고 재킷 팔꿈치에 댄 가죽 조각은 낡을 대로 낡아 있다. 저녁 무렵 산기슭의 벽돌집으로 가면 나만큼 늙은 메건이 앞마당에 나와 있다. 대문엔 덩굴장미가 가지를 휘감고 벽난로엔 장작이 활활 탄다. 책과 음악이 있는 삶. 머리 복잡한 일도, 걱정거리도, 불꽃같은 야망도 없는, 한 폭의 그림처럼 평화로운 삶. 거대한 유조선이 떠오르는 차가운 유년 시절의 기억과 달리 이곳에서의 미래는 한없이 따듯하게 다가온다. 하지만 푸근함도 잠시, 가슴에 휑하니 바람이 분다. 교장 선생님에게 어떤 대답을 해야 할지 이제 확실히 알겠다. 깊어가는 밤에 나는 서둘러 산등성이를 넘어 마을로 내려온다.

1973년 어느 여름날 일기

열린 창문 밖을 내다보는 무심한 눈길에서도, 그녀에게 말을 걸었을 때 일순一瞬의 순간 나를 바라보는 초점 없는 그녀의 시선에서도, 뭔가 방어하는 것처럼 대답하는 그녀의 목소리에서도, 그녀의 손길과 냄새와 내 입속에 남은 그녀의 살내에서도 느낄 수 있다. 혹은 말로 형용할 수 없는 직감으로 다가오기도 한다. 사랑이 끝났음을 기꺼이 인정하려고만 들면, 사랑의 끝은 사랑의 시작보다 훨씬 명백한 징후를 드러낸다. 하지만 파티에 불쑥 나타난 불청객처럼 성가시다는 듯이 우리는 이런 불길한 예감을 자꾸만 떨쳐내려고 한다.

"지금은 아냐."

아주 급한 일이라도 생긴 듯이 이 핑계 저 핑계 대며 외면하려고 든다. 하지만 파티가 끝나도 불길한 예감은 여전히 남아 저쪽 모퉁이에서 제 살을 뜯어 먹으며 자라더니 그녀가 어린아이처럼 천진난만한 얼굴로 잠든 고요한 밤, 그 뻔뻔한 얼굴을 쳐들고 기어이 질문을 해댄다. 머리칼이 베개 밑으로 푸스스 헝클어지고 입을 살짝 벌리고 있어도 그녀는, 이토록 아름답고 가냘픈데 말이다. 손을 뻗어 얼굴을 어루만지려고 하자 그녀가 무의식중에 창가 쪽으로 돌아눕는다. 그러면 의심이 다시 번지고 나는 밤새 잠 못 이루고 뒤척인다.

금요일 저녁 레이크 지방에서 막 돌아왔다. 여느 졸업반 학생처럼 교생 실습을 마친 것이다. 대학 친구인 팀 아처의 아파트에서 조촐한 축하 파티가 열린다. 메건의 연극영화과를 휘어잡는 친구다. 광기 어린 카리스마는 태생적인 것인지 아니면 세심하게 계획된 것인지 분간이 잘 안 된다. 이른 나이에 벗어진 대머리도 지적으로 보인다. 꼭두각시처럼 매 순간 미친 듯한 에너지를 분출하는데, 꼭두각시를 뒤에서 조종하는 사람은 다름 아닌 바로 팀 자신일 것이다. 자기가 직접 'M. 프루스트^{마르셀 프루스트}'라고 새긴 배지를 옷깃에 달고 다닌다. 메건과 나는 이 친구를 엄청 좋아하는데 객쩍은 허세를 부려도 자조적인 구석이 있는 친구라 함께 있는 게 유쾌하다. 물론 아주 가끔 불편할 때도 있다. 우리 학년은 거의 다 모인 것 같다. 남학생들은 맥주를 들이켜고, 여학생들은 싸구려 와인을 홀짝거리고, 밥 말리는 〈여인이여, 울지 마세요^{No Woman, No Cry}〉를 노래한다.

메건은 제리의 고향 친구인 데릭과 한창 이야기를 나누는 중이다. 데릭은 등반하다 낙오한 지리 선생님처럼 텁수룩한 턱수염에 새파란 눈동자는 상대를 꿰뚫어 보는 듯하고 이목구비가 수려한 친구다. 나는 영문학과 여학생 둘과 잡담을 나누고 있다. 메건과 나는 이런 사교 모임에서까지 죽자 살자 붙어 다니는 건 하지 말자고 이야기를 해두었다. 그래서 우리는 상대의 질투를 유발하지 않는 선에서 다른 이성과 노닥거리는 세련된 매너를 선보이는 참이다. 사교에 능한 메건이 나보다 훨씬 잘한다는 건 나도 인정한다. 하지만 나도 조금씩 나아지고 있다.

나는 영문학과 여학생들과 교직을 선택하면 어떤 난관에 부딪칠지 이런저런 이야기를 나눈다. 선생님이 되지 않게 돼서 극적인 일이 일어났으면 하는 것이 내 간절한 바람이다. 세련되게 다른 여학생들과 한담을 나누면서도 나는 데릭과 내 여자 친구를 연신 훔쳐본다. 정당한 소유권

행사지만 내 딴에는 무심한 시선을 던지려고 무진히 애를 쓴다.

모두들 취해서 한밤중이 되도록 춤추고 이야기하다가 이제 한 학기만 지나면 속 편한 학창 시절도 끝난다는 사실을 자각한다. 나는 선생님이 될지 모른다는 생각에 한편으로 안도하고 다른 한편으로 두려움을 느낀다.

월센드에서 교생 실습을 무사히 마친 메건은 그날 밤 늦게 내 고향이 그렇게 거친 곳인지 몰랐다며 솔직히 좀 놀랐다고 말한다. 나는 교생 실습한 학교에서 교사직을 제안받은 사실과 내가 꿈꾸는 미래에 대해서 이야기한다. 하지만 그녀는 조용히 미소 지으며 내 볼에 키스할 뿐 아무 대답도 없다.

토요일 저녁 6시에 나는 센트럴 역 근처의 더블라스호텔 술집으로 가서 '피닉스 재즈맨' 멤버들을 만난다. 보통은 그곳에서 한 잔 쭉 들이켠 뒤 차 두 대로 공연이 있는 클럽으로 이동을 한다. 한 시간 넘게 가는 경우는 거의 없다. 보통 내 차에 로니와 돈이 타는데, 누가 더 재미있는 이야기를 하나 내기할 때가 많아서 내내 배꼽을 잡고 간다. 이런 밴드와도 공연했네, 이런 여자와도 만났네, 이런 곳에서도 공연했네 하면서 별의별 이야기가 다 나온다.

"한번은 클리소프스에 있는 나체촌에서 공연을 하는데, 글쎄 우리도 유니폼을 입지 말라는 거야. 나야 드럼 뒤에 있으니까 그나마 괜찮은데 브럼셋 하나 달랑 들고 있는 로니는 어떡하라고? 그런데 말이야, 맨 앞줄에 떡하니 앉아 있는 어떤 놈 거시기가 이만한 게······."

이야기가 사실인지 아닌지는 중요하지 않다. 로니와 돈은 풋풋하게 혈기 왕성하던 저희들의 황금 시절을 되새김질하는 것이다. 이들에게 나는 그게 사실이냐고 차마 묻지 못한다. 티사이드까지 오가는 길에서 내내 웃고 떠들 뿐이다.

그날 저녁에 로니와 내가 더글라스 술집에 일찍 도착해서 도미노 게임을 한판 돌리고 있는데, 우리의 용감무쌍한 리더인 고든이 예의 그 건방진 얼굴은 온데간데없이 잔뜩 풀 죽은 표정으로 들어온다.

"좀 전에 에이전트랑 통화했는데, 클럽이 이중으로 계약을 했대. 개자식들! 그나마 미리 전화한 게 다행이야. 스톡턴까지 헛걸음할 뻔했네. 아직 다 안 온 거야?"

한 사람당 5파운드씩 돌아가는 토요일 공연 열심히 뛰어보았자 입에 풀칠하기도 힘든데 이마저도 무산되었으니 고든이 침통한 표정을 지을 만하다. 내가 묻는다.

"에이전트가 다른 공연은 못 잡는대요?"

"다 글렀어. 이렇게 늦었는데."

우리는 토요일 밤의 여유에 몸을 맡기기로 결정하고 다른 멤버들이 도착하기를 기다린다. 모두들 술집에 눌러앉아서 토요일 밤을 불태울 작정을 하자 나는 적당히 둘러대고 먼저 집으로 온다. 메건이 깜짝 놀랄 생각을 하니 절로 웃음이 나온다. 하지만 그날 밤 늦게 나는 그냥 술이나 마실 걸 하고 땅을 치면서 후회한다.

"네가 몰랐다는 게 말이 돼?"

제리가 믿을 수 없다는 표정으로 되묻는다.

"내가 메건하고 데릭 얘기 들은 게 언젠데. 그것도 브리스톨에 있을 때니까 몇 주 전이라고."

나는 제스몬드의 '크레이들 웰 바'에 처박혀 있다. 그 일이 있은 지 벌써 2주일이 다 되어간다. 탁자에는 반쯤 마신 맥주 두 잔이 놓여 있다. 제리는 브리스톨의 나이트클럽을 그만두고 다른 일을 알아보려고 뉴캐슬로 돌아온 참이다. 메건이 내 인생에 짙은 암운을 드리운 이때 찬란한 햇살 같은 존재는 아닐지언정 옛 친구를 다시 보니 마음이 푸근하고 좋다.

이태 동안 영혼의 동반자이자 검은 머리 파뿌리 되도록 백년해로할 미래의 아내로 생각했다면서 어쩌면 그렇게 메건을 몰랐을 수 있느냐고 제리가 탄식을 한다. 오래된 내 벗이 제 딴에는 나를 위로하지만 가뜩이나 비참한 심정을 더욱 참담하게 만들 뿐이다. 여드레 동안 곡기를 끊다시피 해서 몸무게가 6킬로그램도 넘게 빠졌다. 수염도 깎지 않고 너절하게 내버려뒀더니 몰골이 후레자식 같은 데릭과 영락없이 닮아 보인다.

"원래 메건은 내 여자 친구였어. 네가 나한테서 뺏어갔잖아."

"딱 오 분 동안 네 여자 친구였지. 그리고 내가 뺏어가긴 뭘 뺏어가?"

제리가 담배에 불을 붙이더니 내 코앞에 대고 생각에 잠긴 듯 연기를 훅 내뿜는다.

"기운 내. 세상 다 산 사람처럼 이게 뭐하는 짓이야?"

"그런가?"

"당연하지. 내 말 좀 들어봐. 앤디 허드슨이 나한테 알려줬는데 공연이 있대. 진짜 공연 말이야. 무대 바로 앞 오케스트라석에서 연주하는 거래. 무슨 말인지 알겠어?"

"어."

내가 긴성으로 대답한다. 제리가 바짝 다가앉더니 듣는 사람이 있나 살피듯 주위를 한 번 휘둘러보고 말을 잇는다.

"대학극장에서 〈요셉과 놀라운 머시기〉라는 뮤지컬을 재공연한다는데 젊은 밴드를 찾고 있대. 돈이 제법 돼."

나도 덩달아 주위를 살피며 되묻는다.

"그래? 얼만데?"

"일주일에 60파운드. 밤 공연 여섯 번에 낮 공연 한 번. 두 주 동안 연습하고 최소 한 달 공연. 어때? 생각 있어?"

나는 의자 앞쪽이 허공으로 들리게끔 의자 뒷다리에 체중을 싣고 앉아서 잠시 생각하다가 곧 선택의 여지가 없음을 깨닫는다. 메건과 냉동 콩 공장에서 일한 뒤로 일주일에 60파운드라는 큰돈을 만져본 적이 없다.

"콜."

그 후 몇 주는 괴로움의 연속이었다. 언제나 연인과 붙어 다니다 버림받은 남자에게 대학 교정은 너무 비좁다. 내가 지나갈 때 수군거리는 소리도 듣기 싫고, 동정 어린 시선과 따듯한 충고도 짜증나고, 쉬는 시간에 친구들이 와서 해주는 어설픈 심리 상담도 지겹다. 이제는 교수들마저 다가와서 뭐라고 한마디씩 건네고 간다. 화가 나서 견딜 수가 없다. 더 비참하게만 만들 뿐이다. 급기야 엄마까지 내 몰골을 보고 기겁을 해서는 다 먹지도 못할 음식을 산더미처럼 해준다. 엄마는 무슨 일이냐고 꼬치꼬치 캐묻지 않을 정도의 양식은 있는 사람이다. 나도 아무 말 하지 않는다. 엄마는 이미 이런 영화를 100번도 넘게 보았다. 엄마처럼 삼각관계에 빠진 비운의 남자 주인공 역할을 충실히 수행하고 나자, 이제는 쓰디쓴 아버지의 역할이 맡겨진 것이다.

*

〈요셉과 놀라운 색동옷 Joseph and the Amazing Technicolor Dreamcoat〉은 팀 라이스와 앤드루 로이드 웨버가 대학생 때 만든 뮤지컬로, 단언컨대 이들의 최고 걸작이다. 구약성서에 나오는 요셉과 그의 색동옷에 관한 이야기에 음악을 덧입혀 재탄생한 이 작품에는 총애를 받는 막내 요셉이 끝없는 추락을 겪은 뒤 화려하게 부활하는 이야기가 장엄하게 펼쳐진다. 아버지는 막내를 귀애하여 색동옷을 입히고 예뻐하는데 이를 시기한 형들은 요셉을 이집트에 노예로 팔아넘긴다. 요셉은 우여곡절 끝에 파라오의 신임을 얻어 재상에 오르고 마침내 회개하는 형들과 극적인 해후를 하게 된다. 이제 로큰롤의 전설이 된 작품이다. 음악은 진부하지만 매혹적이며, 50년대 팝을 치기 어렵게 모방해 조합하지만 가식이라곤 없이 순수하다. 가레스 모건이 연출도 잘한 덕분에 이 작품은 1974년 예상치 못한 대성공을 거둬 무려 10주간이나 연장 공연을 하면서 공연마다 표가 더 빨리 매진되는 진기록을 세운다.

방황의 시기를 보내고 제법 프로처럼 음악도 하고 돈까지 잘 버니 나 자신이 이렇게 대견할 수가 없다. 오래된 나의 꿈이 실현된 것이다. 밤마다 나는 거대한 철근 구조물로 이루어진 무대 아래 내 자리로 내려간다. 전선과 장비, 소품 따위가 어지럽게 얽힌 오케스트라석에 가느다란 빛줄기가 얼비친다. 나는 어둠 속에서 청중이 극장을 가득 메우기를 숨죽이고 기다린다.

극장에 흥분과 기대가 가득하다. 의상 갈아입는 사람에 분장하는 사람에 배우들이 정신없이 뛰어 다니는 무대 뒤의 생기가 나는 좋다. 번쩍이는 거울 앞에서 영웅으로, 악당으로, 노인으로, 요부로 변신한 배우들이 부러 과장되게 행동하지만 불안한 기색을 감추지는 못한다. 마지막 담배 한 개비로 긴장감을 누그러뜨릴 따름이다. 나는 뮤지컬의 마력에 푹 빠져서 휘황찬란한 매혹과 싸구려 환상과 귀청을 때리는 시끄러운 음악과 그 허세에 온통 정신을 놓는다. 배우가 되고 싶다는 생각은 조금도 없다. 다만 동굴처럼 어두운 내 자리에서 베이스를 치며 이 모든 화려함의 중심에 있다는 게 좋을 뿐이다. 나는 내 손안의 악기가 맥박 뛰듯 조용히 그러나 꾸준히 내는 이 견고한 지하 세계의 음에 공연의 모든 것이 달려 있다는 허황된 상상을 한다. 조명이 꺼지고 정적이 감도는 가운데 지휘자가 지휘봉을 들면 오로지 빛나는 일섬一閃의 순간만이 존재한다. 그리고 나는 죽도록 행복하다.

이완 윌리엄스는 커다란 덩치에 음악감독이라고 눈꼴사납게 거들먹거리는 꼴이 영락없는 테디베어다. 그는 티브이 화면을 뚫어져라 쳐다보면서 하느님의 계시를 듣기라도 하듯 바짝 귀를 곤두세우고 있다가 헤드폰에서 시작 신호음이 울리면 가느다란 흰색 지휘봉을 휘두르기 시작한다. 이 지역에선 전설로 통하는 두 거물, 곧 존 헤들리가 기타를, 로니 피어슨이 드럼을 맡는다. 존은 얼마 동안 '피닉스 재즈맨'에서 기타를 맡았으며 그 이전에는 런던에서 브라이언 데이비슨의 밴드에 들어가 짧지만 화려한 시절을 보내기도 했다. 이 근방에서 알아주는 블루스 뮤지션으로 내가 흠모한 지는 한참 되었다. 슬픈 표정의 기름한 얼굴 위로 하얗게 센 곱슬머리가 풍성한 게 꼭 금발의 지미 헨드릭스 같다. 몸이 어찌나 홀쭉한지 기다란 다리에 뼈가 앙상하게 드러난 커다란 새처럼 보인다. 우스갯소리를 툭툭 던지는 유쾌한 사람인 데다 출중한 기타리스트다. 산전수전 다 겪은 고단한 삶, 오로지 음악이라는 힘에 기대어 여기까지 달려온 연주자다.

전설에 따르면 로니 피어슨은 비틀스가 드러머를 구하느라 애를 먹던 초창기 시절에 그 황금 같은 제안을 거절했다고 한다. 로니가 리버풀에서 몇 킬로미터 떨어지지 않은 랭커셔의 워링턴 출신이고 나이도 얼추 맞지만, 나는 이 전설이 사실이냐고 그에게 묻지 않는다. 꼬치꼬치 캐

물어서 터무니없는 낭설로 드러날까 두렵기도 하고, 이 위대한 뮤지션에 대한 경외감을 고이고이 간직하고 싶기 때문이다. 그런데 문제는 "될 뻔했는데"가 그의 인생에서 수차례 반복된다는 것이다. 그가 티사이드 밴드인 '백 도어'를 그만두자마자 이 밴드가 뜨기 시작하고 훗날 내가 유명세를 탈 때에도 똑같은 불운이 반복된다. 로니가 훌륭한 드러머라는 사실에는 의심의 여지가 없다. 세션 뮤지션으로 언제나 찾는 곳이 많고 매끄러운 연주에 직업 정신도 투철하고 어떤 형식의 곡이든 연주할 수 있는 최고의 드러머로 손꼽힌다. 제리와 나는 이런 거목들과 나란히 한 무대에 선다는 사실만으로도 감격에 겨워한다.

  메건과 데릭이 내 등에 비수를 꽂은 상처도 이제 다 아물고, 나는 자타가 공인하는 대학 최고의 미녀인 늘씬한 금발의 리즈와 새로운 연애를 시작한다. 그러자 전 여자 친구가 흥미로운 반응을 보인다. 데릭과 뭐가 잘 안되는지, 아니면 눈부시게 아름다운 리즈에게 내 관심이 옮겨간 게 원통해서 견딜 수 없는지 모를 일이지만, 메건이 다시 자기에게 돌아오라고 간곡히 부탁하며 매달리는 것이다. 나는 그녀에게 그런 일은 절대 없을 거라고 매섭게 잘라 말하며 통렬한 기쁨을 맛본다. 엄마가 홀린 듯 보던 그 옛날 영화의 한 장면처럼 나는 또다시 고통을 감내할 수 없다고 슬프게 말한다. 사실 그때 난 리즈에게 반쯤 얼이 나간 상태라 돌이킬 수 없는 상태였다. 내 심장은 싸구려 호텔의 회전문이었다. 리즈와도 잠시 사귀다가 이내 헤어지는데, 아직 진지한 만남을 시작할 준비가 안 돼 있었던 것이다. 길 위의 로맨스가 저 멀리서 나를 부르고 있다.

5

1974년 겨울이 깊어간다. 도심 저 높이 기러기가 떼를 지어 남쪽으로 날아간다. 본능적으로 계절과 지구 자기장의 변화에 맞춰 긴 여정에 오른 것이다. 제리와 나는 우리도 저 기러기 떼처럼 서두르지 않으면 영영 이곳을 떠나지 못할 거라는 사실을 잘 안다. 제리가 골똘히 생각에 잠기는 시간이 부쩍 늘어났다. 머릿속으로 무슨 계획을 세우는 게 분명하다. 그는 새 프로젝트에 로니와 존을 끼우고 싶어 한다. 밴드 이름도 벌써 정했다. 휴버트 셀비 주니어의 잔혹 소설 『브루클린으로 가는 마지막 비상구Last Exit to Brooklyn』에서 '마지막 비상구'를 따온 것이다. 제리는 밀실공포증에 걸린 듯 림보에 갇혀 제자리에서 맴도는 우리가 이곳을 박차고 큰물로 나갈 수 있게 우리의 마지막 탈출을 계시해주기를 간절히 바라는 마음에서 이름을 이렇게 지었다고 했다. 그러면서 탈출이 도덕적, 영적 타락을 의미하는 건 아니라는 객쩍은 농담도 덧붙였다. 일단 존 형님과 로니 형님이 우리의 십자군운동에 동참하도록 만들어야 한다. 대가의 기교를 선보이는 이 형님들 없이는 첫발도 뗄 수 없기 때문이다. 형님들을 설득하기가 결코 만만치 않을 것이다.

아버지뻘 되는 나이도 그렇지만, 기약할 수 없는 미래의 영광을 위해 안정적인 일을 그만둔다는 게 쉬운 일은 아니다. 생각이 삐딱해서가 아니라, 주택 대출금에 할부금에 책임질 일이 한두 가지가 아닌 가장이 모험을 주저하는 것은 당연한 이치다. 세션 뮤지션으로 활동하고 근방 나이트클럽에서 연주하는 걸로 이미 안정적인 수입을 올리고 있는데, 무슨 부귀영화를 누리겠다고 돈 몇 푼 변변하게 벌지도 못하면서 좁은 승합차로 전국을 누비며 생고생을 하겠는가? 꺼리는 기색이 역력한 두 호빗 형님들이 솔깃해할 만한 이유가 하나도 없지만, 제리와 나는 두어 번 연습 정도야 못 하겠느냐는 선까지 형님들을 구슬리는 데 성공한다.

'마지막 비상구'의 시초는 '뉴캐슬 빅밴드'가 악몽 같은 공연을 하던 1년 전 어떤 날로 거슬러 올라간다. 재즈 피아노의 전설인 칙 코리아가 이끄는 밴드 '영원으로의 회귀Return to Forever'가 뉴캐슬 폴리테크닉대학에서 공연을 하던 그날 '뉴캐슬 빅밴드'가 지원 밴드로 무대에 오른다. 칙이 마일스 데이비스의 명음반 《비치스 브루》에 세션 피아니스트로 참여할 정도로 실력이 뛰어난 음악가라는 사실을 미리 알고 있었지만, 곧바로 닥칠 맹공에 우리는 속수무책으로 당할 수밖에 없었다. 평소 빅밴드가 하던 대로 여러 곡을 연달아 선보이지만, 넋을 놓은 듯 헤매는 꼴이 마치 폭풍우에 침몰하는 범선이나 바람에 나부끼는 치맛자락 같았다. 소리가 메아리치듯 공명하는 강당도 우리를 도와주지 않았다. 아주 가끔씩 섬세하게 번주하는 부분이 느높은 허공으로 덧없이 사라져 제 진가를 발휘하지 못했기 때문이다. 이 한심한 공연이 끝나자 객석에서 학생 두엇이 치는 둥 마는 둥 성의 없이 박수를 치고, 우리는 그 소리를 들으며 우울한 저녁을 예감한다. 뒤이은 공연을 보며 우리는 음악가로서의 깜냥을 다시 생각해야만 하는 혹독한 시간을 보낸다.

믿기지 않는 속도와 기술로 드럼을 공략하는 레니 화이트 앞에서 우리의 불쌍한 드러머는 자신의 연주가 공사장 소음보다 나을 게 없다는 뼈아픈 자각을 하게 된다. 또한 피아니스트이자 리더인 앤디는 칙 코리아가 펜더 로즈 피아노로 불꽃처럼 찬란한 소리를 만들어내는 광경을 그저 멍하니 지켜볼 따름이다. 우리 밴드에 기타리스트가 없다는 사실이 다행이라면 다행이다. 기타리스트가 액운이 들어서 현란한 솜씨로 기타를 연주하는 빌 코너스를 보았더라면 제 손목을 그었을지도 모를 일이기 때문이다. 이제 베이스 연주자가 내 사기를 꺾어놓을 차례다. 스탠리 클라크는 베이스가 낼 수 있는 모든 소리를 시도한다. 펑 터지는 듯한 소리가 나는가 하면 으르렁거리기도 하고, 엄지로 뜯듯이 줄을 튕기는가 하면 어느새 손가락이 보이지 않을 정도로 16분음표를 연달아 연주한다. 클라크는 있는 듯 없는 듯 조용히 화음을 보조하던 베이스를 밴드의 최전선으로 끄집아 세운다. 그는 내가 감히 흉내도 내지 못할 화려한 기술로 공연 내내 베이스를 중심 악기로 변신시킨다. 이 걸출한 밴드에 보컬이 없다는 사실이 그나마 위안이 된다. 클라크가 연주하는 것의 4분의 1만큼만 연주하면서 동시에 노래를 부를 수 있다면 이 신천지 같은 세상에서 해볼 만하지 않을까 하는 일말의 희망이 생긴다.

'마지막 비상구'는 이날 우리가 목격한 광경에서 대부분의 구상을 따온다. 곧 퓨전 재즈라는 비슷한 장르에 악기는 똑같이 구성하고 보컬만 추가한다.

〈요셉과 놀라운 색동옷〉 공연이 끝나자마자 우리는 로니네 집에서 연습을 시작한다. 빌 위더스와 마빈 게이의 곡을 연주하며 우리는 재즈록을 향한 허세를 달랜다. 로니는 마빈 게이의 〈소문으로 들었어요 I Heard It through the Grapevine〉로 마이크 잡는 기회를 갖게 되고, 나는 메건에게서 그레이엄 본드의 〈도시의 봄〉과 네일 영의 〈슬퍼하지 마Don't Let It Bring You Down〉를 물려받는다. 또한 칭송해 마지않는 우리의 영웅 칙 코리아의 곡, 이를테면 공상과학소설 제목 같은 〈제7은하수 찬가The Hymn of the Seventh Galaxy〉를 한 음 한 음 따라 하며 맹연습에 돌입한다. 멤버 가운데 내가 실력이 제일 뒤처지는 탓에 연습곡을 소화하는 데 오랜 시간이 걸린다. 그사이 제리와 두 형님들은 묵묵히 내 모습을 지켜보며 포기하지 않는 내 근성에 탄복한다.

고스포스호텔 지배인은 우리가 관객을 많이 불러들여서 술집 운영이 수지가 맞는 장사가 된다면 공연해도 좋다며 호텔 2층을 공연 장소로 빌려준다. 첫날 관객은 대부분 대학 친구거나 로니의 드러머 친구들인데, 이들은 맨 앞줄에 진을 치고 앉아 친구의 현란한 연주를 넋을 놓고 바라본다. 가수로서 나는 나날이 자신감이 충만해진다. 더욱이 앤디 허드슨의 빅밴드에서 수습 기간을 거치는 동안 관객과 대화하는 일이 얼마나 중요한지도 깨달았다. 노래와 노래 사이 막간을 이용해 자조적인 농담을 던지면서 관객들과 소통하다 보면 어느새 관객들이 모험 떠나듯 공연에 동참하게 된다. 로니와 존은 수요일 밤마다 신예 음악가들을 공연장으로 불러 모으며 이들 사이에서 교주로 군림하게 된다. 한편 제리와 나는 밴드의 심장에 피를 돌게 하는 데 만족하며 작곡에 몰두한다.

제리와 나는 히튼에 있는 아파트로 이사를 온다. 침실 두 개에 거실과 부엌이 있으며, 늙은 광부가 사용했을 부엌 벽난로에는 화덕이 설치되어 있다. 위층에는 대학 친구들인 짐과 스테프 부부가 1년 전부터 살고 있다. 아주 점잖은 친구들이다. 이들이 주인아주머니가 1층 세입자를 구하는데 신혼부부에게만 세를 주고 싶어 한다는 소식을 알려준다. 그렇다고 여장을 할 수도 없고 난감해하는 중에 제리가 뾰족한 수가 생각났다며 메건에게 부탁을 해보자고 한다. 그때 메건은 데릭과 헤어진 뒤였다. 나와 사이가 껄끄러운데도 그녀는 내 아내 역할을 해주겠다고 흔쾌히 허락한다. 그녀 표현을 빌리자면 다 옛정을 생각해서란다. 내가 한때 결혼을 꿈꿨던 여자가 지금은 자신의 대학 전공을 살려 스테프의 결혼반지까지 빌려 끼고 내 아내인 양 연기를 하다니, 삶이란 참 얄궂은 것이다.

우리 계획이 통했다. 나중에 주인아주머니가 월세를 받기 위해 한 달에 한 번 행차할 때면 우리는 내달에는 꼭 부인을 뵙도록 하겠다고 휘갈겨 쓴 쪽지와 월세를 위층 부부에게 맡기고 황급히 몸을 피했다. 다행히 아주머니를 만난 적은 한 번도 없다. 그곳에서 이태가 넘게 살았지만 대처 수상과 꼭 빼닮은 주인아주머니는 제리가 존재한다는 사실조차 알지 못했다. 주인아주머니가 메건을 두 번 다시 못 본 것은 말할 나위도 없다.

좁은 아파트 복도에는 늘 장비가 가득하다. 제리의 해먼드오르간과 펜더 로즈 피아노와 내 베이스 케이스와 앰프와 온갖 종류의 마이크 스탠드, 그리고 우리가 구걸하다시피 해서 얻어오거나 빌려오거나 심지어 훔쳐오기까지 한 음향 장치로 복도는 발 디딜 틈도 없다. 제리와 나는 축복받은 사이비 부부로 사이좋게 지냈는데, 내 기억으로는 심하게 다툰 적이 딱 한 번 있었다. 그때 나는 엄마가 습관적으로 하듯 제리에게 접시를 내던졌다. 제리와 나 사이에는 뜨거운 경쟁이 붙는다. 여자 문제일 거라고 생각하기 쉽지만, 그 때문이 아니다. 우리 둘 다 밴드에 맞는 새로운 곡을 만들어서 나날이 늘어나는 관객의 귀를 즐겁게 해주고 싶은 마음뿐이다. 제리와 나는 일주일에 적어도 한 곡은 만들겠다는 결의로 창작에 몰두한다. 노래를 부르지 않는 제리에 비해 내가 아무래도 유리하지 않나 싶다. 내가 내 목소리에 맞춰 노래를 만들 수 있는 반면에 제리는 자기 곡에 내가 정당한 처분을 내리기만을 기다리기 때문이다. 대개는 다른 곡을 모사하는 수준에서 크게 벗어나지 못하지만, 우리는 호기심이 동한다 싶으면 형식이고 유행이고 가리지 않고 노래를 만들었다. 기술을 연마하는 여느 사람들처럼 기존 곡은 물론이고 서로의 곡을 흉내 내는가 하면 수치스러운 줄도 모르고 남의 노래를 베끼기까지 했다. 또한 나에게 어떤 악상이 떠오르면 제리가 살을 붙여 다음 연습할 때 형님들에게 보여주기도 했다. 하지만 시간이 지날수록 내 노래가 조금씩 힘을 발휘하면서 밴드 연주곡으로 더 많이 자리 잡게 된다.

경쟁이 한층 더 불공평해지면서 우리 사이에 갈등이 생기지 않았다고는 말할 수 없다. 분명 갈등이 있었다. 하지만 그렇다고 해서 제리가 밴드 활동을 소홀히 한 것은 절대 아니다. 정말 감사한 일이다. 제리와 나는 누가 곡을 만들건 밴드가 성공할 거라고 굳게 믿었다. 지금껏 새로운 아이디어라는 걸 한 번도 내놓은 적이 없는 두 형님들은 그저 우리가 하는 대로 가만히 내버려두면서 장단을 맞춘 것인지도 모른다. 어쨌거나 밴드는 나날이 인기가 높아져서 수요일 밤이면 고스포스호텔 공연장은 옆 통로까지 젊은이들로 꽉꽉 들어차게 된다. 우리는 1인당 1파운드씩 받는 입장료를 쪼개 절반은 장비 구입비로 쓰고 나머지 절반은 기타 잡다한 경비로 사용한다. 이 수입만으로는 입에 풀칠하기도 힘든 탓에 우리는 주말에도 쉬지 않고 다른 밴드와 공연하거나 클럽 무대에 오른다.

1974년 늦여름 나는 한 수녀님에게서 걸려온 이상한 전화를 받는다. 루스 수녀님은 뉴캐슬 북쪽의 광산촌인 크램링턴에 있는 학교에서 교장 선생님으로 재직 중인데, 교장으로 부임하기 전에 다른 학교에서 우리 집 막둥이 애니타를 가르쳤다고 한다. 내 누이 애니타에 관해 말하자면

초등학교에 들어가던 그길로 1등을 하더니 리즈대학교 영문학과에서 석사 학위를 받을 때까지 일등을 놓치지 않은 수재 중의 수재다. 루스 수녀님은 그해에 교사 자격증을 취득한 교사 목록에서 우연히 내 이름을 발견하고 내가 그 수재와 무슨 관계인지 확인하기 위해 전화를 했다는 것이다. 내가 그 수재와 한참 가까운 사이라고 대답하자 수녀님이 학교로 면접 보러 오지 않겠느냐고 묻는다. 전혀 예상치 못한 일이다. 이런 식으로도 연락을 받는구나 싶어서 은근히 우쭐한 기분이 드는데, 사실 내 실력보다는 동생 덕이 더 크다. 교편을 잡을 마음이 없으면서도 통장 잔액은 자꾸 줄어들고 음반 계약은 언제 맺을지 모르는 참담한 처지에 생각이 미치자 나는 얼른 점잖은 넥타이와 말쑥한 재킷, 깨끗한 셔츠를 꺼내놓고 성바울초등학교에 면접 갈 준비를 끝낸다. 이튿날 아침 제리 눈에 띄지 않게 서둘러 집을 나서는데 그만 딱 걸리고 만다.

"아침 댓바람부터 어디 가? 그것도 그렇게 쫙 빼입고."

제리 손에서 벌써 오늘의 첫 담배가 타고 있다. 미친 다다이스트 예술가가 비대칭적으로 다림질해놓은 것처럼 머리는 한쪽으로 비죽 솟아 있고, 몸에 걸친 꽃무늬 가운은 노엘 코워드영국 당대 최고의 극작가이자 배우. 그가 동성애자라는 사실은 공공연한 비밀이었다가 입어도 좀 심하다 싶을 정도로 요란하다. 더욱이 낡고 색 바랜 체크무늬 슬리퍼는 왼쪽 발가락에 구멍이 나 있다. 한마디로 몰골이 말이 아닌데, 하고많은 사람들 중에 제리가 내 옷차림을 보고 뭐라고 하다니. 어쨌든 이렇게 걸렸을 때는 정직이 최선이다.

"면접 보러."

내가 잘할 수 있는지 어디 한번 보자는 듯이 제리가 나를 쓱 훑어보고는 담배 연기를 훅하고 내뿜는다.

"잘해봐."

그가 빈정대듯 한마디 툭 내뱉고는 푸르스름한 담배 연기를 물씬 피워 올리며 화장실로 걸어간다. 그러고는 메피스토펠레스처럼 저 혼자서 씩 웃는다.

그럼에도 면접은 잘 진행되어서 루스 수녀님은 면접이 끝나자마자 같이 일해볼 생각이 없느냐고 묻는다. 예기치 못한 일이다. 하지만 따지고 보면 내가 4년 동안 대학에서 공부한 것도 교실에서 수업하며 학생들에게 산수부터 축구까지 모든 것을 가르치기 위해서다. 모르는 사람이 언뜻 보면 내가 현실과 타협한 채 편안한 삶에 안주한다고 생각할 수도 있겠지만, 나는 거시적 관점에서는 오히려 이게 음악으로 승부를 거는 데 도움이 되는 전략이라고 스스로에게 다짐하듯 말한다. 집으로 오는 내내 나는 제리에게 뭐라고 말하면 좋을지 머리를 쥐어짠다. 교사라는 직업이 여유 시간이 많은 편이라 예전과 다름없이 밴드 활동하는 데에는 지장이 없을 것이다. 방학에는 멀리 공연 다니는 것도 가능하다. 많지 않은 돈이라도 월급이 꼬박꼬박 나오면 밴드가 잘 풀릴 때까지 당분간 집세는 내가 책임질 수 있다. 우리 밴드가 요 근방에서는 꽤 유명세를 타다 보니 이따금 엄청난 성공이라도 거둔 듯 달콤한 환상에 젖을 때가 있는데, 사실 우리가 음반을 취입할 확률은 복권에 당첨되는 것만큼이나 희박하다. 그럼에도 불구하고 환상이 우리를 품는다면 우리 역시 환상을 품을 것이다.

그해 9월 나는 년섭 때 입은 것과 똑같은 재킷을 입고 성바울초등학교에 첫 출근을 한다. 루스 수녀님이 교직원들에게 나를 소개한다. 중년의 여선생님들이 찻잔에서 피어오르는 뜨거운 김과 담배 연기로 희뿌연 교무실에 앉아 시끌벅적하게 떠들고 있다. 투박한 페어아일 스웨터스코틀랜드의 페어 섬에서 생산하는 스웨터에 굽 없는 납작한 구두를 신고 모직 치마를 입은 여선생님 두엇이 안경 너머 의심 어린 표정을 담아 나를 넘겨다본다. 선생님들의 편안한 복장과 달리 하얀 리넨으로 머리를 가리고 까만 수녀복을 입은 수녀님은 빈틈 하나 없이 엄격해 보인다. 수녀님은 지루한 글에 홀로 찍힌 감탄부호처럼 고개를 꼿꼿이 들고 서 있다. 낯설고 물선 이국 땅의 선교사처럼 한 공간에서 지내지만 결코 환대받지 못하는 존재 같다. 공손함 속에 냉랭한 기운이 감돈다. 나는 교장 선생님과 선생님들 사이에 미묘한 갈등이 있음을 바로 감지한다. 이런 상황에서 살아남으려면 유쾌한 것은 물론이고 신중할 필요가 있다는 사실을 난 오랜 경험으로 잘 알고 있다.

한편으론 내가 왜 여기에 있는 것일까 하는 회의가 든다. 교장 선생님이 나를 마치 무슨 어색한 트로피라도 되는 것처럼 소개하자, 선생님들이 경계하는 눈초리로 나를 살펴본다. 다행히 노골적으로 적대하는 분위기는 아닌 것 같다. 여교장과 여선생님들 사이에 존재하는 이 팽팽한 패권 균형을 깨기 위해 이곳에 왔단 말인가? 나는 조커나 와일드카드 같은 존재인가? 아니면 교장의 사람인가?

나는 천생 첩자인가 보다. 앞서 말했듯이 나는 평생 사기꾼으로 살고 있다는 기분을 떨칠 수 없다. 겉으론 현실에 순응하는 듯하지만 실제론 나의 진짜 모습을 단 한 번도 내보인 적이 없다는 사실을 너무나 잘 알기 때문이다. 겉으로 보이는 나는 내가 아니다. 복사服事나 공무원이나 학생으로 위장했듯이 이곳에서는 선생님으로 위장하는 것이다. 가능한 한 오랫동안 이렇게 나 아닌 다른 사람 행세를 하며 살 것이다. 그러다 훗날 이 모든 허울이 벗겨질 날이 기필코 올 것이다. 수년 후 나는 음악으로 성공할 줄 알았느냐는 질문을 숱하게 받는다. 당연히 나에게 이런 선견지명이 있었을 리 없다. 단지 그때껏 해본 것 중에서 음악 말고 성공을 거둔 게 없었을 뿐이다. 하지만 교단에 서는 건 어떤 면에서 무대에 오르는 것과 비슷해서 나는 학교에 있는 동안 내 시간과 아이들 시간을 낭비했다고는 생각하지 않는다.

내가 맡은 반에 여덟 살짜리가 30여 명 남짓 있다. 5, 60년대 탄광이 문을 닫으면서 뿌리 뽑힌 채 표류하는 탄광촌의 손자 손녀 들이다. 부모들은 이곳에서 일자리를 잃고 공장과 빌딩이 우뚝우뚝 치솟는 신흥 산업 단지로 출퇴근을 한다. 광부들이 살던 초라한 오두막과 주석으로 만든 욕조, 그리고 밤낮으로 연기를 뿜어내던 산더미처럼 쌓인 광재 더미가 하나둘 자취를 감추면서 탄광촌이라는 이름으로 똘똘 뭉친 공동체 의식도 함께 사라졌다. 쿨럭거리는 기침 소리도, 시커먼 폐도, 끔찍한 폐병도, 무너진 갱도도, 마을 전체를 비탄에 빠뜨리는 가스 폭발도 이제 더는 없다. 아침에 탄광으로 내려간 아버지와 아들이 어둑해질 무렵, 혹은 불길이 잡힌 뒤 시체로 끌어올려지는 그런 끔찍한 기억도 이제 더는 없다. 그나마 시체라도 찾을 수 있으면 다행이다. 내 고향처럼 환경이 열악한 이곳에도 암울한 영웅주의의 역사가 유구하게 흐른다. 내 앞에 앉은 아이들도 지난 세기에는 시커먼 석탄 가루를 얼굴에 잔뜩 묻힌 채 열 시간 넘게 칠흑처럼 깜깜한 갱도에서 일했을 것이다.

나는 권위와 유식을 가장假裝하는 게 힘들면 어떡하나, 또 학생들이 스스로 배우도록 열정적으로 가르쳐야 하는데 그게 잘 안 되면 어떡하나 내심 걱정하면서도, 탈출과 모험을 그린 판타지 소설, 이를테면 테드 휴스의 『무쇠인간』이나 앨런 가너의 『엘리도』, J. R. R. 톨킨의 『호빗』을 읽어줄 때는 오히려 내가 더 신이 나서 이야기에 푹 빠져든다. 또한 기타 반주에 맞춰 포크송이며 칼립소서인도제도에서 널리 유행한 아프리카계 리듬의 즉흥적인 노래며 크리스마스캐럴이며 온갖 노래를 가르쳐준다. 게리 글리터부터 수지 쿼트로, '머드1966년에 결성된 영국의 글램록 밴드'에 이르기까지 다양한 음악가들의 이름을 죽 나열하며 좋아하는 팝송을 불러보라고 하자 아이들이 하나둘 노래를 부르기 시작한다. 하나같이 수줍은 얼굴이지만 나는 그 속에서 무대에 오르면 아까 그 아이가 맞나 싶을 정도로 끼를 발산할 아이들을 찾아낸다. '뉴캐슬 빅밴드' 멤버들에게서 빌려온 관악기를 내놓자 아이들이 서로들 불겠다고 난리법석을 떤다. 누구는 방귀를 뀌고 누구는 끽끽거리다 말고 누구는 지축을 뒤흔드는 소리를 내면서 한바탕 신나게 논다. 그러는 가운데 소리의 원리에 대한 설명도 곁들인다. 난장을 벌인 듯 시끄러운 수업 시간에 아이들이 무엇을 얼마만큼 배웠는지 나는 모른다. 하지만 아이들이 내 수업 시간을 즐거워한다는 것만큼은 분명하다. 그리고 나도 아이들과 함께 있는 시간이 즐겁다. 그림도 그리고 색칠도 하면서 나는 수업을 최대한 재미있게 만들려고 노력한다. 교장 선생님이 이따금 참관하는데 내 수업 방식을 용인하는지 별 말씀이 없다. 하지만 몇몇 선생님들이 맨 위층의 4B 교실에서 새어 나오는 시끄러운 소리에 눈살을 찌푸린다는 건 나도 잘 아는 사실이다.

한편 '마지막 비상구'는 손님들로 꽉 들어찬 클럽에서 공연을 한다. 우리 공연이 있는 수요일 저녁에는 바텐더가 눈코 뜰 새 없이 바쁘고, 맥주잔이 쉼 없이 오가며, 웃음소리에 박수 소리가 섞여 장내가 왁자하다. 희뿌연 담배 연기 속에서도 술집 지배인이 마치 신기한 발명품을 만들어낸 사람처럼 입이 귀밑까지 찢어져라 활짝 웃는 게 보인다. 제리와 나는 관객이 매주 똑같은 공연을 보지 않게 새로운 곡을 추가하고, 두어 곡은 편곡을 달리하기도 한다. 매주 관객이 거의 똑같다 보니 우리는 신곡을 추가해야 한다는 무언의 압력을 받는다. 하지만 크게 구애받지 않는다. 제리도 나도 이것이 우리에게 주어진 진정한 소명이라고 여기기 때문이다. 이제 난 노래 부르는 것이야말로 가장 큰 기쁨이라는 사실을 깨닫기 시작한다. 노래를 부르는 동안에는 하늘 저 높이 비상해 드넓은 창공을 가르는 듯한 완전한 자유를 맛본다. 진짜로 하늘을 나는 기분이다. 밴드 멤버들이 모두 나의 능력을 확신하는 것은 아니다. 그중에서도 특히 로니는 모든 곡을 제 목소리로 부르고 싶어 한다. 하지만 내 노래 실력이 나날이 좋아지는 데다 신곡은 대부분 내 손에서 나오기 때문에 내가 마이크 잡는 날이 훨씬 많아진다.

수요일에는 수업이 끝나자마자 쏜살같이 집으로 달려와 제리의 전자 피아노와 음향 장치를 트렁크에 싣고 A1고속도로를 내달려 고스포스호텔에 도착한 뒤 장비를 2층으로 실어 나르고 설치까지 마치고 다시 집으로 돌아와 베이스 앰프와 스피커 케이스를 싣고 또다시 호텔을 향해 북쪽으로 차를 몬다. 미래를 내다보는 사람이나 미치광이 아니면 엄두도 못 낼, 뼈가 녹아날 정도로 고된 일이다. 게다가 두 시간 넘게 연주하고 노래하고서 똑같은 과정을 반복해야 한다. 집에 오면 보통 자정이 넘는다. 아파트 복도에 장비를 조심스레 내려놓고 내가 낡은 벽난로에 불을 지피면 제리가 맥주 두 캔을 따서 내 옆으로 온다. 우리는 이내 이 곡은 좋네 나쁘네, 누구는 연주를 잘했네 못했네 하면서 그날 공연에 대한 품평을 시작한다. 잠이 쏟아져 더 이상 앉아 있지 못할 때까지 벽난로의 이글거리는 불빛을 바라보면서 구상하고 계획하고 몽상한다.

아파트에는 〈멜로디 메이커스〉며 〈뉴 뮤지컬 익스프레스〉며 〈사운드〉 같은 오래된 음악 잡지가 넘쳐난다. 마치 성공으로 가는 열쇠가 음반 리뷰와 순회공연 날짜, 음반 판매 순위, 그리고 이 놀랍고도 신비한 음악 세계의 가십 기사 속에 암호처럼 숨겨져 있기라도 하듯 제리와 나는 음악 잡지를 닥치는 대로 탐독한다. "헤비메탈 그룹 보컬 구함. 음반 계약, 에이전시, 매니저 제공. 외모 준수. 비상시 개인 음향 장치 필요. 빠른 지원 요망." 광고 면에 이런 문구가 자그맣게 나곤 하는데 눈길이 안 가려야 안 갈 수가 없다. 힘들게 밑바닥에서부터 시작하느니 다 차려놓은 밥상에 숟가락 하나 얹고 싶은 유혹을 느끼는 것은 인지상정이다. 하지만 제리와 나는 우리 같은 몽상가들이 낸 광고라고 치부해버리고선 한 번도 전화기를 들지 않는다. 게다가 "외모 준수"라는 표현이 마음에 걸린다. 준수한 외모와는 거리가 멀기 때문이다. 바람에 흩날리는 기다란 머리칼도 없고, 데이비드 보위나 마크 볼란 같은 인기 가수들 사이에서 필수품처럼 여겨지는 여자 옷을 내가 입으면 어떨지 상상조차 안 된다. 패션에 관해 말하자면 나는 스타가 될 여지가 없다. 이건 제리도 별반 다를 게 없다. 우리는 거칠고 지저분해 보인다. 그런데 놀라운 사실은 고스포스호텔에 우리 공연을 보기 위해 여자 관객이, 그것도 예쁜 여자 관객이 계속 모여든다는 것이다. 공연이 끝나고 장비를 챙길 때면 이미 여자들은 집에 돌아가고 없지만 여자 관객이 늘어나는 것은 분명한 사실이다. 나는 무대에 올라 뇌쇄적인 눈빛을 던지는 연습을 하기 시작한다. 그러다 여자들과 눈이 마주치면 세상사로 고뇌하고 옛사랑의 기억으로 아파하는 우수에 젖은 시인이 된다.

어느 날 이완 윌리엄스가 뜬금없이 공연장에 나타나 같이 뮤지컬 할 생각이 없느냐고 묻는다. 6주 동안 공연할 예정인데 공연비는 저번처럼 주당 60파운드라는 것이다. 〈요셉과 놀라운 색동옷〉이 엄청난 성공을 거둔 뒤 대학극장 위원회가 순수 고전극을 상영하는 극장을 계속 후원할 수 있도록 흥행작을 한 번 더 무대에 올리자고 결정 내렸다는 것이다.(순수 고전극을 상영하는 극장이란, 객석이 절반쯤 빈 상태에서 입센이나 스트린드베리, 체호프 같은 작가의 희곡을 무대에 올리는 극장을 말한다.) 결국 저속한 통속극이 고상한 고전극의 젖줄이 되어야 한다는 뜻이다.

이런 사정으로 이완이 우리 공연장에 불쑥 나타나서 엄청난 액수를 제시하며 뮤지컬 밴드로 연주할 생각이 없느냐고 물어보았을 때, 우리는 이완의 손을 와락 잡는 걸로도 모자라 손가락까지 깨물어주고 싶은 걸 간신히 참는다. 그러면서도 마지못해 응하는 척한다.

토니 해치가 작곡을 맡는데, 이 사람으로 말하자면 60년대 팝의 고전이 된 수많은 명곡을 남긴 천재 작곡가다. 페툴라 클라크가 불러 구미의 여러 나라에서 공전의 히트를 친 〈다운타운Downtown〉도 그의 손에서 나온 노래다. 〈록, 예수의 탄생Rock Nativity〉이 뮤지컬 제목이다. 린지 앤더슨 감독의 영화 〈만약If〉에서 배우로도 활약한 데이비드 우드가 극본을 쓰는데, 수태고지부터 주현절까지 예수의 탄생에 얽힌 이야기가 3막으로 펼쳐진다. 토니 해치가 깐깐하기로 유명하다지만 우리는 이렇게 세계적인 작곡가와 일한다는 생각에 마냥 행복하기만 하다. 자신감도 하늘을 찌를 듯 충만하다. 또한 우리를 성공으로 이끌어줄 절호의 기회가 찾아온 것만 같아 구름 위를 걷는 기분이다. 우리는 명성이 마치 전염병 같아서 토니 해치처럼 유명한 사람 옆에 있기만 해도 우리 위상이 덩달아 높아질 거라고 굳게 믿는다.

그런데 한 가지 작은 문제가 있다. 프리랜서인 다른 멤버들과 달리 나는 학교에 매인 선생님이라는 것이다. 수요일 낮 공연이 있는 시각에 학교에서 수업을 해야 한다. 나는 내심으로 루스 수녀님에게 얘기를 잘해서 수요일 오후 수업을 뺄 생각을 하고는 멤버들에게 아무 말도 하지 않는다. 더욱이 크리스마스 연휴에 공연이 몰려 있다. 시간은 무슨 일이 있어도 맞출 것이다.

　몇 주 뒤 연습이 시작된다. 악보가 나온다. 딱히 어렵지 않은데, 서곡의 한 소절이 눈길을 잡아끈다. 단음계의 8분음표가 계속 반복되는데 빠르기가 번개와 같다. 나는 몇 시간 동안 이 부분을 붙들고 맹연습에 돌입한다. 처음에는 천천히 손을 놀리다가 점차 속도를 높인다. 하지만 악보에 나온 빠르기를 따라가려면 아직 멀었다.

　이른 추위가 찾아온 10월의 어느 날 저녁 첫 리허설이 시작된다. 우리는 극장 뒤 킹스칼리지의 커다란 고딕 양식 강당에 장비를 부리고 저마다 자기가 맡은 부분을 연습한다. 〈가슴을 열어〉라는 제목의 6/8박자 발라드풍 성가가 첫 곡이다. 오래된 빅토리아 고딕 양식의 강당은 유난히 추워서 허연 입김이 서릴 정도다. 낡은 라디에이터는 공룡 뼈처럼 차갑게 식어 있다. 나는 초록색 방한모를 뒤집어쓴 터라 보이는 거라곤 두 눈밖에 없다. 우리 모두 긴장한 기색이 역력하다. 로니는 드럼을 계속 만지작거리고 존은 레스 폴 집슨 사의 전기기타 상표 기타 줄을 연신 조율하고 제리와 나는 악보를 뚫어져라 쳐다보며 놓친 부분이 없는지 꼼꼼히 살핀다. 나는 입김을 호 불며 곱은 손가락을 녹인다. 방한모를 뒤집어쓰고 초조하게 서 있는 꼴이 에베레스트 산의 사우스 콜을 등반하기 위해 만반의 태세를 갖춘 에드먼드 힐러리 같다. 로니가 나에게 못마땅한 눈초리를 던지며 고개를 절레절레 젓는 게 보인다. 그 순간 토니 해치가 가레스 모건 감독의 호위를 받으며 모습을 드러내고, 그 뒤를 따라 여주인공 역을 맡은 배우가 작은 갈색 개를 데리고 들어온다.

　해치는 양복 차림에 점잖은 넥타이를 매고 고급스런 캐시미어 외투를 걸치고 있다. 지금 막 씻고 나온 것처럼 머리 한 올 흐트러진 데 없이 단정한 차림이 텔레비전에서 보던 모습 그대로다. 지나치게 깔끔해 보여서 입가에 살짝 어린 조소가 오히려 인간미를 더한다.

털 스웨터에 점퍼를 걸친 모건 감독은 가슴이 떡 벌어지고 커다란 머리통에 턱이 고집스럽게 나와 있다. 행동거지도 웨일스 지방의 럭비 선수처럼 거칠고 거만하다. 빨간 머리를 흔들며 깊은 계곡에서 울리는 듯한 바리톤 목소리로 경쾌하게 노래 부를 때는 불붙은 켈트족이 연상된다. 〈요셉과 놀라운 색동옷〉은 찬란한 개선가요, 그는 자신의 부대를 국가원수에게 선보이는 장군이다. 마리아 역을 맡은 젊은 여배우는 머리에 둘러맨 기다란 집시 스카프 밑으로 갈색 머리칼을 구불구불 늘어뜨리고 있다. 이렇게 짙은 눈동자는 난생처음 본다. 갈색 개는 몸통에 비해 머리통만 커다란 게 스피링어스패니얼에 코기 견을 반쯤 섞어놓은 듯하다. 개가 코를 킁킁거리며 악기 주위를 맴돌기 시작한다.

감독이 토니 해치와 여배우에게 우리를 건성으로 소개하자, 여자 역시 스치듯 짧은 눈인사를 우리에게 보낸다. 내가 제일 마지막으로 소개되는데, 여자가 볼 수 있는 거라곤 초록 방한모 눈구멍으로 보이는 초록 눈동자가 전부다. 여자가 인사를 끝낸 뒤 리허설 준비를 하기 위해 강당의 한쪽 구석으로 간다. 개는 해먼드오르간에 온통 매료된 모양이다. 자꾸 성가시게 오르간 주위를 맴도는 폼이 반짝반짝 잘 닦아놓은 호두나무 건반에 금방이라도 영역 표시를 할 것 같다. 제리가 발로 개 옆구리를 슬쩍 걷어찬다. 다행히도 이 만행을 목격한 사람은 나밖에 없다.

첫 곡이 끝나자 토니 해치가 꽤 흡족해하는 눈치다. 감독은 강당 뒤쪽에 앉아 남배에 불을 붙이더니 연기를 뿜어 도넛 모양의 동그라미를 만들며 자기가 여주인공 역으로 뽑은 여배우를 유심히 살핀다. 갈색 개는 이윽고 제리의 소중한 보물 해먼드오르간에 떡하니 발을 올려놓으며 영역 표시를 하는 데 성공한다. 천만다행으로 제리는 연주에 정신이 팔려

이 광경을 목격하지 못한다. 나는 또다시 아무 말도 하지 않는다.

여주인공이 한기 도는 강당의 한쪽 모퉁이에서 서성거리며 조용히 목을 풀고 있다. 긴 보헤미안 치마에 짙은 색 외투를 입고 초록색 인조가죽 구두를 신고 있다. 커다란 집시 귀고리가 이국적으로 생긴 얼굴 옆에서 찰랑거리지만, 자석처럼 내 눈길을 잡아끄는 것은 그녀의 짙은 눈동자다. 흑요석처럼 강렬한 눈빛은 사람을 압도하면서도 왠지 모르게 불안하게 만든다.

토니 해치는 이제 우리 연주에 충분히 만족했는지 여배우에게 강당 한복판으로 와서 마이크를 잡으라고 신호를 보낸다. 오디션은 아니지만 강당에 긴장이 감돈다. 남자 일곱의 시선이 일시에 여자에게 쏠린다. 높은 절벽에서 뛰어내릴 준비를 하는 다이빙 선수처럼 여자가 숨을 크게 내쉬자 허연 입김이 공기에 서린다.

노래가 시작된다. 여자가 처음에는 떨리는 목소리로 불안하게 시작하더니 한 소절 한 소절 지날 때마다 자신감을 찾는 듯하다. 고음이 작렬하는 종결부에 이르러서는 모두들 안심한다는 듯이 연방 고개를 주억거린다. 냉랭한 분위기가 풀리면서 우리는 이번 뮤지컬도 대성공을 거둬 우리에게 탄탄대로를 열어줄 거라는 기대로 한껏 부푼다. 물론 그때 나는 이 여자가 머잖은 미래에 내 인생을 송두리째 바꾸는 데 결정적인 역할을 한다는 사실을 꿈에도 눈치채지 못했다.

리허설이 계속된다. 적어도 밴드 입장에서 보면 큰 문제가 없다. 하지만 이번 뮤지컬이 전반적으로 전작에 비해 매력이 떨어지는 것은 누가 보아도 자명하다. 꼭 오페라를 흉내 내다 실패한 것처럼 마냥 진지하고 마냥 무겁다. 배우들은 연기를 어떻게 조율해야 할지 몰라 우왕좌왕한다. 전작에서는 배우들이 단순한 선율에 맞춰 편안하게 연기했다면, 지금은 이 진지한 극을 어떻게 소화해야 할지 도무지 감을 못 잡는 듯하다. 더 심각한 문제는 감독 역시 헤맨다는 것이다. 전작이 거둔 성공에 도취되고 게다가 토니 해치처럼 유명한 사람과 일하다 보니 콧대만 잔뜩 높아져서(공연이 기독교의 중심 교리 가운데 하나인 동정녀 탄생에 관한 이야기라는 것은 말할 나위도 없다) 정작 작품은 엄숙한 종교극도 익살 패러디극도 아닌 어정쩡한 상태가 되고 만 것이다. 내 말은 어디까지나 무대 아래 지하 세계에서 올려다보니 그렇다는 것이다. 미신에 불과하겠지만, 본 공연이 완전무결하려면 개막 전날에 하는 최종 리허설이 엉망진창이어야 한다는 소리가 있다. 그렇다곤 해도 이건 정도가 좀 심하다. 공황에 빠진 듯 무기력하게 갈팡질팡하는 꼴이 제대로 굴러가는 리허설이 아님을 한눈에 알 수 있다.

무대도 문제다. 거대한 피라미드처럼 높다랗게 쌓인 가파른 철제 단상에 계단과 사다리와 램프가 복잡하게 연결되어 있다. 신과 천사와 인간으로 계위가 나뉘는 유대교와 기독교의 위계질서를 상징하는 듯하다. 이 속에서 음악가들은 무대 아래 제일 밑의 층을 차지하고 있다. 계위를 넘나드는 배우들이 어질증이 날 정도로 이 단상에서 저 단상으로 오르내리고, 사이사이 정신없이 춤추고 길게 늘어지는 노래까지 부르느라 계단과 램프에서 서로 뒤엉켜 가슴 철렁한 장면을 몇 번이나 연출한다.

어떤 곡에서는 귀빈석 앞 비스듬한 단상에서 노래 부르고 춤추던 배우들이 두 번째 후렴구에 이르러서는 네 그룹으로 쪼개져 사다리와 계단을 타고 피라미드 꼭대기까지 올라간 뒤 그 위에서 종횡으로 교차하느라 야단법석을 떤다. 반대 방향으로 나아가던 배우들이 한데 뒤얽혀서는 노래까지 난해한 걸 불러대는 통에 정신이 하나도 없다. 낙상 사고로 크게 다친 사람이 없는 게 기적이다. 차마 눈 뜨고 볼 수 없을 정도로 혼돈의 연속이다. 무대 밑 어두운 공간에 있는 밴드는 객석에서 보면 거의 눈에 띄지 않는다. 엄청난 재앙이 될 게 불 보듯 뻔하지만 우리는 묵묵히 연주를 이어갈 따름이다.

노래들도 하나같이 전작에 미치지 못한다. 어둠 속에서 객석을 올려다보자 귀빈석 두 번째 줄에 앉아 있는 감독이 얼굴을 손에 파묻었다가 절망에 찬 시선으로 무대를 바라보는 모습이 보인다. 이번 작품은 분명 망했다. 거들먹거리던 모습은 간데없고 얼굴이 점점 시뻘게지더니 도저히 치미는 화를 주체하지 못하겠는지 급기야 천지를 뒤흔드는 듯한 소리를 내지르며 폭발하고 만다.

"긴장 풀어! 왜 다들 그렇게 뻣뻣한 거야?"

장내가 일순간에 조용해지면서 음악 소리도 뚝 끊긴다. 그러나 분노의 절규가 오히려 역효과를 낼 따름이다. 가뜩이나 위축된 배우들이 이제는 두려움에 떨며 안절부절 어쩔 줄을 모른다. 여주인공 홀로 동방의 별처럼 환히 빛나지만, 동방박사 세 사람과 천사 가브리엘을 비롯한 베들레헴의 백성들은 모래 폭풍을 만난 조난자들처럼 방향감각을 잃은 채 헤매고 있다. 잘못된 목표 설정과 헛된 자만심이 부른 총체적 난국이다. 오늘 밤 아무도 편히 잠들지 못할 것 같다. 더욱이 나에게는 남모르는 고민이 하나 더 있다. 수요일 낮 공연에 대해서 루스 수녀님과 아직 담판을 짓지 않았다는 것이다.

이튿날 아침 나는 북쪽으로 차를 몰며 오늘은 어떻게든 말을 꺼내야겠다고 다짐을 한다. 학교에서 열성을 다해 가르치긴 하지만 나의 진정한 소명은 음악이다, 수요일 수업을 빼주면 어떻게든 벌충하겠다, 이를테면 아이들에게 캐럴을 가르치거나 크리스마스 연극을 연출하겠다고 당당한 목소리로 단도직입적으로 말하면 된다. 어떻게 말하면 좋을지 차 안에서 내내 연습을 한다. 목소리에 다분히 위엄을 섞어 수녀님에게 이렇게 말할 것이다.

"루스 수녀님, 극장에서 오랫동안 연주한 경험을 살려 (효과를 극대화하기 위해 잠시 말을 멈춘 뒤 얼음장같이 차가운 물에 뛰어들거나 기꺼이 제 몸을 제물로 바치는 사람의 기개로 비장하게 숨을 한 번 크게 들이마시며) 올해 크리스마스 연극은 제가 맡는 게 어떨까 싶습니다.(지난 몇 주 동안 내가 은밀히 관여해온 이 문제작보다 못한 작품이 나오긴 힘들 것이다.) 저희 반에 끼 많은 녀석들이 많습니다."

9시 15분 나는 교실에서 출석 체크를 하고 있다. 결석을 밥 먹듯 하는 녀석들 자리는 오늘도 언제나처럼 비어 있다. 그런데 우리 반의 떠오르는 샛별 케빈 앤더슨도 눈에 띄지 않는다. 까불까불하니 유쾌하고 재미있는 녀석인데, 공부에는 취미가 없어도 노래도 잘 부르고 우스갯소리도 잘하는 매력덩어리다. 가끔 생뚱맞은 소리를 할 때도 있지만, 농담 던지는 타이밍이 기가 막히다.

쉬는 시간에 서무과 직원이 좁은 교무실로 들어오더니 나에게 전화가 왔다고 알려준다.

"여보세요오?"

수화기 너머에서 요들 부르듯 고음의 목소리가 들린다.

"케빈 때문에 전화했어요오. 몸이 안 좋대요오. 감기 같은데 오늘 학교 쉬어야겠어요오."

뭔가 수상쩍다. 내가 최대한 공손한 어조로 묻는다.

"그런데 누구시죠?"

"어…… 저예요, 엄마!"

"케빈, 지금 당장 학교 안 오면 곤란해질 거야. 듣고 있지?"

"네, 알겠습니다."

순식간에 원래 목소리로 돌아온다.

"엄만 어디 가셨어?"

"공장에 일하러 가셨어요."

"그래, 알았다. 케빈, 지금 당장 달려오면 더 이상 문제 삼지 않을 거야. 알겠지?"

"네, 선생님!"

케빈이 '담즙분비이상'이라는 단어를 썼더라면 속아 넘어가는 척했을지도 모른다.

점심시간이 끝나고 묘안 중의 묘안이 떠오른다. 다음 주 수요일에 상급생 두 반을 극장으로 데리고 가서 공연을 보여주는 게 어떠냐고, 물론 공연의 문화 종교적 면을 강조하면서 심성 고운 루스 수녀님께 물어보는 것이다. 학생들이 공연을 보는 동안 나는 오케스트라석에서 내 역할을 충실히 수행하면 된다. 공연이 대성공이라는 걸 수녀님이 두 눈으로 확인하면 마법 같은 극장의 매력에 푹 빠져서 수요일 오후 수업을 흔쾌히 빼줄 것이다. 나는 낮 공연마다 이 반 저 반 돌아가며 극장에 데려가겠다고 교장 선생님은 물론이고 다른 선생님들과도 결판을 냄으로써 수요일 공연을 무사히 마친다.

개막 공연 리뷰가 전작처럼 호평 일색은 아니지만 이만하면 우호적인 편이다. 끔찍한 재앙은 간신히 피한 모양이다.

오프닝 공연을 무사히 마치고 극장 구내 술집에서 열린 파티에서 나는 한껏 용기를 내서 여주인공에게 다가간다. 나 자신이 그렇게 대견할 수가 없다. 그녀는 재키 트렌트^{영국의 싱어송라이터이자 배우}와 한창 이야기를 나누는 중이다. 재키 트렌트는 토니 해치의 아내로 남편만큼이나 유명하다. 도저히 이 두 명의 여성을 즐겁게 해줄 자신이 없어서 나는 갈색 개를 공략하기로 마음먹는다. 개는 내 마음을 읽었는지 무심한 눈길로 나를 쳐다본다. 얼마 안 있어 개 주인이 알은체하며 말을 건넨다.

"신경 쓰지 마세요. 늙고 심술궂고 시끄러운 꼬맹이인 걸요."

목소리에 북아일랜드 억양이 묻어난다. 내가 여전히 개 전문가인 척하며 묻는다.

"이름이 뭐죠?"

"버튼스예요. 그런데 다들 터디티드turd는 '똥'이라는 뜻이다라고 불러요. 그럴 만하죠?"

커다란 머리통에 눈동자가 슬픈 갈색 개를 내려다보며 내가 대답한다.

"멋진데요."

대화를 어떻게 끌고 가야 할지 막막하다. 트렌트 부인이 다른 데로 가자 개와 우리 둘만 남는다. 그제야 여자가 나를 찬찬히 살펴보며 말한다.

"눈이 참 아름다워요."

그러고는 빈 샴페인 잔을 건네며 덧붙인다.

"한 잔 사주실래요?"

여자가 나를 쫓아낸 건지, 아니면 정말로 술이 더 마시고 싶은 건지 분간이 안 간다. 여자가 이미 다른 곳으로 갔을 거라고 반쯤은 확신하며 새 샴페인 잔을 들고 걸어오는데, 여자가, 이 멋진 여자가 개를 데리고 편안하게 서 있는 모습이 보인다. 여자가 날렵한 술잔을 건네받으며 고맙다고 인사한다. 의미를 알 수 없는 조소가 여자의 입가에 살짝 어린다.

그녀와 내가 말없이 샴페인을 마시며 술집에 있는 사람들을 바라본다. 여자가 뜬금없는 질문을 던진다.

"기타리스트는 어디 갔어요?"

내가 시간을 벌려고 되묻는다.

"존이요? 왜요?"

"그냥요."

여자가 무심히 대답한다. 내가 잠시 시간을 끌다 짐짓 아무렇지 않은 듯 대꾸한다.

"자기 처한테 갔겠죠."

"아쉽네요."

여전히 무심한 어투다.

여자 이름은 프랜시스 토멀티다. 내가 공연 책자에서 확인한 바에 따르면 그녀는 벨파스트 출신의 유명배우 조셉 토멀티의 딸로서, 뉴캐슬에 오기 전 여러 영화와 텔레비전 드라마에 출연했을 뿐만 아니라 런던 로열코트극장과 쇼극장에서도 공연했다. 진짜 배우인 셈이다. 나는 매일 밤 동굴처럼 어두운 곳에서 무대를 올려다보며 한 줄기 밝은 빛 속에서 눈부시게 빛나는 여자의 모습에 황홀감을 느낀다.

우리는 곧 사랑에 빠지고 그로부터 18개월 뒤 이 여자는 내 아내가 된다. 나는 공연이 거듭될수록 이 여자에게 무섭게 빠져드는 한편으로 여자가 런던으로 돌아가면 과연 이 사랑을 유지할 수 있을까 하는 의구심에 사로잡힌다. 이 사랑이 지속되는 환상이나 내가 음반을 내는 환상이나 실현 가능성 없기는 마찬가지인데, 묘하게도 이 두 가지 환상이 서로 뒤엉켜서 마치 하나처럼 느껴진다. 나는 500킬로미터 떨어진 저쪽 남녘 땅 대처大處를 조금씩 염두에 두기 시작한다.

이 시기 나의 삶은 수많은 줄이 가닥가닥 꼬여 있어서 음악에 빗대자면 악곡이 거미줄처럼 얽혀서 저마다 따로 움직이는 푸가 형식의 즉흥연주곡 같았다. 푸가의 기본 뼈대를 이루는 것은 역시 음악가로서 내가 거두는 성과였다. 쉬지 않고 뛰는 맥박처럼 나는 음악가로서 천천히, 그러나 꾸준히 성장했다. 이 뼈대 위에 일취월장하는 '마지막 비상구'가 있는데, 이건 상황이 좀 복잡했다. 밴드와 나는 서로 밀접하게 연관되어 영향을 주고받았기 때문이다. 우리는 찰떡궁합으로 지내다가도 어느 순간 헤어질 것처럼 으르렁거렸다. 푸가의 한복판에는 교사 생활과 밴드 활동, 이를테면 '피닉스 재즈맨'과 '뉴캐슬 빅밴드'에서의 활동, 그리고 명성과 성공을 향한 나의 뜨거운 야망으로 이루어진 삼각형이 놓여 있었다. 그리고 프랜시스가 부르는 산뜻하고 낭만적인 소프라노 선율이 이 모든 것에 서서히 녹아들었다. 머잖아 이질적인 요소들이 서로 부딪치면서 긴장과 갈등이 증폭되자 나는 인생행로를 바꾸는 결정을 과감히 내리게 된다. 그때 나는 감정적으로 미성숙해서 사람과 사랑에 빠진 건지, 생각과 사랑에 빠진 건지 분간하기 어려웠다. 설령 누군가 그 차이를 알려주었다 해도 받아들이기 힘들었을 것이다.

공연이 끝나자 프랜시스는 런던으로 돌아간다. 나는 그녀에게 작별을 고하지만, 주말에 시간이 나면 500킬로미터 떨어진 저쪽 남녘땅으로 내달려야겠다고 결심을 한다.

'마지막 비상구'가 고스포스호텔에서 공연을 재개하자 제리와 나는 다시 작곡에 몰두한다. 이때 나는 다른 곡에 비해 오랫동안 사랑을 받은 두 곡, 곧 〈텅 빈 침대 The Bed's Too Big without You〉와 〈애타는 그리움 I Burn for You〉을 쓴다. 제리가 이 노래들을 듣고는 다 안다는 듯이 놀린다. 어디서 영감을 얻었는지 삼척동자라도 알 만한 일이지만, 나는 "그냥 노래일 뿐"이라고, 섣불리 결론 내리지 말라고 하면서도 극구 부인하지는 않는다.

이때 나는 제리와 사이가 조금 껄끄러워진다. 나는 자꾸 방어적인 자세를 취하고 제리는 또 그 나름대로 절망감에 빠지는 것 같다. 내가 하루가 멀다 하고 신곡을 만들다 보니 나에게 밀린다는 느낌이 들었을지도 모른다. 혹은 내가 여자에게 푹 빠져서 밴드에 소홀한 게 못내 서운했을지도 모른다. 어떤 게 맞느냐고 물어보면 다 아니라고, 그러거나 말거나 자기는 상관하지 않는다고 냉소적으로 말할 게 분명하지만, 우리는 한 꿈을 꾸는 친형제나 다름없어서 비밀 같은 게 있을 수 없었다. 사실이야 어찌 되었건 이 두 곡은 고스포스호텔 관객으로부터 뜨거운 호응을 받는다. 그 누구보다 정직한 제리는 툴툴거리면서도 이 두 곡을 밴드의 연주 곡목에 추가하며 경의를 표한다.

곡들이 점점 어려워지자 베이스 치면서 동시에 노래 부르는 내 능력이 한계에 부딪친다. 베이스 치면서 노래 부르는 게 기타 치면서 노래 부르는 것만큼 쉬운 일 아니냐고 말할 수 있지만, 결코 그렇지 않다. 자전거 타면서 공으로 묘기를 부리는 것처럼 한편으론 머리를 쓰고 한편으론 손을 써야 한다. 나는 노래와 연주라는 두 마리 토끼를 잡으려고 고군분투하면서도 자유롭게 노래를 부르려면 연주 욕심을 내지 말고 구멍이 생기면 생기는 대로 내버려둬야 한다는 사실을 깨닫는다. 이러면서 하나의 양식, 곧 과하지 않은 경제적인 베이스 연주법을 터득하는데, 후에 나는 이것을 "적을수록 많다Less is more" 정신에 입각해 그럴듯하게 정당화하려고 하지만, 실은 내 한계를 극복하려다 보니 어쩔 수 없이 선택한 것에 지나지 않는다.

'마지막 비상구'에 짐과 폴이라는 두 명의 지방 공연 매니저가 생긴다. 물론 진짜 매니저가 아니라, 승합차와 음악 장비에 대한 지식을 가진 학생 팬들이다. 보수 한 푼 못 받는데도 우리랑 같이 다니는 게 마냥 신나는 친구들이다. 이들 덕분에 제리와 나는 한결 편하게 지내게 된다. 그런데 재미있는 역설은 우리의 꿈을 실은 배에 승객이 늘어나고, 관객 속에서 처음 보는 얼굴이 늘어나고, 공연 수익이 늘어나고, 공연 요청이 늘어날수록 언제 부서질지 모르는 연약한 우리의 배가 더 가뿐하게 뜬다는 것이다. 제리와 나는 서로에게 이렇게 말한다.

"맙소사, 이제는 존과 로니도 믿겠는걸. 이러다 우리 진짜로 큰일 내는 거 아냐?"

1975년 봄, 나는 스물세 살이 된다. 그 후 몇 달 동안 나는 런던을 오가며 프랜시스를 만난다. 다섯 시간이나 고속도로를 달려야 하는 머나먼 길이다. 때론 금요일 공연이 끝나고 깜깜한 한밤중에 달리기도 하고 때론 월요일 새벽녘 수염도 안 깎은 얼굴로 게슴츠레한 눈을 비비며 학교로 곧장 내달리기도 한다. 내가 날이 갈수록 초췌한 몰골로 출근한다는 사실을 교장 선생님까지 눈치챌 정도지만, 사실 그때 나는 지상에 다시없을 행복을 누리고 있었다. 내 생애 이렇게 행복에 겨워했던 적이 있던가. 온 세상이 두 팔을 활짝 벌린 채 무한한 가능성을 보여주는 듯하다. 모든 성공의 열쇠를 프랜시스가 쥐고 있는 것만 같다. 한번은 〈말괄량이 길들이기〉에서 비앙카 역을 맡은 프랜시스를 보기 위해 에든버러극장에 갔는데, 그녀가 드디어 무대에 오르는 순간 깜깜한 귀빈석에 앉아 있던 나는 옆 좌석의 생면부지 옆구리를 쿡쿡 찌르며 저 여자가 바로 내 여자 친구라고 자랑하고 싶은 걸 간신히 참았다. 한 달 뒤 그녀는 〈보이시의 유산The Voysey Inheritance〉에서 상속녀를 맡고, 또 얼마 후에는 〈케네디가의 아이들Kennedy's Children〉에서 주연들 가운데 한 명으로 발탁된다. 이때는 셰필드의 크루서블극장으로 가서 내 여자 친구를 홀린 듯 올려다본다.

프랜시스도 뉴캐슬로 와서 내 공연을 본 뒤 어떻게 해야 다음 공연이 좋아질지 이런저런 충고를 해준다. 관객의 시선을 사로잡아야 한다는 둥 공연이 끝날 때까지 집중력이 흐트러지면 안 된다는 둥 나 자신을 확고하게 믿어야 한다는 둥 주문이 한두 가지가 아니다. 제리는 별말이 없지만 이런 "연기적인" 요소가 못마땅한 눈치다. 그렇지만 굳이 실익을 따지자면 리드 싱어가 무대에서 화려한 모습을 보이는 게 밴드에게 나쁠 게 없다는 데에는 동의하는 것 같다. 프랜시스는 내 안에서 사그라져가는 야망이라는 불씨에 입김을 불어넣는다. 그녀 덕분에 나는 연주자로서 오만에 가까운 용기를 얻게 되고, 자신 없이 머뭇거리던 목소리는 확신에 차서 거침이 없게 된다. 내가 과연 그럴 만했는지는 따져볼 문제지만, 여하튼 내가 밴드라는 민주주의적 공간에서 혜택을 가장 많이 받은 존재임에는 틀림없다.

6

'마지막 비상구'는 월센드의 임펄스스튜디오에서 첫 앨범을 녹음한다. 우연스럽게도 오래된 고몽극장 옆, 내가 첫 기타를 샀던 브레이드포드악기점 바로 위층이다. 여기에 스튜디오를 차린 사업가 데이브 우드는 '린드스판Lindisfarne'이 근방에서 활동하던 초창기 무렵 이 밴드에 큰 힘을 실어준 인물이다. '린드스판'은 지역 밴드 가운데 '애니멀스' 이후로 영국 전역에서 성공을 거둔 유일한 밴드다. 스튜디오는 조악하지만 웬만한 시설은 다 갖춰놓은 듯하다. 한참 후의 일이지만 여기서 녹음한 헤비메탈 그룹들이 큰 성공을 거두면서 스튜디오도 함께 유명세를 타게 된다.

브레이드포드 아저씨는 죽은 지 오래되었고, 문 닫은 악기점은 황량하기만 하다. 어린 시절 나에게 그곳은 마법으로 가득 찬 신비의 공간이었지만, 이제 문가에는 오래된 신문만이 나뒹굴 따름이다. 문틀에 박은 나무판자 틈새로 가게 안을 들여다보는데 텅 빈 무덤을 보는 듯하다. 비단 이곳만이 아니라 도시 전체가 서서히 고통스런 죽음을 맞이하고 있다. 한때 조선소가 쉴 새 없이 돌아가고 도시에 활력이 넘쳤지만, 이제는 그

많던 주문이 뚝 끊기다시피 했다. 자국 정부의 막강한 지원을 등에 업은 한국과 일본 업체들이 손을 맞잡고 무섭게 성장하는 통에 영국의 조선업은 순식간에 쇠락의 길로 접어들고, 그 바람에 숙련된 노동자 수백 명이 하루아침에 일자리를 잃는다. 간혹 고장 난 배를 고쳐달라는 주문이 들어오지만 이걸로는 얼마 안 남은 인력도 유지하기 힘들다. 테라스하우스가 즐비하게 늘어선 마을길 끝머리에 태양을 가리고 서 있던 거대한 철제 리바이어던구약성경 「욥기」에 나오는 바닷속 괴물은 이제 더 이상 찾아볼 수 없다. 수백 년 동안 피땀 흘려 일으켜 세운 산업이 하루아침에 몰락한 것이다. 세계의 배를 만들던 고급 인력이 일자리를 잃고 오갈 데 없는 신세가 되었다. 유년 시절 번잡했던 하이 가는 인적조차 드물고, 텅 빈 가게들은 을씨년스럽게 버려져 있다. 도시가 급격히 쇠락하면서 아버지 가게도 큰 타격을 입는다. 독일 폭격기에서 줄폭탄이 떨어져도 끝내 살아남은 도시지만, 경기 침체는 도저히 당해낼 재간이 없었다. 펄떡펄떡 뛰던 심장을 도려낸 월센드는 이제 유령의 도시나 다름없다. 브레이드포드악기점 문에 엇대어 박아놓은 나무판자 위로 누군가 갈겨쓴 낙서는 새로운 시대의 도래를 알리는 묘비명이라고 하는 게 옳을 듯하다. 고몽극장은 문 닫은 지 이미 오래되었고, 아주 잠깐 '맨홀'이라는 간판을 내달고 밴드가 공연하는 클럽으로 운영되기도 했다. 그때 클럽은 암페타민각성제의 일종과 패싸움으로 악명을 떨쳤다. 리츠극장은 빙고 게임장으로 바뀌었다. 언청이 아저씨의 유령이 떠도는 고몽극장 건물에서 첫 앨범을 녹음하다니, 삶이 참 얄궂다. 나는 한 손에 베이스를 들고 돌계단을 올라간다.

  '마지막 비상구'의 첫 테이프는 음반 제작자의 도움 없이 허우적대는 신출내기 그룹의 고군분투기라고 해도 무방하다. 훈련받지 않은 서툰 그룹만이 낼 수 있는 날것 그대로의 폭발력도, 펑크록의 원초적인 마력도 없이 기교 부리고 흉내 내는 데 급급한 음악만이 가득할 뿐이다. 밴드로서의 잠재력은 아세테이트필름과 자기테이프 속에 모두 숨어버린 모양이다. 라이브 공연에서 느꼈던 그 뜨거운 열정을 당최 찾아볼 수 없다. 녹음 요령을 단박에 터득할 수는 없는 노릇이지만, 그보다는 낯선 환경에 주눅 든 통에 형님들이 우기는 대로 모범생처럼 얌전하게 연주한 까닭이 크다. 나는 크게 낙담하지만 분란을 일으키고 싶지 않은 마음에 아무 말도 하지 않는다. 다음번부터는 제리와 내가 녹음을 주도하면서 밴드가 낼 수 있는 최고의 사운드에 조금씩 근접하게 된다.

우리는 날이 갈수록 멋진 라이브 공연을 선보이고, 머잖아 노력의 대가를 받게 된다. 앤디 허드슨이 스페인 바스크 지방의 바닷가에서 열리는 '산세바스티안 재즈 축제'에 우리 밴드 자리를 어렵사리 마련한 것이다. '뉴캐슬 빅밴드'가 이태 전에 그곳에서 무사히 공연을 마친 뒤 계속해서 주최 측과 연락을 해온 모양이다. 이레 동안 계속되는 축제는 7월 말에 시작된다. 첫 해외 공연이라 우리 모두 한껏 들뜬다. 밴드 매니저를 자청한 폴과 짐도 기뻐서 어쩔 줄을 모른다. 이제 이들이 마음껏 공상에 빠질 차례다. 이들의 예상에 따르면 승합차와 장비를 스페인 국경 너머까지 끌고 가려면 사흘 밤낮이 걸린다. 카르네전시 용품 등을 일시적으로 반입할 때 수입세를 면제해주는 허가증 같은 게 있을 리 없어서 우리는 공연 장비를 캠핑 도구로 위장하기로 한다. 폴과 짐도 세관을 통과할 때는 남자의 체면 따위는 잠시 잊어야 한다. 내가 이들에게 머리에 손수건을 두르고 휴양지 노래인 〈스페인 만세Viva España〉를 부르라고 제안한 것이다. 그러나 내가 다른 멤버들과 함께 움직이지 않고 혼자서 산세바스티안까지 비행기를 타고 가기로 하면서 이 제안은 객쩍은 소리로 끝나고 만다. 스페인으로 가는 사흘이 하필이면 학기 마지막 사흘과 겹친 것이다. 뮤지컬 공연으로 수업을 이미 충분히 빼먹은 터라 선량한 수녀님을 또다시 시험에 들게 할 수는 없는 노릇이다. 비행기 표를 내 돈으로 끊는다 해도 나만 호사를 누리는 것 같아 멤버들 눈치가 보인다. 제리와 매니저들은 "캠핑 도구"를 실은 승합차로 이동하고, 로니는 존과 함께 자기 차로 움직이기로 한다.

교사로 일한 지난 1년이 나름으로 성공을 거둔 듯하다. 일단 해고되지 않은 게 그렇다. 음악가로 꾸준히 활동하면서 연주와 노래 실력이 부쩍 향상된 데다 '마지막 비상구'가 좌초하지 않은 걸 봐도 그렇다. 나는 축제가 끝난 뒤 런던에서 여름을 함께 보내자고 프랜시스에게 약속한다. 비행기가 뉴캐슬공항에서 이륙해 창공을 날자 내 꿈도 높은 곳을 향해 찬란히 비상하는 것 같다. 타인 강 어귀가 저만치 구름 아래로 사라지고 비행기는 하늘 높이 치솟는다. 스페인 만세!

런던과 파리에서 비행기를 갈아탄 걸 빼고는 스페인으로 가는 길이 수월했던 반면, 동료들의 남행길은 에어컨도 없는 찜통더위 속에서 고장과 교통 체증으로 얼룩진 지옥의 오디세이요, 돈키호테에게나 일어날 성싶은 어처구니없는 불운이 고개마다 나타나는 고난의 연속이었던 모양이다. 동료들이 나를 보자마자 원망 섞인 눈초리를 내 얼굴에 사정없이 꽂는다. 하지만 그날 밤 쿠바 리버와 상그리아가 한 잔씩 돌아가자 냉랭한 분위기가 눈 녹듯 사라지고 나는 다시 예전처럼 동료들 사이로 녹아든다. 사흘 밤낮의 여행담을 한 편의 대하소설처럼 밤새도록 지껄인 뒤 우리는 모두 거나하게 취해서 피레네산맥을 정복하는 등반가처럼 비틀거리는 몸을 서로서로 부축해가며 4층 건물 꼭대기까지 올라간 뒤 다락방에 간신히 몸을 눕힌다. 한 방에 세 명씩 자는데, 나는 밤새 거의 잠을 이루지 못한다. 피곤한 탓도 크지만 동료들이 요란하게 코를 골아대는 데다 간간이 방귀까지 뀌어대는 통에 설핏 잠이 들었다가는 금방 깨곤 한다. 창문으로 쏟아지는 스페인의 햇살에 눈을 뜨자 숙취로 머리가 깨질 듯이 아프다. 풍차와 싸우는 돈키호테처럼 우리 역시 애먼 짓으로 힘을 낭비하고 있다는 걸 잘 알지만, 이곳에 있는 게 그렇게 행복할 수가 없다.

축제의 가장 큰 볼거리는 역시 엘라 피츠제럴드와 디지 길레스피다. 이들은 주말에 도시 외곽의 대형 경기장에서 공연할 예정이다. 우리는 유럽 전역에서 몰려든 이름 없는 작은 밴드들과 함께 좁은 골목길과 노상 카페, 술집이 한 폭의 그림처럼 펼쳐진 고도古都의 광장에서 공연을 펼칠 것이다. 거리는 온통 흥분으로 들떠 있다. 그날 밤 다른 밴드들과 함께 재빨리 음향 점검을 하고 나면 출격 준비가 끝난다. 이제, 한바탕 신나게 놀 일만 남았다.

산세바스티안 시민들은 음악을 아주 소중하게 생각하는 사람들인 것 같다. 어떤 밴드가 무대에 오르건 간에 음악을 경청하는 관중들로 광장이 넘쳐난다. 지붕 위로 은월銀月이 흰빛을 뿌리고, 우리는 무대에 올라 첫 곡으로 호레이스 실버의 〈도쿄 블루스The Tokyo Blues〉를 연주한다. 찬연히 빛나는 제리의 피아노 연주를 바라보며 그가 밴드에 얼마나 소중한 보물인가를 새삼스레 깨닫는다. 밴드의 리더는 제리다. 리더가 이렇게 멋진 모습을 보여주자 우리 모두 슬슬 긴장이 풀린다. 로니는 물 흐르듯 부드러우면서도 에너지로 넘치고, 존은 블루스의 거룩다운 모습으로 힘차게 포효한다. 이런 무대에서 나 역시 최고의 공연을 펼칠 수밖에 없다. 고스포스호텔에서 오로지 잘해야겠다는 일념으로 성대가 상하는 줄도 모르고 악기에 맞춰 목청을 돋우던 지난날이 주마등처럼 눈앞을 스쳐간다. 나는 머리 위로 하얗게 쏟아지는 불빛을 조용히 응시한다. 설령 결과가 만족스럽지 않더라도 창공에 빛나는 달에까지 울려 퍼질 이 노래가 내 목소리로 부르는 일생일대의 노래라는 사실을 나는 잘 안다.

이튿날 스페인 조간신문에 우리 공연에 대한 우호적인 기사가 실린다. 1면에 밴드 사진까지 대문짝만하게 나온다. 이 기사에 힘입어 그곳에서 멀지 않은 빌바오 바스크 지방의 비스카야주의 주도에서 이레 동안 공연을 더 해보지 않겠느냐는 제안을 받는다. 나는 너무나 기쁜 나머지 130킬로그램은 족히 넘을 공연 기획자를 번쩍 들어 올린다. 그 순간 극심한 고통이 허리를 관통한다. 아래쪽 등 어딘가에서 드득 하는 소리가 나더니 허리에 심한 경련이 인다.

나는 차가 덜컹거릴 때마다 허리를 고통스럽게 부여잡고는 바보 같은 나 자신을 저주하며 바스크 지방의 주도까지 네 시간이 넘는 길을 간다. 제리가 여느 때처럼 동정 어린 눈길로 나를 바라보며 오늘 밤 공연 있는 거 알고 있느냐, 산세바스티안에서처럼 잘해야 하는 것도 알고 있느냐고 아주 친절하게 알려준다. 우리의 작은 호송 차량이 서쪽을 향해 가는 동안 나는 고통을 조금이라도 잊기 위해 저 멀리 푸르스름하게 펼쳐진 산을 뚫어져라 쳐다본다. 고통으로 허리도 펴기 힘들지만, 마음속으론 앞일 같은 건 신경 쓰지 말고 여기저기 다니면서 공연이나 실컷 했으면 좋겠다는 생각을 한다. 사실 이런 생각은 현실에 안주하고 싶은 마음을 싹 잊게 해주는 해독제나 다름없다. 역마살을 타고났는지 내가 길 위에서 25년을 보낼 수 있었던 것도 미지의 세계를 향한 지치지 않는 열정 때문이 아니었을까 싶다.

작은 클럽에서 장비 설치를 다 끝마칠 무렵이 되자 똑바로 서 있는 것도 힘들 정도로 통증이 심해진다. 왼쪽 어깨에 펜더 베이스를 두르자 절로 허리가 꼬부라진다. 다른 멤버의 사기를 떨어뜨릴 수도 없고, 우리를 넓은 제 집에 재워주겠다고 한 기획자를 실망시킬 수도 없다. 아까 말했

듯이 그는 덩치가 우람한 사내인데, 내가 다친 것에 대해서 일말의 책임을 느끼는 모양이다. 그는 빌바오에 서점과 클럽을 소유한 재력가인 데다 정계에서도 한자리하는 인물이다. 당시 스페인 정계에는 불온한 암류가 흘렀는데, 스페인의 역사나 문화를 속속들이 알지 못해도 얼추 짐작할 수 있었다. 이곳 사람들은 내전과 게르니카 폭격을 바로 어제 일처럼 이야기하고, 프랑코 장군의 반란군이 지금도 주둔하고 있다고 여기는 듯했다. 후일에 휘몰아칠 피바람을 예감하는 탓인지 정치 얘기를 할 때면 무언가 불안해하는 기색이 역력했지만, 우리에게는 정중하고 융숭한 대접을 했다.

기획자의 아내가 몹시 고통스러워하는 나를 보더니 바륨^{신경안정제} 두 알을 건넨다. 한 시간 후면 공연이 시작되고 나는 뭐든 진통제가 필요한 절박한 상황이다. 한 시간 뒤 무대에 오르자 몸이 한결 좋다. 그러니까 내 말은 첫 소절을 부르기 전까지 그랬다는 것이다. 내가 노래를 시작하자 관객들이 처음에는 경악에 질린 표정을 짓더니 잠시 뒤에는 영국 밴드가 지금껏 듣도 보도 못한 전위적인 음악을 소개한다고 생각하는지 신기한 얼굴로 쳐다본다. 기막히게도 음의 고저가 전혀 조절이 안 된다. 사납게 울려대는 사이렌처럼 목소리가 제 멋대로 올라갔다가는 또 제멋대로 내려오고, 글리산도$^{높이가\,다른\,두\,음\,사이를\,빠르게\,미끄러지듯\,소리를\,내는\,방법}$ 창법으로 미끄러지는가 하면 어느 결엔가 무조의 불협화음을 낸다. 롤러코스터가 따로 없다. 음악을 들을 줄 아는 청중은 귀를 손으로 틀어막고, 몇몇은 낄낄거리고, 더러는 이게 무슨 대단한 음악이라도 되는 양 진지하게 듣고 있다. 멤버들을 돌아보자 다들 인상을 잔뜩 찌푸린 게 재미있어하는 눈치도, 동정하는 눈치도 아니다. 나는 간주 사이에 입 모양으로 뻥긋거린다.

"약, 약이라고."

어떻게 끝까지 불렀는지도 모르게 첫 곡을 마치고 그 후의 노래를 로니에게 맡긴다. 공연을 대충 마무리 짓고 나는 당혹스럽기도 하고 속상하기도 해서 곧장 잠자리에 눕는다.

며칠 뒤 재즈 축제의 일환으로 바닷가에서 대규모 야외 공연이 열린다. 천둥 번개가 몰아치는 해변에서 우리는 예전의 영광을 되찾는다. 서둘러 무대 위로 천막을 치지만 아무짝에도 쓸모가 없다. 세 곡을 마치자 하늘에 구멍이 뚫린 듯 세찬 빗줄기가 쏟아지고 번개가 하늘을 갈기갈기 찢으며 번쩍거리더니 주변을 에워싼 구릉에 내리꽂힌다. 우리도 청중도 뼛속까지 흠뻑 젖는다. 하지만 거센 폭풍우 속에서도 광란의 춤을 멈추지 않는 무희들처럼 청중은 재액災厄도 함께하겠다는 각오로 한 덩이가 되어 소리 지르고 뛰논다. 이러니 계속 연주하는 수밖에 별 도리가 없다. 이렇게 열광적인 분위기에서 비가 온다는 이유로 관중을 외면하고 공연을 포기하는 것은 분명 비겁한 짓이다. 하지만 하느님이 백만 볼트의 전류를 접지할 완벽한 도체로 당신을 선택하는 순간, 젖은 장비가 얼마나 위험한지 나는 너무나 잘 안다. 몇 년 전 나이트클럽에서 가수 겸 코미디언 공연에 맞춰 반주를 하다가 감전된 적이 있는데 살아남은 게 천운이다. 무대에서 고꾸라질 때 이것도 공연의 일부로 생각했는지 흐물흐물 웃던 청중의 모습이 지금도 눈에 생생하다.

그날 이후로 나는 노래를 일종의 기도로 여기게 되었다. 오늘 밤은 더더욱 간절한 심정으로 하늘에 대고 호소하듯 노래를 부른다. 마침내 신들이 감복했는지 공연이 끝날 무렵 폭풍우가 우르릉거리며 저만치 물러난다. 우리는 살아남았다. 그렇지만 천막 아래 흥건히 젖은 장비에선 투둑투둑 물방울이 떨어지고 있다. 이제야 비탄에 젖은 캠핑 도구처럼 보인다. 장비를 새로 마련할 돈은 없고, 그저 영국으로 돌아갈 때까지 마르기를 지성껏 기도할 따름이다.

　스페인 축제가 끝난 뒤 나는 새까맣게 탄 얼굴로 세상을 다 아는 듯한 자부심으로 한껏 무장한 채 프랜시스에게 해줄 신나고도 수치스러운 이야기를 머릿속에 그리며 런던으로 향한다. 그러고는 여름 내내 그녀와 함께 런던에서 지낸다. 그곳에서 보낸 몇 주는 우리에게 축복의 시간이 된다. 대기가 에너지로 충만하다. 나는 까만 택시의 뒷좌석에 앉아 개처럼 창문 밖으로 고개를 내밀고는 성공의 기운을 들이마시듯 폐 가득히 공기를 들이마신다. 프랜시스는 바보 같다며 질색을 하지만, 웨스트엔드로 가기 위해 지하철을 기다리는 동안 영화 포스터와 악사와 거지가 있는 역 안의 탁한 공기마저 상쾌하게 느껴진다. 사람도 많고 이야기도 많다. 나는 이 모든 것을 들이마신다.
　런던에서 지내며 나는 밴드의 미래가 바로 이곳에 있다고 확신한다. 프랜시스와의 관계를 이어갈 현실적 가능성도 런던이 쥐고 있는 것만 같다. 연금술사의 실험에서 두 가지 재료가 서로에게 불씨가 되듯이 밴드와 프랜시스에 대한 생각은 하나로 연결되어 있다. 런던은 마법의 증류기처럼 우리의 꿈을 합쳐주고 실현시켜줄 것이다. 사랑에 취하고 새로운 경험에 달뜨고 흥에 겨워서 프랜시스와 나는 연극이며 뮤지컬이며 클래식 콘서트며 화랑 전시회며 술집과 클럽에서 하는 록 공연이며 볼 수 있는 건 모조리 보러 다닌다. 나는 밴드를 북쪽의 안전한 작은 연못에서 저 쪽 남쪽에 있는 느넓은 기회의 땅으로 최대한 빨리 옮겨야겠다고 결심하며 뉴캐슬로 돌아온다. 고스포스호텔에서 공연도 재개되었고 교사 생활도 이태째로 접어들었지만, 이제 나에겐 확고한 목표가 생겼다. 이 목표를 성취하느냐에 따라 내 인생이 완전히 달라질 수 있다는 것을 나는 잘 안다.

스페인 축제에서 만난 폭풍우로 장비가 많이 망가진 터라 우리는 각자 밤 공연 수익에서 얼마를 떼어 장비 구입비로 충당하기로 한다. 계약금을 어렵사리 마련해서 반도체로 만든 음향 장치와 마이크를 새로 장만한다. 내가 대부분의 노래를 부르니까 베이스가 내 몫인 것처럼 남은 할부금을 내가 떠맡아야 할지를 놓고 갑론을박이 벌어진다. 요새 어깨에 힘이 부쩍 들어간 내가 그렇게 해결해선 안 된다고 세게 나오자 다른 멤버들도 단호한 내 태도에 한발 물러나며 내가 하자는 대로 따른다.

런던에 우리를 알리고 그곳에서 공연도 하고 앨범 계약도 맺으려면 밴드의 에너지를 테이프에 고스란히 담아내는 일부터 해야 한다. 밴드의 미래가 어떻게 투사될지는 오로지 런던이라는 대도시에 달려 있다. 요새는 아예 주문 외듯 런던이라는 말을 입에 달고 산다. 제리는 이렇게 런던 프로젝트에 목을 매는 나를 이해하고 지지하지만, 존과 로니는 실현 가능성이 낮다고 생각하는지 가타부타 말이 없다. 형님들이 아무 말 안 해도 선뜻 내키지 않는다는 것을 나는 잘 안다. 주택 대출금도 갚아야 하고 이미 이곳에 생활 터전을 잡았는데, 주저하는 까닭을 충분히 이해한다. 그렇지만 손가락 하나 까닥하지 않고 저 넓은 세계가 찬란한 영광을 발치에 갖다 줄 거라고 생각하면 큰 오산이다. 우린 누가 보아도 훌륭한 밴드지만 계속 이곳에 머문다면 아무도 우리를 알아주지 않을 것이다. 게다가 나는 현실에 순응할 생각은 눈곱만큼도 없다. 나에겐 확실한 목표가 있고, 시계는 계속 째깍째깍 돌고 있다.

지역신문이 마침내 우리를 주목하기 시작한다. BBC 뉴캐슬 라디오에서 인터뷰한 데 이어 그해 겨울에는 음악 평론가 필 서트클리프가 런던의 음악 잡지인 〈사운드〉에 '오시비사Osibisa'에 관한 글을 쓰면서 우리 밴드를 언급한다. '오시비사'가 폴리테크닉대학에서 공연할 때 우리가 지원 밴드로 나선 게 계기가 된 모양이다. 기사 끄트머리에 우리 밴드 이름이 자랑스레 나온 것을 보고 나는 감격에 겨워한다.

'우리가 드디어 해냈어. 거대한 음악계의 축소판인 이 잡지에 우리 이름이 실렸다고!'

오후 수업을 하기 위해 신문 가판대에서 학교로 걸어가는데 발에 용수철이라도 달린 듯 걸음이 가볍다. 필은 후일 내 음악 인생에 지대한 영향을 미치는 인물이 된다.

학교 정문을 지나가는데 못 보던 차가 주차장에 세워져 있다. 정문 옆에 웬 초췌한 차림의 사내가 두려워서 차마 못 들어가겠다는 듯이 머뭇거리며 담배를 태우고 있다. 아버지다. 몰골이 말이 아닌 게 며칠 동안 잠을 아예 못 잤거나, 잠을 잤어도 울타리 밑이나 차 뒤 칸에서 쪽잠을 잔 것 같다. 교무실 창문 커튼이 휙 젖혀진다. 이렇게 남루한 행색의 아버지를 동료 교사들에게 보일 수는 없다. 수업까지 아직 30분이 남아 있다. 나는 아버지를 얼른 교실로 데리고 올라간다. 교실에 들어서자 아버지가 작은 걸상에 털썩 주저앉더니 담배에 불을 붙인다. 눈이 빨갛게 충혈된 게 안쓰러울 만큼 슬퍼 보인다. 아버지가 "어느 정도 정리될 때까지" 우리 집에 와서 지낼 수 있느냐고 물어본다. 급기야 데탕트가 깨지고 아버지가 이혼을 진지하게 생각하는 눈치다. 나에게 대놓고 물어보지는 않지만 내 허락을 구하기 위해 온 게 아닐까 하는 생각이 든다.

"근데 왜 이제 와서 그러세요? 무슨 일 있으셨어요?"

아버지가 거북한 표정을 지으며 더 이상 말하고 싶지 않다는 듯 창문 밖을 내다본다. 그러더니 폐 속 깊숙한 곳에서 증오를 뱉어내듯 불쑥 말을 꺼낸다.

"엄마한테 온 편지를 봤다."

아버지와 나는 말하지 못한 것이 너무나 많다. 진실을 밝히느니 차라리 암흑 속에 묻어두는 게 낫겠다 싶어 지금껏 그 오랜 시간을 서로 부인하고 외면하면서 살아온 것이다. 어디서부터 꼬이기 시작했는지 처음부터 얘기하는 건 견딜 수 없는 잔인한 고문이다. 엄마의 배신을 아버지도 나도 지금에야 안 것처럼 하는 게 오히려 아버지가 조금이라도 상처를 덜 받는 일이 아닐까 싶다. 아버지는 우리 모두 그 긴긴 시간을 엄마한테 속고 살았다는 사실을 도저히 인정하고 싶지 않을 것이다.

남자로서 아버지로서 남편으로서 자존심을 지키고 싶은 분에게 당신의 아이들도 당신 못지않게 고통을 받았다는 사실을 인정하라는 건 너무 가혹한 처사다. 나는 아버지의 침묵을 백 마디의 말보다 더 절절히 이해하며 아버지가 보내는 무언의 부탁을 묵묵히 들어줄 뿐 편지에 무슨 내용이 있었는지 물어보지 않는다. 그렇다고 더 이상 연기할 생각도 없다. 학교 앞 대로를 지나가는 차들을 바라보며 나는 침묵을 지킨다. 지금 아버지에게 절실한 건 나의 도움과 격려지만, 아버지가 저렇게 비통에 젖은 걸 보면 아직도 엄마를 사랑하고 있는 게 분명하다. 그 긴긴 세월 동안 아버지를 묶어놓았던 형틀이 이제 아버지를 갈가리 찢어놓으려 한다. 나는 아버지를 가슴에 꼭 안아드린 뒤 아이 다루듯 텁수룩한 머리를 가지런히 쓸어내리고는 아파트 열쇠를 건넨다. 나는 창가에서 아버지를 내려다보며 자신감 넘치고 거칠 것 없던 젊은 시절의 아버지를 떠올린다. 그런 아버지가 지금은 병자처럼 기운 하나 없이 차에 올라탄 뒤 운동장을 빠져나간다. 처참한 몰골로 갈 곳 잃고 헤매는 모습이 그지없이 외로워 보인다. 아버지를 어떻게 도울 수 있단 말인가.

그런데 새로운 하숙인으로 아버지와 함께 지내는 게 의외로 재미있다. 술집도 같이 다닌다. 술이 몇 잔 들어가자 아버지가 그제야 살짝 웃으며 젊은 시절 이야기를 꺼낸다.

"레이크 지방에서 네가 생긴 거 알고 있나?"

"아니요, 몰랐어요."

내가 불안한 표정으로 대답한다.

"네가 거기서 생겼지. 주말이면 엄마랑 케스윅으로 드라이브 갔거든. 결혼하기 전에 말이다."

아버지가 눈을 찡긋해 보이지 않아도 무슨 말인지 바로 알겠다. 내가 속도위반으로 생겼든 말든 나는 별 관심이 없다. 하지만 아버지는 엄마와 함께 낭만과 모험을 즐겼던 곳으로 어떻게든 나를 데려가고 싶은 눈치다. 사실 아버지는 탑 주위를 맴도는 새처럼 엄마 이야기밖에 할 줄 모른다. 아버지는 엄마를 사랑하지만 엄마는 아버지 아닌 다른 남자를 사랑하는, 이 슬프고도 슬픈 아버지 평생의 비극만을 이야기한다. 아버지가 엄마를 좀 더 사랑했다면, 혹은 사랑한다는 표현을 좀 더 많이 했다면 지금처럼 되지는 않았을 거라고 말하고 싶지만, 한편으론 삶이, 사랑이 수학 공식처럼 그렇게 명쾌한 게 아니라는 걸 잘 알기에 향수에 젖은 아버지를 말없이 지켜볼 뿐이다.

아버지는 며칠 후 얼마간 기운을 차려서 집으로 돌아간다. 그러고는 정전협정을 재개한 뒤 여느 때처럼 냉전에 돌입할 것이다. 달이 차고 기울 때마다 아버지의 침묵은 더욱 길어질 것이고, 엄마의 절망은 더욱 깊어질 것이다. 음이 하나도 맞지 않아서 긁는 듯한 깽깽이 소리를 내는 바이올린 선율에 맞춰 영원히 춤을 춰야 하는 슬픈 커플 같다.

나는 엄마를 뼈아프게 증오하다가도 어느 순간 뜨겁게 사랑하는데 이런 양가적 감정은 도저히 내가 통제할 수 없는 것들이다. 엄마를 위로하고 싶다가도 내 안에 깃든 광신자가 엄마를 사정없이 부숴버리려고 한다. 엄마를 향한 무의식적이고 풀릴 길 없는 이 깊은 분노는 내가 여자를 만날 때마다 영향을 미친다. 엄마는 내 상상 속 첫 정부였다. 이 이유만으로도 나는 엄마를 깊이 사랑할 수밖에 없지만, 어린 마음에 엄마는 나를 배신한 여자였다. 예술의 요정이라는 이미지와 "타락한 여자"라는 이미지가 합쳐지면 복잡 미묘한 드라마가 만들어지는 법이다. 이것은 후일 내 노래에 풍부한 영감을 주지만 한편으론 내가 마음속으로 속삭였던 엄마에 대한 사랑의 언약을 여지없이 부숴버린다.

엄마는 데버러와 지금도 연락을 주고받는다. 엄마 말에 따르면 데버러가 정신병원에서 수습 간호조무사로 일한다고 한다. 하지만 엄마는 데버러가 극심한 우울증으로 시달리다 병원에 입원했다는 소식을 몇 년 동안 나에게 비밀에 부쳤다.

프랜시스를 집으로 데리고 간 첫날, 엄마가 기가 죽는 모습을 보고 내가 속으로 얼마나 쾌재를 불렀는지 모른다. 프랜시스가 엄마와 비슷한 구석이라곤 하나도 없는 까닭에 내가 그녀에게 더 끌렸는지도 모른다. 아버지는 프랜시스가 아주 마음에 드는 눈치지만, 엄마는 아들의 여자친구가 드세 보이는지 불편해하는 기색이 역력하다. 프랜시스는 누군가의 품에 포근히 안겨 있을 여자가 절대 아니다. 프랜시스는 데버러가 아니다. 당당히 제 이름으로 사는 여자다. 엄마는 당신의 일이 줄어들었다는 걸 본능으로 직감한다. 프랜시스가 얼마 전 텔레비전 드라마의 주인공 역으로 발탁되었다는 사실만으로도 우리 집에서는 여신의 반열에 오른다. 부모다운 무거움을 상실한 인간 부모에게 신과 같은 존재를 소개하면 큰 분란이 일어나는 것은 어쩌면 당연한 일이다. 하지만 나에게는 선택의 여지가 없다. 부모는 그냥 둔 채 나만 바꿀 수는 없는 노릇이다. 다행스럽게도 프랜시스는 큰 역할은 물론이고 작은 역할도 잘 수행할 줄 알아서 스스로 조연의 자리로 내려가 부모님의 기분을 맞춘다. 이런 연극이 얼마나 갈지는 나도 모른다. 부모님이 나에게 남겨준 건축 법규를 따르는 한 프랜시스와 영원불변의 관계를 맺을 수 없다는 건 자명한 일이다. 가족이라는 아름다운 섬의 땅껍 밑에는 바닷속을 통째로 뒤흔들 수 있는 위험천만한 거대 단층곡이 자리 잡고 있기 때문이다.

그때 나는 거센 악력을 쓰거나 야망의 추동력을 받아 가족이라는 유산에서 벗어날 수 있다고 믿었다. 그리고 프랜시스가 이 탈출의 열쇠를 쥐고 있다고 생각했다. 부모님이 내 안에 심어놓은 씨앗을 떨쳐낼 수 없다는 생각은 정말이지 섬뜩했다.

1975년 세밑에 희소식과 비보가 동시에 찾아온다. 필 서트클리프가 새해에 뜰 밴드 가운데 하나로 우리를 지목한다. '76년을 이끌 신성'이라는 제목 아래 밴드 이름이 열두어 개 죽 나열되는데 그 속에 우리 '마지막 비상구'가 있다. 비보는 유년 시절 나의 우상이자 스승인 존 헤들리가 선덜랜드엠파이어극장에서 일하기 위해 우리 밴드를 떠난다는 것이다. 낙심한 건 차치하고 기가 막힌 사실은 그가 극장 오케스트라석에서 〈장화 신은 고양이〉의 공연 연주를 하기 위해 밴드를 떠난다는 것이다.

전국적으로 발행되는 영향력 있는 음악 잡지가 수백 수천 개의 무명 밴드들 가운데서 내년을 이끌 신성 그룹으로 우리를 꼽았는데, 기타리스트는 팬터마임_{영국에서 보통 크리스마스 때 공연하는 어린이 뮤지컬}을 하겠다고 밴드를 그만둔다니 믿을 수 없는 일이다. 하지만 존을 욕할 수는 없다. 문제는 결국 돈이다. 밴드에서 죽어라 공연해봤자 주택 대출금도, 차 할부금도 제대로 못 갚는 지경이니 할 말이 없다. 그래도 나는 방울이 펑 하고 터져서 우리가 지난 1년 동안 고이 키워온 꿈이 날아갈까 두렵기만 하다.

실의에 빠진 나를 다시 끌어올린 건 제리다. 내가 상심한 나머지 무엇을 해야 할지 갈피를 못 잡자 제리가 불같이 화를 내며 이까짓 것 아무것도 아니라고, 오히려 기회가 될 수 있다고 단호한 목소리로 말한다. 오늘 밤 고스포스호텔 공연은 3인조로 출격한다.

"잘할 거야. 죽기 아니면 까무러치기지."

여태껏 공연을 제법 많이 해왔지만, 그중에서 가장 기억에 남는 공연은 여건이 좋지 않을 때, 아니 더 나아가 목숨을 걸어야 한다든지, 또는 돌발 상황이 발생해 즉흥연주를 한다든지 하는 최악의 상황에서 했던 공연들이다.

3인조 그룹으로 공연한 것이 훗날 '폴리스' 활동에 큰 도움이 된다. 한 명이 없는 상태에서 무대를 채우다 보니 음과 음 사이의 여백, 그리고 정확한 연주의 가치를 알게 된다. 규모가 큰 밴드에서는 배우지 못할 것들이다. 악기 세 대로 모든 걸 해결해야 하기에 할 일도 늘어나고 책임질 부분도 많아지지만 자연스레 이런 소중한 가치를 깨닫게 된다. 우리는 지미 헨드릭스의 밴드나 '크림'처럼 앞서 존재했던 3인조 밴드들을 떠올리며 힘을 얻는다. 적은 인원으로 팀을 꾸려간다는 것은, 작은 밴드가 신념을 잃지 않기 위해 교리처럼 숙지해야 할 근본 원칙, 곧 "적을수록 많다" 정신을 끊임없이 되새기는 것에 다름 아니다.

그날 밤 우리는 3인조 밴드로 무대에 올라 모든 난관을 꿋꿋하게 헤쳐 나가며 공연을 무사히 마친다. 관중은 오히려 우리의 이런 모습에 더 열렬한 환호를 보낸다. 이날의 경험을 통해 나는 이 세계에서 5분 넘게 살아남으려면 강해져야 한다는 것을 절감한다. 역경에도 굴하지 않고 오뚝이처럼 일어나 상황에 나를 맞출 필요가 있다.

  우리는 두어 달 남짓 3인조 밴드로 활동을 이어나가지만, 당시 기타는 내가 곡을 만들 때 가장 큰 영감을 받는 악기였다. 피아노 선율로는 도저히 맞출 수 없는 부분들이 있다. 그렇다고 내가 베이스를 놓으면서까지 기타를 칠 생각은 없어서 우리는 심사숙고한 끝에 기타리스트를 구하기로 결정한다.

  존에게 뮤지컬 공연이 끝나면 돌아오라고 부탁하는 것도 싫고 해서 제리와 나는 적임자를 물색하기 시작한다. 결국 테리 엘리스로 낙점되는데, 나보다 열 살 많은 실력 있는 재즈 기타리스트다. 어떤 스타일의 음악이든 자유자재로 연주할 수 있어서 음악성을 인정받는 밴드로 성공하겠다는 우리의 열망에 부합하는 인물이다. 하지만 테리가 밴드에 합류한 이후로 우리는 로큰롤에서 멀어지는 만큼 재즈에 좀 더 가까워진다. 존이 마음만 먹으면 재즈를 멋지게 연주할 수 있는 거친 연주자라면, 테리는 조용히 연습을 거듭하는 학구파 연주자다. 테리가 관대하게 대하는 음악 장르는 로큰롤이 유일하다. 테리는 나에게 클래식 기타에 대한 관심을 다시금 일깨워준다. 우리가 섬세한 테리의 연주에 적응하고 테리도 우리 방식에 적응해서 치기 어린 열정과 차가운 세련미가 자연스레 융합되기를 가만히 바랄 뿐이다. 그래서 우리의 꿈이 계속되기를 마음속으로 기도한다.

  프랜시스가 텔레비전 드라마 촬영을 마치고 다른 배역을 찾는 동안 우리 매니저를 자청하고 나서더니 정신없이 여기저기를 누비고 다닌다. 런던의 주요 음반사에 일일이 전화를 돌리며 신인 발굴팀과 미팅을 주선하고, 새로이 녹음한 '마지막 비상구' 테이프로 무장한 채 고혹적인 외모와 자태를 십분 활용해 출판사와 공연 기획사는 물론이고 아일랜드레코드,

크리살리스, 파이, 카리스마, 버진, EMI, A&M, 아리스타, 데카 등 내로라 하는 음반사의 문턱을 드나든다. 그와 동시에 런던에서 라이브 공연을 하는 술집과 클럽에도 테이프를 돌린다. 그녀는 틈틈이 자기 배역을 따기 위해 미팅에 오디션까지 보러 다니면서도 이 힘든 일을 혼자서 보수도 없이 해낸다. 뉴캐슬에서 런던으로 전화를 걸면 수화기 너머 활기 넘치고 결의에 찬 목소리가 들린다. 매니저 일을 즐기는 눈치다. 앞날이 창창한 젊은 여배우가 왜 500킬로미터나 떨어진 지방에서 활동하는 밴드를 위해 제 시간을 써가며 이렇게 궂은일을 마다하지 않는 것일까?

일단 우리 밴드가 종국에는 해낼 거라는 믿음이 있어서일 것이다. 만일 우리가 런던에서 성공하지 못한다면, 아니 노력조차 하지 않는다면 이렇게 멀리 떨어진 두 도시 사이에서 과연 그녀와 내가 계속 만남을 유지할 수 있을까 의구심이 든다. 또 다른 이유는 그녀가 나를 사랑하기 때문이다. 헤어지지 못하고 질질 끌다가 종국에는 성질 고약한 실패한 조르디인 음악가에게 발목 잡히는 상황이 올까 두렵기도 할 것이다. 그리고 또 하나, 그녀는 매니저라는 역할을 즐기고 있는 게 분명하다. 프랜시스는 음반사 문턱을 쭈뼛거리며 넘는 여느 지원자들과는 차원이 다르다. 그녀처럼 눈부신 존재가 우리를 추천하면 설령 테이프에 귀가 번쩍 뜨이는 곡이 없다 하더라도 우리에게 승산이 서는 것이다. 실제로 몇몇 음반사가 (아마도 밴드보다는 그녀에게 더) 관심을 보여서 뉴캐슬로 사람을 보내겠다고 하는가 하면, 우리가 런던에 오면 연주하는 모습을 보겠다는 곳도 있다. 어떤 음반사는 데모 테이프를 더 듣고 싶다며 관심을 표한다. 애틀랜틱레코드사의 신인 발굴팀에서 일하는 데이브 디가 느낌이 좋은지 우리 곡을 더 듣고 싶다는 뜻을 전한다. 데이브 디에 대해 말하자면 한때 경찰로 근무했으며 경찰을 그만둔 뒤로 '데이브 디, 도지, 비키, 믹과 티치'에서 〈벤드 잇Bend It〉과 〈자바닥Zabadak〉 같은 60년대의 주옥같은 히트곡을 남긴 음악가다.

프랜시스가 나에게 전화를 걸어 애틀랜틱레코드사 주소를 일러줄 테니 가장 최근에 녹음한 테이프를 보내라고 이른다. 그러면 자기가 미팅을 주선하겠다는 것이다. 제리와 나는 한껏 들떠서 그길로 런던으로 테이프를 보낸다. 그런데 며칠 후 예기치 못한 내용의 답장이 날아든다.

젊은이들에게

자네들 음악을 정말로 나에게 들려주고 싶거든 다음번엔 꼭 제대로 된 테이프를 케이스에 넣어서 보내게. 공 테이프에서 음악적 가치를 어떻게 찾으란 말인가. 그럼, 건투를 비네.

데이브 디

제리와 나는 너무 창피한 나머지 차마 테이프를 다시 보내지 못한다.

프랜시스가 테이프를 보낸 기획사 중에 셔리/코프랜드도 들어 있다. 이곳은 후일 내 음악 인생에서 아주 중요한 역할을 하게 되는데, 이때는 우리에게 아무 반응도 보이지 않는다.

이른 저녁 내가 히튼홀 로이 공중전화 박스에 서 있다. 런던에 있는 프랜시스와 통화를 마치고 수화기를 막 내려놓은 참이다. 수화기 위 네모난 작은 거울에 비친 내 얼굴을 뚫어져라 쳐다본다. 겨우 스물네 살인데 몇 년은 더 늙어 보인다. 일곱 달 뒤면 내가 아버지가 된다. 살면서 마음속에 괴어오르는 감정이 진짜인가 아득해질 때가 있는데 지금이 바로 그렇다. 이 충격적인 소식에 그저 멍하기만 하다. 이럴 땐 어떤 기분이어야 하는지 자문하며 내가 망연히 거울을 바라본다. 지금 와서 돌이켜 보면 첫아이가 생긴 기적 같은 이 순간이 프랜시스에게도 나에게도 인생에서 가장 행복한 순간이었을 테지만, 그때 내가 이걸 어떻게 알 수 있었단 말인가? 빗방울이 후드득 떨어지기 시작한다. 집으로 오는 동안 내내 진짜처럼 느껴지는 게 아무것도 없다. 내 삶도, 야망도, 돌담도, 슬레이트 지붕도, 인도에 떨어지는 빗방울도 다 거짓 같다. 저만치 떨어져서 나 자신을 관찰한다. 내 안에 감정이라곤 없다.

공연이 없는 주말에 나는 머릿속으로 이런저런 미래를 그리며 런던으로 차를 몰고 가서 프랜시스를 만나고 월요일 아침이 밝자마자 다시 북쪽으로 500킬로미터를 달려 9시 수업 종이 울리는 것과 동시에 교실에 들어선다. 그때 나는 발목을 잡혀 주저앉느냐 아니면 미지의 별세계로 날아가느냐 기로에 서 있었다. 잔혹한 현실과 도피하고 싶은 마음 사이에 끼여 버둥거리는 상황이었다. 하지만 주사위가 이미 던져진 이상 어떤 결과가 나오든 의연하게 대처하겠다는 숙명론 비슷한 걸 비장하게 믿었던 것 같다. 프랜시스는 어리석은 짓인 줄 알면서도 나와 결혼하겠다는 결심을 굳힌다. 이제 헤쳐나갈 일만 남았다. 절대로 용기를 잃어선 안 된다.

음반사 두어 군데서 우리를 보러 뉴캐슬까지 오지만, 이렇다 할 성과는 내지 못한다. 우리는 노래와 기교와 열정과 전속 계약이라는 미끼를 흔들며 유혹의 손길을 던지지만, 어떤 음반사도 덥석 미끼를 물려고 하지 않는다. 쿵쿵 냄새만 한 번 맡고는 저만치 가버린다. 게다가 무언가 변화의 조짐이 감지된다. 런던에 우리의 존재를 알리려고 무진 애를 쓰는 사이 때마침 음악계에 지각변동이 일어난다. 기성품처럼 찍어내는 팝 음악이 70년대를 반짝 휩쓸다 시들해지자 그것에 대한 격렬한 반동이 일어난 것이다. '섹스 피스톨스'와 '더 댐드', '에디 앤 더 핫 로즈' 같은 무정부적인 밴드가 이런 새로운 변화를 주도한다. 강렬한 연주가 특징인 이 그룹들은 기본적으로 로큰롤 밴드이며 '뉴욕 돌스'와 '스투지스', '라몬스' 같은 미국의 펑크록 밴드에서 파생된 지류 그룹이라 할 수 있다. 조용하고 "예술적"인 재즈 기타리스트를 막 영입한 '마지막 비상구'가 이런 흐름에서 동떨어져 있는 건 어찌 보면 당연하다. 시골 촌놈들이 뒤늦게 유행 지난 옷을 입고 도시로 상경해 뭔가 한번 해보겠다고 안간힘을 쓰는 것과 마찬가지다. 지금껏 나이 지긋하고 취향이 세련된 음악가들과 연주해온 탓에 이런 과격한 음악이 낯설긴 하지만, 이 그룹들이 발산하는 뜨거운 분노와 에너지가 내 가슴 깊숙한 곳에서도 꿈틀댄다. 이들의 음악이 한 편의 우스꽝스러운 무언극에 지나지 않을 수도 있지만, 깊은 늪에 빠진 듯 여태껏 타성에 젖어 있던 음악계에 일침을 가했다는 것은 부인할 수 없는 사실이다.

이렇게 바뀐 환경에서 우리 음악이 큰 관심을 끌기는 불가능에 가깝다. 너무 세련된 음악이라서 대중의 취향과 맞지 않는다고 음반사들이 여기는 모양이다. 우리를 대하는 태도가 그지없이 정중하고 진지하지만, 그들이 원하는 음악이 아닌 건 분명하다. 버진출판사라는 곳에서 우리 음악에 유일하게 관심을 보인다. 광대한 세국으로 성장하는 리처드 브랜슨의 버진그룹에 속한 자회사다. 캐럴 윌슨이라는 체구가 자그마한 금발의 여자가 이곳의 팀장인데 우아한 왈츠곡인 〈애타는 그리움〉이 마음에 드는 눈치다. 프랜시스를 향한 애끓는 그리움을 담은 이 곡은 이미 고스포스호텔 공연에서 큰 인기를 끌었으며 류트로 연주하는 마드리갈16세기 이탈리아에서 유행한 무반주의 성악곡이라고 해도 무방할 정도로 부드럽고 로맨틱하다. 말하자면 격하게 불만을 토로하는 격렬한 사운드의 곡이 대세를 이룬 당시 음악계와 한참 동떨어진 곡이다. 그런데도 캐럴은 출판계약을 맺고 싶다며 우리에게 일단 런던으로 와서 노래를 녹음해보자고, 이 기회를 발판 삼아 앨범 계약까지 갔으면 좋겠다고 말한다.외국에는 작곡가의 저작권을 관리하는 음악 출판 사업이 활성화되어 있다. 음악 출판사는 먼저 작곡가와 저작권 계약을 맺은 뒤 음반사와 앨범 계약을 맺을 수 있게 주선하는 일을 한다.

우리가 뛸 듯이 기뻐한 건 말할 나위도 없다. 큰 스튜디오에서 녹음하는 것만 해도 감격할 일인데 여행 경비까지 대준다니, 아니 그보다 런던 같은 대도시에서 우리 음악을 진지하게 생각하는 사람이 있다니 이것만으로도 우리는 감격에 겨워 눈물이 핑 돌 것 같다. 녹음 날짜가 내 결혼식 나흘 전으로 정해진다. 쌍둥이처럼 불가분의 관계로 얽힌 성공과 사랑에의 꿈을 1년 넘게 좇아왔는데, 마침내 이 꿈들이 운명처럼 한꺼번에 이루어지는 기분이다.

그러나 런던 북부 이즐링턴의 패스웨이스튜디오는 우리가 빌린 승합차로 남쪽의 도시를 향해 M1고속도로를 내달리면서 꿈꾼 것과는 완전 딴판이었다. 온갖 첨단 기술이 집약한 초현대적 공간은커녕 월센드의 스튜디오보다도 나을 게 없다. 스튜디오는 사람 하나 다니기에도 비좁고 조정실은 그보다 더 비좁다. 천장에 덧댄 방음 벽판은 한쪽이 떨어진 채 축 늘어져 있고, 너덜너덜 낡은 양탄자는 온통 음식물 찌꺼기에 담뱃불 탄 자국으로 얼룩덜룩 지저분하다. 하지만 우리는 이 조악한 공간이 금세 제 집인 양 편안해져서 오후 반나절 동안 무려 열 곡이나 녹음한다. 사운드를 덧입히는 멀티트랙 기술에도 기대지 않고 오로지 라이브 공연하듯 연주를 이어갈 따름이다. 음악은 날것 그대로 정직하지만, 세련된 윤색도, 밀도도, 폭발력도 찾아보기 힘들다. 짧은 시간 동안 이렇게 많은 곡을 녹음하는 우리가 신기한지 엔지니어가 내심 놀라는 눈치다. 하지만 우리는 시골뜨기답게 더 의기양양해져서 못하는 게 없다는 걸 보여주기 위해 한층 더 열을 올린다. 그때는 경험이 부족해서 음반사가 원하는 게 다재다능함이 아니라는 걸 미처 몰랐다. 우리만이 할 수 있는 독특하고 새로운 음악, 이게 음반사가 찾는 것이다. 온갖 종류의 음악에 능통한 것이 나이트클럽 공연으로 먹고사는 음악가에게는 최고의 덕목일지 모르나, 팝 음악에서는 아무짝에도 쓸모없다는 걸 그때는 몰랐다.

그다음 날은 운이 엇갈린 날이다. 캐럴은 데모 테이프에 실린 곡이 완성도가 떨어지는 건 사실이지만 가능성을 발견했다며 출판계약을 맺자고 말한다. 출판업자가 앨범 저작권료의 50프로를 갖는 50 대 50 계약이다. 이를테면 앨범이 팔려서 저작권료가 발생하면 가수와 작곡가가 저작권료를 반반씩 나눈다. 그 뒤 출판업자가 작곡가 몫의 반을 갖는 구조다. 우리는 앨범 계약이라는 걸 해본 적이 없기 때문에 계약이니 저작권료니 하는 말들이 어렵게만 느껴졌다. 성공하려면 그 누구에게라도 도움을 받아야 하고, 그 도움의 대가가 저작권료, 그것도 언제 들어올지 기약할 수 없는 저작권료의 50프로라면, 당연히 오케이다. 캐럴이 이렇게 계약하는 게 관행이라는 말도 덧붙인다. 출판계약서라는 걸 구경도 못 해본 우리는 그저 감사한 마음뿐이다. 그러면서 이 계약이 꿈을 향해 나아가는 중요한 밑판이 되기를 마음속으로 기원한다.

캐럴이 축하하는 의미로 점심을 사겠다며 노팅힐의 작은 식당으로 우리를 데리고 간다. 포토벨로 로의 버진출판사에서 모퉁이 하나만 돌면 나오는 곳이다. 캐럴은 점심 먹고 바로 데모 테이프를 버진음반사에 가지고 가겠다고 말한다. 출판사가 이렇게 적극적으로 나오는데 같은 그룹에 속한 음반사가 당장 계약하자고 덤비지는 않아도 최소한 우리 음악을 좋게 생각하지 않겠느냐고 우리는 낙관한다. 우리가 그때 순진한 마음으로 바랐던 것은 앨범 계약이 잘 성사돼서 런던으로 생활 터전을 옮기는 것, 그러니까 살 곳을 마련하고 승합차와 음악 장비를 구입한 뒤 오로지 음악 활동에만 열중할 수 있는 새로운 삶을 시작하는 것이었다. 이 모든 것을 해결해줄 수 있는 곳은 음반사밖에 없었다. 출판사가 50프로 저작권료를 갖는 대가로 우리에게 해준 거라곤 패스웨이스튜디오 제공뿐이었지만 말이다.

그날 오후 느지막하게 출판사 사무실로 돌아오자 캐럴이 나쁜 소식을 전한다. 음반사가 자기들이 찾던 음악이 아니라면서 사실상 우리 음악을 퇴짜 놓았다는 것이다. 캐럴이 자기 일인 양 낙심에 찬 표정을 짓는 데 반해 우리는 오히려 반쯤 예상했다는 듯이 무덤덤하게 받아들인다. 불현듯 너무 큰 선물을 바랐다는 느낌이 든다. 캐럴이 일단 출판계약부터 맺자고, 그러면 자기가 런던 공연도 알아보고 다른 음반사에 데모 테이프도 돌리겠노라고 약속한다. 서명하기 전에 변호사에게 계약서를 보여주라는 말도 덧붙인다. 뉴캐슬까지 오는 멀고 먼 길 위에서 우리는 출판계약서를 무슨 트로피라도 되는 양 손에 꽉 움켜쥐고 돌아온다. 창대한 꿈이 허무하게 사라지듯 시골 풍경이 우리 뒤로 획획 지나친다. 얼마쯤 왔을까, 제리가 느닷없이 낄낄거리기 시작한다. 내가 묻는다.

"뭐가 그렇게 웃긴데?"

"우리한테 변호사 같은 게 있다고 생각하나 봐. 웃기지 않아? 요강 단지 하나 살 돈이 없는데 변호사는 무슨. 졸라 잘나가는 밴드로 보이나 봐."

내가 제리의 놀라운 현실감각에 동의한다는 듯이 침통한 표정으로 고개를 끄덕인다.

"난 변호사 있어."

승합차 뒷좌석에 앉아 있던 로니가 칼스버그 스페셜을 석 잔째 마시다 말고 근엄한 목소리로 말한다.

"월요일 아침 일찍 계약서 가지고 가서 한번 봐달라고 할 거야."

그러자 제리가 정색을 하며 말린다.

"쓸데없는 짓이에요! 돈 낭비라고요. 그 돈으로 술이나 사주세요."

로니가 퉁명스럽게 대꾸한다.

"쓸데없는 짓이라니? 사업하려면 원래 이런 걸 잘 챙겨야 하는 법이야. 너희 같은 애송이들은 모르지. 테리, 자네 생각은 어때?"

세상 이치에 밝은 또 다른 형님은 창문에 얼굴을 바짝 붙인 채 세상모르고 잠들어 있다. 내가 네 시간째 운전대를 잡고 있다. M1 고속도로가 끝나고 뉴캐슬까지 150킬로미터 남짓 남아 있는 지점에서 테리가 부스스 잠에서 깬다.

"테리, 어떻게 생각해?"

"뭘?"

"이 지랄 같은 계약서 말이야."

"잘 모르겠는데. 스팅, 네 생각은 어때?"

"지금 든 생각인데요, 한 6년 지나서 전 세계에 우리 앨범이 수백만 장 팔렸나고 가성해보세요. 그러면 50 대 50 계약이니까 버진출판사는 손가락 하나 까닥하지 않고, 뭐 패스웨이스튜디오 몇 시간 빌려주긴 했지만, 여하튼 수천 수백만 파운드를 꼬박꼬박 챙겨가겠죠. 우리는 금쪽같은 저작권을 되찾아오기 위해 막대한 비용을 치르면서 리처드 브랜슨을 고소

할 테고요."

"미친 소리 좀 작작해."

제리가 짜증 섞인 목소리로 타박한다. 뉴캐슬까지 오는 동안 내내 갑론을박이 계속되지만, 결국 거지가 무슨 갑 노릇을 하겠느냐며 아무도 우리를 거들떠보지 않는데 런던 생활을 도와줄 캐럴 같은 사람이 있는 게 얼마나 다행이냐는 데 의견을 모은다. 그래서 로니가 내 결혼식 바로 다음 날인 월요일에 이 소중한 계약서를 들고 변호사에게 가기로 한다.

로니가 그때 우리에게 말하지 않은 게 하나 있다면 자기 변호사가 음악 저작권 계약서를 한 번도 본 적이 없다는 사실이다. 로니의 변호사는 부동산 매매계약은 그 누구보다 능숙하게 처리할 수 있지만, 불가사의한 법규로 가득 찬 교회법을 다루어본 적이 없는 것처럼 출판계약을 두고 퍼센트를 다투는 일 또한 경험한 바가 없다. 로니가 출판계약서를 보여주자 이 천재 변호사는 종이쪽지를 유심히 들여다보더니 어깨를 한 번 으쓱해 보이고는 아무 문제없어 보인다는 의견을 내놓는다. 20파운드로 살 수 있는 최상의 법률 조문으로 단단히 무장한 우리는 사기당하는 게 아니라는 사실에 크게 안도하며 50 대 50 계약서에 엄숙하게 서명을 한다. 이제 남은 일은 지리멸렬한 법정 다툼뿐이다.

*

결혼식 전날 프랜시스와 나는 해변가의 오래된 그랜드호텔 라운지에서 조촐한 연회를 연다. 프랜시스네 식구들이 토요일에 묵을 방도 잡아놓았다. 조 토멀티와 그의 아내인 레나, 그리고 배우 친구들 몇몇이 런던에서 기차를 타고 왔다. 장인어른 될 분이 벽난로 앞 커다란 가죽 의자에 앉아 있다. 지팡이를 짚고 걷는 걸음새조차 연기처럼 보이는 이 노배우는 혈색 좋은 얼굴로 껄껄거리며 기분 좋게 웃는다. 백발이 성성하지만 까만 눈동자는 상대를 꿰뚫을 듯 날카롭다. 영락없이 프랜시스의 눈이다. 장모님 될 분은 말수가 적은 게 낯을 가리는 듯하다. 배우 기질은 전혀 없는 분이다.

우리 부모님은 신랑 측 부모 역할을 충실히 수행하고 있지만, 턱없이 젊어 보여서 십 대 배우가 노인 배역을 맡은 것처럼 마냥 어색하다. 비단 지금만이 아니라 언제나 이렇게 젊어 보였다는 생각이 불현듯 뇌리를 스친다. 부모님이 사돈 될 분들보다 한참 젊은데도 짐짓 느긋하게 여유를 가장하는 모습이 애처롭게 느껴질 정도다.

내 미남 동생 필이 우스꽝스러운 무언극을 구경하는 엘리자베스 시대의 난봉꾼처럼 무심하면서도 가소롭다는 표정을 지으며 좌중을 훑어본다. 어지간히 까다로운 녀석인데 오늘은 이 분위기를 은근히 즐기는 것 같다. 내가 잘해낼지 못 미더운 것일까? 동생이 잠자코 맥주잔을 홀짝거리다 한쪽 눈썹을 찡긋 치켜세우며 건배하는 시늉을 한다. 입가에 살짝 미소가 어린다.

신랑 들러리는 키스 갤러거가 서기로 한다. 10년 넘은 내 술친구다. 그는 열다섯에 학교를 그만둔 뒤 낮에는 바이커의 엔지니어링 회사인 파슨스에서 수습사원으로 일하고, 밤에는 야간학교를 다니며 힘들게 공부한 끝에 결국 기계공학 학위까지 딴 입지전적인 인물이다. 맨주먹으로 자수성가한 이 친구는 나의 챔피언이자, 내 음악적 재능을 언제나 믿어준 든든한 버팀목 같은 존재다. 아무도 나를 믿지 않을 때 이 친구만은 나를 믿어주었다. 내 결혼식에서 그가 신랑 들러리를 서야 하는 까닭이다. 지금껏 결혼한 친구가 한 명도 없기 때문에 키스에게 나는 결혼도 제일 먼저 하는 선구자가 된다.

제리와 로니, 테리, 그리고 '피닉스 재즈맨'과 '뉴캐슬 빅밴드' 멤버들도 몇 명 보인다. 손님들이 피아노를 에워싼 가운데 내가 내일이면 내 아내가 될 여인에게 노래를 바친다. 피로연이 끝나고 나는 홀로 부모님 집으로 향한다. 술은 입에도 대지 않아서 정신이 또록또록 맑다.

성바울교회는 아담한 교구 교회지만 타인 강이 내다보이는 전망이 참 근사하다. 교회에서 내려다보는 타인 강은 유구한 세월 동안 변함없이 파도가 너울거리는 북해로 흘러간다. 교회 아래 콜링우드 동상이 세워져 있다. 트라팔가르해전에서 넬슨 제독의 부사령관으로 바다를 누빈 이곳의 자랑, 콜링우드 장군을 기념하는 동상이다. 북쪽 지방 특유의 바람 부는 맑은 날이다. 시원한 남서풍이 산들산들 불고 드높은 하늘은 구름 한 점 없이 새파랗다. 키스와 내가 오래된 교회 앞마당을 성큼성큼 걸어간다. 그 유명한 넬슨 제독의 명언이 내 귓가에 쟁쟁하게 들리는 듯하다. "조국은 제군이 제 임무를 다하길 바란다." 키스도 나도 우리의 임무를 다할 것이다.

은초 휘황한 예식장은 아니지만, 아침 햇살이 색유리 창에 부딪쳐 찬란하게 부서지는 교회 안은 화사한 봄꽃으로 한층 아름답다. 푸른색 코르덴 양복에 넥타이를 맨 나는 한편으론 긴장되지만 한편으론 마냥 행복하다. 지난주 포토벨로 시장에서 산 결혼반지는 키스가 가지고 있다. 주머니에 잘 넣어두었을 것이다. 교회로 오는 차 안에서 내가 키스에게 반지가 잘 있는지 확인해보라고 일렀기 때문이다. 그런데 어찌 된 영문인지 들러리가 신랑보다 더 긴장한 듯하다. 결혼하는 사람이 내가 아니라 키스인 것 같다.

제리가 교회 뒤편에서 낡은 오르간으로 대위법의 대가인 바흐의 작품을 연주하고 있다. 고맙게도 이레 동안 틈만 나면 연습한 곡이다. 오르간 페달을 힘차게 밟는 그의 얼굴에는 자부심이 대단한 음악가답게 한 군데도 틀리지 않겠다는 결의가 엿보인다.

교회가 하객으로 3분의 1쯤 찼다. 신부 측 친척과 친구 들이 한편에, 신랑 측 친척과 친구 들이 또 다른 편에 앉아 있다. 내가 키스와 함께 교회 복도를 성큼성큼 걸어 들어가는데 두 번째 줄 복도 가까이에 프랜시스의 애견 버튼스가 앉아 있는 게 눈에 띈다. 큼지막한 파란색 벨벳 나비넥타이를 목에 두르고 누가 제 뼈다귀를 훔쳐간 것처럼 한없이 처량한 표정을 짓고 있다. 내가 안심해도 된다는 듯이 머리를 쓰다듬자 이 녀석이 나지막하게 으르렁거린다. 이 소리에 장모님이 얼른 쉿 하며 개를 어른다.

엄마는 벌써 눈물바다다. 잔뜩 일그러진 얼굴로 억지 미소를 짓고 있지만 얼굴은 이미 퉁퉁 부은 데다 눈물로 범벅이 되어 번들거린다. 아버지는 제단 위 십자가를 뚫어져라 쳐다볼 뿐이다. 할머니는 새 모자를 쓴 게 더없이 기쁜 모양이고, 톰 할아버지는 어서 빨리 다른 데로 가고 싶어서 조바심 내는 사람처럼 보인다. 그래도 반듯하게 가르마 탄 머리를 이마에 착 붙인 게 나름으로는 신경을 쓴 것 같다.

신부를 기다리는 동안 나는 무슨 일이 있어도 우리 부모님처럼 불행하게 살지 않겠다고 다짐한다. 제리가 고집스레 또 다른 곡을 연주하지만 곧 신부가 신부 아버지와 함께 모습을 나타내자 서둘러 연주를 마친다. 망왕하던 우리의 오르간 연주자는 신부 입장에 맞춰 장엄한 결혼행진곡을 즉흥적 악상으로 연주하기 시작한다. 단순하고 새하얀 면 드레스를 입은 나의 신부 프랜시스가 짙은 머리칼에 꽃을 화사하게 꽂은 채 내 눈을 똑바로 쳐다보며 걸어온다. 하객들이 모두 신부를 돌아본다. 엄마의 울음소리가 한층 커진다. 장모님이 안쓰러운 표정으로 엄마를 바라본다. 신부 아버지가 신부의 손을 잡고 엄숙하게 걸어오면서 신랑과 신부 측 하객들에게 고루 환한 미소를 보낸다.

신부님이 예식을 가벼운 분위기로 이끈다. 키스가 반지를 찾느라 잠시 허둥대긴 했지만 모든 게 순조롭게 진행된다. 프랜시스가 천생 배우답게 야무진 목소리로 성혼 선서문을 읽어 내려가고, 나는 그녀가 하는 대로 따라 한다. 이제 우리는 부부가 되었다. 프랜시스와 내가 남편과 아내가 되어 교회 복도를 경건하게 걸어가는데 제리가 더 이상 못 참겠는지 〈도쿄 블루스〉를 연주하기 시작한다. 하객 가운데 신앙심 깊은 신자들은 눈살을 찌푸렸을지 모르지만 나는 좋아서 너풀너풀 춤이라도 추고 싶은 심정이었다.

교회 맞은편 작은 식당에서 조촐하게 피로연을 여는데 장인어른이 배우답게 과장된 아일랜드 억양으로 짧고 굵은 연설을 한다.

"사람들 앞에서 연설할 일이 생기면 이렇게 하라고 합디다. 일단 일어서서 연설하고 입을 다물라고요!"

그러고는 정말로 입을 다물고 제자리에 앉는다. 몇몇이 사람들 앞에 나서는 게 영 쑥스러운지 주섬주섬 말을 이어나가며 행복하게 살라는 덕담을 들려준다. 이제 출발할 시간이다. 프랜시스와 내가 개를 데리고 차에 올라타자 대서양 횡단 여행이라도 떠나는 듯이 모두들 길가까지 나와 손을 흔들며 배웅을 한다. 우리가 신혼여행지로 정한 곳은 여기서 북쪽으로 100여 킬로미터 떨어진 뱀버러 성이다. 작은 호텔에서 하룻밤 묵는 것이 우리가 신혼여행으로 누릴 수 있는 최대한의 호사다. 하지만 호텔 방에서 내다보이는 웅장한 성은 그 자체로 장관이다. 끝닿을 데 없이 펼쳐진 잿빛 바다와 모래언덕을 끼고 고성古城이 험준한 화산암 위로 우뚝 솟아 있다. 색슨족의 아이다 왕이 지었다는 이 성은 로만 폴란스키 감독이 〈맥베스의 비극The Tragedy of Macbeth〉을 찍은 곳이기도 하다. 이곳에서 북쪽으로 몇 킬로미터만 가면 신성한 린디스판 섬이 나온다. 가파른 절벽에 서 있는 성채는 폭압의 역사에도 굴하지 않는 강인한 정신을 상징하는 듯하다. 신혼여행으로 올 만큼 낭만으로 가득 찬 곳은 아니지만, 그후 이 황량한 성채의 이미지가 머릿속에 깊이 박혀 쉬이 잊히지 않는다. 날이 가고 달이 가고 해가 가는 동안, 이곳이 다양한 의미로 새록새록 다가온다. 뱀버러는 바다의 영웅인 그레이스 달링이 태어난 곳이기도 하다. 판 제도의 남해를 지나던 범선이 롱스톤 섬에 부딪쳐 좌초되자 이 영웅적 소녀는 작은 돛배에 몸을 의지한 채 폭풍우 몰아치는 바다를 헤치고 나아가 선원들을 구한다. 이 사건은 19세기 영국 사회에 크나큰 감동을 던지고 어린 소녀 그레이스는 국민적 영웅으로 칭송된다. 그때 그 돛배가 지금도 박물관에 전시되어 있다. 이렇게 엉성한 배로 거세게 파도치던 바다를 헤쳐나갔을까 싶게 금방이라도 부서질 것처럼 위태롭다. 이 돛배의 이미지도 뇌리에 깊이 새겨진다.

막상 결혼을 하자 감회가 새롭다. 교회에서 가족들이 지켜보는 가운데서는 프랜시스도 나도 제 역할을 그렇게 잘 수행했건만, 느닷없이 상대가 낯설게 느껴지면서 새삼스레 부끄럽고 두렵고 당황스럽다. 우리는 라일락 향기 그윽한 오래된 교회 경내를 오후 내내 한가로이 거닐면서 긴긴 세월 비바람에 씻긴 비석을 바라보며 망자가 이 세상에 있었던 삶의 시간을 잰다. 비명에 간 사람이 있는가 하면 호호백발 장수를 누린 사람도 있다. 홀로 사는 삶은 아무 의미가 없다는 듯이 같은 해 연달아 세상을 등진 부부의 묘비도 눈에 들어온다. 이승에 잠시 머물다 가는 삶, 언제 갈지 가늠할 수조차 없다. 이제 게임이 끝났다는 사실을 우리는 뼈아프게 절감한다. 결혼은 서로에 대한 헌신이자 존중이다. 구름 한 점이 태양을 가리며 흘러가고 쌀쌀한 북서풍이 라일락 꽃을 흔들며 건듯건듯 불어든다. 우리는 서둘러 호텔로 들어온다.

7

올해로 교사직을 그만두겠다는 결심이 이제 확고하게 섰다. 연말에 첫 아이가 태어난다는 사실이 오히려 런던에 가겠다는 각오를 더욱 다지게 한다. 다른 사람들은 아이가 태어난다고 하면 어떤 반응을 보일까? 대부분 밤이슬 피할 곳을 찾아 안정적이고 편안한 삶을 추구하려고 할까? 우리는 그러기는커녕 임신 사실을 확인하자 도리어 정반대 방향으로 나아가 무장 명령을 따르듯 성마르게 런던행을 추진한다. 예전에는 아버지라는 이름만 들어도 그 막중한 책임감에 슬그머니 겁이 났지만, 지금은 아버지가 되기에 더없이 좋은 때인 것 같다. 아내와 나는 이렇게 운명이라는 배에 몸을 내맡긴 채 용기백배하여 세상을 헤쳐나간다.

그렇지만 시계가 지금도 째깍째깍 돌고 있다는 걸 우리는 잘 알고 있다. 올해 런던에 못 가면 영영 이곳에서 벗어나지 못할 것이다.

한편으로 록 뮤지컬을 함께하자는 제의가 들어온다. 성경 이야기를 다룬 뮤지컬을 대학극장 무대에 또 올린다는 것이다. 제 운명을 예견이라도 하듯 제목이 〈지옥불〉인데 우리끼리는 그냥 줄여서 〈지옥〉이라고 부른다. 태고 때부터 존재해온 선과 악의 대결이 주요 내용이다. 천사와 사탄이 떼거지로 나온다. 천사들은 하얀 깃털이 나풀거리는 의상에 팔다리를 훤히 드러낸 채 발목에까지 날개를 달고 있고, 사탄들은 가죽옷에 사슬을 칭칭 감고 배처럼 커다란 검정 부츠를 신고 있다. 영락없는 천상의 폭주족이다. 루시퍼를 연기하는 게이 배우가 카리스마를 뿜어내며 사탄들을 진두지휘한다. 이 게이 배우는 천사들을 유혹하기 위해 틈만 나면 폴 댄서처럼 무대에서 몸을 비비 꼬며 춤을 추는데 내 눈에는 암만 보아도 게이 디스코 같다. 한편 천사의 우두머리도 카리스마 넘치게 사탄들과 맞서며 천상의 춤을 추지만, 정도가 덜할 뿐 몸을 비비 꼬며 디스코를 추는 건 마찬가지다. 그런데 천사의 우두머리 역시 게이 배우가 연기한다는 사실은 극의 논리적 개연성을 떨어뜨릴 뿐만 아니라 진부한 도덕적 교훈조차 느끼기 어렵게 만든다. 키가 6척인 나이지리아 출신 게이 배우 크리스가 하느님을 맡는데 무대 위 저 높은 곳에 앉아 때로는 음산한 3온음3개의 온음을 포함한 음정으로, 때로는 애처로울 만큼 단조로운 목소리로 "내가 여호와이니라, 내가 여호와이니라"라고 노래 부른다. 잘만 하면 영화 〈플래시댄스〉처럼 멋진 디스코 극이 될 수도 있었을 텐데 굳이 이렇게 사이비 종교를 연상시키는 노래를 집어넣을 필요가 있었을까 싶다. 여하튼 우리는 한 달 반 계약을 맺는다. 〈록, 예수의 탄생〉이 천재적 작품은 아니지만, 이 작품에 비하면 베르디의 명작이나 다름없다.

일주일 연습을 하자 나는 두 번째 밤을 맞는 매춘부처럼 순전히 돈 때문에 이 작품을 한다는 사실을 깨닫는다. 아버지는 구덩이에서 인생을 끝마치지 말라고 누누이 말하곤 했다. 오케스트라석도 구덩이이긴 하지만 아버지가 말한 구덩이는 탄광이나 지옥 불구덩이를 가리키는 거였다. 그렇다고 돈이 우습다는 뜻은 아니다. 그다지 많지 않은 월급이지만 월급에 주당 60파운드 공연비를 더하니 수입이 제법 괜찮다. 아내 배가 하루가 다르게 불러오는 상황에서 통장 잔고가 늘어난다는 것은 생각만 해도 기분 좋은 일이다. 더욱이 유일하게 갖고 있는 안정적인 직업마저 올해 안으로 그만둘 결심이 확고하게 선 판국이다.

프랜시스는 런던 생활을 정리하고 총각 둘이 머물던 돼지우리 같은 곳으로 이사를 온다. 여자가 있다는 사실만으로도 집이 한결 밝아진다. 나는 푸른 침실 바닥에 벽을 온통 새하얗게 칠하고, 프랜시스는 새 침대보와 커튼으로 침실을 단장한다. 그러자 막 씻고 나온 얼굴처럼 아파트가 몰라보게 훤해진다. 지난겨울 석탄이 똑 떨어지자 바보같이 가구를 빠개서 장작으로 다 써버린 통에 가구도 한 점씩 새로 들여놓는다. 딱 한 번 주인아주머니와 마주쳐서 당황했던 적이 있다. 아주머니가 아파트에 들른 그 일요일 아침, 점심 공연이 취소되는 바람에 우리가 아파트에 있었던 것이다. 메건과 내가 부부 흉내를 내면서 아주머니를 만난 지 이태 만이다. 월세는 언제나 2층에 사는 짐과 스테프 부부에게 맡겨두었다.

야당 당수인 대처 수상을 꼭 빼닮은 주인아주머니는 집을 본 지 한참 된 터라 집 상태를 확인하고 싶었던 모양이다. 그런데 다행히도 집이 몇 달 전과는 비교도 안 되게 말쑥하다. 아주머니가 집을 구석구석 살펴보고는 만족하는 눈치다. 내가 아주머니를 서둘러 내보내려던 차에 프랜시스가 신문을 사들고 집으로 들어온다. 그러더니 자신을 내 아내라고 소개하며 아주머니에게 인사를 한다. 아주머니는 이게 어떻게 된 영문이냐는 듯이 어리둥절한 표정을 짓는다. 프랜시스는 메건과 닮은 데라고는 요만큼도 없기 때문이다. 달라도 그렇게 다를 수가 없다. 아주머니는 환하게 웃는 프랜시스를 바라보다가 동그랗게 뜬 눈을 더욱 동그랗게 뜨며 나를 돌아본다. 내가 적당히 둘러댄다.

"머리 염색을 했어요."

이번에는 아내가 무슨 소리냐는 표정을 짓는다.

"내가 언제……."

"그럼, 내달에 뵐게요. 대처…… 아, 아니, 다음에 뵐게요."

나는 주인아주머니가 미처 뭐라고 말하기도 전에 아주머니를 문 밖으로 돌려 세우고는 황급히 문을 닫는다. 더 이상 어떻게 손써 볼 수 없게 사태가 꼬이는 걸 막아야 한다. 커튼 틈새로 밖을 내다보는 나를 아내가 이상한 눈초리로 쳐다본다. 주인아주머니가 금방이라도 되돌아올 태세로 걸음을 멈추더니 아파트 쪽을 돌아본다.

제발, 안 돼…….

아주머니가 생각을 바꿨는지 몸을 돌려 차 쪽으로 걸어가면서도 영문을 모르겠다는 듯이 고개를 절레절레 흔들며 우리 집 문을 힐끗 돌아본다. 이내 차가 시야에서 사라진다.

이때껏 자고 있던 제리가 가운 차림으로 머리에 수건을 두르고 방에서 나온다. 말리의 유령찰스 디킨스의 『크리스마스 캐럴』에 나오는 유령이 따로 없다. 따지고 보면 제리는 이곳에 살지 않는 존재다.

"누구야?"

"대처 수상."

"제기랄, 까맣게 잊고 있었어."

"나도."

아내는 여전히 미소를 띠고 있지만 무슨 일인지 설명을 해달라는 표정이다. 제리와 내가 연습한 것처럼 동시에 대답한다.

"아무것도 묻지 마!"

우리는 6월 중순까지 〈지옥불〉에 빠져 신음하다가 마침내 배우들과 한바탕 싸우게 된다. 배우들은 제대로 음악을 못 맞춘 자기들 잘못은 생각지도 않고 우리 탓만 하면서 날개 달린 발이건 장화 신은 발이건 우리 머리 위로 발을 쾅쾅 굴러댄다. 박자를 못 맞추는 게 저희들이 아니라 우리라는 것을 시위하듯 알리고 싶은 모양이다. 우린 메트로놈에 맞춰 하얀 지휘봉을 휘두르는 음악감독의 명령을 따른 죄밖에 없다. 배우들은 이제 우리와 말도 섞지 않고, 나도 극장 일이라면 아주 넌덜머리가 난다. 이 어두운 구덩이에서 일하는 것도 이번이 진짜 마지막이다.

우리는 고스포스호텔에서 수요일 공연을 재개하고, 월요일 밤에는 뉴턴파크호텔에서 새로이 공연을 시작하게 된다. 앤디 허드슨은 우리의 수호천사가 되어 '뉴캐슬 축제'에서 여러 날 동안 공연할 수 있게 프로그램에 우리 밴드 이름을 올려놓는다. 그중에 제일 큰 공연이 앨런 프라이스의 시청 공연에서 지원 밴드로 나서는 것이다. 런던의 음반사 관계자 몇 명이 환상적인 우리 공연을 보기 위해 이곳까지 온다고 했다. 프랜시스가 캐럴 윌슨의 도움을 받아 음반사 여러 군데로부터 관심을 끌어낸 것이다.

지방에서 지원 밴드로 사는 것만큼 하류 인생도 없다. 그 옛날 노예제가 폐지되면서 함께 사라졌다는 신분제가 새로이 부활한 것 같다. 하층 계급에 속한 자로서 자존감도 바닥으로 곤두박질친다. 불가촉천민이니 밑바닥 인생이니 투명 인간이니 피라미니 하찮은 존재를 수식하는 말은 많다. 그러나 대개의 연주자들은 큰 무대에 오를 수만 있다면 인생의 어느 한 순간 이 정도의 모멸감은 얼마든지 견뎌낼 수 있다. 한 줄기 화려한 빛줄기 속에서 잠시나마 관중의 시선을 오롯이 받을 수 있다면 바닥까지 내려간 자존감쯤은 참고 또 참을 수 있다.

그런데 진짜 힘든 점은 하류 연주자의 공연을 보기 위해 기꺼이 돈을 치를 사람은 아무도 없다는 것이다. 공연 표를 구입한 사람들은 오로지 스타에게만 관심이 있다. 스타에게야 더없이 좋은 일이지만, 관중들이 지방에서 활동하는 지원 밴드의 공연을 볼 가능성은 거의 전무하다. 관중이 이미 공연장을 빠져나와 술집에서 맥주를 들이켜고 있을 무렵 이 무명 가수들은 동굴처럼 텅 빈 객석을 바라보며 가슴을 울리는 노래를 부른다.

하류계급에 속한 우리 같은 음악가들이 스타는커녕 스타 비슷한 사람에게도 소개되기란 힘든 일이다. 대신에 스타의 지방 공연 매니저를 잘 구슬려야 음악 장비를 무대에 올리고 내리는 일이 쉬워진다. 홉스의 말을 인용하자면 으레 "비열하고 잔인하고 몽땅한토마스 홉스는 『리바이어던』에서 사회적 계약을 맺지 않은 인간의 삶은 '고독하고 비참하고 비열하고 잔인하고 덧없다solitary, poor, nasty, brutish, and short'라고 말했다. 여기서는 'short'를 키가 몽땅하다는 뜻으로 보는 게 나을 듯하다" 공연 매니저들은 저희들도 하류계급에 속하긴 하지만 우리만큼 하층민은 아니라는 사실을 잘 알고 있다. 그런 까닭에 이들은 유일하게 인간만이 저지르는 짓, 곧 나의 불행보다 남의 불행을 더 크게 만드는 짓을 서슴없이 자행한다. 한번은 한 매니저가 장비를 무대에서 아무렇게나 내던진 뒤 마치 여왕 행차를 앞두고 길가에 구르는 쓰레기를 치우듯이 한쪽 구석으로 밀어내는 광경을 목격한 적이 있다. 그러고는 "쓰레기 치워!"라고 퉁명스레 내뱉는 소리도 듣는다. 나는 지금도 이 소리를 꿈결에 들은 게 아닐까 하고 의심한다. 잠시 뒤 내가 피땀 흘려 장만한 앰프가 저 돼지 같은 매니저의 발길에 채어 구석에 처박힌다. 스타의 반짝반짝한 최첨단 장비를 무대에 올려야 하기 때문이다. 하지만 중세 교회에서 면죄부를 팔던 하급 성직자들처럼 이 농노들이 극악무도한 본성을 제대로 드러내는 순간은 음향 점검을 할 때다.

음향 장치를 점검하지 않고 무대에 오르는 것은 낙하산이 제대로 펴지는지 미리 확인하지 않고 비행기에서 뛰어내리는 것처럼 위험천만한 일이다. 일단 장비가 아무 문제가 없어야 한다. 음량도 조절해야 하고 내 악기는 물론이고 다른 멤버의 악기도 소리가 잘 나오는지 확인해야 한다. 시간이 걸리는 일이다.

스타의 장비는 언제나처럼 오후 느지막이 도착한다. 매니저들은 미래에서 온 듯한 최첨단 장비를 제 것도 아니면서 한껏 으스대며 만지작거린다. 한참 동안 이 신기한 물건을 이리저리 만지면서 뻐기다 보면 마침내 스타가 음향 점검을 하기 위해 왕림한다. 스타는 친히 공연장에 오더라도 꼭 늦게 나타난다. 홉스의 농노들이 막이 오르기 몇 분 전까지 장비 만지는 시늉을 하다 보면 우리는 시간에 쫓겨서 고물 장비가 제대로 작동하는지 확인조차 못하고 무대에 오르기 십상이다. 음반사 사람들에게 강한 인상을 남겨야 하는 절체절명의 공연을 준비하기에 결코 좋은 상황은 아니다.

이날 공연의 주인공이자 '애니멀스'의 키보드 연주자로 이름을 날린 앨런 프라이스가 모습을 드러내더니 음향 점검을 시작한다. 리넨 정장을 깔끔하게 차려입은 모습이 세계적 스타답게 범접할 수 없는 아우라가 느껴진다. 그는 자로^{타인 강 하구에 있는 항구도시}에서 유년 시절을 났지만, 이 지역을 떠난 지는 한참 되었다.(기억할지 모르겠지만, 세무청에서 근무할 당시 나는 그의 자리를 물려받았다.) 이 훌륭한 음악가 프라이스가 편곡도 몇 군데 손보랴 모니터와 마이크도 점검하랴 신곡도 부르랴 분주하다. 우리는 장비에 걸터앉은 채 무대 옆에서 묵묵히 기다린다. 속절없이 시간만 흐른다. 프라이스가 신곡 한 번 더 갑시다, 하고 노래를 부르는데 무슨 문제가 있는지 한참 동안 키보드를 들여다본다. 그러더니 잠시 뒤 연주를 재개한다. 우리에게도 시간이 필요하다는 사실은 아무도 기억하지 못하는 것 같다. 째깍째깍 시계 초침이 더 빨리 돈다. 프라이스가 신곡을 다시 부르기 시작하자, 낡은 스피커 케이스에 앉아 있던 제리와 나는 초조하게 엉덩이를 들썩거리며 손목시계만 들여다본다. 홉스의 농노들은 어쩔 수 없다는 표정을 지으며 우리를 거만하게 쳐다본다. "주인어른이 일하고 계시잖아. 방해하면 안 돼"라고 말하는 듯하다. 그 순간 나는 평생 잊지 못할 광경을 목도하게 된다.

축제를 보기 위해 런던에서 돌아와 있던 프랜시스가 객석에서 리허설을 지켜보다 홀연히 자리에서 일어나더니 하이힐 신은 그 긴 다리를 우아하게 뻗으며 무대로 당당히 걸어가는 것이다. 아직 배부른 태는 나지 않는다. 그녀가 사뭇 과장된 몸짓으로 손목시계를 내려다보며 계단을 오른다. 매니저들에게 아랫것 주제에 감히 내 길을 막으려고 들면 큰코다칠 거라는 엄중한 경고를 보내는 것처럼 보인다. 제리도 나도 눈을 의심하며 그녀를 멍하니 바라본다. 매니저들도 믿을 수 없다는 표정이 역력하다. 너 나 할 것 없이 모두 입을 떡 벌리고 있다. 그녀는 눈부시도록 세련되고 우아하다. 자신감이 넘쳐서 섣불리 건드리면 안 될 것 같다. 그녀가 짐짓 도도하면서도 고혹적인 표정을 지으며 피아노가 놓인 무대 한가운데로 걸어간다. 이윽고 프라이스가 고개를 든다. 처음에는 흠칫 놀란 듯하다가 이내 무슨 일인지 흥미가 생기는 눈치다. 제리가 목소리를 짓죽여 나에게 묻는다.

"도대체 무슨 짓이야?"

나는 두려운 나머지 아무 대답도 못한다. 성질 고약하기로 유명한 프라이스가 지금도 매섭게 노려보려고 하지만 그게 쉽지 않은 모양이다.

그만큼 프랜시스의 존재가 위압적이란 뜻이다. 그녀가 나지막한 목소리로 뭐라고 속삭이며 손목시계를 톡톡 두들기고는 무대 한쪽에 앉아 있는 우리를 손짓으로 가리킨다. 그러자 이마에 주름을 잡고 인상을 쓰던 프라이스가 언제 그랬냐는 듯이 표정을 풀면서 말 잘 듣는 온순한 소년이 된다. 곧바로 피아노 뚜껑을 덮고는 지원 밴드가 음향 점검할 수 있게 무대에서 내려가자고 제 멤버들에게 말하는 것이다. 매니저들이 심통스러운 얼굴로 저희들의 소중한 장비를 까만 천으로 씌우는 동안 제리와 나는 득의양양해서 해먼드오르간을 무대에 올린다. 신이 나서 프라이스의 피아노 앞에 우리 오르간을 내려놓는데 덩실덩실 춤이라고 추고 싶은 심정이다. 프랜시스가 자리에 돌아가 앉는다. 내가 아내를 바라보며 목소리를 죽인 채 입 모양으로 "고마워, 사랑해"라고 말한다.

언제나처럼 우리는 거의 텅 빈 객석을 마주하고 공연을 한다. 하지만 아일랜드레코드와 버진, A&M 같은 음반사 관계자들이 프랜시스와 함께 귀빈석에 앉아 공연을 지켜본다. 우리는 열정적인 무대를 선보인다. 나는 빈 객석 따위는 무시한 채 하얗게 쏟아지는 조명 불빛 아래서 수만 관중이 들어찬 무대를 상상하며 열정적으로 노래를 부른다. 이윽고 노래가 끝나고 조롱하는 듯한 박수 소리가 썰렁하게 울려 퍼지자 나의 공상도 허무하게 끝난다.

우리는 최선을 다했다는 자부심에 뿌듯해하며 무대에서 내려온다. 서글프게도 우리가 무대에서 내려오자마자 객석이 오늘의 주인공을 보러 온 관중들로 순식간에 채워진다. 몇 분이 지나고 프랜시스가 음반사 사람들을 데리고 무대 뒤로 온다.

그들이 공연 잘 봤다며 인사를 건넨다. 적어도 공연이 형편없었다는 느낌은 주지 않는다. 한 사람이 "예전보다 훨씬 좋아졌어요"라고 말하면 또 한 사람이 "그렇죠? 몰라보게 좋아졌지요"라고 응수하고 또 다른 사람이 "맞아요"라고 맞장구를 친다. 그러고는 얼마간 어색한 침묵이 흐른다. 침묵을 깨고 싶은 사람이 아무도 없는 것 같다. 다들 구두끈이나 벽보 따위에 눈길을 주며 딴청을 부린다. 이윽고 아일랜드레코드 직원이 입을 연다.

"그런데……"

우리가 기대에 찬 표정으로 기다린다.

"그런데 관중을 열광시키는 게 좀 부족했어요."

제리가 기가 차다는 듯이 대꾸한다.

"관중이 당신들밖에 더 있었어요?"

"그런가요? 하기야 우리밖에 없었지요."

그가 무심하게 중얼거린다.

학기 말을 두어 주 앞두고 나는 수녀님에게 학교를 그만두겠다고 말한다. 내가 사직서를 제출하자 수녀님이 적잖이 놀라는 눈치다. 그 형편없는 〈지옥불〉 낮 공연과 수업이 겹쳐서 이미 학기 초부터 일이 꼬일 대로 꼬인 상황이었다. 선생님들은 아니꼬운 눈초리로 힐끔거렸지만 수녀님은 특별히 내 사정을 봐주었다. 그래서 나에게서 어떤 형태로든 충성을 기대했던 것 같다. 수녀님을 보면 늘 어린애 같은 구석이 있다는 생각이 드는데, 결혼해서 가정을 꾸린 평교사들과 수녀님 사이에 알게 모르게 알력이 있는 것은 기본적으로 성격이 안 맞는 데다 삶에 대한 경험이 판이하게 다르기 때문일 것이다. 수녀님은 아이들과 있을 때 훨씬 행복해 보였다. 그건 나도 마찬가지였다. 내가 지난 이태 동안 교직에 서본 결과 평생의 소명으로 삼을 수는 없다고, 대신에 내가 온 열정을 쏟아부을 분야는 음악이라고 거듭 설명을 하지만, 수녀님은 어떻게 음악이 취미로 끝나지 않고 인생을 걸 만한 게 되느냐며 도저히 이해할 수 없다는 반응을 보인다. 그래도 지금껏 수녀님은 내가 공상의 세계에 빠져 있어도 적당히 눈감아주었는데, 나를 좋아해서, 혹은 내 괴짜 근성이 재미있어서, 혹은 당신 말고 괴짜가 또 있다는 사실에 덜 외로워서 그랬는지 모를 일이다. 아기가 곧 태어나는데도 교직을 떠나겠다는 결심이 확고하다는 걸 확인하자 수녀님이 마지막 카드를 꺼낸다. 무슨 말인지 못 알아들어서 화가 치민다는 듯이 수녀님이 고개를 내저으며 말한다.

"그러면 연금도 못 받습니다."

내가 창문 밖 운동장 너머를 물끄러미 바라보며 침묵을 지킨다. 승합차와 화물차가 남쪽으로 쌩쌩 내달린다. 잠시 뒤 내가 입을 연다.

"수녀님, 죄송합니다. 원하는 일을 하면서 살고 싶어요."

나는 오후 내내 아이들과 신나게 논 뒤 4시에 학교에서 나와 뉴캐슬로 향한다. 집으로 오는 차 안에서 창문을 활짝 열어젖히고 목이 터져라 노래를 불러 젖힌다. 하루 종일 괜히 기분이 들떠 있는데 그날 밤 밴드 연습 시간에 로니가 근사한 소식까지 알려주니 그야말로 금상첨화다. 여름 동안 P&O사의 크루즈선에서 연주할 수 있게 자리를 알아보았다는 것이다. 연말에 런던으로 일생일대의 탈출을 꾀하려면 돈궤에 돈부터 그득 채워놓아야 한다.

8

S.S. 오리아나호는 7월 7일 사우스햄프턴에서 출항한다. 운 좋게도 학교를 그만둔 다음 날이다. 이번에는 '마지막 비상구'가 아닌 '로니 피어슨 트리오'라는 이름으로 승객들에게 즐거운 여행을 선사할 계획이다. 음악가로서 경력이 쌓이는 일은 물론 아니다. 리메이크 곡과 칵테일파티나 티파티에 어울리는 가벼운 춤곡 따위를 연주할 것이다. 어르신들이 사교춤을 추기에 딱 좋은 흘러간 노래도 레퍼토리에 추가되는데 이건 내가 음악가로 첫발을 디딜 무렵 숱하게 연주했던 곡들이다. 비록 음악은 이래도 제법 짭짤한 돈맛을 볼 수 있다. 아내는 자기가 일도 그만둔 마당에 신랑이라도 바다에 나가 고기 살 돈을 벌어와야 한다며 기꺼이 애타는 그리움은 참겠다고 사뭇 비장하게 말한다. 아내가 배 속의 아이를 위해 엄격한 채식주의자에서 광폭한 육식주의자로 돌아섰기 때문에 실제로 우리는 고기 살 돈이 필요했다. 나는 이제야 아이가 태어난다는 사실이 조금씩 실감이 난다. 앞일에 대한 걱정을 마냥 미룰 수는 없는 노릇이다. 나는 이 일이 끝나면 아내와 런던에서 만나기로 한다.

이미 몇 차례 크루즈선에서 공연을 하며 세계 곳곳을 누빈 로니는 복장을 단정히 하고 승객에게 정중해야 한다고 벌써부터 엄하게 잡도리를 한다. 제리와 나는 왜 하필 우리에게 이러는지 모르겠다며 볼멘소리를 낸다. 그렇지만 '마지막 비상구'가 아닌 '로니 피어슨 트리오' 멤버로 있는 이상 로니의 까다로운 기준에 맞추겠다고 약속한다.

"알겠습니다, 선장님. 저희를 밧줄에 묶어 바닷물에 빠뜨려도 좋고, 뱃전에서 널빤지 위를 걷게 하다 빠뜨려도 좋습니다. 하지만 절대로 선장님을 실망시키지 않겠습니다."

우리는 채신없이 낄낄거리고는 머리를 조아리며 짐짓 경의를 표하는 척한다. 로니는 실버 선장『보물섬』에 나오는 해적. 외발로 앵무새를 데리고 다닌다으로 분하는 게 마땅찮은지 돈이 얼마인 줄 아느냐며 장난치지 말라고 정색을 한다.

"네네, 선장님."

우리는 신체검사를 무사히 마치고 승무원 카드를 발급받은 뒤 영국상선대의 정식 대원이 된다. 오리아나호는 1957년에 건조되었다. 무게는 4만 2000톤, 길이는 240미터에 이르는 거대 여객선으로 이천 명이 넘는 승객을 수용할 수 있다. 선체는 크림색이 감도는 황백색이다. 높이가 16층에 이르고 라운지가 열일곱 개나 있으며 갑판과 수영장이 각각 열한 개이며 테니스장까지 구비되어 있다. 우리를 비롯한 승무원이 900명이 넘는다.

어깨에 기타 케이스를 둘러멘 채 트랩배나 비행기를 타고 내릴 때 사용하는 사다리을 타고 승선하는데 가슴이 벅차서 터질 지경이다. 아버지가 지금 내 모습을 보면 자랑스러워하지 않을까 하는 생각이 든다.

배는 물 위에 뜬 거대한 계급 도시 같다. 노천갑판은 일등객과 항해사만이 이용할 수 있고, 그 밑의 갑판은 이등실 승객과 갑판원, 관리 직원,

요리사, 청소부 등이 이용한다. 그리고 저 깊숙한 바닥의 기관실에서 잡부들이 일한다.

선체 안쪽에 위치한 내 좁다란 선실은 창문 없이 침상 하나만 덩그러니 놓여 있을 뿐 사방이 철벽으로 둘러싸여 있다. 인도 남쪽의 고아 섬 출신으로 체구가 자그마한 마이클이라는 사내가 내 선실을 청소하고 내 옷도 세탁해준다. 그는 자기네 섬사람들이 P&O사에서 많이 일하는데 자기는 고향에 여관 한 채 갖는 게 평생 소원이라서 지금 열심히 돈을 모으고 있다고 말한다. 그러면서 자기는 물론이고 고아 섬 출신들은 항해 중에 갑판에 올라가면 안 된다는 말도 덧붙인다. 나처럼 오락을 담당하는 직원들은 어느 갑판이든 자유롭게 다닐 수 있다. 선장이 친히 귀빈들을 위해 마련한 디너파티에서 흥을 돋우다가 파티가 끝나면 곧장 몇 층 아래로 내려가 이등실 승객을 접대하며 밤이 깊도록 연주한다.

내가 리메이크 곡을 잘 모르는 터라 노래는 대부분 로니가 부른다. 내가 간혹가다 베이스를 잘못 치면 로니가 이 일이 장난으로 보이냐며 벌컥 성을 내긴 해도 나는 베이스만 연주하는 게 오히려 좋다. 로니가 성을 내면 나는 얼른 알겠다며 고개를 끄덕끄덕한다. 그런데 재미있는 사실은 로니가 블라이 함장1789년 영국 군함 바운티호의 함장. 항해사들이 함장에 반항해 반란을 일으킨 뒤 함장을 해상으로 추방했다처럼 갈수록 험상궂게 말한다는 것이다.

우리는 장소를 옮겨가며 하루에 세 번꼴로 공연을 하는데 그때마다 식당에서 라운지로, 연회장에서 나이트클럽으로 장비를 옮기느라 진땀을 뺀다. 공연이 없을 때 나는 갑판으로 올라가 한적한 곳을 찾아 책을 읽는다. 멜빌의 『모비 딕』을 끝내기로 작정한다. 바다가 배경인 소설인 데다 긴 항해 동안 읽기에 충분히 두껍기 때문이다. 나는 한 단락 읽다가는 꿈꾸는 듯한 시선으로 망망대해 한 번 쳐다보기를 반복한다. 뱃머리 너머 잿빛의 영국해협이 끝닿을 데 없이 펼쳐지다 어느덧 쪽빛 물결 일렁이는 비스케이 만프랑스 서해안의 만이 나온다.

비스케이 만에 이르렀을 무렵 첫 폭풍우를 만난다. 온종일 너울지던 바다가 저녁 어스름이 깔리자 금방이라도 배를 집어삼킬 듯 요동치기 시작한다. 성난 파도에 밀려 선체가 오른쪽으로 기울었다가는 왼쪽으로 기울고, 위로 솟구쳤다가는 아래로 곤두박질친다. 내가 원체 멀미를 안 하는 게 큰 다행이지만, 이때 우리는 하고많은 곳 중에서 하필이면 프로펠러 바로 위 뱃고물에 위치한 연회장에서 공연을 하고 있었다. 배가 가장 심하게 출렁이는 곳이 바로 뱃고물이다. 작은 양탄자 위에 올려놓은 로니의 드럼이 배가 일렁일 때마다 매끄러운 나무 바닥 위를 앞뒤 좌우로 사정없이 미끄러진다. 피아노는 한자리에 붙박여 있고 나는 베이스를 들고 서 있어서 배가 요동치면 요동치는 대로 그냥 몸을 움직이면 되지만, 가엾은 로니는 드럼이 무대 위에서 이리저리 미끄러지는데도 어떻게 손 쓸 도리 없이 그저 바라만 보고 있다. 더욱이 노래를 부르려고 마이크에 손을 뻗을라치면 마이크가 저만치 도망갔다가는 얼굴을 후려칠 기세로 무섭게 달려들곤 한다. 로니 얼굴이 붉으락푸르락, 당황한 정도가 아니라 노기가 오르는 듯하다. 드럼 실력도 좋지만 뱃사람으로도 손색없는 로니 정도 되니까 이런 악조건에서 연주가 가능한 것이다. 얼마나 더 이렇게 연주할 수 있을지 모르겠다. 이따금씩 발밑에 있는 프로펠러가 바닷물 위로 솟구치는지 우렛소리 같은 굉음이 귀청을 때린다. 최후의 순간까지 폭스트로트를 추던 용감무쌍한 승객들이 마침내 자리를 뜨자 연회장이 텅 빈다.

오리아나호의 사무장이 연회장 한쪽 구석에서 재미있다는 듯 얄궂은 표정으로 우리를 지켜보다 연회장을 가로질러 이쪽으로 걸어온다. 배가 미친 듯이 출렁이는데도 조금의 흐트러짐도 없이 꼿꼿한 걸음새가 기괴한 느낌마저 준다. 뭍에서 걷듯 걸어오더니 옥스퍼드 가 한복판이라도 되는 양 여유작작하게 우리 앞에 멈춰 선다. 사무장의 나긋나긋한 미소도 그렇지만 저 섬뜩한 걸음새를 보자 난데없이 물멀미하듯 메스꺼움이 치받친다.

"좋아, 이제 아무도 없으니 철수해도 돼."

그가 뒤돌아서다 말고 내 발을 빤히 쳐다본다.

"지금 신고 있는 신발이 뭐지?"

내가 바보처럼 발을 내려다본다.

"테니스화인데요."

사무장의 입가에 악의인지 경멸인지 모를 야릇한 미소가 떠오른다. 흰 고래와 맞닥뜨린 에이해브 선장이라면 이런 표정을 지을 법하지만, 테니스화를 목도한 사무장이 이런 미소를 짓는다는 게 사실 좀 웃기는 일이다.

"왜 그걸 신고 있지?"

그가 이렇게 물으면서 다른 멤버들 신발을 잽싸게 훑어본다. 나 말고는 모두 규정대로 까만 정장 구두를 신고 있다.

"편해서요."

"편하든 말든 나야 신경 쓸 거 없고. 테니스화 신고 무대에 오른 거 내 눈에 한 번만 더 띄면 지브롤터해협에 던져버릴 줄 알아!"

"네, 알겠습니다."

사무장이 아까처럼 섬뜩한 걸음새로 무도회장을 다시 걸어간다. 이번에는 로니가 나를 잡아먹을 듯한 기세로 노려본다.

"내가 누누이 말했지? 일할 때 까불지 말라고. 사무장 단단히 화났잖아."

밤이 깊도록 바다는 잠잠해질 줄 모르고 나는 밤새도록 피쿼드호『모비딕』에서 에이해브 선장이 모는 포경선와 하얀 테니스화가 나오는 꿈을 꾸면서 잠을 설친다.

이튿날 아침이 되자 폭풍우가 물러가고 바다가 다시 고요해진다. 나는 노천갑판으로 나가 아침 산책을 즐긴다. 망망대해에 있는 게 좋다. 물살 가르며 앞으로 내달리는 배의 현측을 내려다보노라면 이 여행이 언제까지나 계속될 것 같은 기분이 든다. 이 느낌이 좋다. 적도를 향해 남쪽으로 내려갈수록 날씨가 따듯해진다. 영국에 있는 아내 생각이 난다. 아내는 나 같은 남자와 결혼하겠다고 많은 것을 포기했다. 아내의 배 속에서 자라고 있을 아기에 생각이 미치자 어떤 모습일까 사뭇 궁금해진다. 나는 어떤 아버지가 될까? 아버지와 나는 이미 관계가 틀어질 대로 틀어졌지만 내 아들과는 절대 그러고 싶지 않다. 아버지는 현실에 꼼짝없이 갇혀서 평생을 산 분이다. 그렇다. 그게 중요하다. 내가 아버지처럼 살지 않는다면 모든 게 달라질 것이다. 느닷없이 내가 미친 건가 하는 생각이 든다. 그저 이 배처럼 뒤돌아보지 않고 앞으로 나아가면 그뿐이다.

이쪽으로 걸어오는 제리 모습이 보이자 몽상에서 깨어난다. 근심 어린 표정이다. 그가 담배 한 모금을 초조하게 빨고는 입을 뗀다.

"로니 형님 완전 열 받았어."

"나도 알아."

"형님 조금 전에 사무장 호출 받고 사무실 다녀왔는데, 오늘 밤 연회장에서 공연하지 말라고 했대. 대신 선원 식당에서 공연하래."

"그래?"

"형님은 이게 벌 받는 거라고 생각하는 모양이야."

"왜?"

"몰라."

그날 밤 스페인 서쪽의 항구도시가 저 멀리 불빛으로 환히 빛날 무렵 우리는 장비를 끌고 갑판 아래로, 아래로 끝없이 내려간다. 계단이 좁아지더니 급기야 햇빛이 전혀 들어오지 않는다. 묵중한 철제문을 연이어 지나 기다란 복도 끝에 다다르자 이윽고 기관실이 나온다. 고막을 찢을 듯한 굉음에 숨이 콱 막히는 게 생지옥이 따로 없다. 우리는 건들건들 흔들리는 다리 위에 서 있는데, 발밑에 거대한 엔진이 여섯 개나 보인다. 다 합치면 8만 마력의 힘을 내는 엔진들로 뉴캐슬의 엔지니어링 회사인 파슨스에서 만든 것이다. 기관실에 피아노라니 기묘한 부조화를 이룬다. 이미지와 테크놀로지가 한 공간에 어울리지 않게 겉논다. 이국땅에 온 낯선 객이 된 기분이다. 업라이트피아노를 들고 좁다란 다리를 조심조심 지나가는 모습이 우스꽝스럽기까지 하다. 그 모양을 화부火夫들이 올려다보는데 땀으로 범벅이 된 얼굴에 표정이라곤 없다. 다리를 건너자 선원들이 머무는 공간이 나온다. 어둠침침한 식당 끄트머리에 자그마한 무대가 마련되어 있다. 한쪽 테이블에서는 고아 섬 주민 한패가 카드놀이에 열중해 있고, 두어 명의 사내는 주사위 놀이를 하고, 또 두엇은 다트 게임에 몰두해 있다. 우리가 피아노를 식당에 쿵 내려놓자 일제히 손을 멈추고 돌아본다. 긴장감이 감돌면서 잠시 정적이 흐르더니 마치 우리가 존재하지 않는 것처럼 이내 선원들이 하던 게임을 계속한다.

"좋아, 좋아."

제리가 식당을 휘둘러보며 자조적으로 말한다. 알전구가 낮은 천장에 매달린 채 사위를 희끄무레하게 밝히고 있다. 내가 위로하듯 대꾸한다.

"선덜랜드클럽은 여기보다 더 끔찍했잖아."

우리는 피아노를 내려놓고 드럼을 가지러 왔던 길을 되짚어간다. 기관실을 통과한 뒤 철제문을 지나 기다란 복도를 걸어가 계단을 밟고 위로, 위로 올라가자 이윽고 노천갑판이 나온다. 공기가 첫겨울 바람처럼 상쾌하다.

드럼을 들고 되돌아오자 식당이 나름으로 변신을 마친 모양이다. 알전구는 온데간데없고 화려한 네온등이 명멸하고, 어슴푸레한 식당 귀퉁이에는 붉고 푸른 불빛을 내뿜는 램프가 듬성듬성 꽂혀 있다. 마치 동굴에서 축제를 여는 것 같다. 우리가 악기 조율을 하는 동안에도 고아 섬 주민들은 아랑곳없이 카드에서 눈을 뗄 줄 모른다. 하지만 선원들이 하나 둘 식당으로 모여들기 시작한다. 그러고는 구석에 자리를 틀고 앉아 맥주를 홀짝거리는데 그 틈에 여자 여럿이 앉아 있는 게 눈에 띈다. 식당이 어두컴컴해서 확실하진 않지만 내 눈에는 여자들인 것 같다.

일단 재즈 왈츠풍의 연주곡인 래리 애들러의 〈동쪽을 따라 Way Down East〉로 분위기를 띄운다. 제리가 즐겨 연주하는 곡인데 언제 들어도 좋다. 음악이 흘러나오자 쌍쌍의 연인들이 무대 앞 무도장으로 걸어 나온다. 바로 그 순간, 나는 조금 전까지만 해도 기분 좋게 보았던 여자들이 온몸에 문신을 새기고 있는 무시무시한 여자들이라는 사실을 확인한다. 울룩불룩 튀어나온 이두박근에 살 밑에까지 찢어진 용무늬의 치파오 사이로 근육질의 허벅지가 삐져나와 있고, 스타킹 신은 굵은 다리는 높다란 뾰족구두 위에서 위태롭게 버티고 있다. 금발에 진갈색 머리에 붉은 머리까지 머리색은 각양각색이지만, 하나같이 더덕더덕 분칠한 얼굴에 가짜 속눈썹을 붙이고 큼직한 귀고리를 주렁주렁 매단 채 쥐 잡아먹은 듯 새빨간 입술을 하고 있다.

로니는 이 모든 것을 예견한 사람처럼 표정에 아무 변화가 없다. 오히려 여봐란듯이 우아하게 드럼 채를 휘두르는 모습이 마치 능란한 손놀림으로 달걀을 휘젓는 도도한 요리사 같다. 아직도 나에게 화가 나 있는 게 분명하다. 그는 우리가 일등객 식당에서 선장의 손님들을 접대하지 못하고 이곳으로 쫓겨 내려온 게 다 내 잘못이라고 생각하는 것 같다.

극장의 들뜬 분위기, 이를테면 포복절도할 유머와 배우들이 선사하는 기쁨과 흥분은 익히 알고 있지만, 이곳은 어딘가 음침하고 으스스한 구석이 있다. 남자들은 물론이고 화려한 옷에 화장을 한 여자들까지 모조리 거칠어 보인다. 성질을 조금만 건드려도 팔이고 다리고 어느 한구석 성하게 남아날 곳이 없을 듯싶다. 무대 앞에서 춤을 추는 한 쌍의 남녀에게 자꾸 신경이 쓰인다. 남자는 하얀 줄무늬의 파란 스웨터에 꼭 끼는 나팔바지를 입고 흰 스카프를 목에 두른 게 영락없는 옛날 뱃사람의 모습이다. 깊은 흉터가 콧잔등부터 뺨을 가로질러 귓불까지 길고 선명하게 남아 있다. '여자'는 수지 웡영화 〈수지 웡의 세계〉의 여주인공 이름. 홍콩 출신의 미국 배우 낸시 콴이 수지 웡을 맡아 연기했다이 입은 것 같은 빨간 공단 드레스에 적갈색 가발을 쓰고 손톱에는 매니큐어를 바르고 까만 스타킹에 빨간 하이힐을 신고 있다. 남녀가 내 눈앞에서 천천히 춤을 추는데, '여자'가 한 바퀴 돌 때마다 입술을 쭉 내밀며 반쯤 감은 눈으로 추파를 던진다. 그러고는 나의 체취를 맡기라도 하듯 코까지 벌름거린다. 남자는 나와 눈이 마주칠 때마다 시커먼 눈썹을 한쪽만 쓱 치켜 보이며 나를 무섭게 노려본다. 뺨 위의 기다란 흉터가 번들거리면서 입가에 적의가 흐른다. 남녀가 내 눈앞에서 계속 빙빙 돌며 야누스처럼 추파와 적의를 번갈아가며 던진다. 한편으론 상대를 도발하기 위해 으레 펼쳐 보이는 사이코드라마인가 싶지만, 한편으론 언제 싸움을 걸어올지 모른다는 생각에 슬며시 준비를 한다. 때마침 식당 뒤편에서 사무장이 예의 그 사근사근한 미소를 띤 채 재미있다는 듯이 눈앞의 광경을 즐기는 모습이 눈에 들어온다. 밴드 멤버들은 위험천만한 내 상황을 알 리가 없다. 로니에게 다음 곡은 내가 불러도 괜찮은지 묻자 그가 그러라고 승낙을 한다. 다음 곡은 빌 위더스의 〈내 친구 Freind of Mine〉다.

노래를 부르면 두려움을 잊게 된다는 걸 이미 경험으로 터득한 터라 나는 마이크를 잡는다. 곡에 내 목소리를 덧씌우다 보면 어느새 천하무적이 된 기분이 든다. 그러면서도 한편으론 별안간 싸움이 벌어지면 휘두를 요량으로 펜더 베이스를 꽉 움켜쥔다. 베이스는 무기로도 손색이 없다. 하지만 이 곡이 리듬도 신나는 데다 노랫말도 감상적이다 보니 식당 분위기가 확 바뀌는 게 느껴진다. 모두들 몸을 흔들며 음악에 빠지기 시작한다. 종잡을 수 없던 두 남녀도 이윽고 저희들끼리 즐기는 눈치다. 고아 섬 주민들은 여전히 카드놀이에 여념이 없지만, 우리는 서서히 '마지막 비상구'의 무대를 만들어나간다. 사무장은 노천갑판으로 올라갔는지 보이지 않고 우리는 항해 중 최고의 무대를 펼쳐 보인다.

어느새 지중해다. 지브롤터해협과 '헤라클레스의 기둥지브롤터해협 동쪽 양안의 두 곳. 신화에 따르면 헤라클레스가 갈라놓았다고 한다'을 지나 배는 정동으로 나아간다. 시칠리아 남쪽의 발레아레스제도를 지나자 그리스 섬들이 나온다. 나는 조용한 갑판에 앉아 신화의 섬들을 바라본다. 찬연히 쏟아지는 햇살 속으로 섬들이 황금빛 바다와 하늘 사이에 떠 있는 것 같다. 오디세우스가 고향을 찾아 방랑하던 모습과 그의 아내 페넬로페가 몰려드는 청혼자들을 물리치고 하나뿐인 아들 델레마고스를 묵묵히 기다리던 모습을 머릿속으로 그려본다. 느닷없이 선상 스피커가 왕왕대는 통에 몽상에서 깨어난다. 저녁 7시 정각에 이등실 라운지에서 빙고 게임을 한다고, 뒤이어 여자 곡예사인 '신비한 칼립소오디세우스를 자신의 섬에 7년 동안 붙잡아둔 바다 요정'와 외눈박이 비단뱀이 색다른 쇼를 선보인다고 스피커에서 안내 방송이 요란하게 흘러나온다.

선원 식당에서 '마지막 비상구'로 성공적인 무대를 선보인 뒤라 우리는 자신감이 충만해져서 내친김에 이 분위기를 몰고 가자는 데 의견을 모은다. 터키의 항구도시 이즈미르에 정박하기 전날 밤, 뱃고물에 위치한 커다란 연회장에서 향연이 베풀어질 예정이다. 각양각색의 승객이 모이는 데다 젊은이들도 많아서 우리 본색을 드러내도 괜찮을 거라는 생각이 든다. 로니도 이번에는 수긍이 가는지 그렇게 하자고 동의한다.

연주는 신선하고 힘이 넘치고 관습에 얽매이지 않고 자유분방하다. 우리가 소리를 드높여 연주한 탓은 아니고, 그저 그렇게 보일 따름이다. 승객들은 무심한 듯 따분한 표정으로 앉아 있다가 점차 흥이 오르는지 음악을 즐기기 시작한다. 무대 앞쪽에 앉은 젊은이들이 먼저 호응을 보이자 뒤쪽으로 반응이 전달된다. 승선하고 줄곧 로니 보조만 하다 간만에 마이크를 잡으니 약간 거친 목소리가 나오지만 목 상태가 아주 좋다. 나는 다시 천하무적이 된다. 이런 내 모습을 보고 혹자는 오만하다고 오해하지만, 사실 이건 노래 부를 때의 즐거움 때문이다. 오늘 밤 나는 원 없이 즐긴다.

환호와 열광 속에서 40여 분 동안의 공연을 마치고 잠깐 숨을 돌리려는데 사무장이 잔뜩 화가 난 표정으로 우리에게 온다. 내가 예의 그 테니스화를 신은 탓이다. 그가 크리스털 샹들리에 아래 커다란 테이블에 앉은 귀부인들을 넌지시 가리키며 나지막하게 으른다.

"어이, 테니스화, 이제 노래 그만하지. 저쪽에 계신 숙녀분들이 불편해하신다고."

말을 마치기가 무섭게 그가 아부하는 듯한 상냥한 미소를 만면에 지으며 여자들을 돌아본다. 그러자 샹들리에 아래 부채질하던 여자들이 당혹스런 표정을 짓다 이내 지당한 말씀이라는 듯이 고개를 끄덕끄덕한다.

우리는 예전에 하던 대로 점잖은 연주로 되돌아간다. 그러자 젊은이들이 하나둘 자리를 뜨기 시작한다. 그 순간 나는 결심한다. 다음에 배에서 연주할 때는 이 빌어먹을 배를 통째로 사고 말겠다고.

9

"오디세우스"는 여름이 다 끝나갈 무렵에 고향으로 돌아오고, "페넬로페"는 빌린 승합차로 사우스햄프턴의 부두로 와서 타향으로 떠났던 남편을 기다린다. 이제 제법 배부른 티가 난다. 그해 여름은 유난히 무더웠다. 여기다 배까지 부르니 얼마나 힘들까 하는 생각이 절로 들지만, 아내는 여전히 멋진 모습으로 나를 보자 행복에 겨운 표정을 짓는다. 우리는 런던으로 차를 몰고 돌아와 배터시에 사는 아내의 친구 피파네 집에서 하룻밤을 묵는다. 그러고는 이튿날 뉴캐슬로 돌아온다. 우리는 차 안에서 다음에 런던으로 오게 되면 영원히 뿌리를 내리자고 굳게 다짐한다. 하지만 어떻게 먹고살지는 나도 모르겠다.

뉴캐슬에서 머무는 막판 몇 달 동안 우리는 공연하느라 눈코 뜰 새 없이 바쁜 시간을 보낸다. 호텔 공연은 연일 성황을 이루고, 셰필드와 리즈의 대학까지 가서 공연을 한다. 캐럴 윌슨은 웨스트켄싱턴의 내슈빌이나 런던경제대학, 캠던의 딩월스에서 열리는 런던의 신인 가수 홍보 공연에 우리 밴드 이름을 올려놓는다. 하지만 그나마 선상 공연으로 번 돈이 있어서 근근이 먹고사는 것이지 공연 수입은 거의 없다. 꼬박꼬박 나오는 월급도, 제도적인 안전망도 없다는 게 냉혹한 현실이다. 게다가 아내가 일을 할 수 있는 상황도 아니다.

미래에 대한 불안을 드라마, 혹은 시의 경지로 끌어올려서 일기장에 그럴듯한 글월로 풀다 보면 두려움이 덜어지지 않을까 하는 기대를 품고 나는 난생처음으로 열심히 일기를 쓰기 시작한다. 이런 고민을 털어놓아야지 안정된 미래가 도래할 것 같은 기분이 든다. 그러나 출전을 기다리는 신병처럼 초조한 마음은 도무지 가시지 않는다. 지나치게 멋을 부린 문장이 군데군데 거슬리지만, 의도만큼은 순수하다.

긴 가을도 이제 지나갔는지 오늘 저녁은 발트 해에서 불어오는 바람이 제법 차다. 아기가 엄마 배 속에서 노는 모양이다. 지붕 위 전화선을 타고 바람 소리가 들린다. 바스러질 듯 겨울의 시작을 알리는 노래다.

배 속의 아들은 미완의 세상으로 태어나기로 작정한 모양이다. 지금은 때가 아니라는 걸 아들 녀석에게 알려줄 방도가 없다.

이레 전에 여기서 세 블록도 떨어지지 않은 곳에서 한 소년이 스킨헤드들에게 맞아 죽었다. 재수 없게 걸린 것이다. 이들은 아이가 혼자 노는 게 눈에 거슬린다고, 저희들과 다르게 생긴 게 불쾌하다고 괜한 트집을 잡았을 것이다. 그러고는 아이를 바닥에 패대기친 뒤 머리를 축구공 차듯 발로 퍽퍽 걷어찬다. 혼자 죽이기도 두렵고, 발싯실 멈추기도 두렵고, 생각하기도 두려웠을 것이다. 머릿속에서는 절망의 노래가 울려 퍼지느라 소년의 울음소리가 귀에 들어올 리 없다. 이들은 "우리는 스킨헤드, 우리는 스킨헤드, 우리는 스킨헤드"라고 흥얼거리며 아이 머리를 발로 짓이긴다. 아이의 눈알 하나가 뽑히고

이가 반쯤 부러지고 입과 코에서 피가 울컥울컥 솟구친다. 부서진 코뼈가 말뚝 박히듯 전두엽에 가 박히고, 빗장뼈가 나뭇가지 부러지듯 맥없이 무지러지지만 발길질은 멈추지 않는다. 차고, 차고, 또 찬다. 이윽고 어디선가 문이 열리고 차가 다가오면 이들은 도망치기 시작한다. 개떼같이 달리고, 달리고, 또 달린다. 뒤에 처진 놈들은 우스꽝스러운 부츠를 신고 쫓아가느라 진땀을 빼고, 꽁지 빠지게 달아나는 통에 모퉁이를 돌 때는 크게 휘어 돈다. 그렇게 우리 집 앞을 지나 역전 다리를 건너고는 태연히 발걸음을 늦추며 가쁘게 몰아쉬던 숨을 고른 뒤 다시 오만무도해져서 하나둘 집으로 돌아간다. 그 시각 소년의 몸에서는 서서히 생명이 빠져나가고 앰뷸런스는 너무 늦게 당도한다. 그리고 나는 흐느낀다.

현실이 이렇게 엄혹한데도 배 속의 아기는 장전된 포탄처럼 날아갈 순간을 기다리며 이 세상으로 나올 태세다. 부모가 준비가 됐는지 따위는 안중에도 없다.

뉴턴파크호텔 공연장에 관중이 듬성듬성 앉아 있다. 월요일 공연은 원래 이렇다. 오늘 밤 나는 뒤숭숭하고 초조할 따름이다. 음악에 집중도 안 되고 노래를 불러도 평소처럼 용기가 나지 않는다. 오후에 아내의 진통이 시작되었다. 처음에는 진통이 약하게 오다가 시간이 지날수록 강도가 세어졌다. 이런 아내를 웨스트 로의 제너럴병원에 홀로 남겨두고 온 것이다. 아내는 짐짓 차분하고 자신 있는 목소리로 어서 일하러 가라고 하지만, 나는 아내가 천생 배우답게 마음속으론 광폭한 돌개바람이 휘몰아쳐도 겉으로는 여유를 가장하고 있다는 걸 잘 안다. 아내가 괜찮을 거라고 되레 나를 안심시키지만 나는 마냥 불안하기만 하다. 간호사도 자정 전에는 아무 일 없을 테니 걱정하지 말라면서 나를 무슨 거추장스러운 짐짝 치우듯 병실 밖으로 내몬다. 공연이 끝나자 고맙게도 다른 멤버들이 장비는 자기들이 옮길 테니 어서 병원에 가보라고 재촉한다. 나는 두렵지만 한편으론 북받쳐오르는 흥분을 억누를 수가 없다. 스트레스를 많이 받으면 나 자신을 보호하기 위한 방편으로 머릿속에 앞날을 그리며 위안을 얻곤 하는데 이번에도 어김없이 이 방법을 쓴다. 먼 훗날에는 지금의 이 시련이 한때의 즐거운 이야깃거리에 지나지 않을 것이고, 모든 일이 무탈하게 해결될 것이다. 몸 안에 생명체를 품고 있는 프랜시스는 지금 어떤 기분일까 가만히 상상해본다. 이것이 아내가 진정으로 원했던 것일까? 아내도 두려울까? 아니면 본능이 시키는 대로 몸을 맡기고 있을까? 피할 수 없는 일이라면 고통도 묵묵히 인내하게 해주는 화학적 명령 체계 같은 게 아내에게는 존재하는 것일까? 그리하여 아내에게는 출산이 제 자신을 내려놓는 죽음의 제의처럼 느껴질까? 이런 상상을 해본들 어차피 나는 남자다. 여자의 몸 어디에서 이런 용기가 나오는지 추측만 할 따름이다. 죽었다 깨어나도 나는 모를 일이다.

병원 가는 길은 눈 감고도 찾아갈 수 있다. 7년을 매일같이 이 길로 학교를 다녔기 때문이다. 그런데 내가 아버지가 된다니 신기한 노릇이다.

간호사가 나에게 대기실에 잠시 있으라고 말한다. 어린애들처럼 남자들이 귀찮아 죽겠다는 기색이 역력하다. 간호사가 아내의 침상 주위로 쳐진 커튼을 젖히고는 들어가라고 손짓한다. 이상하게 진통이 오지 않는다는 것만 빼고는 아직 아무 일도 일어나지 않았다. 아내는 몸 상태가 괜찮아 보인다. 오히려 내가 지쳐 보인다며 아내가 안쓰러워한다. 산고를 겪는 아내는 멀쩡한데 남편이라는 작자는 이렇게 후줄근한 몰골로 나타나다니, 얼굴이 후끈 달아오른다. 아내가 해맑게 미소 지으며 집에 돌아가 눈 좀 붙이라고, 내일 아침에 오라고 말한다. 간호사도 그때까지는 아이가 태어나지 않을 거라고 재차 안심시킨다. 나는 여자들에 대한 경외감으로 가슴 한편이 먹먹하면서도 내가 아무짝에도 쓸모없다는 생각에 한없이 작아져서 병실 문을 나선다.

집에 돌아오자 복도에 장비가 그득하다. 제리는 벽난로 앞 안락의자에 앉아 생각에 잠긴 표정으로 맥주를 홀짝거리고 있다. 나를 보더니 맥주 한 캔을 건넨다. 나는 병원에서 있었던 일을 간략하게 알려준다. 우리는 저마다의 생각에 잠겨 말없이 불길을 바라본다. 어차피 두 달 뒤면 아내와 나는 런던으로 떠날 거라서 제리는 식구가 또 늘어나도 괜찮은 모양이다. 처음에는 저하고 나, 장비밖에 없다가 프랜시스와 개가 오더니 이번에는 아기가 태어난다. 제리도 여자의 손길이 집 안 구석구석까지 닿는 게 나 못지않게 고마울 것이다. 하지만 곧 집 안이 북적북적 붐빌 테고 뭔가 수를 써야 할 것이다. 이런 얘기를 서로 주고받은 건 아니다. 우린 언제나처럼 말없이 난롯가에 앉아 맥주만 홀짝거린다.

제리와 나는 좀 이상한 단짝이다. 친하지만 그렇게 친한 건 아니다. 좋은 친구지만 서로 떨어질 수 없는 그런 사이도 아니다. 음악을 하겠다는 야망과 열정으로 뭉쳐서 편의상 한집에서 지내게 되었지만, 제리와 나 사이에는 늘 미묘한 긴장이 흐른다. 나에게도 그를 미치게 하는 면이 있고, 그에게도 나를 미치게 하는 면이 있다. 우리 둘 다 잘 아는 사실이다. 우리는 다를 뿐, 그 이상도 그 이하도 아니다. 우리는 생각도 다르고 행동도 다르다. 내가 미래를 꿈꾸듯 낙관하는 반면에 제리는 때론 퉁명해 보일 만큼 적나라하게 현실을 직시한다. 이런 까닭에 우리는 종종 첨예하게 대립한다. 지금껏 우린 추구하는 바가 비슷했지만 어디선가 불협화음이 들리기 시작한다.

제리를 처음 만났을 때만 해도 난 일종의 도제로 음악을 배우는 단계였는데, 지금은 힘의 역학 관계가 바뀌는 분위기다. 물론 그가 나보다 훨씬 나은 음악가라는 사실에는 의심의 여지가 없다. 이건 앞으로도 변함이 없을 것이다. 제리는 자기가 노래만 잘 불렀어도 나를 당장 해고했을 거라고 진담 반 농담 반으로 곧잘 이야기한다. 이렇게 툴툴대면서도 내가 쓰는 곡이 점점 좋아진다며 이제 제법 곡 분위기에 맞춰서 목소리도 낼 줄 안다고 칭찬을 해준다. 하지만 기쁨과 절망감이 동시에 교차되는 것 같다. 나는 우리 사이에 존재하는 경쟁의식을 은근히 즐기지만, 이건 어디까지나 내가 우위에 있기 때문이다. 내가 제리 입장이어도 이렇게 경쟁의식을 즐길 수 있을까? 아닐 것 같다. 이렇게 문제가 있지만, 우리 사이에는 상호 존중과 연대 의식에 기반을 둔 끈끈한 유대감이 존재한다. 더욱이 런던으로 갈 날이 멀지 않았다. 그곳에서 우린 기어코 성공을 거둘 것이다. 우리에게 중요한 것은 그뿐이다.

이튿날 내가 눈을 번쩍 뜬다. 그 순간 불길한 느낌이 엄습한다. 방에 쏟아지는 햇빛이 평소와 다르다. 어딘가 이상하다. 아버지를 따라 우유 배달을 나간 이후로 여태껏 늦잠이란 걸 자본 적이 없다. 해가 뜨면 나도 일어난다. 늦잠을 잔다는 건 생각할 수도 없는 일이다. 그런데 뭔가 이상하다. 길가에서 들리는 소리도 평소와 분명 다르다. 아침 7시에는 이런 소리가 나지 않는다. 한 줄기 공포가 심장을 관통하며 눈이 점점 커진다. 상상조차 할 수 없는 일이 머릿속에 떠오른다. 고개를 천천히 돌려 침대 옆 서랍장 위에 놓인 손목시계를 쳐다본다. 내가 믿을 수 없다는 듯 눈을 가늘게 뜨고 시계를 노려보다 세차게 한 번 흔들어보고는 다시 노려본다. 1시 5분이다. 순간 새벽 1시 5분이겠지 하는 생각이 든다. 그러다 여명 밝아오듯 머릿속이 점점 밝아오면서 내가 맞닥뜨린 이 섬뜩한 현실이 오롯이 모습을 드러낸다. 무려 열두 시간을 잔 것이다. 난생처음 있는 일이다. 그 바람에 첫아이가 이 세상에 태어나는 순간을 놓친 것이다.

나는 침대에서 벌떡 일어나 제리 방으로 뛰어간다. 비어 있다. 다시 내 방으로 돌아와 미친 듯이 옷을 꿰어 입고는 계단을 뛰어 올라가 2층 부부의 방문을 두들긴다. 아직 전화기가 없어서 2층 부부의 전화를 빌려 쓸 생각이다. 아무 대답도 없다. 일하러 나갔을 테니 당연하다. 나는 길모퉁이로 뛰어가 열에 들뜬 사람처럼 수화기를 부여잡고 병원으로 전화를 건다. 구식 다이얼 전화기의 숫자 구멍을 제대로 못 찾을 만큼 손이 떨린다. 전화벨이 만년은 울리는 것 같다. 이윽고 전화를 받는다.

"제너럴병원입니다. 무엇을 도와드릴까요?"

"산부인과 부탁합니다."

"네, 잠시만 기다리세요."

또 만년.

"산부인과입니다."

남자들이란 아무짝에도 쓸모없는 해충이라고 생각하는 바로 그 간호사다. 내가 숨을 크게 들이마시고 대답한다.

"저예요."

"그러니까 저가 누군데요?"

내가 누구인지 분명히 아는 목소리다. 낚싯바늘에 걸린 물고기처럼 나를 갖고 놀 심산인 것 같다.

"프랜시스 산모의 남편이에요."

"아!"

대어를 낚은 낚시꾼처럼 이제 마음 놓고 나를 괴롭힐 수 있다. 간호사가 한참 동안 잠자코 있다 이윽고 입을 연다.

"아내 혼자 진통하게 내팽개치고 대체 어디 있었던 거죠?"

더 이상은 못 견디겠다.

"간호사님, 제발요. 아기는 태어났나요? 산모도 아기도 다 건강한가요?"

"네!"

입안에 걸린 이 빌어먹을 낚싯바늘이 꺼덕꺼덕 움직이는 게 느껴진다.

"딸인가……?"

내가 주도권을 잡는 꼴을 못 보겠다는 듯이 말을 끝맺기도 전에 간호사가 불쑥 말허리를 자른다.

"산모도 아들도 다 건강해요. 아버지가 코빼기도 안 보였는데 말이죠. 대체 어디 있었지요?"

나는 못 들은 척하며 내 할 말만 한다.

"아내는 건강하죠?"

"그럼요!"

"지금 가서 볼 수 있나요?"

"문병 시간이 5시 반인 거 몰라요?"

"간호사님, 제발요!"

가엾은 영혼을 숨 가쁘게 몰아세우며 이 정도 무안을 주었으니 크게 아량을 베풀 시간이다.

"지금 당장 와요!"

나는 바람처럼 도심을 가로실러 병원으로 달려간 뒤 불법 주차를 하고 복도를 뛰어 내려가 서부영화에 나오는 무법자처럼 산부인과 병동의 두 짝문을 세차게 밀치고 들어간다. 그 순간 한편으론 기쁘면서도 한편으론 당혹스런 광경이 나를 맞이한다. 남동생이 병실 한가운데 서서 아기를 품에 안은 채 씩 웃고 있는 것이다. 성질 돋우는 예의 그 미소다. 내가 한 나절이나 늦은 데다 아기가 자기를 쏙 빼닮았다고 신이 나 있는 듯하다. 재미 삼아 그러는 거겠지만 짓궂게 빈정거리는 동생을 상대할 기분이 아니다. 고맙게도 프랜시스는 나를 보고 기뻐하는 기색이다. 남동생이 아기를 넘겨주자 우리 세 식구가 오롯이 시간을 갖는다.

"정말 미안해. 도대체 무슨 일인지 나도 모르겠어. 늦잠을 잤어. 생전 늦잠이라곤 안 자는데."

"괜찮아. 우리 아기 좀 봐. 눈이 참 예쁘지?"

그러자 저만치에 있던 남동생이 불쑥 끼어든다.

"맞아요. 아기가 정말 예뻐요. 딱 나라니까요!"

무슨 일이건 늦는 법이 없고 해 뜨면 바로 일어나는 사람이 하필 아기가 태어나는 날 늦잠을 자서 인생에서 가장 소중한 순간을 놓쳤는지 나도 그 까닭이 궁금해서 그 후로 그때 일을 두고두고 생각한다. 차라리 병실 복도에서 잠을 잤어야 했다. 아무 일도 없을 테니 집에 가라는 말을 듣지 말았어야 했다. 아기는 새벽 1시 반에 태어났다. 내가 집으로 돌아간 지 채 몇 시간도 안 돼서 태어난 것이다. 전화만 있었어도.

감당할 수 없을 만큼 경외감에 압도되었거나 내 안에 깃든 어린아이가 나를 한없이 깊은 잠으로 끌어들여 늦게까지 붙들어놓은 게 아닐까 하는 생각이 든다. 아내는 나를 용서했을지 모르나, 나는 나 자신을 절대 용서할 수 없다.

이튿날 밤에 아기를 집으로 데리고 온다. 새로 페인트칠한 우리 방에 앉아 아기를 물끄러미 내려다본다. 작은 침대에 누워 새근새근 자는 아기의 모습이 포근하고 따듯해 보인다. 아내도 옆에서 곤히 자고 있다. 흠잡을 데 없이 완벽한 손톱과 하나의 예술 작품처럼 손바닥에 새겨진 손금과 까슬까슬하니 봉긋 솟은 말간 입술과 입술 사이로 보이는 촉촉하고 보드라운 속살을 감탄의 눈으로 바라본다. 불현듯 길가에서 죽은 소년의 모습이 눈앞에 떠오른다. 아들을 바라보며 그 모습을 애써 지워보지만 당최 머릿속에서 떠나질 않는다. 그 소년도 이렇게 아기였을 때가 있었 겠지.

아기의 눈꺼풀 위로 파르스름한 실핏줄이 내비친다. 쌕쌕거리는 숨소리와 빠르게 뛰는 심장 고동 소리에 가만히 귀 기울여본다. 아기 가슴이 가만히 부풀어 올랐다 내렸다 한다. 이 험한 세상으로부터 아기를 어떻게 지켜낼지 걱정이 앞선다. 개떼같이 다리 위를 몰려가던 스킨헤드들도 이렇게 연약하니 완벽한 존재였던 적이 있었을 것이다. 창문에 빗방울이 후드득후드득 떨어진다. 나는 어두운 거리가 내다보이는 창가에 커튼을 드리운다.

엄마가 아기를 얼굴 가까이에 바싹 끌어안고 벌써 크리스마스라도 된 듯 기뻐한다. 아기가 잠이 오는지 술에 취한 사람처럼 축 늘어져서 할머니 품에 안겨 있다. 엄마가 아기에게 뜻 모를 말을 뭐라고 중얼거리자 아버지가 못마땅한 표정을 짓는다. 아버지도 손자가 생긴 게 더없이 좋은 모양이다. 아버지 표현을 빌리자면 "기뻐서 환장할 노릇"이다. 하지만 할아버지라는 이름에 익숙해지려면 시간이 필요한 법이다.

"아직 할아버지가 되기엔 젊은 거 같은데, 안 그러니?"

"그럼요, 아버지!"

아버시가 나를 본 나이가 지금의 내 나이와 같다. 사방이 거울로 둘러막힌 미로에 갇힌 것처럼 아버지와 나는 서로를 쳐다본다. 아버지는 나에게서 젊은 시절의 당신 모습을 발견하고, 나는 아버지에게서 미래의 내 모습을 발견한다. 희끗희끗 귀밑머리가 희고 숱이 많이 빠져서 머리도 제법 벗어졌지만 체대는 아직 건장하다. 바삐 움직이는 일이라 몸은 군살 없이 날렵하다. 자만한 나머지 몸을 방치하지 않는 한 살이 찔 수 없는 구조다. 우리가 장인어른의 이름을 따서 아기 이름을 조라고 지었는데도 아버지는 별로 개의치 않는 눈치다. 사실 아버지 이름인 어니스트는 에드워드 시대의 느낌이 너무 많이 난다. 병원에서 우리 아들 침대 다음다음에 있던 여자아이는 채스터티 포셋이라는 엄숙한 이름을 갖게 되었는데 어떻게 이름대로 살지 참으로 걱정된다. 'chastity'는 '순결'이라는 뜻.

가족들이 모두 조를 사랑한다. 조 덕분에 우리 가족은 오래간만에 저마다의 굴에서 나와 아기를 마치 무슨 부족의 토템이라도 되는 것처럼 가운데 두고 포옹을 나눈다. 평소에는 사랑을 주는 법도, 받는 법도 모르지만, 지금은 기쁜 마음에 기꺼이 사랑을 주고받는 것이다. 게다가 조는 행운의 부적으로 이 세상에 태어난 것 같다. 조가 태어난 지 얼마 지나지 않아 내 인생을 송두리째 바꾸는 만남이 이루어지기 때문이다.

'마지막 비상구'는 가속이 붙어 금세라도 런던까지 내달릴 기세다. 제리도 나도 한층 들뜬 마음으로 장밋빛 미래를 꿈꾼다. 조가 태어난 다음 다음 날부터 우리는 일주일 내내 공연을 이어간다. 호텔에서 정기적으로 공연하는 이틀은 물론이고 레드카^{영국 북동부 바닷가의 휴양지}에서 존 하이즈먼이 결성한 '콜로세움'의 지원 밴드로 무대에 올라 나름으로 멋진 무대를 선보인다. 금요일에는 뉴캐슬대학교와 폴리테크닉대학 무도회장에서, 일요일에는 세인트메리대학 구내식당에서 성공적인 공연을 펼친다. 그런데 일요일 공연이 끝날 무렵 우리를 도와주는 유일한 음악 평론가인 필 서트클리프가 나타나더니 저만치 뒤편에서 공연을 지켜본다. 옆에는 내가 모르는 사람이 서 있다. 마지막 곡을 마치고 앙코르로 몇 곡 더 부른 뒤 무대에서 내려오자 이들이 우리 쪽으로 걸어온다. 키가 껑충한 사내는 미국인이며 이름이 스튜어트 코플랜드라고 했다. 런던에서는 꽤 유명한 밴드인 '커브드 에어Curved Air'의 드러머다. 치렁치렁한 갈색 머리에 턱 선이 다부지고 깎아놓은 듯 잘생긴 얼굴에는 자신감이 넘친다. 필이 음악평을 쓰기 위해 '커브드 에어'의 '메이페어 볼룸' 공연을 보고는 스튜어트에게 잘나가는 지방 밴드가 있는데 한번 볼 생각이 없느냐고 물어보았다는 것이다.

필이 다른 멤버들에게 인사하고 오겠다며 자리를 뜨자 미국인과 단둘이 남는다. 나를 이리 살피고 저리 재고 있다는 느낌이 강하게 든다. 그가 오늘 밤 공연이 아주 인상적이었다며 언제 한번 런던에 오면 전화하라고 말한다. 기분이 우쭐해진다. 그런데 그가 다른 멤버들에게는 이런 말을 건네지 않는다. 나는 전화번호가 적힌 쪽지를 가만히 주머니에 집어넣는다. 잠시 뒤 필과 미국인이 어두운 밤거리로 사라진다. 짐을 싸면서 멤버들이 누구냐며 궁금해하자 이러저러한 사람이라고 설명을 해주면서도 전화번호를 받았다는 이야기는 하지 않는다. 이유는 나도 잘 모르겠지만 어떤 이기적인 본능으로 입을 다물지 않았을까 싶다.

집에 돌아오자 아내가 젖을 먹이고 있다. 잠시 뒤 제리가 제 방으로 들어가는 걸 보고는 나는 얼른 아내에게 키가 껑충한 미국인 이야기를 꺼내며 전화번호가 적힌 쪽지를 보여준다. 아내는 메이페어 번호라며 부자 동네가 분명하다고 말한다. 나는 해독해야 할 신비한 암호라도 되듯 전화번호를 일기장에 조심조심 적는다.

그다음 주 내 결혼식에서 신랑 들러리를 선 키스가 어린 시절 짝꿍인 팻과 결혼을 한다. 이번에는 내가 신랑 들러리를 설 차례다. 앞을 내다보는 능력이 탁월한 탓에 키스는 결혼식 전전날 밤에 전야 파티를 연다. 바이커의 포드 암스라는 곳에서 파티가 열렸다는 것과 내가 바닥에 반듯이 누워 페달 밑에 코를 박고 팔을 위로 뻗은 상태로 눈을 감은 채 피아노를 쳤다는 것 말고 그날 밤 일에 대해서 기억나는 거라곤 없다. 연주가 꽤 훌륭했다는데, 사실 거기에 있던 사람치고 취하지 않은 사람은 단 한 명도 없었다. 이 불후의 연주는 두 번 다시 되풀이되지 않는다.

1976년 12월 12일 일요일 일기

재앙이다. 테리가 선덜랜드 엠파이어에서 아홉 이레 동안 〈딕 위팅턴Dick Whittington*〉 공연을 같이 하자는 연락을 받았다고 오늘 밤 폭탄선언을 했다. 이 빌어먹을 기타리스트들과 팬터마임, 도대체 이게 어찌 된 일이란 말인가. 저주 받은 운명이다. 처음에는 존, 그리고 이번에는 테리라니. 존이 밴드를 떠나도 우리는 기타리스트 없이 잘 버텼다. 하지만 지금은 런던행이 걸려 있다.

---

* 〈딕 위팅턴〉은 15세기 유명한 런던 시장의 생애를 다룬 팬터마임이다. 전설에 따르면 가난한 고아인 위팅턴은 런던의 거리거리가 금으로 뒤덮인 줄 알고 런던에 왔다고 한다. 가진 거라곤 검은 고양이가 전부인 그는 부유한 상인의 집에서 허드레꾼으로 일한다. 부당한 처사에 분개하여 주인댁에서 뛰쳐나가지만 얼마 못 가 세인트 메리르보교회의 종소리를 듣고 런던으로 돌아온다. 그때 교회 종이 "뒤돌아라"라는 소리를 내며 울렸다고 한다. 런던으로 돌아온 그는 도시에서 가장 부유한 사람이 되어 시장의 자리에까지 오른다.
역사 속의 위팅턴은 고아는 아니지만 사업가로 큰 성공을 거둬 자선 사업을 활발히 했다. 1423년 사망하기 전에 공익을 위해 사용하라며 엄청난 재산을 사회에 환원했다.
공연에서 딕은 전통적으로 허벅지까지 올라오는 긴 부츠를 신은 여자 배우가 맡고, 반대로 여자 배역은 여장한 남자 배우들이 맡는다. 왜 그런지는 모르겠다.

〈딕 위팅턴〉 공연은 2월까지다. 이야말로 비극이지 아니한가. "12시가 돼도 딕은 올 기미도 안 보이네."

기타리스트 목을 확 조르고 싶다. 크게 낙심해 있던 참에 제리가 위로의 말을 건넨다. 테리도 주머니에 돈이 두둑해지면 런던행을 더 진지하게 생각할 거라고. 내가 제리에게 단호하게 말한다. 이 딕 위팅턴은 테리가 있건 없건 새해가 밝는 대로 무조건 런던으로 갈 거라고.

1977년 1월 뉴캐슬대학극장에서 '마지막 비상구'의 고별 공연이 열린다. 이태 동안 우리가 땀 흘려 거둔 값진 승리의 결실이다. 애환이 교차한다. 연습하고 편곡하고 작곡하고, 싸우고 소원해지고 화해하고, 안 입고 안 먹으면서 아낀 돈으로 장비 구입해서 허리가 휘어지게 승합차에서 싣고 부리고 계단을 오르내리고 무대에 끌어올려 제자리에 놓고 다시 짐 꾸리고 고장 나면 고치고 영국 북쪽 지방을 안 가본 데 없이 휘젓고 다니면서 보낸 이태의 시간들. 우리에게도 가능성이 있고 경쟁력이 있다고, 그러니 꿈을 향해 숨 가쁘게 달려온 우리에게 힘이 되어달라고 호소하기 위해 돈 한 푼 못 받는데도 두 시간 노래하고 연주하기 위해 런던을 오간 그 숱한 불면의 밤들. 오늘이 이런 나날의 마지막이라는 걸 우리는 안다. 우리는 이런 환경에서 우리가 할 수 있는 최대한으로 꿈을 밀고 나갔다. 큰일을 치든가 죽든가 둘 중 하나다. 이른 저녁이라 극장 구내 술집은 아직 비어 있다. 장비를 무대 뒷벽에 바싹 붙여서 부리는데 저 위에 커다란 흑백 포스터가 붙어 있다. 지금 극장에서 상영하는 데이비드 러드킨의 〈빛의 아들들Sons of Light〉이다.

전선 챙기랴 플러그 꽂으랴 줄 고르랴 드럼 조절하랴 다들 정신없이 바쁘지만 무언가 미묘한 긴장이 흐른다. 오늘은 테리의 팬터마임 공연이 쉬는 날이다. 공연이 여섯 이레나 더 남아 있지만, 테리가 공연이 끝나는 대로 런던으로 와서 새로운 모험에 합류하는 걸로 일단 말을 맞추어놓았다. 하지만 제리도 나도 은근히 불안하다. 이런 일이 실제로 일어날 거라고 형님들은 물론이고 우리도 확신하지 못하기 때문이다. 형님들은 달콤한 환상에 젖어 마냥 달뜬 우리가 실망할까 봐 차마 아무 말도 못하고 그저 적당히 맞장구만 치는 게 아닐까 싶기도 하다. '이 철부지들아, 어서 정신 차려라, 여기서 잘하고 있는데 무슨 모험이냐, 안정적인 삶이 제일이다, 그러니 런던 가겠다는 꿈일랑 잊어버려라'라고 말하는 듯하다.

제리와 나는 친구들과 팬들에게 고별인사를 하러 온 건데, 형님들은 오늘 공연으로 우리 마음이 바뀌기를 은근히 바라는 눈치다. 장비를 다 부린 뒤 술집 한가운데 나란히 앉아 맥주잔을 기울이며 저마다의 생각에 잠겨 있는데 청중들이 하나둘 들어오기 시작한다. 공연이 끝나고 어떻게 될지 아무도 모르지만 멋진 밤이 될 거라는 설렘이 손에 잡힐 듯 공연장에 가득하다. 알 만한 사람은 다 온 것 같다. 장내가 가득 들어차자 아는 얼굴을 찾아 일일이 인사하는 것도 벅차다. 저만치 뒤편에서 동생이 비웃는 듯한 표정으로 말없이 건배를 보내는 모습이 눈에 띈다. 언제나처럼 조소를 머금은 응원의 메시지다. 동생이 나를 사랑한다는 건 추호도 의심해본 적이 없다. 동생이 말할 필요도 없다. 지금껏 말한 적도 없거니와 앞으로도 그럴 것이다. 그저 오늘 밤 이곳에 왔다는 사실이 백 마디 천 마디 말보다 든든하다.

무대에 오를 시간이다. 내가 긴장한 손으로 마이크를 두들기며 장내 분위기를 환기한다.

"신사 숙녀 여러분."

조심스레 첫마디를 뱉는다. 짐짓 정중하게 시작하지만, 오늘 밤 공연의 의도를 분명히 전달할 필요가 있다.

"저희에게 오늘 밤은 아주 특별한 밤입니다. 애석하게도 오랜 시간 이곳에서의 활동을 갈무리하는 마지막 공연이 될 것이기 때문입니다. 런던에서 통하는지 보기 위하여 저희는 내일 런던으로 떠납니다."

몇몇은 비웃는 듯한 박수를 치고 몇몇은 획획 휘파람을 요란하게 불어대지만 대부분은 경의를 표한다는 뜻으로 술잔을 들어 올린다. 그 순간 론과 테리가 멀거니 벽을 쳐다보는 모습이 눈에 들어온다.

첫 곡을 시작한다. 〈도쿄 블루스〉는 오늘도 어김없이 분위기를 달군다. 서너 곡이 끝나고 우레 같은 박수와 환호성이 터져 나오자 멋진 공연이 될 것임을 아무도 의심하지 않는다. 론과 테리는 반응이 뜨거울수록 우리가 이곳에 눌러앉을 가능성이 높아진다고 생각할지 모르나, 제리와 나에게는 이 열렬한 호응이 어서 대처에 나가라는 외침처럼 들린다. 팬들이 런던에서도 잘할 수 있다며 자신들도 이미 우리와 한배에 올라탔다고 응원해주는 듯하다. 미친 짓에 열풍 같은 지지를 보내주는 것만큼 감동적인 일도 없다. 나는 나 자신은 물론이고 이곳에 모인 팬들을 결코 실망시키지 않겠노라고 굳게 결심한다.

관중들이 연신 발을 쾅쾅 구르며 환호성을 지르고 열광하더니 앙코르를 외치며 가지 말라고 아우성이다. 우리가 마침내 관중을 뒤로한 채 무대에서 내려온다. 론과 테리는 그 나름대로, 제리와 나는 또 그 나름대로 저마다 승리를 점치지만, 이길 때는 신중하게 말을 아끼는 게 현명한 처사다. 론이 심벌즈 스탠드 제일 위에 있는 나사를 풀며 한마디 툭 던진다.

"멋진 무대였어!"

나도 고개를 끄덕이며 맞장구치지만 더 이상 가타부타 부연하지 않는다.

"네, 멋진 무대였어요."

이튿날 지역 방송국에서 우리가 팬들에게 보내는 고별인사를 저녁 뉴스에 내보내고 싶다고 연락을 해온다. 재미있는 모순은 우리가 〈일을 그만두지 마세요Don't Give Up Your Daytime Job〉라는 곡을 연주했다는 것이다. 텔레비전 첫 출연이다 보니 긴장한 나머지 나는 2절 가사를 까먹고 1절을 되풀이하지만 3절은 무사히 마친다.

방송 촬영이 끝나고 나는 멤버들에게 조만간 런던에서 보자며 작별인사를 건넨다. 제리는 내 눈을 똑바로 쳐다보지만, 론과 테리는 눈을 슬쩍 피해버린다. 하지만 내 마음은 벌써 런던에 가 있다. 이제 나를 막을 건 아무것도 없다.

남쪽으로 향하는 M1에 짙은 어둠이 깔린다. 내가 프랜시스와 아기 바구니에서 잠든 조와 개 한 마리를 태우고 런던으로 달리고 있다. 옷가방 두 개와 기타 두 개, 아내의 버드나무 흔들의자가 우리가 가진 전부다. 일자리도 없고 집도 없고 돈도 없지만, 1년 동안 꿈꿔온 것이기 때문에 우리는 한껏 들떠 있다. 진짜 인생이 지금 막 시작된 기분이다. 여태껏 겪은 일들은 모조리 이 순간을 위한 준비 과정에 지나지 않는 것 같다. 고속도로를 달리는 순간순간마다 과거로부터 멀어진다. 유년 시절의 혼란과 소외, 막다른 골목에 다다른 듯한 절망과 방황과 어긋난 시작 따위는 모두 뒤로한 채 남녘땅 저 너머 신세계에서 새로운 삶을 다시 시작할 것이다. 희망이 솟구치면서도 마음 한편으로 형님들이 런던에 올 생각이 없다는 의혹이 점점 짙어진다. 내가 대처에서 잘하는지 지켜보긴 하겠지만, 형님들이 삶의 기반이 위태로워지는 위험을 무릅쓰며 낯선 곳에서 고생을 자처할 성싶지는 않다. 이들을 탓할 순 없다. 이 정도나마 안정적인 기반을 마련하기 위해 지금껏 열심히 살아온 분들이다. 게다가 형님들에게는 프랜시스 같은 수호천사도 없다. 과연 성공이 무엇일까 나 자신에게 가만히 물어본다. 오롯이 음악만 하면서 살고 싶지만, 동시에 가창력으로도 작곡 실력으로도 인정받는 유일무이한 음악가가 되고 싶다. 그래서 온 세상이 비틀스의 노래를 알고 인정한 것처럼 나의 노래와 나의 멜로디를 사해에 널리 떨치고 싶은 마음이 간절하다. 이 모든 것을 내 방식대로 할 것이다. 그 누구도 대체할 수 없는 유일한 존재가 되고 싶다. 주류에서 소외된다 하더라도 기꺼이 받아들이겠다. 더 강해질 것이다. 나를 알아주는 사람이 단 한 명도 없다 하더라도 내가 나를 알아주면 그만이다.

아내는 내 어깨에 살포시 기대어 잠들어 있다. 아기는 앞으로 어떤 모험이 펼쳐질지 아무것도 모른 채 잠에 취해 있고, 개는 대체 어디로 가는지 묻는 듯한 의아한 눈길을 던지고 있다. 밤은 깊어가고 집으로 돌아가는 차량도 뜸해진다.

10

피파 마컴은 아내와 가장 친한 친구다. 예전에는 아내와 함께 배우로 활동했는데 지금은 에이전트 일을 한다. 고맙게도 배터시의 프린스오브 웨일스드라이브Prince of Wales Drive에 있는 자기 집에서 우리를 잠시 머물게 해준다. 공원의 남쪽을 따라 대저택이 즐비하게 늘어선 부유한 동네다. 건물 뒤편의 꼭대기 층이라 공원이 보이기는커녕 전망이라곤 아예 없지만, 방도 두 개고 쾌적하고 아기자기 잘 꾸며놓은 곳이다. 우리는 그저 비피할 곳이 있다는 사실에 감지덕지해하며 거처할 곳을 마련할 때까지 거실에서 지내기로 한다.

이튿날 아침 나는 언제나처럼 일찍 일어나 아기를 배불리 먹인 뒤 유모차에 태우고 산책을 나간다. 1월의 햇살이 청명하다. 첼시로 가는 다리를 건너는데 갈매기들이 저 높이 머리 위를 맴돌며 끼룩끼룩 울어댄다. 울음소리에 불현듯 고향 생각이 난다. 잠든 아기를 바라보며 내가 주절주절 지껄인다. 일요일 이른 시각이라 인적 없는 셰인 로를 천천히 걸어간다. 조지 왕조 양식의 아름다운 대저택이 길가를 따라 죽 늘어서 있다.

저 집들에서는 템스 강과 그 너머 배터시공원이 시원하게 내다보일 것이다.

"아들, 걱정하지 마. 다 잘될 거니까. 우리도 나중에 저런 집에서 살자. 편안하고 행복하게."

곤히 잠든 아들이 내 말을 들을 리가 없다. 사실은 나 자신에게 뇌까리는 말이다. 온통 짙은 나무로 장식한 서재나 예술품 그득한 응접실에서 강가를 내다보는 기분은 어떨까 상상해본다. 이런 데서 사는 사람들은 더 행복할까? 골칫거리라곤 없는 완벽한 삶일까? 물론 아닐 것이다. 부럽지도 서글프지도 않지만, 나중에 나는 어떤 곳에서 살까 궁금할 따름이다.

켄싱턴에서 아파트 알선 비용은 15파운드다. 매일 아침 9시 정각에 부동산에 전화를 걸어 우리가 가진 돈으로 빌릴 수 있는 아파트 목록을 확인한다.(가장 싼 아파트를 생각하면 된다.) 손에 쥔 돈도 몇 푼 안 되고 젖먹이까지 딸린 사람이 집을 찾는 건 참 지치고 우울한 일이다. 몇 시간 동안 런던 도심을 휘젓고 다녀도 허탕 치기가 예사다. 괜찮은 아파트는 막 나갔거나 아직 남은 아파트는 디킨스 소설에 나올 법하게 음산한 데다 쥐들이 우글거리고 길가에 세워진 차들은 폭도가 휩쓸고 간 듯 처참하게 찌그러져 있다.

런던 북쪽 지역을 살살이 뒤졌지만 이번에도 허탕을 치고 배터시로 돌아오는 길이다. 이른 저녁 퇴근하는 차들로 파크 레인이 꽉 막힌다. 전화번호가 적힌 일기장이 내 손에 쥐여 있다. 한 달 전에 만난 미국 드러머의 전화번호다. 나는 지금 있는 곳이 메이페어라는 걸 확인하고 차를 왼쪽 골목길로 꺾으며 미국인에게 전화를 걸기로 일껏 큰마음을 먹는다. 그린 가 모퉁이에 공중전화 박스가 보인다. 그 옆에 차를 세우고 가로등 불빛 아래서 일기장에 적힌 숫자를 누른다. 전화벨이 계속 울린다. 나를 기억하지 못하거나 순회공연 중이면 어쩌지 하는 불안이 엄습한다. 이윽고 졸린 듯한 여자 목소리가 전화를 받는다. 코플랜드 씨 계시느냐고 내가 묻자 여자가 잠깐 기다리라고 말한다. 실제론 1분 남짓이겠지만 수십 분은 지난 것 같다. 여자가 다시 전화를 받더니 "그런데 누구시죠?"라고 묻는다. 내가 스팅이라고 대답하자 여자가 별 희한한 이름 다 듣는다는 듯이 되묻는다.

"스팅이라고요?"

"네, 스팅입니다."

여자가 또 기다리라고 말한다. 한참 뒤 한꺼번에 계단을 서너 개씩 밟고 내려오는지 둔탁한 발소리가 들린다. 스튜어트다.

"잘 지냈어요?"

그가 가쁜 숨을 몰아쉬며 전화를 받는다.

"네, 스팅이에요. 뉴캐슬에서 만났던 베이스 연주자……"

나를 기억할까 싶어 반신반의하며 대답한다.

"지금 어디예요? 런던 왔어요?"

"어, 그러니까, 네, 실은 메이페어예요."

사실대로 말하려니 민망하기 그지없다. 무슨 비렁뱅이 부랑인도 아니고, 피파네 아파트에서 전화하는 게 모양새가 훨씬 나을 뻔했다.

"메이페어 어디예요?"

"지금 공중전화에 있는데, 어…… 그린 가예요."

"정말요? 바로 코앞이네. 26번지 꼭대기 층이에요. 어서 올라와요."

얼굴이 후끈 달아오른다. 예까지 이 남자를 쫓아온 기분이다.

"그럼, 그러죠."

내가 대답하고는 가로등 불빛 위로 시커멓게 솟은 조지 왕조 양식의 대저택을 올려다본다. 전화를 왜 했을까 후회막급이다. 아내와 아들에게 갔어야 했다. 부질없는 짓이다. 친절을 베푸는 것에 불과할 텐데, 시간 낭비다. 다음 주면 공연을 위해 멤버들이 뉴캐슬에서 오는데 공연히 여기저기 기웃거린 꼴이 되었다. 어둠이 짙게 깔린 거리를 내려다본다. 남쪽으로 내려가는 차들이 파크 레인에 가득하다. 지금 이게 무슨 짓일까 하는 의구심이 가시지 않는다. 길 건너 웅장한 저택을 따라 걸으며 어둠 속에서 번지를 확인하는데 왠지 모르게 마음이 진정된다.

거대한 기둥이 현관을 받치고 있는 18세기의 고가古家가 이윽고 웅장한 자태를 드러낸다. 내가 색유리 창문을 통해 복도를 슬쩍 들여다보고는 꼭대기 층의 벨을 누른다. 잠시 뒤 삑 소리가 나더니 문이 스르륵 열린다. 집 안으로 들어간 뒤 위압적일 정도로 두꺼운 양탄자가 깔린 계단을 올라간다. 4층에 이르자 열린 문틈으로 귀에 거슬리는 음악 소리가 들린다.

어둑어둑한 집 안으로 들어가자 턱수염이 부수수한 사내가 짙은 갈색 머리칼을 길게 늘어뜨리고 다리를 꼬고 앉아 작은 휴대용 앰프에 연결된 퍼스펙스 베이스를 치고 있다. 연주 실력이 형편없다는 걸 단박에 알겠다. 묵직한 베이스 소리라기보다는 파리가 창가에서 윙윙거리는 소리에 더 가깝다. 이 사내는 동방의 성지라면 딱 알맞을 것 같은 방 한가운데 앉아 인기척을 전혀 못 느끼는지 눈을 흡뜨고는 명상에 잠긴 건지 미약에 취한 긴지 여하튼 무아경에 빠져 있다.

내가 방 안을 휘둘러본다. 흔히 수연통이라고 하는 물담뱃대며 회교도의 태피스트리며 오목새김 된 놋쇠 그릇이며 아랍의 장검이며 단도며 비단 양탄자며 하렘의 방석이며 온통 중동에서 건너온 듯한 작품들로 방

안이 가득하다. 옅은 향내와 파출리 기름 냄새가 코끝을 가만히 찌른다. 옆문 틈새로 붉은 머리칼을 기다랗게 늘어뜨린 여자가 보인다. 무척 아름답다. 커다란 입은 유혹하듯 요염하게 쫑긋 내밀고 있는데 아예 그렇게 굳어버린 것처럼 보인다. 작은 기타를 들고 몽롱하게 취해 흥얼흥얼 콧노래 부르는 모습이 여자도 자신만의 세계에 빠져 있는 듯하다. 수화기 너머로 들린 그 여자 목소리의 주인이 틀림없지만 어째 낯이 익다. 여자의 노래도, 아까 그 귀에 거슬린 베이스 소리도, 위층에서 들리는 드럼 소리도 다 제각각 따로 논다. 적잖이 당혹스럽다.

바로 그때 부엌으로 보이는 곳에서 여자가 툭 튀어나온다. 체구가 우람하다. 기다란 흑갈색 머리칼에 반짝거리는 하이힐 위로 굵은 장딴지가 불룩 튀어나와 있다. 여자가 솥뚜껑 같은 손으로 귀를 틀어막고 황급히 지나가다 내 몸을 툭 치는 바람에 하마터면 계단 아래로 구를 뻔했다. 여자가 괴로운 얼굴빛으로 돌아보더니 잡아먹을 듯한 기세로 나를 노려본다. 저를 알은체하는 사람이 나밖에 없기 때문일 것이다. 괜스레 미안해져서 목구멍 밖으로 나오려던 사과의 말이 여자가 문을 쾅 닫고 들어가는 바람에 쏙 들어간다. 참 요상한 곳이다.

붉은 머리칼의 여자가 졸린 듯 반쯤 내리감은 눈으로 나를 쳐다보며 나른한 미소를 지어 보인다. 나는 여자의 미소를 위층으로 올라가도 된다는 뜻으로 받아들이고 계단을 오른다. 점점 커져가는 이 불협화음이 경악할 노릇이지만 대체 어떻게 된 일인지 흥미가 당긴다. 위층 방에 들어간다. 천장에 매달린 알전구에서는 환한 불빛이 쏟아지고 가구처럼 보이는 물건들은 온통 새하얀 천으로 뒤덮여 있다. 창문에 판지 상자를 덧대어놓은 꼴이 급한 대로 방음 조치를 한 모양이다. 키가 껑충한 미국인이 방 한가운데에서 어마어마하게 큰 드럼을 치고 있다. 회초리 휘두르듯 기다란 팔을 날렵하게 휘두르며 라이드 심벌즈와 스네어 드럼에 채를 내리꽂으며 씩 웃는 모습이 기관총을 갈기는 병사처럼 어딘지 비장해 보인다. 콘크리트 드릴처럼 오른발이 쿵쿵거리면서 방 안을 뒤흔들 적마다 하이햇드럼에 달린, 발로 치는 심벌즈이 이음쇠 위에서 파닥거리며 떨어댄다. 나에게 뭔가 강렬한 인상을 남길 심산이었다면 제대로 골랐다. 스튜어트 코플랜드의 몸짓은 흡사 동물의 그것처럼 날쌔고 우아하다. 로니가 까탈 부린다 할 만큼 정교하게 기술을 구사하는 드러머라면, 스튜어트는 터질 듯 힘이 넘치는 드러머다. 그가 열여섯 마디를 더 연주하더니 마침내 자리를 털고 일어나 톰톰울림선이 연결되지 않은 중형 드럼 너머 내가 있는 곳으로 성큼성큼 걸어온다.

"안녕하세요? 런던에는 언제 온 거예요?"

그가 커다란 손을 내밀어 내 손을 덥석 잡고는 세게 흔든다.

"이틀 됐어요."

우악스러운 그의 손아귀에서 손을 빼내며 내가 최대한 무심한 목소리로 대답한다.

"저쪽에 있는 베이스 들어요. 연주합시다."

"아래층에 계신 분들한테 방해되지 않을까요?"

"전혀. 이안 형하고 소냐예요. 신경 쓰지 않을 거예요."

아래층에서 봤던 붉은 머리칼의 여자가 누군지 이제야 알겠다. 70년대 독창적인 아트록 밴드를 이끈 아름다운 여신, '커브드 에어'의 보컬이다. 몇 년 전에 '더 후 The Who'의 무대에서 지원 밴드로 나섰던 모습을 본 적이 있다. 전자 바이올린과 전기기타로 사이키델릭 팝과 포크록과 비발디의 현란한 음악을 한데 섞어서 연주하는 밴드 모습이 마치 '우리 모두 음대 나왔어요'라고 부르짖는 듯했다. 그런 가운데서도 소냐는 정말 아름다웠다. 이 세상 사람이 아닌 듯한 범접할 수 없는 우아함이 있었다. 내려가는 길에 소냐를 한 번 더 보리라 마음먹는다. 여행길에 오르기 전에 지형을 파악해두는 게 좋겠다는 생각에 내가 묻는다.

"이안 형이라는 분이 베이스 연주자예요?"

스튜어트가 내 의도를 바로 간파하고 대답한다.

"오, 아니에요, 아니에요. 에이전트 일을 해요. 그저 재미 삼아 치는 거예요."

그러고는 무슨 비밀 이야기라도 하듯 은밀하게 덧붙인다.

"베트남 다녀오더니 좀 이상해졌어요. 이제 막 껍데기를 깨고 나온 것 같아요."

내가 천천히 고개를 끄덕이며 아래층에 있던 명상가를 떠올린다. 껍데기 속에 있었을 때는 대체 어떤 모습이었을까 궁금하지 않을 수 없다. 베이스를 집어 들면서도 즉흥연주인지, 오디션인지, 아니면 둘 다인지 분간이 서지 않는다.

"다른 여자 분은 누구죠?"

급기야 내가 궁금증을 참지 못하고 묻는다.

"아, 조지요? 묻지 말아요."

그가 눈알을 굴리며 짧게 대꾸하고는 말머리를 돌린다.

"무슨 곡으로 할까요?"

"아까 들어올 때 연주하시던 거 멋지던데요."

내가 베이스 코드를 꽂고 줄을 고르면서 대꾸한다. 말이 떨어지기가 무섭게 그가 맹렬한 속도로 드럼을 치기 시작하고, 나는 출격 태세를 갖추며 이 연주가 나를 어디로 데리고 갈까 가만히 생각해본다. 자, 진격이다. 그는 기관총 긁듯 드럼 채를 정신없이 휘두르고 나는 비단뱀 기어가

듯 심벌즈 찰랑이는 리듬의 밀림 속을 기어간다.

애초부터 우리 사이엔 어떤 전기 같은 것이 찌릿하게 통했다. 서로에 대한 이해와 인정, 유대는 물론이고 팽팽한 긴장감이 흐른다. 킥 드럼은 암페타민처럼 정신이 번쩍 들게 하고, 베이스는 근저에서 이리저리 자리 옮김을 하며 물 흐르는 듯한 소리를 낸다. 한 쌍의 무용수가 무심코 스텝을 밟다 예기치 못한 조화를 발견했다고나 할까, 혹은 연인들이 성교의 리듬을 찾았다고나 할까, 혹은 거센 강물 위에서 조수(漕手)들이 한 몸처럼 노를 저어간다고나 할까. 여하튼 이런 일체감은 쉽게 맛보는 것이 아니다. 이 사내만큼 에너지가 넘치는 드러머를 만나 본 적이 없다. 오히려 에너지가 너무 과해서 문제인 것 같다. 폭주 기관차에서 짐 꾸러미 버리듯 곡의 빠르기도 쉽게 버릴 수 있다는 사실을 나는 깨닫는다. 휘몰아치는 이 회오리바람 속에서 어떤 음악이 나올지 도무지 감을 잡을 수 없지만, 결코 부드럽거나 쉬운 음악은 아닐 것이다. 목숨을 건 광폭한 주행이 될 게 분명하다.

연주가 한 시간 넘게 이어진다. 이윽고 열락의 무아경을 느낀 연인들처럼 기진맥진해서 발갛게 상기된 얼굴로 연주를 끝내자 다음에 무엇을 해야 할지 몰라 살짝 당혹스럽다. 그가 헨드릭스며 '크림' 이야기를 하다가 마음 한편에는 늘 3인조 그룹에 대한 갈망이 자리 잡고 있었다고 말한다. 셋에서 균형을 맞추고 책임을 다하는 게 벅찰 때도 있지만 오히려 그게 3인조 그룹의 매력이란다. 이른바 "적을수록 많다" 정신이다. 한계 상황에 맞닥뜨려 즉석에서 연주도 하고 혁신도 꾀하고 창조적으로 문제 해결에도 나서다 보면 그 속에서 진정한 예술이 꽃피운다는 것이다. 그는 말도 속사포처럼 쏟아낸다. 펑크 음악을 듣고는 찌르르 전기 오른 듯 깜짝 놀랐다, 음악 교육을 받지 않은 이들이 정교함이며 기술 따위를 내

던지고 날것 그대로의 생생한 에너지를 폭발시키는 모습이 정말 감동이었다. 자신도 그 무리에 속하고 싶다, 언젠가는 해일 닥치듯 펑크 음악이 모든 것을 쓸어버릴 것이라고 열변을 토한다. 나는 그의 말을 가만히 들으며 지금 당신이 몸담고 있는 밴드가 오히려 이런 흐름의 대척점에 있지 않느냐고, 당신네가 보여주는 음악이 히피 음악의 정수가 아니냐고, 붉은 머리칼 치렁치렁한 아름다운 소녀 크리스티나가 구체제를 상징하는 포스터 걸이지 않느냐는 말을 하고 싶지만 차마 입 밖에 내지 못한다. 그 역시 내가 속한 밴드가 시대의 흐름과 한참 동떨어져서 스타일이 어떻고 하는 말조차 할 수 없는 지방의 "악사들"이라는 사실을 굳이 말하지 않는다.

우리 둘이 펑크 밴드를 결성한다는 게 좀 엉큼스럽긴 하지만(여태껏 주고받은 말 속에는 밴드 결성에 대한 생각이 은연중에 깔려 있다), 허를 찌르는 면도 있다. 음악계라는 성채의 문이 활짝 열려 있는데 편의상 타국의 국기를 흔들며 들어가는 것은 스튜어트뿐만 아니라 나의 목적과 방법에도 들어맞는다. 그는 밴드 이름을 '폴리스'로 하는 게 좋겠다고 말한다. 나는 별로 달갑지 않지만 아무 말도 하지 않는다. 자기가 만든 곡이라며 두어 곡을 들려준다. 신체제에 부합하게 가사도 곡조도 새롭게 써서 가정용 테이프 레코더에 녹음했다는데 속이 텅 빈 듯 개성이라곤 없다. 하지만 그의 넘치는 에너지, "할 수 있다"라는 양키 특유의 자신감이 나를 흥분시킨다. 연주가 끝나자마자 이번에는 〈사운드〉에 자기 기사가 실렸다며 잡지를 보여준다. 어마어마하게 큰 예의 그 드럼 뒤에 그가 앉아 있고, 그 밑에 팬이 보냈다는 편지의 한 구절이 실려 있다.

"'커브드 에어'의 실력파 드러머에 대해 알고 싶어요. 어떤 드럼을 쓰는지도 알고 싶고요."

뒤이어 이 실력파 드러머를 소개하는 기사와 타마 드럼에 대한 상세한 명세서가 나온다.

"이 편지 쓴 사람이 누구일 거 같아요?"

그가 과장된 목소리로 묻고는 내가 어깨를 으쓱해 보이기도 전에 커다란 도둑고양이처럼 씩 웃으며 제 입으로 먼저 답을 말한다.

"내가 썼어요. 이 편지 덕분에 잡지에 사진도 실리고 타마 드럼도 덤으로 얻었지요."

이 기상천외하고 뻔뻔한 자기 홍보에 혀를 내두르면서도 혹하지 않을 수 없다. 부정할 수 없는 사실은 이 전략이 통했다는 것이다. 나중에 코플랜드 집안사람들을 알게 되면서 이 가족 특유의 특성을 발견하게 되는데 이 특성을 처음 목도하는 순간이기도 하다. 코플랜드 형제들은 홍보하는 법을 아는 사람들이다. 그런데 이 탁월한 홍보 실력으로 나만큼 득을 본 사람도 없을 것이다. 우연스럽게도 스튜어트가 보여준 〈사운드〉에 '마지막 비상구'를 소개한 필 서트클리프의 기사도 실려 있다. "성공하기"라는 제목으로 세 쪽 분량의 기사가 잡지 한복판을 수놓고 있다. 글월도 좋고 의도도 좋지만, 제목과 달리 정작 내용은 지방에서 실력깨나 있다고 인정받는 밴드도 음악계에서 성공하기가 하늘의 별 따기라는 것이다. 셈텍스_{흔히 불법 폭탄 제조에 쓰이는 폭약}처럼 강력하게 자기 홍보를 하는 스튜어트의 기사 옆에 있다 보니 가뜩이나 암울한 기사가 마치 불꽃놀이 끝나고 눅눅하게 젖은 폭죽처럼 후줄근해 보인다.

나는 딜레마에 빠진다. 혼을 쏙 빼놓는 훌륭한 연주 실력에 음악뿐만 아니라 다방면에서도 에너지가 넘치는 드러머지만, 그의 음악적 소신에는 기껏해야 절반 정도만 동의할 따름이다. '마지막 비상구'에 충성을 다해야 한다는 생각이 들면서도 한편으론 멤버들이 런던에 올지 알 수도 없고 성공을 거둘 가능성도 점점 요원해진다는 불안감이 스치고 지나간다.

그렇다고 사회에 대한 분노만 넘쳐날 뿐 선율이라곤 없는 노래를 고래고래 부르고 싶은 생각은 없다. 나는 애절한 사랑 노래를 부른다. 이게 내 주무기다. 하지만 혼란 속에 기회가 있다는 것을 나는 잘 안다. 내 음악의 강직성에 손을 대지 않으면서 시류에 맞게 나 자신을 완벽하게 바꿀 자신도 있다. 방어막을 치고 몸을 웅크리고 있다가 어느 정도 사태가 진정되면 내 본연의 색깔을 온전히 드러내면 된다.

스튜어트도 나처럼 몇 수 앞을 내다보는 전략을 염두에 두었는지 모를 일이지만, 나는 가시지 않는 의혹을 애써 억누른 채 이 역동적인 에너지에 몸을 맡기고 어디로 흘러갈지 지켜보기로 마음을 먹는다. 그나저나 뭔가 일을 도모하려면 멤버 한 명을 빨리 구해야 한다. 사실 그보다 더 시급한 일은 스튜어트가 머리를 깎는 것이다. 그것도 아주 빨리.

아내와 아들이 있는 배터시로 가는 동안 머릿속은 온통 음악과 충성, 강직, 돈, 그리고 가장 중요하게 집을 구해야 한다는 생각으로 어지럽다. 이튿날 밤에 아내와 함께 부동산에서 알려준 아파트를 보러 런던 북쪽의 사우스게이트로 차를 몰고 간다. 사우스게이트는 런던 도심에서 한참 떨어진 곳이지만 이것저것 가릴 계제가 아니다. 조는 뒷좌석에서 잠들어 있고 애완동물이 있으면 곤란하다고 할까 싶어 개는 피파에게 맡겼다. 칼날같이 매서운 한풍에 싸락눈이 희끗희끗 날리며 앞 유리에 달라붙는다. 버스가 행인들에게 어지럽게 물을 튀기며 지나가고, 브레이크 등 불빛과 쇼윈도 불빛이 거리를 환하게 비춘다.

아파트 1층에는 상가가 즐비하고 건물 뒤편에 현관문이 있다. 차를 세우고 아기 바구니를 손에 든 채 척척한 진눈깨비 눈발을 뚫으며 건물로 걸어가서는 어두컴컴한 계단을 천천히 올라간다. 프랜시스가 근심이 가득한 표정으로 벨을 누른다. 긴장되고 춥다. 한 달밖에 안 된 아기는 또 어찌나 연약해 보이던지. 문이 열림과 동시에 따뜻한 불빛이 쏟아진다. 칼바람과 싸락눈을 피할 안식처다. 개중에 제일 나은 옷으로 차려입은 우리는 근육이 아플 정도로 연신 미소를 짓는다. 내가 아기 바구니를 내려놓을 곳을 찾아 주위를 두리번거린다.

여기서 5년 동안 살았다는 한 세입자가 우리를 안으로 안내한다. 이름이 프레디라고 했다. 짧게 자른 까만 머리에 바지 위로 남자 셔츠를 입고 있다. 특히 프랜시스를 마음에 들어 하는 눈치다. 여자가 우리에게 따뜻한 차와 케이크를 대접하고 아파트를 보여준다. 게딱지만 한 피파의 아파트에 있다 여기에 오니 대궐이 따로 없다. 하이 가가 내려다보이는 널찍한 방이 다섯 개나 된다. 일주일에 16파운드로 구할 수 있는 아파트 중에서는 최고다. 제리가 원하면 묵을 방도 있고, 아기가 이렇게 편안해 보일 수가 없다.

프레디가 우리에게 무슨 일을 하는지 묻는다. 프랜시스가 배우라고 하니까 흥미가 당기는 모양이다. 캐럴 윌슨이 나보고 음악가라는 말은 절대 하지 말라고 신신당부한 터라 나는 버진음반사에서 저작권 담당자로 일한다고, 연봉이 5000파운드라고 대충 둘러댄다. 음악가들이 비바람 피할 집 한 칸 구하기에 이보다 더 좋은 특효약은 없는지 이번에도 프레디가 내일 집주인에게 우리를 추천하겠노라고 대답한다. 연봉 내역서와 추천서를 보내오면 문제없을 거라고 말한다.

따뜻한 아파트에서 진눈깨비 몰아치는 밤거리로 나서는데 드디어 살 집이 생겼다는 생각에 마음이 푸근하기만 하다. 당장 일주일 치 집세부터 긁어모아야 하지만 기쁜 마음에 별로 걱정도 안 된다.

하지만 기껏 찾아간다는 곳이 사회보장연금센터다. 실업급여를 신청하기 위해서다. 수요일 오후마다 리슨 그로브의 센터까지 걸어가는 길이 그렇게 깜깜할 수가 없다. 신청서에 사인하는 것도 싫고, 나 같은 실업자 수백 명이 굽이굽이 늘어선 줄 끝에 서서 내 차례를 기다리는 것도 싫다. 건장한 몸으로 일할 곳을 찾지 못해 세상으로부터 소외된 이들이다. 기계 다루듯 하는 공무원 앞에 서면 가뜩이나 초라한 존재가 더 하찮게 느껴진다. 시장통처럼 복작이는 이곳 복도에 서 있는 다른 실업자들도 다 마찬가지겠지만, 나 또한 선택의 여지가 없다. 아기도 배불리 먹여야 하고, 집세도 내야 한다. 복잡한 서류를 들고 이 사무실에서 저 사무실을 찾아다니며 도장을 받고 실업급여를 신청하는 수밖엔 달리 도리가 없다. 유일무이한 음악가가 되려다 통계학자가 다 됐다.

관련 서류가 뉴캐슬에서 아직껏 도착하지 않았다. 몇 푼 되지도 않는 공연 수익 중에서 신고하지 않은 게 있는데 그게 문제가 될까 은근히 걱정이 앞선다. 매주 수요일에 나는 기다란 줄 뒤에 서서 3급 실업 확인을 받으러 사무실에 들어갈 차례를 기다린다. 얼룩진 유리 현관문에서 문창살 쳐진 작은 창문까지 기다란 줄이 뱀처럼 굽이친다. 우리가 무슨 역병에 걸리기라도 한 듯 문창살이 견고하게 쳐진 유리창 너머로 과로한 나머지 낯빛이 누리끼리한 공무원들이 이쪽의 실업자들처럼 따분하고 무심한 표정으로 앉아 일을 하고 있다. 내 앞의 남자가 〈데일리 미러〉를 읽고 있다. "9남매 엄마, 복지수당 조작으로 철창행"이라는 머리기사가 보인다. 무슨 제목이 이 모양인지, 마치 복지수당을 받으면 안 되는 사람이 받기라도 한 것 같다. 드디어 내 차례다. 창문틀에 매달려 실업 카드를 제출하고 서명을 한다. 그러면 며칠 뒤 내가 적어 넣은 주소로 18파운드 50펜스 수표 한 장이 날아든다. 창문 너머 남자에게 고맙다고 인사해도 남자는 아무 대꾸도 없다. 적어도 다음 주 수요일까지는 이 고역스런 일을 또 겪지 않아도 된다.

하지만 이렇게 비참한 기분을 맛보면서도 런던에 오길 잘했다는 생각에 조금도 변함이 없다. 왜 잘한 일인지는 이성적으로 설명할 길이 없지만, 보물산이 있는 곳이 런던인 것만은 확실하다. 이렇게 다차원적이고 사회경제적이고 정신문화적이고 예술적인 미로 한가운데에 성공의 트로피가 광휘를 발하며 주인을 기다리고 있다는 것을 나는 잘 안다. 손에 넣는 게 쉽지는 않겠지만, 워낙 강력한 힘으로 빨아들여서 여타의 다른 것들이 하찮게 느껴진다. 성공과 행복은 한 몸이어야 한다. 기필코 그래야 한다.

윌리엄 블레이크는 "어리석음을 고집하다 보면 현명해진다"라고 말했지만, 성공과 동떨어진 이 순간 나는 성공만 하면 모든 게 해결될 거라는 생각에 중독되어 있다는 사실을 전혀 눈치채지 못했다. 그저 성공의 한복판을 향해 거역할 수 없는 힘으로 깊숙이, 더 깊숙이 빨려 들어갈 뿐이다. 이 중독이 얼마나 위험한 것인지 그때는 정말 몰랐다.

한참 전에 결정된 '마지막 비상구'의 런던 공연이 드디어 임박한다. 제리와 형님들을 못 본 지 한 달이 넘는다. 이들을 기쁘게 해줄 이야깃거리가 거의 없지만 그래도 무척이나 보고 싶다. 사우스게이트의 아파트는 마지막 순간에 날아가버렸다. 집주인이 위조된 재직 증명서에서 뭔가 이상한 낌새를 챘는지 프레디가 우리에게 열쇠를 보낸 뒤에 자물쇠를 바꿔버린 것이다. 세간과 희망을 차에 싣고 사우스게이트까지 먼 길을 달려갔지만 우리를 반긴 것은 굳게 닫힌 문이었다. 맞지도 않는 열쇠로 문이 열릴 리는 만무하고, 문을 아무리 두들겨도 텅 빈 아파트에선 공허한 메아리밖에 울리지 않았다. 치가 떨릴 만큼 원통하고 수치스럽고 분노가 치밀었다. 여기서 얻은 유일한 소득이라면 그날 저녁 노래 한 곡을 만들었다는 것이다. 이름 하여 〈집주인Landlord〉, 이글이글 끓어오르는 분노가 느껴지는 곡이다. 나중에 스튜어트가 이 곡을 듣더니 아버지가 아들 칭찬하듯 찬사를 아끼지 않는다.

"역시 내 친구야! 계속 이렇게 하는 거야."

이렇게 하여 우리는 피파의 아파트에 다시 눌러앉게 된다. 피파가 싫은 내색을 하지는 않지만 계속 여기서 살 수는 없는 노릇이다. 나는 여전히 실업자 신세다. 실은 런던에 온 뒤 돈을 한 푼도 벌지 못했다. 상황이 이런데도 런던에 도착한 멤버들에게는 모든 일이 착착 진행되는 것처럼 짐짓 밝은 표정을 지어 보인다. 해머스미스의 클럽 '레드 카우' 앞에 차를 세우고는 반갑게 동료들을 맞는다.

"잘 지냈어, 스팅?"

"그럼요, 잘 지냈고말고요!"

"집은 구했어?"

"아직요. 찾고 있어요."

로니와 테리가 묘한 시선을 주고받는다. 노골적으로 무례한 시선이 아닌데도 괜스레 마음이 상한다. 그때 제리가 손에 담배를 들고 노여움이 가득한 낯빛으로 씩씩거리며 클럽에서 나온다.

"제기랄, 공연 취소래."

이튿날 밤 네 시간이나 차를 몰고 브리스톨에 도착했건만 이번에는 어이없게도 이중으로 계약이 되었다는 것이다. 되는 일이 없다. 현실은 암담하기만 하고 어떻게 이들을 여기에 붙들어놓는단 말인가? 그러나 다행스럽게도 그다음 날 밤에는 웨스트 켄싱턴의 '내슈빌 룸'에서 인기 가수의 코를 납작하게 만들 만큼 옛 영광을 되찾는다. 역시 멋진 밴드다. 음반사 관계자 두어 명이 우리 공연을 보더니 어깨를 두드리며 격려를 보내지만 더 이상의 반응은 없다.

제리와 형님들이 승합차를 타고 고향을 향해 북쪽으로 떠난다. 나는 아기를 안은 채 다시 홀로 남겨진다. 옛 동료들이 내가 제정신이 아니라고 쯧쯧 혀를 차며 가엾게 여길 것만 같다. 나는 마지막 남은 힘을 다해 활짝 웃으며 손을 흔들지만, 뒤돌아보는 사람은 제리밖에 없다.

내 눈을 휘둥그레지게 만들었던 메이페어 대저택이 실은 스튜어트의 집이 아니었다. 스튜어트와 이안, 소냐가 몇 달 동안 잠시 머무는 것이었다. 진짜 주인은 마샤 맥도널드라는 미국 여자인데 무하마드 알리의 홍보 담당자라고 한다. 집주인이 제 친구에게 집을 빌려주었는데, 이 친구가 집에서 나가지 않고 버틴다는 것이다. 이 집에 간 첫날 나를 계단 아래로 굴러 떨어질 뻔하게 했던 우람한 체구의 여자가 바로 이 친구다. 코플랜드 형제의 아버지가 여주인과 친구 사이였는데 친구의 고충을 듣고는 집을 되찾아주겠노라며 제 아들들에게 이 집을 무단으로 점유해서 조지(조지나로 불리기를 더 좋아한다)가 더 이상 버틸 수 없게끔 최대한 불쾌한 환경을 조성하라고 엄명을 내렸다는 것이다. 이 거창한 계획이 CIA의 첩보전처럼 들린다면 다 그럴 만한 이유가 있다. 실은 코플랜드 집안의 우두머리인 마일스 코플랜드 시니어는 음모로 가득 찬 이 거대 조직 CIA의 창설에 깊숙이 관여한 인물이다.

내가 첫날 목격한 광경은 코플랜드 형제가 아버지의 명을 받들어 집안의 거사를 수행하는 중이었다. 밤새도록 광란의 파티를 열고 끔찍한 소리를 내며 제각각 연주를 해대면서 장기간 심리전과 소모전을 펼치던 참이었다. 얼마 뒤 조지나가 순순히 집을 나간 걸 보면 이 미친 짓이 통한 모양이다. 하지만 코플랜드 형제는 계획이 성공함과 동시에 자신들도 이 멋진 집에서 나가야 하는 슬픈 현실에 맞닥뜨리게 된다. 호사스러운 집에서 살 날도 얼마 남지 않았다.

이처럼 막바지 체류를 하던 어느 날 아침 스튜어트가 전화를 해서 기타리스트를 구했다며 어서 빨리 오라고 재촉을 해댄다. 프랜시스가 오디션을 보러 가서 아기를 데리고 가야 한다고 내가 대답한다. 그래서 그날 오후 아기 바구니를 들고 4층까지 낑낑대며 올라가서 연습실에 들어서는데 스튜어트가 선글라스에 가죽점퍼 차림으로 드럼 뒤에 앉아 있는 게 보인다. 햇빛도 안 비치고 제법 더운데 왜 저런 차림일까 의아한 찰나에 한 사내가 저쪽 모퉁이에 서 있는 모습이 눈에 들어온다. 서랍장 위에 씌워놓은 새하얀 천을 배경으로 짙은 선글라스를 끼고 검은 민소매 티셔츠에 꽉 끼는 가죽 바지를 입은 모습이 제법 근사하다. 둘 다 선글라스를 껴서 표정이 잘 안 보이지만, 공격 전술을 세우고 카메라 앞에 선 테러리스트를 방불케 할 정도로 사뭇 진지하다. 일부러 이렇게 차려입은 듯 꾸민 티가 물씬 난다. 멜빵바지 차림으로 문간에 서서 아기 바구니를 들고 있는 내가 맵시 좋은 테러리스트들과 어울릴 리 만무하다.

"이쪽은 앙리야."

스튜어트가 여전히 점잔을 빼며 남자를 소개한다. 평소의 에너지를 참느라 어지간히 힘들 것이다.

"안녕하세요."

"코르시카_{지중해의 프랑스령 섬, 나폴레옹의 출생지로 유명하다} 출신이야. 영어를 잘 못해."

앙리를 보자, 19세기 그림에 나올 법한 옷차림으로 옆구리엔 단검을 차고 손에는 화승총을 든 채 바스티아코르시카의 옛 주도 언덕배기에 누워 지나가는 나그네를 약탈하려고 호시탐탐 기회를 노리는 화적이라고 하면 어째 더 편안해 보일 것 같다는 생각이 든다.

앙리 파도바니가 새 기타리스트다. 잠시만 연주해보아도 기타 실력으로 뽑은 게 아니라는 걸 단박에 알겠다. 아는 코드가 서너 개에 불과할 정도로 초보지만, 오, 맙소사, 가죽 바지 입은 모습이 그렇게 근사할 수가 없다. 스튜어트가 자기가 작곡한 곡인 〈다 부질없어Nothing Achieving〉와 〈꺼져Fall Out〉를 앙리에게 가르치고 있다. 스튜어트가 음반 프로듀싱까지 하겠다며 의욕적으로 덤비는 곡들이다. 앙리가 얼추 따라오다가 즉흥연주가 시작되자 아니나 다를까 어찌할 바를 모르고 쩔쩔맨다. 하지만 구제불능일지 모른다는 의구심이 어느 정도 가시자 사람이 제법 괜찮다는 생각이 든다. 예의 바르고 사근사근하고 향학열에 불타고 이따금씩 엉뚱한 영어를 쓰는 통에 우리 모두를 즐겁게 해준다. 한번은 기타에 문제가 있는지 연주하다 말고 나를 쳐다보며 이렇게 말하는 것이다.

"밧줄 줄래?"

"밧줄? 밧줄은 뭐에 쓰려고?"

"Oui, c'est ça.불어로 '응, 그거'라는 뜻. 밧줄."

그러더니 자기가 말한 밧줄이 바로 이거라는 표정을 지으며 내 기타 케이스에서 여분의 기타 줄을 꺼내 보인다. 그때부터 기타 줄은 "밧줄"이 된다.

이렇게 시끄러운 가운데서도 꿋꿋하게 살 자던 조가 마침내 배가 고픈지 잠에서 깬다. 앙리가 분유 탈 물을 데워 오겠다며 싹싹하게 구는 통에 일이 한결 수월해진다. 조가 분유를 먹는 동안 우리 모두 짧은 휴식을 즐긴다. 배불리 먹은 조를 아기 바구니에 앉히고 시끌벅적하게 불경스러운 곡을 다시 연주하는데 조는 그러거나 말거나 깊은 잠에 다시 빠져든다. 요란한 헤비메탈이 아니라 브람스의 자장가를 연주해도 이보다 더 평온한 표정을 지을 수는 없었을 것이다.

앙리는 나날이 실력이 좋아진다. 하루는 궁합이 제법 맞는 열띤 연주를 한참 즐긴 뒤 한숨 돌리려는 참에 앙리가 흥분이 채 가시지 않은 목소리로 "진짜루 멋쪘어"라고 말하는 것이다. 그러자 스튜어트와 내가 고개를 끄덕이며 "그러게, 진짜루 멋쪘어"라고 되받는다. 그 후로 가슴이 터질 듯한 감동의 순간은 "진짜루 멋쩐" 순간이 된다.

이렇게 '폴리스'는 이따금 찾아오는 "진짜루 멋쩐" 순간과 아기 젖병과 파워 코드^{밑음과 5도로 이루어진 화음. 보통 록 음악에서 전기기타로 강렬한 음을 낼 때 사용한다}와 가죽 바지와 함께 탄생한다.

11

 몇 이레 동안 집을 찾아 헤매다 보니 아내도 나도 지친다. 안 가 본 데 없이 런던 전역을 헤집고 다니지만, 돌아오는 건 쑤신 발바닥과 상처 입은 자존심과 기함하게 만드는 주유 영수증뿐이다. 가망 없는 일이라고 포기하려는 참에 행운의 신이 너른 품을 보여주듯 우리를 바라보며 활짝 웃는다. 프랜시스의 친구인 미란다가 에든버러에 촬영을 하러 가는데 베이스워터의 고급 주택 꼭대기 층의 자기 방을 세놓는다는 것이다. 그녀가 우리의 딱한 사정을 듣더니 두 달 동안 머물러도 된다고 흔쾌히 허락을 한다.
 하이드공원을 가로질러 베이스워터 로를 지나 바크플레이스로 들어서자 고풍스런 테라스하우스가 보인다. 눈이 휘둥그레질 만큼 화려하다. 이런 집 현관을 지나 안으로 들어가는 것만 해도 놀라운데 여기서 산다니 도저히 믿어지지 않는 일이다. 더넷 경과 더넷 부인이라나 아무튼 뭐 이런 부부가 소유했던 집이라는데 지금은 오페라 소프라노 가수인 페니가 주인이라고 한다. 4층에 널찍한 방이 여러 개 있는데 방마다 조각이며 그림이 가득하다. 개중에 우리 방이 제일 비좁다. 1층 응접실에는 (다행히도 조율이 잘된) 그랜드피아노가 있고 통유리 달린 창문 너머로는 아담한 정원이 보인다. 정원에 커다란 너도밤나무 한 그루가 서 있다. 우리 방 창문 바깥으로 이 울창한 나무의 꼭대기가 보이는 통에 마치 나무 위 오두막에서 사는 기분이 든다. 지금껏 살아본 집에서 가장 수풀이 우거진 집이 아닐까 싶다.

베이스워터는 런던 한복판에 위치한 곳이다. 하이드공원과 퀸스웨이의 상가와 식당이 1분 거리에 있다. 이 지역의 주요 도로인 퀸스웨이는 낮이고 밤이고 차량으로 붐빈다. 한마디로 일자리와 볼거리와 대도시의 화려함을 좇는 부부가 살기에 최적의 장소다. 그리스 사람에 러시아 사람, 터키 사람, 이탈리아 사람, 인도 사람, 파키스탄 사람까지 온갖 나라의 이민자들이 한데 어우러져 사는 탓에 색다른 에너지와 개성이 거리거리에서 느껴진다. 카지노와 24시간 영업을 하는 슈퍼마켓은 물론이고 고급 유곽이 두어 군데 있다는 소리도 들린다. 신천지가 따로 없다. 아주 잠깐이긴 해도 이런 곳에서 살 수 있다는 게 얼마나 큰 행운인지 모른다. 일주일 단위로 사는 처량한 신세에 두 달이라는 시간은 영겁이나 다름없지만 말이다. 그렇지만 마냥 이렇게 지낼 수는 없는 노릇이다. 무슨 수를 내야 한다. 그런데 천만다행이게도 스튜어트에게 묘안이 있었다.

우리는 스튜어트의 자작곡 〈다 부질없어〉와 〈꺼져〉를 녹음할 계획을 세운다. 내가 베이스와 보컬을 맡고, 스튜어트가 앙리보다 기타 실력이 낫기 때문에 드럼과 기타 대부분을 맡는다. 녹음이 끝나면 더럼의 RCA 공장에서 앨범을 찍고 음반 가게에 일일이 돌릴 생각이다. 한없이 미적거리는 음반사와 달리 스튜어트는 생각도 기발하고 일도 일사천리로 진행하니 경탄을 금치 못하겠다. 그의 에너지는 폐부 깊숙이 빨아들이는 청명한 공기처럼 기운을 돋운다. 추구하는 음악이 달라도 이거면 충분하다.

매서운 잿빛 추위가 몰려온 2월의 어느 오후 메이페어의 저택 옥상에서 재킷 사진을 찍는다. 선글라스 낀 스튜어트와 앙리는 어떻게 보면 반항아 같기도 하고 어떻게 보면 백치 같기도 하다. 나는 사진 촬영이 어서 끝나기만을 바라며 인상을 잔뜩 찌푸리고 있다.

내가 우리의 매니저이자 스벵갈리이자 스승이자 공작원이 될 마일스 코플랜드를 처음 만난 게 바로 이즈음이다. 마일스 액스 코플랜드 3세는 코플랜드 형제의 맏이다. 위압적이고 지적이고 독선적이고 열정적인 성격 탓에 진작부터 예리하고 오만하고 신랄하다는 평을 들었다. 나는 처음부터 왠지 그가 마음에 들었다. 하지만 내가 그와 함께 일을 하게 된 것은 그로부터 일 년이 지나서였다. 그때까지 그는 내 이름도 기억하지 못했다. 그는 언제나 바빴다. 마일스를 비롯한 코플랜드 삼 형제를 제대로 이해하려면 아버지인 마일스 시니어(메이페어 저택에서 벌인 심리전의 배후인물)에 대해서 알아두는 게 좋겠다.

CIA의 창설자 가운데 하나인 마일스 시니어는 제2차 세계대전 중 CIA의 전신이라 할 수 있는 OSS^{Office of Strategic Services, 전략 정보국} 요원으로 레바논과 시리아, 이집트의 전략적 요충지에서 활동했다. 그가 나중에 밝힌 바에 따르면 중동 전역에서 내각을 실각시키고, 정치인 암살 지령을 내리고, 허울뿐인 부패 정권을 뒤에서 소송하고, 활약이 이만저만이 아니었다. 은퇴한 뒤에는 워싱턴에서 로비스트로 활동했으며 은밀하고도 복잡한 정보기관에 관한 책을 쓰기도 했다. 킴 필비는 영국과 소련의 이중 첩자였다가 결국 영국을 저버리고 소련으로 전향했는데 한때 베이루트^{레바논의 수도} 교외의 한적한 마을에서 코플랜드 가족과 이웃으로 지냈다. 스튜어트는 필비가 소련으로 전향하기 훨씬 전부터 자기 아버지 감시를 받았다고 곧잘 이야기했다. 하지만 마일스 시니어와 얽힌 일화 중에서 내가 제일 좋아하는 이야기는 바로 이것이다.

사해문서가 1947년 쿰란의 동굴에서 발견되자 다마스쿠스^{시리아의 수도}의 CIA 지국으로 옮겨진다. 마일스 시니어와 그의 동료들은 어두컴컴하고 비좁은 사무실에서 사해문서를 들여다보다 잘 보이지 않았던지 1차로 발견된 사해문서를 움켜쥐고 옥상으로 올라간다. 2000년 동안 어둠에 묻혀 있던 이 신비의 경전을 펼 듯이 뜨거운 콘크리트 바닥에 좍 펼쳐놓는 순간, 난데없이 거센 바람이 일어 얄따란 양피지를 허공으로 날리더라는 것이다. 한 줌의 가루로 바스러진 양피지는 바람을 타고 다마스쿠스의 지붕 위로 어지럽게 흩날리며 흔적도 없이 사라진다. 마일스 시니어와 그의 동료들은 혼비백산해서 건물로 내려온다. 그 후로 사해문서는 좀 더 신중하고 숙련된 고고학자들의 손에 맡겨진다. 허공으로 날아간 그 양피지에 무슨 내용이 쓰여 있었을까 이따금 궁금해진다.

마일스 시니어는 맏아들이 사업가, 그중에서도 석유 일을 하는 사업가가 되기를 원했고 또 그렇게 키웠다. 아들 마일스도 베이루트에서 막내가 드럼을 친 밴드의 매니저 일을 봐주네 하면서 로큰롤에 미치지만 않았어도 아버지 뜻을 받들어 사업가가 되었을 것이다. 가족이 전부 런던으로 이사 온 뒤에는 '위시본 애시'와 '카라반', '클라이맥스 블루스 밴드' 같은 밴드를 휘하에 두고 여러 번 성공을 거두지만 또 그만큼 실패도 맛보았다.

코플랜드 왕가의 왕손답게 마일스 3세는 연예 기획과 여행사, 출판사, 음반사를 망라하는 대제국을 건설하는 데 온 힘을 기울였다. 미로처럼 얽히고설켜 있어서 자칫 과욕을 부리다가는 제국 전체가 몰락할 수 있는 취약한 구조였다. 스튜어트의 자작곡 두 곡을 녹음한 것도 제 형이 만든 음반사 일리걸에서였다.

마일스는 아니나 다를까 무리하게 영토를 확장하다 홀라당 사업을 망해먹지만, 원체 낙천적이라 다시 오뚝이처럼 발딱 일어나 재기를 꿈꾸고 있었다. 내가 마일스를 처음 만난 건 바로 이즈음이었다. 옥스퍼드 가의 드라이든 체임버스에 작은 사무실을 빌려서 '스퀴즈'처럼 뎁트퍼드 런던의 남동 지역에서 제법 인기 있는 밴드는 물론이고 '첼시'와 '코티나스' 같은 비주류 펑크 밴드로 이루어진 도시국가를 막 세운 참이었다. 펑크의 산증인이라 할 수 있는 〈스니핑 글루 Sniffing Glue〉의 편집장 마크 P.에게 사무실도 내주었는데 마크는 제 자신이 음악가가 되겠다고 기회를 노리고 있었다. 하지만 마일스는 정작 제 동생이 펑크 밴드를 만들어서 옛 영광을 되찾겠다고 설칠 때에는 콧방귀도 뀌지 않았다. '첼시'며 '코티나스'며 마크 P. 같은 될 성싶은 나무가 이미 제 손에 있는데 애송이에게 관심을 가질 리 만무했다.

"스튜어트, 내 말 좀 들어봐."

마일스가 비음 섞인 목소리로 제 동생을 부른다. 목청이 좋아서 사무실 복도에까지 쩌렁쩌렁 울린다.

"진 옥토버 '첼시'의 보컬 진짜 물건이야. 노래는 졸라 못하는데 뭔가를 아는 애라니까. 진정한 펑크야. 밴드에 누가 들어왔다고? 이름이 뭐, 스미그? 무슨 얼어죽을 재즈 가수야?"

"스팅이라고."

스튜어트가 잔뜩 골이 나서 되받자, 마일스가 귀찮다는 듯이 손짓으로 제 동생에게 저리 가라는 시늉을 한다.

"알았어, 알았어."

마일스가 우리 싱글 앨범을 듣고 제법 흥분을 하는데, 그렇다고 댓바람에 우리 매니저가 되겠다고 달려들지는 않는다. 대신에 스튜어트가 형 회사에서 제일 보잘것없는 밴드에게도 사무실 전화를 쓸 권리를 달라고 하자 흔쾌히 허락한다.

에이전트이자 아마추어 베이스 연주자이고 베트남 참전용사인 둘째 이안은 지난 몇 달 동안 내가 제일 좋아한 코플랜드 형제였다. 성공을 향한 열정으로 똘똘 뭉친 두 형제와 달리 이안은 빗발치는 총탄을 뚫고 용케 살아남은 용사답게 태평하고 느긋한 구석이 있었다. 미국 보병으로 그 무참한 전쟁을 겪다 보니 삶에서 진정으로 중요한 것을 볼 줄 아는 넓은 시야가 생긴 것 같았다. 그는 큰일이 닥쳐도 호들갑을 떠는 법이 없었다. 이따금 광인들처럼 고함을 질러대는 두 형제에 절로 머리가 내둘릴 때면 편안하고 사람 좋은 이안이 위안이 되었다. 그는 모든 사람을 르로이라고 불렀다. 나도 그에게는 르로이였다. 일관되게 제 자신도 르로이라고 불렀다. 나는 틈만 나면 이안 옆에 가서 때론 자기 비하를 서슴지 않고 때론 배꼽을 잡게 웃기고 때론 간담이 서늘한 베트남 참전기에 귀를 기울이곤 했다.

"제기랄, 르로이, 테트_{베트남의 음력설}를 앞두고 있을 때였어. 그때 난 보병대 무전병이었는데 순찰 명령을 받은 첫날 너 나 할 것 없이 소대원 전체가 마약에 취한 거야. 난리도 그런 난리가 없었지. 순찰이고 뭐고 병영에서 한 발자국도 못 벗어날 정도였지. 베트콩이 그때 덮쳤으면 전멸했을 거야. 내가 군대에서 한 행동 중에서 제일 용감한 행동이 뭔지 알아? 어느 날 밤 동료 르로이랑 베트남 사창가를 몰래 찾아간 거야. 당연히 무단

이탈이었지. 그런데 그곳이 하필 베트콩도 오는 사창가였지 뭐야. 베트콩이 들어오는 게 보이길래 뒷문으로 잽싸게 토꼈지. 그 아가씨들 아무 말도 안 하더군. 역시 돈이 최고야."

말은 이렇게 하면서도 이안은 청동성장을 비롯하여 훈장을 다섯 개나 받은 병장으로 전장을 떠난다. 런던으로 휴가를 나왔을 때 엉터리 마약 단속에 걸리지만 않았어도 분명히 베트남으로 되돌아갔을 것이다. 혐의를 풀지 못했으면 군사재판에 회부되어 오랜 감옥살이로 진탕 고생했을 게 분명하다. 다행히도 무죄로 풀려나는데 그새 시간이 지체되는 바람에 그 피폐한 땅으로 돌아갈 시기를 놓치게 된다. 그 덕에 그가 목숨을 건지지 않았을까 싶다.

후일에 이안이 내 매니저가 된다. 수년 후 나는 한때 사이공으로 불리었던 호찌민 시로 공연을 하러 가는데, 이안도 나를 따라 젊은 날 호된 성년식을 치렀던, 죽음과 파괴의 땅을 다시 밟게 된다.

이로부터 25년 동안 나의 삶은 코플랜드 삼 형제와 덩이져서 한데 굴러가게 된다. 한 덩이로 얽힌 나머지 이들 삼 형제는 나의 또 다른 가족이나 다름없게 된다. 축복을 내려달라고 기도를 드리다가도 때론 저주를 퍼부어 씻지 못할 상처를 주는, 역시 문제 많은 가족이지만 말이다.

〈이브닝 스탠다드〉에 아파트 광고가 실린다. "일주일에 30파운드로 아파트를 드립니다"라는 문구 옆에 주소가 적혀 있는데 우리가 머무는 베이스워터의 렌스터스퀘어에서 모퉁이 하나만 돌면 나오는 곳이다. 사실 우리가 이 아파트를 품을 가능성은 높지 않다. 하지만 도심 한복판에 위치한 휘황찬란한 이곳 베이스워터가 성공을 요리하는 레시피, 곧 모호하지만 희망으로 가득 찬 우리의 레시피에 꼭 필요한 재료인 것처럼 느껴진다. 나는 전화를 건 뒤 그다음 날 공사가 채 끝나지 않은 아파트를 보러 간다.

주택조합이 아파트 전체를 넘겨받아서 새 주인들에게 분양하기 위해 몇 달에 걸쳐 개조 작업을 벌이는 중이다. 지하에 여섯 채가 남아 있는데 모두 널찍한 거실에 침실과 부엌이 하나씩 있다. 이런 곳에서 살 생각만 해도 가슴이 두근대지만 주택조합이 우리를 받아들일 성싶지 않다. 그런 요행한 일이 일어난들 가구는 또 무슨 돈으로 들인단 말인가? 가구라곤 뉴캐슬에서 가지고 온 아내의 버드나무 흔들의자가 전부다.

창문도 문도 없는 텅 빈 콘크리트 바닥에 우두커니 서서 주위를 둘러보는데 눈앞에 근사한 광경이 펼쳐진다. 창가에는 커튼이 내려져 있고 카펫 깔린 바닥에는 흔들의자와 소파가 놓여 있으며 벽난로에는 불꽃이 너울대며 타고 벽면에는 책이 몇 권 꽂혀 있다. 게다가 방공호나 동굴처럼 길 아래서 산다니 마냥 설렌다. 우리만의 안전한 공간에서 은신해 있다가 별안간 도시 침공을 도모하는 상상에 짜릿한 쾌감마저 느낀다. 아내 말에 따르면 대부분의 지원자들이 배우인 것 같다고 한다. 한마디로 우리보다 더 나을 게 없다는 것이다. 아무튼 우리는 지원서를 내고 기다리기로 한다.

'마지막 비상구'의 전망은 암울하다. 로니와 테리가 런던으로 올 생각이 없다는 건 이제 자명해 보인다. 제리까지 어물거리는가 싶어서 나는 지금도 밴드에 충성을 다한다, 하지만 런던에 와서 뭔가 해보려는 밴드에게 충성을 다하는 것이지, 고향에 남아 미적거리는 밴드에게 충성을 바치는 것은 아니라고 열정적인 어조로 편지를 써서 멤버들에게 보낸다. 제리만 답장을 보낸다. 제리가 일단 런던으로 가겠다, 런던 남쪽에서 친구들과 지내면서 상황을 보겠다고 말한다. 나는 그제야 스튜어트와 새로운 일을 시작했다. 자의 반 타의 반으로 펑크 밴드에서 노래를 부르게 되었다고 실토한다. 전화선을 타고 뉴캐슬에서 예까지 혐오감이 전달되는 게 느껴진다. 어쨌든 제리가 런던으로 오기로 한다. '마지막 비상구'가 이제야 이름에 걸맞게 행동하는 듯하다.

그린 가의 '폴리스' 본부도 형편이 좋지 않기는 마찬가지다. 코플랜드 형제들은 어떻게든 집에서 안 나가려고 버티지만, 이 호화 저택에서 살 날이 얼마 남지 않은 것만은 분명하다. 그럼에도 불구하고 우리는 최후의 순간까지 이곳에서 연습하기로 결의를 다진다. 이즈음 앙리가 스튜어트와 나를 미치게 만든다. 몇 시간이고 앙리를 붙들고 하나부터 열까지 가르치지만 그의 능력으로는 무리다. 아무리 성품이 곰살가워도 능력이 안 되는 건 어쩔 수 없다. 그가 기타리스트를 대신할 수는 없다. 그가 진정한 기타리스트로 거듭날 때까지 무작정 기다릴 수도 없는 노릇이다. 상황이 이쯤 되자 '폴리스'가 성공을 거둘 확률도 '마지막 비상구'만큼 희박해진다. 아니 오히려 더 허황되게 느껴진다. '마지막 비상구'는 적어도 연주할 줄은 알았다.

그 누구도 흉내 낼 수 없는 독특한 방법으로 우리를 이 곤경에서 구해 준 사람이 있는데 그게 바로 마일스다. 그에게는 꼭 지켜야 할 행동강령 같은 게 있는데 그중 하나가 비용 절감이다.

혜성처럼 등장한 영국 밴드들의 폭발적 성공으로 음악계의 새로운 지평이 열리자, 마일스는 '조니 선더와 하트브레이커스'와 '웨인 카운티와 전기의자들', '체리 바닐라' 같은 뉴욕 밴드를 다량으로 수입해서 제국의 영토를 넓히기로 마음먹는다. 60년대 후반 체리 바닐라^{미국의 싱어송라이터. 자신의 이름을 따서 '체리 바닐라'라는 밴드를 이끌었다는} 앤디 워홀의 연극 무대에도 올랐으며 데이비드 보위의 홍보 담당자로도 일한 적이 있다. 그녀가 밝은 주황색 머리칼을 흩날리며 이탈리아계 미국인 기타리스트 루이스와 푸에르토리코 출신의 게이 피아니스트 제카와 매니저 맥스를 대동하고 영국 땅을 밟는다. 매니저치고 말투가 사근사근한 맥스는 희끗희끗 센 숱 많은 머리에 교수가 쓸 법한 안경을 쓴 제법 세련된 사람이다. 말수가 적지만 은근히 재미있는 구석도 있고 체리라면 물불을 가리지 않는 헌신적인 매니저다. 체리가 루이스보다 열 살 연상이지만 이 둘은 연인 사이다. 드러머와 베이스 연주자는 뉴욕에서 데리고 오지 않았는데, 마일스가 런던에도 훌륭한 드러머와 베이스 연주자, 곧 스튜어트와 내가 있다고 미리 말해두었기 때문이다. 비행기 표와 호텔 숙박비를 줄이는 것이 마일스에게는 급선무였던 것이다.

스튜어트가 '폴리스'를 지원 밴드로 써주면 '체리 바닐라'에서 드럼을 맡겠다고(베이스는 내가 맡고) 제 형에게 말한다. 누이 좋고 매부 좋은 격이다. 스튜어트와 나는 하룻밤 사이에 두 탕을 뛰는 게 한없이 기쁘다. 장비를 같이 쓰고 여행 경비를 줄이다 보면 돈도 약간 모일 것이다.

정신없이 연습하는 시기가 찾아온다. 체리의 곡을 익히는 틈틈이 우리 곡도 연습하고 간간이 앙리도 가르치다 보면 어느새 새벽녘이 된다. 고된 연습을 마치면 파김치가 되기 일쑤지만 일이 있다는 사실에 고단함도 잊는다. 루이스와 제카는 기본기가 탄탄한 훌륭한 음악가다. 프로 느낌이 물씬 난다. 체리가 지금 사는 곳은 맨해튼이지만 나고 자란 곳은 퀸스라고 제 자작곡을 인용해서 말하는데, 한마디로 즐거운 모순으로 가득 찬 여자다. 수녀원에서 막 나온 수줍은 가톨릭 처녀가 연상될 만큼 첫인상이 단아하지만, 일단 무대에 오르면 엉덩이를 도발적으로 흔들고 돌리면서 낯 뜨거운 노랫말을 메이 웨스트미국의 여배우이자 가수이자 극작가. 70년 동안 섹스 심벌의 위치를 유지했다처럼 음란하기 그지없게 불러 젖히는데 그 모습이 먹잇감을 노리는 창녀라면 딱 좋겠다. 둔부가 그대로 드러나는 꽉 끼는 검은 바지에 민소매 티의 풍만한 가슴께에는 "나를 핥아줘"라는 글자가 어둠 속에서 빛을 발한다. 나는 이 속에서 잉여 인간이 된 기분이 들지만, 예전에 영국 북쪽 지역의 나이트클럽에서 스트리퍼 공연에 맞춰 반주를 넣을 때처럼 뒤로 멀찍감치 물러나 있는 것도 썩 나쁘지는 않다.

체리의 첫 곡은 워킹 베이스 라인^{베이스를 한 마디에 네 박자씩 걸음 걷듯이 연주하는 기법}의 스윙 재즈인데 록시^{런던의 유명한 나이트클럽}에 모인 과격한 펑크 팬들을 분노로 들끓게 하지는 않아도 적잖이 당황시킬 곡이다. 나는 바짝 구미가 동한다. "뉴 웨이브"를 가장한 익살 광대극에 지나지 않는다고 해도 런던에 온 이후로 처음으로 음악다운 음악을 한다는 느낌이 든다.

'폴리스'는 열 곡을 부른다. 아직은 '폴리스'에 온 열정을 쏟아서 곡을 만들 만큼 확신이 들지 않는 까닭에 〈집주인〉을 빼고는 모두 스튜어트가 쓴 곡이다. 이 짧고 굵은 노래들을 어찌나 맹렬하게 연주했던지 앙코르 곡까지 마치는 데 10분밖에 걸리지 않는다. 하지만 나는 있는 대로 목청을 돋우어 새된 소리를 질러대고, 앙리는 코드 잡느라 부지런히 손을 놀리고, 스튜어트는 미친 듯이 드럼을 쳐대는 통에 우리 모두 완전히 기진맥진해서 무대에서 내려온다. 스튜어트는 작은 발전소쯤은 제 힘으로 돌릴 수 있을 만큼 기운이 펄펄 넘치지만, 가끔은 느긋할 필요가 있다. 모든 연주가 종결부를 향해 돌진하는 경주나 다름없다. 드럼을 무대 앞으로 밀고 나가 관중석을 뚫고 후미진 클럽 뒤쪽에까지 밀어붙일 태세다. 이게 음악인가 하는 의구심을 떨칠 수 없지만, 스튜어트는 흔들리는 기색이 전혀 없다. 한판 신명 나게 놀면 그뿐이라는 듯한 표정이다. 꺼림칙한 마음이 가시지 않아도 이 미친 녀석의 바짓가랑이를 붙들고 늘어지는 수밖에 달리 도리가 없다.

나는 미래가 불안해서 미칠 것 같으면 기도에 의지했다. 어린 시절 천국과 지옥에 대한 생각으로 머리가 복잡했지만, 영의 세계로 인도해줄 이 가늘고 기다란 생명의 동아줄, 곧 기도에 대한 믿음을 저버린 적은 없었다. 고난과 역경이 닥치면 의심을 품었던 이 젊은 날의 치기를 주님이 용서하시고 그 너른 품에 나를 푸근히 안아주실 거라고 굳게 믿었다. 한밤중에 일어나 묵주기도를 올리면 나도 모르게 마음이 편안해진다. 묵주 구슬 쉰 알에 성모송聖母誦 쉰 번을 부른다. 이렇게 계속 반복하다 보면 기도문 자체는 큰 의미가 없어지지만, 만트라가 지친 영혼을 달래듯 가족을 어떻게 부양할지 번민으로 가득 찬 마음에 서서히 평온이 찾아온다.

어렸을 때부터 여신이 왠지 모르게 편하게 다가왔다. 여성을 혐오한 나머지 여신 숭배를 금기시한 가부장적인 사회질서 속에서도 교회는 그나마 분별력을 발휘해서 여신을 금지하지는 않았다. 어린 날 나의 여신은 바다의 별 성모 마리아였다. 별빛 찬란한 가운데 바다 위의 마리아는 푸른 미사보 드리운 머리를 갸웃 기울인 채 생각에 잠긴 듯 눈을 내리깔고 있었다. 아프로디테처럼 가만히 입가에 띤 미소는 무한한 인내와 동정을 약속하는 듯했다. 마리아라면 천국에서 내 편을 들어줄 것 같았다. 어린 시절 내가 가장 좋아한 찬송가는 이렇게 끝났다.

    바다에서 가장 성스러운 별 동정녀 마리아여
    나그네를 위해 나를 위해 기도해주소서

머리가 좀 더 굵어지자 동정녀 탄생이라는 대목에서 의구심이 생겼다.

신성모독으로 오해하지 않길 바란다. 하느님은 생명 탄생을 위해 섹스라는 신비롭고 신성한 방법을 고안해놓고서는 예수 그리스도를 이 땅에 보낼 때에는 왜 이 방법을 쓰지 않았을까 솔직히 이해가 잘 되지 않았다. 굳이 이런 기적을 행해야 했을까 싶었다.

아무튼 나는 밤이면 밤마다 무릎 꿇고 앉아 신이든 여신이든 우리 가족을 보우해달라고 기도를 올린다. 천상의 세계에서 듣기에 너무 저급할까 싶어 살 집을 달라는 기도는 차마 드리지 못한다.

그런데 어느 날 놀라운 기적이 일어난다. 주택조합이 우리 신청서를 받아들여 렌스터스퀘어 28번지의 지하 아파트를 우리에게 내어준다는 것이다. 프랜시스와 나는 기쁜 나머지 얼싸안고 춤을 춘다. 나는 마음속으로 성모 마리아에게 감사 인사를 드린다. 당장 보증금 1100파운드와 한 달 치 월세부터 마련해야 한다. 장인어른에게서 500파운드를, 아버지에게서 200파운드를 빌리기로 한다. 아직 입주까지 두어 달 남았으니 나머지 돈은 그사이 열심히 벌면 된다.

12

웨일스 뉴포트의 기찻길 옆 나이트클럽에서 '체리 바닐라'와 첫 공연을 펼친다. '알렉산더스'라는 간판이 달린 허름하고 비좁은 나이트클럽이다. 매서운 3월 바람에 날린 신문지 조각이 클럽과 둑 사이의 좁은 골목길에서 이리저리 몰려다니고, 석탄을 가득 실은 화물열차가 머리 위에서 덜커덩거리며 지나간다. 클럽은 춥고 더럽고 음습하다. 찌든 담배 냄새에 지난주 마신 맥주에서 홉 썩는 냄새까지 고약하게 코를 찌른다.

나는 스튜어트와 지방 공연 매니저인 크리스와 함께 포드 트랜지트를 타고 먼 길을 달려간다. 악기와 음향 장치를 코딱지만 한 무대에 내려놓는데 무대가 온통 성난 담배 자국에 술과 땀으로 얼룩져 끈적끈적하다. 앞으로 이런 클럽을 수십 군데는 더 다녀야 한다. 분장실은 화장실만큼 비좁고 음악가들이 벽에 빼곡히 적어놓은 허풍스러운 낙서와 유치한 음담패설이 한없이 서글프다. 언젠가는 성공하겠다는 모호한 약속에 홀려 이렇게 너저분한 곳도 마다하지 않고 달려온 제 인생에 분개하는 음악가들의 모습이 눈앞에 선하다.

장비 설치를 다 끝낼 무렵 '체리 바닐라'가 클럽에 도착한다. 장내를 쓱 훑어보고도 구시렁거리지 않는다. 얼굴 표정을 보아 하니 고국에서도 이런 무대에 많이 섰던 모양이다. 이들이 분장실에서 옷을 갈아입는 동안에 나는 또 먹통이 된 앰프를 분해한다. 단자를 하나하나 떼어낸 뒤 제대로 작동하는지 보기 위해 귀에 바싹 대고 한 번씩 살살 흔들어보고는 다시 구멍에 끼워 넣는다. 다른 방법도 과학적이지 않기는 매일반인지라 먹통이 될 때면 으레 이 방법을 쓰는데 이번에도 통했는지 단자에 빨간 불이 들어온다. 클럽에 하나둘 손님이 들어오고 무대 위로 화려한 조명이 무지갯살처럼 퍼지자 장내가 한결 환해진다. 불그스름한 불빛에 클럽의 음침한 몰골이 묻히자 단자에 빨간 불이 켜졌을 때처럼 찡하도록 반갑다. 오늘 밤 모든 게 다 잘될 것이다.

'폴리스' 공연은 10시 50분에 시작해서 11시 정각에 끝난다. 정말 미친 듯이 내달린다. 어떠한 비판도 어떠한 평가도 용납하지 않겠다는 기세로, 그 누가 뭐라 하든 조금도 굴하지 않겠다는 기세로 잠시도 쉬지 않고 연달아 열 곡을 부르고는 관중이 정신을 차릴 틈도 주지 않고 후다닥 무대에서 내려온다. 분장실 문을 박차고 들어가면서 우리 셋은 막 은행을 털고 나온 강도들처럼 하하 흐드러지게 웃는다. 루이스와 제카에게도 제법 인상적인 무대였던 것 같다. 특히 루이스는 내 노래가 아주 마음에 드는 모양이다. 그가 나에게 말을 건넨다.

"이봐! 나중에 아주 유명해질 거야."

"어."

내가 건성으로 대답한다. 정말 그렇게 될까 싶으면서도 한편으론 그의 말을 믿고 싶은 마음이 간절하다.

30분 휴식을 취한 뒤 앙리는 한잔 걸쳐야겠다며 서둘러 클럽 뒤쪽으로 사라지고 나는 스튜어트와 함께 무대에 오른다. 이번에는 '체리 바닐라' 공연이다. 체리는 폭발적인 에너지로 광란의 무대를 이끈다. 그녀가 엉덩이를 흔들고 돌릴 때마다, 끈적끈적한 노랫말을 내뱉을 때마다, 그 마음 다 안다는 듯이 저급한 윙크를 날릴 때마다 관중은 미쳐 날뛴다. 우리는 첫날이라 두어 군데서 실수를 하지만, 전반적으로 무난하게 공연을 끌고 나가서 그 정도 실수는 환호성 속에 조용히 묻힌다. 첫출발치고는 나쁘지 않다. 공연이 끝나고 텅 빈 클럽에서 축하주를 두어 잔 마신 뒤 장비를 꾸려서 승합차에 싣고 길에 오르니 어느새 새벽 2시다. 오는 길에 한 명씩 내려주고 집에 들어서자 아침 7시다. 지난밤에 번 돈이 주머니에 고스란히 있다. 6파운드 50펜스.

우리는 계속 이렇게 살아갈 것이다. 매번 엇비슷한 돈을 받고 이 클럽 저 클럽 전국 각처를 유랑하며 공연할 곳을 찾아다닐 것이다. 집이 너무 멀면 싸구려 여인숙에서 하룻밤을 신세질 것이고, 쓰디쓴 커피 한 잔으로 선잠을 깰 것이며, 고속도로 휴게소에서 패스트푸드로 주린 배를 채울 것이다. 모든 일이 척척 잘 굴러가서 고생한 보람을 느낄 때도 있겠지만 그렇지 않을 때도 있을 것이다.

이상하게 '폴리스'의 공연도, '체리 바닐라'의 공연도 엉망으로 꼬인 어느 날 밤, 승합차에 홀로 앉아 그 옛날 '마지막 비상구'의 노래를 듣고 있는 나 자신을 발견한다. 크게 훌륭하달 수는 없어도 괜스레 코끝이 찡해 온다. 제리도 보고 싶고 형님들도 보고 싶다. 그 순간 내가 돌이킬 수 없는 실수를 저지르고 있는 건 아닐까 하는 불안감이 엄습한다. 노래를 하도 불러댄 탓에 목소리는 쉴 대로 쉬어 있고, 나하고 별로 비슷한 점도 없는 사람들과 내가 별로 좋아하지도 않는 노래를 부르고 있다. 여기서 대체 무슨 짓을 하는 건지 나도 모르겠다.

아내와 결혼한 지도 벌써 1년이 되었다. 여전히 미래는 불안하고 아기는 어리고 연극이며 뮤지컬이며 티브이며 닥치는 대로 오디션을 보러 다니는 아내에게도 참 힘든 시간이었을 것이다. 훗날의 일이지만 아내는 결혼 전의 영광을 되찾아 지금도 '로열셰익스피어극단'이나 '국립극장'에서 철철이 주역을 맡는다. 하지만 우리의 젊은 시절은 근심 마를 날 없는 가시밭길이었다.

고생 끝에 낙이 온다는 옛말이 그저 옛말에 지나지 않을 수도 있지만, 아내와 나는 우리의 앞날에 서광이 비칠 때까지 이 믿음에 기대 힘든 나날을 견뎌낸다. 며칠 뒤 아내가 〈생존자들The Survivors〉이라는 BBC 드라마에서 배역을 따낸다. 핵전쟁 이후 살아남은 자들의 처절한 생존기를 그린 드라마라는데, 아내가 원하던 내용은 아니지만 어쨌든 일이 들어온 것이다. 통장 잔고가 언제 바닥날지 모르는 깜깜한 상황에서 돈을 벌 수 있다는 사실이 한량없이 기쁘다.

이 일이 있고 곧바로 아그네스 할머니에게서 전화가 온다. 아버지가 많이 아프다고, 잠깐잠깐 의식을 잃을 때도 있다는 것이다. 아버지에게 바로 전화를 건다. 아버지는 네 할머니가 원래 극적인 걸 좋아하는 분이지 않느냐고, 걱정할 거 없다고 말한다.

"아버지, 정말 괜찮으세요?"

"그럼, 괜찮고말고."

아버지는 평생 아픈 적이 없는 분이지만, 이번엔 뭔가 큰 문제가 있는 게 분명하다. 그렇지 않고서야 할머니가 전화를 했을 리 만무하다. 병원에 안 가겠다고 버티는 아버지를 병원에 모시고 가기란 거의 불가능이라는 걸 나는 잘 안다. 최대한 이른 시일에 아버지를 직접 뵈러 가야겠다.

5월 초 렌스터스퀘어의 지하 아파트로 이사를 간다. 침실과 부엌, 화장실이 있고 거실은 아직 카펫을 깔지 않은 맨바닥이지만 운동장만큼 널찍하다. 침실은 하나라 아기와 함께 쓸 생각이다. 창문 너머로 쇠 난간과 좁은 계단, 저쪽 위 보도를 걷는 사람들의 다리가 보인다. 첫 달 월세는 충분하고 조금만 더 모으면 다음 달 월세도 거뜬하다. 살 집이 생기다니 자부심에 가슴이 뿌듯하게 차오른다. 어떻게 해서든 이 집에서 계속 살 것이다.

초여름으로 접어들 무렵 체리가 심하게 앓으면서 목소리가 아예 나오지 않는 긴급 상황이 발생한다. 상의 끝에 유럽 순회공연을 취소하기로 결정한다. 훗날 체리와 다시 공연할 기회가 찾아오지만, 일단 지금은 비용 절감이라는 마일스의 행동강령에 따라 우리는 또다시 '웨인 카운티와 전기의자들'의 지원 밴드로 낙점되어 3주 동안 벨기에를 경유해 네덜란드 전역을 도는 저예산 순회공연에 나서게 된다.

웨인 카운티는 미국 바이블 벨트[미국 남부의 기독교 신앙이 두터운 지역]의 소읍 출신이다. 시골 마을에서 튀다 못해 제 스스로 망명을 결정한 그는 고향을 떠나 맨해튼의 보헤미안적 자유에 온몸을 내맡긴다. 그를 처음 만났을 때에는 성 정체성이 아직 모호하던 때였다. 그는 곧 스스로를 제인이라고 부르며 외모로도 행동으로도 여자임을 분명히 하지만, 1977년에는 트랜스젠더로 거듭난 상태는 아니었다. 그는 짙게 화장한 얼굴에 가냘픈 체구 위로 헐렁한 옷과 챙 넓은 모자를 걸치고 있다. 숫기 없고 예민하며 단순한 것과는 거리가 먼 사람이다. 나는 왠지 그가 마음에 든다. 〈나랑 할 생각 아니거든 꺼져If You Don't Wanna Fuck Me, Fuck Off〉 같은 노래를 작곡한 걸 보면 나와 감성 코드가 꽤 다르지만, 그래도 훌륭한 가수이자 연주자임에는 틀림없다.

웨인은 밴드의 기타리스트 그레그와 은밀한 연인 사이다. 그림이 썩 잘 나오는 한 쌍은 아니다. 그레그는 키가 6척이 넘는 전 아마추어 권투 챔피언이지만, 정신 연령은 일곱 살배기나 다름없다. 평소에는 사랑스러운 아이였다가도 웨인이 안 본다 싶으면 말술을 퍼마신 뒤 사나운 들짐승으로 돌변한다. 그럴 때 웨인에게 걸리면 가차 없다. 바가지 긁는 마누라처럼 웨인이 조목조목 잔소리를 늘어놓으면 그레그는 어느 결에 술이 깬 듯 양순하게 앉아서 벌 받는 개처럼 멀거니 웃고만 있다. 매니저 피터 크로울리는 〈웨스트 사이드 스토리〉의 아마추어 버전에서 제트파^{뮤지컬} _{에서 유색인종을 배척하는 이탈리아계 폭력 집단으로 나온다}가 늙으면 딱 저렇겠지 하는 생각이 들게 하는 얼굴이다.(내가 남몰래 '알리스터'라는 별명을 붙이는데, 그게 누구냐 하면 바로 20세기를 풍미한 그 유명한 악마 숭배자이자 주술사요『마약 중독자의 일기』의 저자인 알리스터 크로울리다.) 커다란 머리통에 오토바이 폭주족처럼 위로 삐죽 세운 앞머리가 눈썹 사이로 페니스 늘어지듯 축 늘어져 있다. 가죽 재킷 어깨에 어찌나 두툼한 패드를 넣었던지 잘못 찍힌 사진처럼 가뜩이나 삐쩍 마른 다리가 똥짤막해 보이기까지 한다. 게다가 입안 근육에 무슨 문제라도 있는지 온종일 징징거리는 콧소리를 달고 사는 데다 말끝마다 비꼬는 수작이다. 영국 날씨가 어떠네, 영국 음식이 어떠네, 영국 도로가 어떠네, 영국 차가 어떠네, 영국인들 운전이 어떠네 하면서 하루 종일 투덜거린다. 영국에 대한 불만은 네덜란드에 가서도 이어진다. 감정 표출이 하도 격해서 투렛증후군_{운동 틱과 음성 틱이 함께 보이는 틱 장애}이 아닐까 살짝 의심이 된다.

나는 세관에서 우연히 그의 어깨 너머로 여권을 보게 되는데, 징 박힌 재킷에 은장도 모양 귀고리를 귀에 대롱대롱 매달고 있는 그가 놀랍게도 미국 성공회 신부라는 것이다. 진짜 신부인지 확인할 길이 없지만, 멤버들이 하나같이 이상해서 이제는 더한 게 나오더라도 놀랄 것 같지 않다.

이름이 크리스 더스트인 은발의 드러머는 여태껏 철겨운 여름옷을 벗지 못한 헝가리 난민이다. 영국에 정치적 망명을 신청했다며 최종 결정이 날 때까지 영국을 떠나면 안 된다고 했다. 그런데 왜 오스텐트행 연락선을 타려고 하느냐고 내가 묻는다.

"일거리가 필요하니까요. 먹거리도 사야겠고, 겨울옷도 사야겠고."

그러면서 제가 입고 있는 다 해진 하와이 셔츠를 가리킨다. 베이스 연주자는 영국 젊은인데 개중에 가장 멀쩡한 축에 속한다. 이름이 아드리안인데 다들 발 할라라고 부른다. 유인원처럼 기다란 턱에 머리는 암청색으로 염색한 모습이 마치 가발을 뒤집어쓰고 머펫팔과 손가락으로 놀리는 인형 쇼에서 탈출한 도망자처럼 보인다.

여기에 스튜어트와 나, 코르시카 해적까지 더해서 승합차에 몸을 구겨 넣고 도버해협 위에 걸쳐진 건넘판을 지나 연락선에 오르는데 이렇게 기괴한 조합도 없을 듯싶다. 밤 12시 10분에 억수같이 퍼붓는 빗줄기를 뚫고 포효하는 바다로 배가 출항한다. 밤배라 뱃삯이 저렴하다. 한 시간쯤 토막잠을 잔 것 같다. 오스텐트에 도착하니 새벽 4시다. 짙은 어둠 속에 비는 여전히 내린다. 장비 반입하는 데 유용하게 써먹을 수 있는 카르네가 있지만, 영국 세관원에게 서명을 못 받은 터라 아무짝에도 쓸모없는 종이쪽지나 다름없다. 벨기에 세관원도 어쩔 수 없다는 표정을 짓는다. 아침 8시까지 예서 기다리라고, 상관이 출근하면 가지고 가보겠다고 말하고는 따듯한 사무실로 쿵쿵거리며 걸어가더니 문을 쾅 닫고 들어가 버린다. 앙리가 운전대를 잡고 있다. 어느덧 비는 멎었고 세관 앞 정문은 어서 오라는 듯이 활짝 젖혀져 있다. 그 너머로 텅 빈 도로가 보인다. 얼추 계산을 해보니 8시면 네덜란드에 도착할 것 같다. 우리는 사무실 문에서 시선을 거둬 활짝 열린 정문과 그 너머 도로를 쳐다본다. 그리고는 공모자의 시선을 서로 주고받은 뒤 어둠 속으로 빠르게 내달린다. 국경을 넘기 전에 기름이 간당간당하지만, 다행히 동틀 무렵 벨기에의 공권력이 미치지 않는 네덜란드 땅에 무사히 안착한다.

피터 크로울리, 아니 이제 대놓고 알리스터라고 부르는 매니저가 자기가 운전을 하겠다고 말한다. 모두들 지칠 대로 지친 상태라 그렇게 하라고 대답하지만, 이게 큰 화가 될 줄은 몰랐다. 가뜩이나 불쾌한 사람이 운전까지 난폭하게 한다. 이렇게 거친 운전자는 내 생전 처음 본다. 잘난 척은 또 어찌나 하는지, 쌩쌩 달리면서도 여봐란 듯이 운전대를 꼭 한 손으로 잡고 돌린다. 짧은 거리를 갈 때에도 액셀러레이터를 붕 밟고 가다가 앞차를 들이박을 듯이 바로 뒤에서 끼익 하고 멈춰 선다. 내가 살살 운전했으면 좋겠다고 점잖게 말해보지만, 쇠귀에 경 읽기다. 나도 점점 인내심을 잃어간다. 앙리는 커다란 선글라스로 얼굴을 반쯤 가리고 있는데도 겁먹은 표정이 완연하다.

그러던 참에 안쪽 차선에 있던 차 한 대가 신호를 받다가 불과 한 뼘이 될까 말까 하게 우리 차선을 넘어온다. 알리스터가 눈살을 찌푸리더니 이를 아드득 갈며 입 모양으로 '개자식'이라는 욕을 날린다. 그러고는 액셀러레이터를 밟으며 그 차의 측면을, 정확히는 왼쪽 펜더를 쿵 소리가 나도록 세게 들이받는다. 내가 깜짝 놀라서 소리를 지른다.

"무슨 짓이야?"

"저 개자식이 우리 쪽으로 넘어왔잖아."

알리스터도 질세라 소리를 지른다.

"넘어오긴 뭘 넘어와? 일부러 들이받아놓고선."

문제의 개자식이 차에서 내린다. 이게 무슨 날벼락인가 당혹스럽기도 하고 슬며시 겁도 나는 표정이다. 그러다 승합차에 타고 있는 기괴망측

한 족속들을 보더니 흠칫 몸이 움츠러든다. 알리스터가 자초지종 설명이라도 할 것처럼 창문을 내리더니 냅다 욕지거리를 내뱉는다.

"이 개자식아."

그러더니 초록 불로 바뀌기가 무섭게 기어를 1단에 놓고 액셀러레이터를 힘껏 밟으며 차를 출발시키고는 얼마 안 가 클러치도 밟지 않은 채 기어를 2단으로 바꾼다. 내가 그를 무섭게 노려보며 쏘아붙인다.

"진짜 개자식은 바로 너야. 이제 그만 운전석에서 내려."

그러자 그가 느닷없이 브레이크를 끽 밟는다. 내 생각엔 앞 유리로 나를 날려 보낼 심산이었던 것 같다. 하지만 애초 계획과 달리 나 대신에 앙리의 앰프가 유도미사일 발사하듯 차 앞쪽으로 날아간다. 이 미친놈의 머리통을 깨부수고 싶은 걸 간신히 참는다. 이 인간이 기껏 한다는 소리가 가관이다.

"나한테 운전하지 말라는 건 키스 문^{영국 록 그룹 '더 후'의 드러머}한테 드럼 연주하지 말라는 거랑 똑같아."

기가 막혀 까무러칠 지경이다. 전생에 무슨 대죄를 지었길래 이런 미치광이하고 한 차를 타고 간단 말인가? 나는 흥분이 가라앉은 뒤 미국에 온전하게 돌아가고 싶으면 운전대 잡을 생각은 하지도 말라고 그에게 최후통첩을 보낸다.

우리는 호로닝언^{네덜란드 북부에 있는 호로닝언 주의 주도}의 마을회관 같은 곳에서 첫 공연을 펼친다. 공연 기획자가 빌린 음향 장치는 암스테르담에서 지금 오는 중이다. 7시 반이 돼서야 음향 장치가 도착하는 바람에 음향 점검할 새도 없이 곧바로 무대에 오른다. 첫 곡을 시작하는데 아니나 다를까 간주쯤에 이르자 소리가 나갔다가는 들어오기를 반복한다. 이윽고 삐익 귀청을 찢는 듯한 기계음이 울리자 청중들이 죄다 두 손으로 귀를 막는다. 온종일 시달린 끝에 음향까지 말썽을 피우자 나는 평소의 나답지 않게 그만 폭발하고 만다. 애먼 네덜란드 음향 담당자에게 지금 당장 고쳐놓지 않으면 가만두지 않겠다고 으름장을 놓는다. 스튜어트는 내가 옆에서 뭐라고 떠들거나 말거나 여느 때보다 미친 듯이 드럼을 쳐대고, 마약에 취한 채 바닥에 가부좌를 틀고 앉아 있던 청중들은 듣도 보도 못한 펑크록 음악이 원래 이렇게 난폭하겠거니 하고 여기는지 내 행동도 공연의 일부로 받아들이는 듯하다. 이게 나를 완전히 미치게 만든다. 나는 야트막한 무대에서 뛰어 내려와 어서 정신 차리라며 청중들을 흔들고 발로 차고 바닥에 때려눕힌다. 이들이 다행히도 부스스 깨어나 맞받아치기 시작하자 나는 그제야 다시 무대 위로 올라온다.

    음향 출력이 이제 제대로 작동하는 모양이다. 살짝 지체되긴 했지만 본격적인 로큰롤 공연으로 들어간다. 광란의 무대에 맞춰 청중들이 다들 일어나 열광적으로 몸을 흔들어댄다. 그러던 중 스튜어트가 무엇에 홀린 사람처럼 베이스 드럼 페달을 정신없이 밟더니 결국 금속 채가 뚝 부러지고 만다. 곧이어 드럼이 통째로 와르르 무너진다. 하이햇이며 톰톰이며 심벌즈가 무대 위에서 나뒹군다. 음악이 일시에 멎고 우리는 황급히 무대에서 내려온다. 분장실 문을 닫고 안으로 들어가려는 순간 박수갈채가 터진다. 꺅꺅 환호성을 내지르고 휙휙 휘파람을 불고 쾅쾅 발을 구르고 이만저만한 난리가 아니다. 다들 제정신이 아닌 게 분명하다. 우리는 쓰레기였다. 어쨌든 드럼이 박살난 관계로 앙코르곡은 받지 못한다. '폴리스' 공연은 10분에서 15분으로 늘어난다. 이제 웨인 차례다. 청중도 몽롱한 취기에서 깨어났겠다, 웨인과 그 떨거지들이 한바탕 신명 나게 놀면 된다.

밤이 저물 무렵 나는 20길더짜리 수표 한 장을 주머니에 넣고 도심 홍등가의 작은 호텔로 차를 몬다. 나이 들어 뵈는 여자들이 슬픈 표정으로 창가에 앉아 문고판 연애소설을 읽거나 싸구려 전등의 불그스름한 불빛 아래서 아기 옷을 뜨고 있다. 비좁은 호텔 방에서 길 건너 여자들이 훤히 내려다보인다. 온수는커녕 난방조차 들어오지 않는다. 침대보는 또 어찌나 눅눅하던지. 옷 입은 채로 침대에 눕고는 아내와 아들을 떠올린다.

그 뒤로 몇 날 며칠을 에인트호번과 로테르담, 네이메헌, 마아스브리, 마지막으로 암스테르담까지 네덜란드 전역을 돌며 첫날과 별반 다르지 않은 공연을 이어나간다. 네덜란드 공연 하면 지금도 떠오르는 이미지가 암스테르담 도심 한복판의 '파라디소 클럽'에서 했던 공연이다. 교회를 개조한 곳이니 무대는 그 옛날 제단으로 쓰였을 것이다. 무대 위로 화려한 색유리 창이 천국을 향한 듯 어두컴컴한 고딕 건물 천장까지 높다랗게 솟아 있다. 저마다 판이한 청중들이 마룻바닥에 듬성듬성 흩어져 있고, 그 위로 섬광등이 강렬한 빛을 비추고 있다. 저희들 편한 대로 널브러져 있는 모습이 참 꼴불견이다. 평온한 미소를 지으며 곤히 잠든 사람에 저쪽 구석 더러운 침낭에서 꼭 껴안고 잠든 사람까지 별의별 사람이 다 모여 있다. 또 몇몇은 저희들이 무슨 더비시격렬한 춤 의식을 행하는 이슬람교도의 한 분파라도 되는 양 정신없이 빙글빙글 돌다 이따금씩 중심을 잃고 옆 사람 몸을 치기도 한다. 그러면 옆 사람이 이 미친 더비시들을 신경질적으로 확 밀쳐내고, 이들은 그 반동으로 반대 방향으로 돌며 저만치 멀어진다. 그러던 중 한 더비시가 바닥에 머리를 쿵 부딪치며 쓰러져서는 한참이나 꼼짝 않고 누워 있다가 별안간 벌떡 일어나더니 또다시 뱅글뱅글 돈다. 음악도 지옥의 소리처럼 끔찍하다. 어딘가 비현실적인 느낌이 든다. 악몽이다. 무대의 주재자 웨인이 들끓는 분노를 폭발시키듯 '롤링 스톤스'의 〈마지막The Last Time〉을 악악거리며 부르고, 그레그는 위태롭게 취해서 하나뿐인 기타 목을 움켜쥐고는 위로 번쩍 치켜들었다가 한 번, 두 번, 세 번, 계속 무대 바닥에 내리친다. 순회공연이 끝나는 게 아니라 세상이 끝나는 듯하다.

이튿날 모두 제브류헤벨기에 서북부의 항구도시에서 영국행 연락선에 올라탄다. 그레그는 숙취로 죽을 맛인 모양이다. 흔들거리는 배의 노천갑판에 앉아 고통스럽게 손으로 머리를 감싸 쥐고 있다. 양옆으로 웨인과 알리스터가 앉아 있다.

"너 뭐 하는 놈이야? 병신 같으니."

"기타는 무슨 돈으로 살 건데? 어? 말 좀 해봐, 이 천치 새끼야."

"우리 돈까지 탈탈 털어서 술을 처마셔? 우리 이제 개털 됐다구."

알리스터가 짐짓 과장된 몸짓으로 바다를 향해 가래침을 퉤 뱉는다. 입술에서 흘러내린 침이 거미줄처럼 가죽 재킷 위로 길게 늘어진다.

"병신 새끼."

그레그가 별안간 벌떡 일어나 난간으로 뛰어가더니 뱃전 너머 영국해협으로 누런 물을 웩웩 게워낸다. 알리스터가 가여운 그레그에게 최종 판결을 내리듯 짜증스러운 어조로 되뇐다.

"병신 새끼."

"그냥 좀 내버려둬."

웨인이 난간에 몸을 기댄 건장한 사내를 측은한 눈길로 바라보며 톡 쏘아댄다. 그러고는 그레그에게 다가가 등을 쓰다듬어준다. 그 순간 나는 웨인이 그를 사랑하고 있음을, 여태껏 그를 보살핀 것처럼 이번에도 그를 보살필 거라는 사실을 깨닫는다. 알리스터가 역겨운 표정을 지으며 저만치 걸어가면서 나에게 저주의 눈길을 퍼붓는 걸 잊지 않는다.

드러머 크리스는 반대쪽 뱃전에 서서 짙은 안개 너머 어렴풋이 윤곽을 드러내는 영국 해안가를 응시하고 있다. 바람이 매섭지만 그는 아직껏 철 지난 여름옷 차림이다. 무대 위에서건 무대 아래에서건, 낮이고 밤이고 한결같은 차림이다. 포크스턴항구가 점점 가까워지자 그가 안절부절 불안해하는 기색이 역력하다.

"크리스, 괜찮아요?"

"네, 괜찮아요. 영국으로 돌아갈 수만 있으면 좋겠어요."

"만일에 그게 안 되면 어떡하죠?"

"저도 모르겠어요. 고국으로 추방되면 바로 감옥행인데……."

그가 담배에 불을 붙이려다 거센 바람에 실패하자 프랑스 영화배우처럼 불붙지 않은 담배를 입에 문 채 바다를 바라본다.

"바다에 뛰어들어 영국까지 헤엄쳐서 가야 할지도 몰라요."

"설마 그럴 일이야 있겠어요? 다 잘될 거예요."

그가 어깨를 한 번 으쓱해 보이더니 갑판 아래로 내려간다. 나는 얼마나 복 받은 사람인가, 새삼스레 감사한 마음이 든다.

배가 포크스턴에 닿자 출입국 관리소에서 취업 허가증을 확인하네, 여행 가방이며 옷가지를 뒤지네 하면서 미국인들을 무려 여섯 시간이나 붙잡아놓는다. 괴롭히려고 작정한 사람들 같다. 우리는 주차장에서 하염없이 기다린다. 크리스 때문에 네 시간을 또 기다리는데, 허무하게도 그가 그날 밤배로 제브뤼헤로 추방당할 거라고 한다. 가여워서 어쩌나. 하지만 우리가 해줄 수 있는 건 아무것도 없다. 우리는 침통한 분위기 속에서 런던으로 향한다.

드디어 집에 도착한다. 그사이 아들은 몰라볼 만큼 훌쩍 자랐다. 아내가 불쑥 데버러라는 여자를 아느냐고 묻는다. 뭔가 불길한 느낌이 엄습한다.

"알긴 아는데, 무슨 일이야?"

"어머님이 전화하셨어. 그 여자가 죽었다는데."

그날 밤 나는 잠 못 이루고 밤새 뒤척인다. 베이스워터 지하 아파트의 작은 뒷방에서 잠자고 있는 아내와 아들을 물끄러미 내려다본다. 잠도 청하고 기도도 드리지만 모두 허사다. 갑자기 삶이 그렇게 낯설게 느껴질 수가 없다. 나는 무지몽매한 한낱 미물에 지나지 않는데, 어느 순간 느닷없이 삼라만상의 섭리가 희뿌연 장막 뒤로 그 위용을 드러내는 기분이다. 나는 어찌하여 이곳에 이르렀는가? 아내를 만나기 이전의 내 삶은 조각조각 쪼개진 삶이었다. 순간순간의 작은 선택과 자잘한 결정이 한데 합쳐져서 지금의 내 삶이 된 것 같다. 하지만 이 작은 단편들이 모이고 모여서 지금의 나에게 막대한 책임을 지우는 듯하다. 기억상실증 환자가 불현듯 내가 왜 여기 있지 하고 의아해하며 기억을 더듬는 것처럼 나도 지난날을 하나씩 하나씩 되짚어본다. 그때 다른 결정을 내렸더라면, 다른 길을 갔더라면 이 복잡한 운명의 수레바퀴 속에서 내 삶이 달라졌을까 가만히 생각해본다. 나는 남편이자 아버지로서 고향에서 멀리 떨어진 타향에 둥지를 틀고 꿈을 좇으며 아등바등 살아가는데, 내가 한때 사랑했고 결혼했을지도 모르는, 그래서 나와 함께 지금과는 다른 삶을 살았을지도 모르는 여자가, 그 여자가 지금 죽었다. 일순간이지만 내가 귀신을 보았다고 생각한 것은 그로부터 며칠 후의 일이다.

우리도 이제 당당한 일원이 된 주합조합은 푸르른 베이스워터스퀘어의 농쪽 지역에서 하이드공원 북쪽 지역까지를 거의 다 소유하고 있다. 새하얀 6층 아파트에 서른여섯 가구가 있는데 그런 아파트가 여섯 동이나 우뚝 솟아 있다. 지하의 여섯 가구만 빼고 모든 가구가 길 건너 광장

한복판의 나무 우거진 짙푸른 잔디밭을 내다보고 있다.

지하방이 으레 그렇듯 우리 아파트도 길 아래에 있다. 출입문은 지상의 아파트와 따로 분리되어 있는데, 우리 집 창문에서 보이는 거라곤 길가로 연결되는 돌층계와 좁은 마당이 전부다. 아내와 나는 전망에 개의치 않는다. 위층 아파트는 우리가 넘볼 수 없게 비싸기 때문이다. 더욱이 내밀한 욕망을 좇는 우리에게 땅속 삶이 또 그런대로 잘 맞는 것 같기도 하다.

그런데 몰지각한 몇몇 위층 사람들이 지하방 앞의 좁다란 마당에 쓰레기를 내놓으면서 가뜩이나 별 볼 일 없는 전망이 쓰레기장으로 바뀌자 전투도 불사하겠다는 싸늘한 전운이 지하에 감돈다. 땅 밑에 산다고 사람까지 하층민이 되는 건 아니기 때문이다.

위층 사람들이 지하 출입문 앞에 쓰레기를 계속 내놓자, 반란이 유일한 희망임을 나는 절감한다. 지하 32호에서 반상회가 소집되고, 내가 그곳에 제일 먼저 도착한다.

돌층계를 내려가며 창문으로 슬쩍 들여다보니 32호도 우리와 똑같은 구조라는 걸 한눈에 알겠다. 옅은 갈색 머리에 장신의 남자가 문을 여는데 삼십 대 초반쯤으로 뵌다. 인사를 나눈 뒤 그가 자기 이름은 제임스이고 배우이며 여자 친구와 같이 산다고 말한다. 우리보다 몇 주 뒤에 이사 왔다는데 지금껏 한 번도 마주친 적이 없다. 나에게 벽난로 옆에 앉으라며 차를 마시겠느냐고 묻는다. 내가 그러겠다고 대답하자 그가 뒤쪽의 부엌으로 걸어간다. 가구 몇 점 없이 썰렁한 거실에 나 혼자 덩그러니 앉아 주위를 쓱 둘러본다. 마룻바닥에 카펫을 깔았다는 것만 빼고는 우리 집보다 나을 게 없어 보인다. 부엌문에 아직 유리를 끼우지 않은 상태라 두 남녀가 두런거리는 소리와 여자의 화사한 웃음소리가 죄다 들린다.

제임스가 돌아온다.

"조금만 기다리세요. 여자 친구가 차 끓이고 있어요. 자, 그럼,"

그가 굵직한 배우의 저음으로 말을 잇는다.

"쓰레기 사태를 어떻게 해야 할까요?"

"저도 계속 생각했는데요, 그러니까……."

젊은 여자가 찻주전자와 찻잔을 들고 부엌문을 지나 거실로 들어오는 순간, 나는 말을 잇지 못한다. 딱 달라붙는 청바지에 연푸른색 스웨터를 입은 금발의 여인이 눈부시게 아름답다. 눈동자는 아주 연한 초록색이고, 동물이 날카로운 발톱으로 할퀸 듯한 하얀 흉터 자국이 왼쪽 뺨에서 눈가에까지 가느다랗게 이어져 있다. 흉터가 아름다움을 덜하기는커녕 오히려 상처 입은 천사처럼 묘한 매력을 더한다. 더욱이 입 모양이 시선을 떼지 못하게 한다. 귀신을 보는 듯한 착각이 든다. 커다란 입을 활짝 벌리고 웃는 저 시원한 미소, 으스스할 만큼 데버러를 연상시킨다. 해적 얼굴에 있을 법한 흉터에 귀신의 미소를 짓는 아름다운 여인, 그녀가 내 인생에 나타난 이 기괴한 순간이 마치 한 장의 사진처럼 일순간 정지해서 내 뇌리에 깊숙이 새겨진다. 이 마법을 푼 사람은 제임스다. 그가 이상한지 묻는다.

"트루디와 초면이 아닌가요?"

내가 나중에 알기로 트루디 스타일러는 배우가 되겠다는 청운의 꿈을 안고 십 대의 어느 날 고향 집을 떠났다. 그녀가 셰익스피어의 출생지이자 '로열셰익스피어극단'의 본거지인 스드래트퍼드 온 에이븐Stratford-on-Avon으로 향한 것은 순진한 발상이지만 본능에 따른 것이기도 했다. 그곳에 아는 사람이 아무도 없는 탓에 그녀는 하룻밤 묵을 곳을 찾아 이 문 저 문 두들기며 낯설고 물선 고장에서 첫날밤을 보내야 했다. 대대로 연극배우인 처치 씨네 집에서 다행히도 그녀를 받아들여 밤이슬 피할 방을 내어준 것은 물론이고 나중에는 아예 그 집 보모로 들였다. 이들 가족의 격려와 도움으로 그녀는 브리스톨의 올드빅극장 연극학교에서 연극을 전공했다. 졸업한 뒤에는 연극 무대뿐만 아니라 텔레비전 드라마에도 얼굴을 내밀었으며 이윽고 런던 '웨어하우스극장'의 '로열셰익스피어극단' 작품에도 출현하게 되었다. 작품 사이에 잠시 공백이 생길 때에는 아랍식 나이트클럽에서 쇼 진행자로 일하기도 했다. 그곳에서 일명 "천사"로 통했다. 얼굴의 흉터는 아주 어렸을 적에 끔찍한 사고를 당해서 생긴 것이었다. 트럭 밑에 끼여 한참이나 질질 끌려갔다는 것이다. 간신히 목숨은 부지했지만 얼굴과 머리에 백 바늘도 넘게 꿰매는 대수술을 받아야만 했다. 그녀가 이렇게 아름답게 자라서 배우로 성공할 거라고는 아무도 예상하지 못했을 것이다.

트루디와 내가 연인이 된 것은 이로부터 3년 후의 일이지만, 우리가 무엇에 홀린 듯 첫눈에 서로에게 끌린 것은 누가 보아도 알 수 있는 사실이었다. 처음 우리 사이에는 어린아이들의 순수함 같은 게 있었다. 같이 있는 게 마냥 좋고 편해서 이 무한한 행복을 도저히 감출 수가 없었다. 그러나 열병 앓듯 사랑이 깊어지자 나는 감정과 현실을 두고 깊은 고뇌에 빠져들 수밖에 없었다. 엄마처럼 사랑도 가족도 어쩌지 못해 그 사이에서 방황하며 살고 싶지 않았는데, 정신 차리고 보니 어느새 옆집 여자와 사랑에 빠져 있었던 것이다. 내가 발 딛고 서 있는 땅이 균열을 일으키며 갈래갈래 갈라지고 있었다.

스튜어트와 나는 날이 갈수록 손발이 척척 들어맞게 된다. 서로에 대한 믿음도 한층 쌓였을 뿐만 아니라 지향하는 미래도 비슷해진다. 제리

때처럼 도제와 멘토의 관계는 아니지만 스튜어트가 내 인생에서 차지하는 비중이 점차 높아진다. 내가 스튜어트와 지내기 위해 제리를 외면한 것은 절대 아니지만, 오래된 내 벗과 알게 모르게 미묘한 갈등이 생기는 건 어쩔 수 없는 일이다.

내가 네덜란드 순회공연으로 영국을 떠나 있을 무렵, 제리가 드디어 런던으로 와서 일자리를 구했다는 것이다. 소호의 토플리스 바^{상반신을 노출한 여자들이 시중을 드는 술집}에서 오르간을 연주하는데 주당 50파운드(나에게는 여전히 큰돈이다)를 받는다며 거처를 구할 때까지 당분간 런던 남쪽에서 친구 여럿과 같이 지낸다고 했다. 나는 영국으로 돌아오자마자 제리가 스튜어트와 함께 즉흥연주를 할 수 있는 자리를 만든다. 두 사람이 뭔가 통하기를 바라는 마음이 간절하다. 우리는 그 옛날 '마지막 비상구' 노래와 이런 자리에선 으레 나오는 명곡 서너 곡을 연주하며 한바탕 신명 나게 논다. 제리가 일하러 간다고 돌아간 뒤에 나는 스튜어트에게 키보드 연주자가 있으면 좋지 않겠느냐고, 그러면 음악이 한결 다양해질 것 같다고 그의 의중을 여러 번 떠본다. 하지만 그럴 적마다 스튜어트는 자기가 원하는 건 3인조 그룹이라며 앙리 자리에 누군가가 온다면 기타리스트가 와야 한다고 조금의 흔들림도 없이 말한다. 그의 생각이 옳았다는 것을 역사는 증명한다.

내 생각에 제리가 어떤 소외감 같은 걸 느끼지 않았을까 싶다. '폴리스'에 들어올 의사가 있는지 확실하지도 않고 원체 시샘 같은 건 부릴 줄도 모르는 성격이지만, 옛 동료들 가운데 믿음을 갖고 런던에 온 사람은 제리가 유일하다. 내가 그를 버렸다고 느끼지 않았으면 좋겠다. 그런데 역설적이게도 제리가 먼저 저만치 멀어져간다.

이튿날 제리가 전화를 해서 빌리 오션 순회공연의 음악감독 자리를 제안 받았다고 말한다. 나는 진심으로 기뻐하지만, 그가 나보고 베이스를 맡겠느냐고 묻는 데에는 난처해질 수밖에 없다. 경비도 대주고 주당 100파운드라는 거금을 준다지만, 나는 조심스레 사양한다. 한 달 내내 공연해도 그 돈 벌기 힘들고, 돈이 많으면 삶이 윤택해진다는 걸 너무나 잘 알지만, 나는 조금도 동하지 않는다. 나는 본능이 시키는 대로 움직인다. 하지만 이로써 제리와 나의 동업 관계는 종지부를 찍게 된다. 이제부터 제리는 제 길을 갈 것이다. 나는 이 친구에게서 너무나 많은 것을 배웠다. 그는 나의 스승이었다. 그게 무슨 소리냐며 그가 코웃음 칠 게 분명하지만, 여하튼 그는 나의 스승이었다. 서로 가는 길은 달라졌지만 그 후로도 우리는 변함없이 우정을 유지한다. 그는 다양한 길을 시험한 끝에 뉴캐슬의 한 음악대학에서 존경받는 강사로 재직하고 있으며 지금도 틈틈이 무대에 오른다. 이제 난 스튜어트와 마키아벨리즘에 경도된 그의 형 마일스에게 내 운명을 온전히 건다.

그러고 나서 어제가 오늘 같은 지루한 시간이 찾아온다. 체리가 목소리를 되찾은 뒤라 그녀의 매니저 맥스가 체리와 우리의 한 달 공연을 계획한다. 초크 팜런던의 북서쪽에 있으며 예술인 거리로 유명하다의 '라운드하우스'에서 '더 잼The Jam' '더 스트랭글러스The Stranglers'와 함께 펼친 무대가 이 공연의 대미를 장식한다. 우리는 북쪽 지방의 글래스와 아폴로는 물론이고 남쪽 땅 끝에 위치한 플리머스와 펜잔스까지 영국 전역을 종횡무진 누빈다. 체리와 함께 올라가는 무대에서도, '폴리스'로 서는 무대에서도 대부분 별 탈 없이 공연을 마친다. '폴리스' 무대가 점점 길어지지만, 나는 왠지 모르게 내 창조적 에너지가 잠든 것처럼 정체된 느낌이 든다. 우연이겠지만 재미있는 사실은 내가 중부 지방의 스태퍼드에서 공연하고 돌아오는 길에 운전석에서 진짜로 잠이 들어 경력이고 뭐고 모든 걸 끝장낼 뻔했다는 것이다.

이른 새벽 뒷좌석에 앉은 사람들은 모두 잠이 들었다. 기진맥진 초주검 꼴이다. 내가 두 시간째 운전대를 잡고 있다. 앙리가 말동무가 되어준다며 앞 좌석에 앉았지만 창문에 얼굴을 박고 꾸벅꾸벅 조느라 여념이 없다. 모두들 잠이 깊이 들었다. 텅 빈 고속도로의 가운데 차선에서 시속 120킬로미터로 달리고 있다.

앙리가 부스스 눈을 뜨고 앞을 내다보자 우리 차가 옆 차선의 트럭 쪽으로 점점 가까이 다가가고 있다. 고속도로에 차량도 많지 않은데 내가 왜 이렇게 차를 모나 의아해하는 순간, 기함하게도 내가 눈을 감고 있더라는 것이다. 그가 으악 비명을 질러대는 소리에 내가 퍼뜩 꿈에서 깨어나 눈을 뜬다. 아득하게 펼쳐진 길이 눈에 들어오는가 싶더니 승합차가 중앙분리대로 맹렬히 돌진한다. 나도 으악 비명을 지른다. 그 시간이 영영 끝나지 않을 것처럼 길게 느껴진다. 내가 정신을 번쩍 차리고 운전대를 홱 돌린다. 그러자 타이어가 길바닥을 긁는 소름 끼치는 소리를 길게 뽑으며 반대편 장벽으로 치닫는다. '카운터 스티어링레이싱 기술의 하나로 뒷바퀴의 미끄러짐을 막고 스핀을 방지한다'이라는 단어가 섬광처럼 뇌리를 스친다. 운전대를 다시 꺾자 타이어 타는 소리와 함께 100미터쯤 미끄러지다 가까스로 차체가 진정된다. 천만다행이다. 속도를 늦추며 갓길에 차를 댄다. 차에 탔던 사람들이 모두 잠에서 깬다.

"무슨 일이야?"
"죄송해요. 깜빡 졸았어요. 앙리 덕분에 살았어요."
"이, 줄라 신짜루 멋졌어."
"그러게, 앙리, 진짜루 멋졌지."

하지만 정작 '폴리스' 멤버로서 앙리가 누릴 진짜루 멋진 순간은 얼마 남지 않았다. 머잖아 스튜어트와 내가 앤디 서머스, 그러니까 우리의 음악 경력뿐만 아니라 '폴리스'의 역사에 크나큰 영향을 미칠 음악가를 만나기 때문이다.

내 출판계약을 담당하는 캐럴 윌슨의 남자 친구는 '공Gong'에서 베이스를 쳤던 친구다. '공'은 영불 합작 밴드로 70년대 초반 큰 인기를 끈 전형적인 히피 밴드다.(기타리스트 스티브 힐리지가 밴드에서 가장 유명한 멤버가 아닐까 싶다.) 이름이 마이크 하울렛이라는데 아주 괜찮은 음악가다. 감성이나 지향점이 '마지막 비상구'와 매우 흡사하다. 그는 우리와 밴드를 새로 결성하고 싶다며 '스트론튬90'이라는 이름까지 정했다고 한껏 들떠서 말한다. 나는 베이스 연주자가 둘이나 있는 밴드가 어디 있느냐고 회의적으로 말하지만, 일단 같이 연주를 해보자는 데 동의하고 서로의 영역을 침범하지 않으면서 양수겸장이 가능한지 실험에 들어간다. 이내 스튜어트까지 와서 연주에 합세한다. 밑져야 본전이다. 이 자리를 틈타 한 번 더 제리 이야기를 꺼내보지만 마이크는 염두에 둔 연주자가 따로 있다고 말한다. 이리하여 우리는 마이크와 캐럴이 액턴의 깔끔한 테라스하우스에 마련한 작은 스튜디오에서 앤디 서머스를 처음 만나게 된다.

앤디는 천사처럼 황금빛의 머리칼에 지적인 얼굴이 어려 보이는 사내다. 세련되고 사근사근하며 옷도 깔끔하게 잘 입어서 어딘가 예술 애호가처럼 보인다. 또 어찌나 눈치가 빠른지 고의적이든 아니든 그를 깔보는 듯한 분위기는 기가 막히게 감지한다. 얼굴과 몸맵시에 우아함이 있어서 다른 시대에 태어났더라면 멋쟁이라는 소리를 꽤나 들었을 것 같다. 60년대 '클럽 에이 고고'에서 주트 머니의 밴드와 한 무대에서 연주하던 그의 모습을 본 적이 있는데, 최근에는 케빈 코인의 지원 밴드로 무대에 오른 모습도 기억에 남는다. 미국에 오랫동안 체류한 그는 '에릭 버든의 뉴 애니멀스' 멤버로도 활동했으며 몰라보게 바뀐 영국 음악계에 새로이 도전장을 내밀고 싶어서 1년 전에 미국인 아내 케이트를 데리고 다시 고국 땅을 밟았다. 나는 최대한 진중하게 행동한다.

나중에 나는 그의 해박한 지식에 탄복을 금하지 못한다. 책이 방대하게 많은데 그것도 전문적인 내용을 다룬 책이 대부분이다. 영화에 대한 백과사전적 지식은 물론이고 문화 전반에 대해 모르는 게 없을 정도로 박식하다. 이따금씩 툭툭 던지는 우스갯소리가 없었더라면 아는 것만 많은 왕재수가 되었을지도 모른다. 그는 한마디로 최고의 벗이 될 요건을 갖춘 사람이다. 타지 생활이 오래다 보니 생존 요령, 이를테면 모든 사람이 미쳐가는 광기 어린 상황에서도 제정신을 유지하려면 때때로 제 자신을 웃음거리로 만들 줄 아는 여유가 있어야 한다는 사실을 일찌감치 터득했다. 그는 자조적인 농담을 던질 때도 기타 칠 때만큼이나 느긋함과 우아함을 잃지 않는다. 스튜어트와 내가 붙여준 "예술 괴물"이라는 별칭을 그는 아주 흡족해하며 받아들인다.

앤디는 우리 모두의 혼을 쏙 뽑아놓는다. 클래식부터 재즈까지, 혹은 그 사이에 있는 온갖 음악 양식과 기술을 흠 잡을 데 없이 완벽하게 구사한다. 이런 음악가라면 내가 곡을 쓸 수 있겠다, 내가 애써서 만든 곡을 맡길 수 있겠다는 생각이 든다. 나에게 영감을 줄 음악가, 내 머릿속 음악을 이해할 음악가다. 마이크의 스튜디오에서는 아무 말도 하지 않지만, '폴리스'가 찾던 바로 그 사람이다 스튜어트도 마음에 드는 눈치다. 연주기 끝날 때까지 스튜어트도 나도 입을 꽉 다물고 있다. 시내로 돌아오는 차 안에서 이윽고 스튜어트가 입을 연다.

"네가 무슨 생각하는지 알아."

"정말이야, 스튜어트? 내가 무슨 생각하는데?"
"앤디가 우리가 찾던 사람이라는 거지?"
"네 생각은 아냐?"
"그렇기도 하고 아니기도 해."
"그렇다는 건 알겠는데, 왜 아니라는 거지?"
"음, 그러니까, 연주는 잘하는데……"
조심스레 단어를 고르는가 싶더니 말을 잇는다.
"이미지가 문제야."
내가 발끈해서 음악이냐 외모냐를 놓고 한바탕 장광설을 늘어놓을 태세라는 걸 그도 잘 안다. 하지만 나는 이를 악물고 아무 대꾸도 하지 않는다.
"앙리가 이미지는 딱 좋은데."
"기타를 못 치잖아."
"뭘 못 쳐? 그만하면 됐지."
"스튜어트, 네가 앙리보다 기타를 더 잘 치는데, 네 기타 실력이 어떠냐 하면, 바로 개떡이야."
노련한 외교관답게 그가 이번에는 다른 전술을 편다.
"앤디가 우리보다 열 살은 더 많잖아."
"그래, 맞아. 그런데 이거 알아? 앤디가 우리보다 더 젊어 보이는 거?"
"그러면 역시 이미지 문제군."
"스튜어트, 내 말 좀 들어봐. 나도 너 못지않게 앙리를 아낀다고. 앙리가 우리의 은인이잖아. 그렇지만 이 빌어먹을 음악이 만날 이 모양 이 꼴이면 우리도 만날 이 모양 이 꼴로 살아야 돼. 평생 체리 뒤치다꺼리나 하면서 살고 싶어?"

"아니, 그건 나도 싫어."

앤디가 너절한 우리 밴드에 들어올 생각이 없다든지 하는 가능성은 아예 염두에도 두지 않는다. 게다가 소련 정치국 사진에서 트로츠키 얼굴이 깡그리 사라진 것처럼 마이크도 우리 마음속에서 싹 지워져버린다. 누가 먼저랄 것도 없이 스튜어트도 나도 한마음으로 한 결론에 도달한다.

"앙리랑 앤디, 둘이 같이 가는 건 어떨까?"

신호등이 바뀌자 액셀러레이터를 지그시 밟으며 차를 출발시킨다. 집으로 가는 길에 우리는 기타리스트 둘을 어떻게 쓸 수 있을까 매몰차게 혁명을 꿈꾼다.

얼마간 우리는 지금껏 하던 대로 '체리 바닐라' 반주도 하고 지원 밴드로 공연도 하는 틈틈이 마이크와 연습도 한다. 마이크 말에 따르면 버진 음반사에서 관심을 보인다고 한다. 우리는 그가 만든 두 곡을 데모 테이프에 담는다. 하나는 〈일렉트론 로맨스Electron Romance〉라는 사이비 과학 냄새가 물씬 풍기는, 도드라지는 베이스 선율에 난해하기 이를 데 없는 소곡이고, 다른 하나는 〈지구에선 안 돼Not on the Planet〉라는 생태계 보전을 요란스레 부르짖는 선구자적인 곡으로, 앤디의 활주하는 듯한 기타 선율이 일품이다. 데모는 그런대로 괜찮지만 마이크 목소리와 내 목소리가 겉도는 느낌이 든다. 베이스 연주자가 둘이라는 게 흥미로운 시도이긴 하지만, 서로의 영역을 침범하지 않으면서 제 기량을 발휘한다는 게 여간 힘든 일이 아니다. 내 역할이 뭘까 의구심이 들던 참에 스튜어트는 한술 더 떠서 대놓고 그를 비아냥거린다.

"마이크가 저 혼자선 안 되니까 널 끌어들인 거라고. 걔는 노래 못하지? 근데 넌 노래가 되잖아."

사정이야 어떻든 간에 앤디와 연주하는 시간은 늘 신명이 난다. 내 자작곡 두어 곡을 보여주자 그가 제법 관심을 보이며 연주를 한다. 우리가 이제껏 꿈꿔온 밴드가 몽상으로 끝나지 않을 것 같다는 기분 좋은 예감이 강하게 든다.

더럼 카운티의 RCA 레코드 공장은 엘비스 프레슬리 사진으로 복도 벽을 도배한 성지나 다름없다. '폴리스'의 첫 싱글이 5월에 발매될 예정이라서 뉴캐슬 폴리테크닉대학으로 공연 가는 길에 앨범을 가지러 잠시 공장에 들른 참이다.

공장에 들어서자 일단 음악 감상실로 안내된다. 창문 너머로 다른 음악 감상실이 보이는데 중년을 넘어선 여자 여섯이 똑같은 작업복 차림에 하나같이 헤드폰을 끼고 있다. 엘비스 사진 아래 무아지경에 빠진 열성 신자들처럼 초점 없는 멍한 표정으로 저마다 제 세계에 갇힌 듯하다. 둘은 뜨개질을 하고 있고, 하나는 코바늘로 무언가를 뜨고 있으며 나머지 셋은 잡지책을 뒤적이고 있다. 디스크에서 탁탁 튀는 소리가 나는지 앨범을 일일이 점검하는 것이다. 날이면 날마다 하루에 몇 시간씩 꼼짝없이 앉아서 듣고 또 들어야 한다. 푸치니건 지기 스타더스트[데이비드 보위가 자신의 페르소나로 내세운 가상의 인물. 1972년 동명의 노래를 발표했다]건 상관없다. 이름 없는 지옥의 변두리 마을에 들어선 기분이다. 가급적 저쪽을 쳐다보지 말아야겠다.

우리는 싱글을 들으며 하자를 발견한다. 실은 50장이 다 그렇다. 풀이 팍 죽는다. 그런데 다행히도 음반사가 그 자리에서 50장을 새로 찍어서 내준다. 우리는 가뿐한 발걸음으로 승합차 뒤 칸에 새 앨범을 싣고 뉴캐슬로 향한다.

고향에 못 온 지 벌써 다섯 달이 되었다. 엄마는 어린애같이 좋아라 하고 아버지도 기쁜 모양이다. 아버지를 찬찬히 살펴보지만 겉으로는 멀쩡해 보인다. 마음이 턱 놓인다. 스튜어트의 미국적 화려함과 앙리의 프랑스적 매력에 홀렸는지 부모님이 어딘가 좀 멍한 듯하다. 스튜어트가 마리화나를 피운다. 우리 부모님 집에서 마리화나를 피운다는 사실이 쾌감을 더하는 듯하다. 아버지가 도저히 못 참겠는지 당신도 한번 피워보겠다며 마리화나를 달라고 한다. 한 모금, 두 모금. 별 느낌이 없다고 하면서도 두 모금 만에 킥킥 선웃음을 치더니 당신이 제일 좋아하는 안락의자에 대자로 뻗어 잠이 든다. 이렇게 평온한 아버지 얼굴을 본 적이 없다.

이튿날 밤 뉴캐슬 폴리테크닉대학에서 펼친 공연은 남모르게 꿈꾼 금의환향은커녕 초라하기 이를 데 없는 공연이 된다. '페네트레이션'이라는 지역 펑크 밴드 앞에서 우리는 쪽도 못 쓴다. 내가 보기에도 끝내주게 멋진 밴드다. 이제껏 본 펑크 밴드 중에서 최고다. 지역의 명물로 끝날 밴드가 아니다. 우리가 무대에 오를 즈음에는 '페네트레이션' 팬들은 썰물 빠지듯 우르르 몰려나간 상태고, 마뜩잖은 표정의 '마지막 비상구' 팬 몇 명과 차마 자리를 뜨지 못한 예의 바른 음악 애호가 서너 명, 내 결혼식 들러리를 선 키스 갤러거, '마지막 비상구'의 기타리스트 테리 엘리스, 공연을 기획한 필 서트클리프, 영원한 나의 팬인 남동생 필이 썰렁한 객석에 앉아 있을 따름이다. 우리는 그런대로 연주를 마치고 또 그런대로 박수를 받는다. 체리도 사정은 마찬가지다. 키스는 공연이 끝나고 나에게 '폴리스'가 원맨쇼 같더라고 말한다. 그게 나를 염두에 둔 말이라는 생각은 들지만 키스에게 캐묻지는 않는다. 테리는 어디로 갔는지 눈에 띄지 않는다. 필 시트클리프는 알 듯 모를 듯한 말만 하고, 꼴사납게 콧수염을 기른 남동생은 우리 보고 쓰레기란다. 앨범은 달랑 넉 장 팔린다.

《꺼져》가 마침내 발매되자 영국에서는 호평 일색도, 혹평 일색도 아닌 제법 수긍이 가는 평을 받는다. 프랑스의 한 음악 주간지에서는 '그 주의 싱글'로(앙리가 프랑스 국적이라는 게 얼마만큼 영향을 미쳤는지는 알 수 없다), 스코틀랜드의 클라이드 라디오 방송국에서는 '그 주의 앨범'으로 선정된다. 이제는 펑크 음악의 권위지로 등극한 〈스니핑 글루〉에서 마크 P.는 우리 음악을 쓰레기라고 한마디로 일축해버린다. 어느 정도 예견한 일이다. 하지만 싱글이 나온 뒤 우리는 드라이든 체임버스의 마일스 사무실에 당당히 입성하게 된다. 앨범은 4000장 팔린다.

5월 말 프랑스 파리에서 '공' 축제가 화려하게 열린다. 프랑스에서 컬트의 반열에 오른 밴드 '공'을 기리기 위해 누군가 한바탕 축제를 열자고 제안한 것이다. '공'의 후예란 후예는 모조리 모여 파리 북쪽의 '히포드롬', 곧 상설 곡마장에서 한판 큰 잔치를 벌일 것이다. 마이크가 '공'의 베이스 연주자였던 만큼 '스트론튬90'이 초대를 받자 우리 모두 한껏 고무된다. 밴드 이름이 프로그램 목록 귀퉁이에 자그맣게 박혀 있지만 이 정도야 이미 익숙해져서 아무렇지도 않다. '공' 축제 다음 날 콜마르에서 열리는 축제에 '폴리스'가 '닥터 필굿'의 지원 밴드로 무대에 오를 계획이라서 마침 날짜도 비슷하고 여러모로 잘된 일이다.

오후 3시에 시작한 공연이 이튿날 새벽 3시가 되도록 끝나지 않는다. 그 긴긴 시간 오천 명이 넘는 프랑스 히피들이 열광하며 신나게 뛰논다. 커다란 기구가 곡마장 천막 꼭대기에 매달려 있고, 레이저라고 하기에도 민망한 광선이 딴에는 공상과학소설 분위기를 낸다고 이따금씩 흐릿한 빛을 쏘아댄다. 불을 삼키고 아슬아슬하게 줄타기를 하는 곡예사들과 슬픈 표정의 떠돌이 광대들이 미래는커녕 중세의 허름한 시골 장터를 떠올리게 한다. 이제 밴드가 무대에 오를 차례다. 거대한 아메바 같은 무형의 밴드, 방종한 무대 매너와 온갖 기행으로 유명한 밴드 '공', 이 원조 밴드와 이리저리 얽히고설킨 후예 밴드와 또 그 후예 밴드들이 모조리 나와 장대한 쇼를 펼친다.

'스트론튬90'이 공연을 마치자 관중들이 열렬한 박수를 보낸다. 필 서트클리프는 언제나처럼 〈사운드〉에 기고할 축제 기사를 쓰기 위해 이곳을 찾는다. 기록 담당 천사인간의 죄과를 기록하는 천사처럼 내 뒤를 쫓아다니는 것 같다. 그가 우리 공연이 아주 인상적이었던지 뉴캐슬에서 '폴리스'에 보인 반응과 달리 찬사를 아끼지 않는다. 우리는 스티브 힐리지의 연주를 보기 위해 자리를 지킨다. 명성 그대로 훌륭하다. 영국 록 밴드 멤버 중에서 제리 가르시아급의 기타 연주를 보여줄 수 있는 거의 유일한 인물이 아닐까 싶다. 스티브의 연주가 끝난 뒤 나는 앤디, 스튜어트와 함께 슬그머니 공연장을 빠져나온다. 마이크는 당연히 공연장에 남는다.

값싸지만 썩 괜찮은 알제리 식당에서 저녁을 먹으며 앤디가 술기운이 오르는지 필 서트클리프가 엉터리라고, 오늘 보인 반응을 자기는 도저히 이해할 수 없다고 떠들어댄다. 나와 스튜어트에게 제 운명을 걸겠다는 뜻인 것 같다. 물론 그 말 속에는 자기가 앙리의 보조물이 아닌 대체물이라는 의도가 다분히 깔려 있다. 스튜어트도 나도 그 자리에선 아무 말도 하지 않는다. 하지만 조만간 어떻게든 결론을 내야 한다는 걸 잘 알고 있다.

런던으로 돌아온 뒤 '폴리스'는 워더 가의 '마키'를 비롯한 여러 클럽에서 독자적인 무대를 꾸미기 시작한다. 그 결과 '체리 바닐라'는 나와 스튜어트를 대체할 새로운 연주자를 찾아 나선다. '폴리스'의 공연이 한 시간으로 늘어나지만 어떤 곡은 여전히 한 번 이상 연주해야 한다. 내가 스튜어트에게 조금만 천천히 가자고, 그러면 모든 문제가 해결된다고 누누이 이야기하지만, 그는 들은 척도 안 한다.

'마지막 비상구'와 마찬가지로 음반사들이 '스트론튬90'에 보인 관심도 모두 허사로 돌아간다. 마이크는 밴드 이름을 '엘리베이터스Elevators'로 바꾸자고 하면서 분위기 쇄신에 애쓰지만, 딩월스 공연이 채 중반부에 이르기도 전에 베이스 연주자 둘은 서로 겉돌지, 청중 반응은 영 신통치 않지, 결국 우리는 이 엘리베이터로는 2층도 올라가지 못할 거라는 사실을 뼈아프게 절감한다. 아니나 다를까 이튿날 앤디가 전화를 해서 자기는 엘리베이터건, 스트론튬90이건, 마이크가 어떤 동위원소를 갖다 붙이건 더 이상 그의 밴드에서 연주하지 않겠다고 최후통첩을 보낸다. 그렇다면 앙리를 언제 내보낸단 말인가?

마이크는 낙담한 기색이 역력하지만 여전히 앞날을 낙관한다. 뼛속까지 신사이자 현실주의자인 그는 힘의 균형이 옮겨갔음을 담담하게 받아들인다. 그가 우리를 방해하는 일은 절대 없을 것이다. 우리는 좋은 친구로 남을 것이다. 하지만 이게 앙리 문제를 해결해주지는 못한다. 코르시카 출신의 사랑스런 우리의 벗이 무슨 낌새를 챈 게 분명하다. 연주 실력은 눈에 띄게 좋아졌지만 열정이 예전 같지 않다. 특히 무대에 오르면 더더욱 그랬다. 하지만 스튜어트는 앙리를 내보내고 그 자리에 앤디를 앉히는 게 과연 잘하는 짓인지 확신이 서지 않는다면서 여전히 4인조 그룹에 대한 미련을 버리지 못한다. 나는 스튜어트의 외교술을 일단 믿기로 하고 4인조 그룹으로 가자는 데 동의한다.

1977년 여름이다. 여왕 즉위 25주년을 맞는 해다. 수요일 오후 나는 실업급여를 받기 위해 리슨그로브까지 터덜터덜 걸어간다. 거리거리에 깃발과 휘장이 나부낀다. 엘리자베스 여왕 즉위 25주년을 기념하는 화려한 행사가 영국 전역에서 대대적으로 거행될 것이다. 그동안에는 산적한 경제며 사회문제를 잠시나마 잊을 수 있겠지.

집에서 사회보장연금센터로 가려면 1층에 문 닫은 가게가 있는 빅토리아풍의 이층집을 지나가야 한다. 이날은 이상하게 까만 윤이 번지르르 흐르는 커다란 벤틀리 한 대가 그 집 앞 길가에 서 있는 게 보인다. 제복 차림의 운전사까지 차 안에 앉아 있는 게 낡은 주택가와 영 어울리지 않는다. 웬 금발의 젊은이가 텁수룩한 머리를 2층 창문 밖으로 쑥 내밀고 있다. 가까이서 보니 '섹스 피스톨스'의 드러머 폴 쿡이다. 다른 멤버들인 시드 비셔스와 조니 로튼, 스티브 존스가 잔뜩 부풀린 머리에 값비싼 가죽 바지를 입고 차에서 내리고 있다. 하나같이 취해서 비틀비틀하면서도 캔 맥주를 벌컥벌컥 들이켜며 폴에게 뭐라고 고래고래 소리를 지른다. 저 혼자 말짱해 보이는 폴은 친구들이 난동 부리는 꼴이 재미있다는 듯이 내려다본다. 시드는 가로등 기둥 중간쯤까지 기어 올라가 창문에 대고 취한 손가락으로 삿대질을 한다. 저만치 뒤로 리슨그로브의 사회보장연금센터가 희뿌옇게 보인다. 카메라가 있었다면 이 기념비적인 해에 영국의 씁쓸한 자화상, 곧 영국 사회의 기이한 모순과 영국이 낳은 이 우스꽝스러운 철부지 아들들의 모습을 한 장의 사진으로 남겼을 것이다.

'섹스 피스톨스'는 내가 무척 좋아하는 밴드다. 내가 그 순간 부러운 게 하나 있었다면 이들은 나와 달리 실업급여를 신청하지 않아도 된다는 것이었다. 나는 조용히 그들 옆을 지나간다. 이날따라 연금센터가 북새통을 이룬다. 26번 창살 너머로 처음 보는 아가씨가 앉아 있다. 일처리가 능숙하지 않은지 성난 뱀처럼 줄이 현관까지 길게 늘어서 있다. 이 짓을 언제까지 해야 한단 말인가?

그날 밤 나는 스튜어트와 함께 옥스퍼드 가의 '100클럽'으로 간다. 마크 P.가 결성한 밴드 '얼터너티브 티브이Alternative TV'를 보기 위해서다. 음악 평론가로 필명을 날린 마크가 이제는 자신이 직접 음악을 해보겠다고 도전장을 내민 것이다. 며칠 전 마크가 나에게 베이스와 스피커를 빌려줄 수 있느냐고 묻길래 내 장비를 턱 내주었다. 오로지 그가 제 잡지에 우리 싱글을 혹평하는 글을 썼어도 나쁜 감정이 없다는 걸 보여주기 위함이었다. 마크가 기타를 잡은 지 두어 주밖에 되지 않았고 이제껏 노래라는 걸 불러본 적이 없다는 걸 잘 알기에 음악이 좋네 나쁘네 하면서 벌써부터 평을 내놓는 건 부당한 처사일 것이다. 어쨌든 스튜어트와 나는 맥주 몇 잔 걸치기에 충분한 돈을 받아내서는 마크의 오랜 벗, 킴 터너를 만나러 간다.

'위시본 애시'에서 베이스를 치는 마틴 터너가 킴의 형이다. 킴은 몇 해 전 '캣 아이언'이라는 밴드에서 드러머로 활동했는데 스튜어트가 순회공연 매니저를 맡았던 밴드다. 팔방미인인 킴은 이번에는 마일스에게 제 운명을 걸고는 마일스 밑에서 보조 매니저로 일하고 있다. 세상 물정에 밝고 눈치가 빠르며 모든 사람의 환심을 사는 킴은 훗날 '폴리스'의 순회공연 매니저로 일하면서 '폴리스'의 도전과 성공에 지대한 공을 세우게 된다. 하지만 이건 허름한 클럽에서 맥주잔을 기울이던 이 눅눅한 수요일 밤으로부터 광년이나 떨어진 먼 미래의 일이다. 이 밤에 킴은 마크의 호출을 받고 이곳에 온 터였다. 리프며 코드며 기본기에서 벗어나지 못한 제 기타 실력을 조금이나마 가리려면 노련한 기타리스트 하나쯤은 필요했을 것이다.

"좋은 일 하려다 되레 봉변당한다"라는 옛말처럼 이튿날 스피커가 먹통이 돼서 돌아온다. 이거로도 모자라 그로부터 몇 주 뒤 마크는 또다시 나에게 큰 빚을 지게 된다. 내가 파란색 시트로엥을 몰고 스튜어트의 드럼을 가지러 수풀 우거진 세인트존우드의 마일스 집으로 가고 있다. 기타 두 대와 이 소형 시트로엥이 내가 가진 재산의 전부다. 집 앞 진입로에 무개화차 한 대가 세워져 있어서 반대편 도로변에 차를 세운다.

무개화차 옆을 막 지나가는데 마크와 그의 순회공연 매니저인 해리가 현관에서 나온다. 나와 딱 마주치더니 마크가 민망한 표정을 짓는 게 마일스에게서 스피커가 먹통이라는 말을 전해 들은 모양이다. 미안하다며 조만간 현금으로 보상하겠다고 우물거리더니 서둘러 자리를 뜨고는 무개화차에 올라탄다.

마일스가 침 질질 흘리는 섬뜩한 마스티프 두 마리를 대동한 채 현관문을 연다. 안으로 들어간 지 일 분이나 지났을까, 무개화차가 진입로에서 후진하는가 싶더니 갑자기 쿵 하고 지축을 흔드는 소리가 들린다. 창가로 달려가 보니 무개화차가 부릉 속도를 높이며 런던 시내로 냅다 내빼는 모습이 눈에 들어온다. 반대편 도로변에 세워진 내 작은 차 보닛을 장난감처럼 구겨놓고선 혼비백산해서 달아나는 것이다. 나중에 안 사실이지만 마크는 무개화차를 몰 수 있는 운전면허증도, 운전보험도 없었다고 한다. 무개화차 주인도 마일스였는데 그 역시 질겁한 것은 말할 나위도 없다. 놀란 가슴이 진정되고 화도 좀 가라앉자 느닷없이 낄낄 웃음이 나온다.

"뭐가 그렇게 웃겨?"

"마일스 형, 한번 생각해봐. 지금 박살낸 차가 내 차라는 거 마크랑 해리가 알면 신짜 재미있지 않겠어?"

마일스가 두 손으로 머리를 감싸 쥔다. 마크와 해리는 한동안 나를 피해 다닌다.

'폴리스'가 '클래시'와 '더 댐드', '더 잼' 등과 함께 프랑스 남부에서 열리는 '몽드마르상 축제'에 초대받을 무렵 앤디는 '폴리스'의 정식 멤버가 된다. 밴드 이름이 프로그램 목록 한참 아래에 있지만, 마일스 말마따나 어떻게든 얼굴을 내미는 게 중요하다. 마일스가 우리 일을 전적으로 봐주는 건 아니지만 요새 들어 부쩍 관심을 보인다. 우리는 묵묵히 일할 뿐 불평하지 않는다. 다른 밴드에 문제가 생기면 마일스 계획에 차질이 생기지 않도록 대타로 그 공백을 메우기도 한다. 하지만 마일스가 아직 우리 매니저로 나선 것은 아니다.

커다란 노란 버스를 타고 공연장까지 가는 데 꼬박 이틀이 걸린다. 이번 여행길은 대륙을 재차 공략하기 위해 이런 악조건도 마다하지 않고 백의종군할 의지가 있는지 앤디를 시험하는 무대가 된다. 이내 그는 임무를 수행하기에 적합한 인물일 뿐만 아니라 여행길에 더없이 즐거운 동무라는 사실을 제 스스로 증명해 보인다. 우리는 주린 배를 움켜잡고 고달픈 여정에 지칠 대로 지쳐서 몽드마르상의 투우장에 간신히 도착한다. 하지만 무대에 오르자 언제 그랬냐는 듯이 한바탕 난장을 치며 연주를 마친다. 앤디는 보물 같은 존재다. 그러나 스튜어트가 이 지구 상은 아닐지언정 여기 모인 밴드 가운데서는 자신이 가장 빠르고 광기 어린 드러머라는 사실을 보여주고 싶은지 성마르게 구는 바람에 앤디와 마찰을 빚는다.

이날 축제의 정점은 '클래시'가 찍는다. 단순한 코드와 선율을 명쾌하면서도 절도 있게 연주하는 품이 제대로 음악 하는 사람들이라는 인상을 준다. 내가 이 밴드를 좋아하는 이유다. '클래시' 공연이 한창일 때 느닷없이 '더 댐드'의 캡틴 센서블'더 댐드'의 기타리스트. 캡틴 센서블은 가명이다이 새빨간 베레모를 쓰고 잔뜩 취해서 무대로 올라온다. 그러더니 조 스트러머 뒤에 악취탄을 투하하고는 무대 아래로 고꾸라진다. 이 와중에도 조는 꿋꿋하게 노래를 이어나간다. 무대 아래 철제 기둥에 엎어져서도 투우장이 떠나갈 듯 〈라 마르세예즈〉프랑스 국가를 불러 젖히는 이 미치광이 취객을 들것에 실어 투우장 밖으로 내가느라 또 한 번 난리를 치른다.

며칠 뒤 런던으로 돌아온 앤디가 더는 안 되겠는지 나와 스튜어트에게 마지막 통보를 한다. 앙리에게 우리의 결정을 알리는 괴로운 임무가 나에게 떨어진다. 악기며 장비를 앙리 집에 실어 나르는데 기분이 참 씁쓸하다. 앙리는 앤디가 밴드에 들어왔을 때부터 이렇게 될 줄 알았다고 말한다.

"그렇지만 진짜루 멋쩠어, 앙리."

"그러게, 진짜루 멋쩠어."

앙리와 나는 친구로 남는다. 그는 기타리스트로 차근차근 실력을 쌓아 내가 그를 다음에 만났을 때에는 '웨인 카운티와 전기의자들'의 기타리스트가 되어 있었다. 그레그가 욱해서 밴드를 박차고 나간 모양이다.

돌아오는 길에 스튜어트와 소냐네 집에 들른다. 무단으로 점유한 메이페어의 호사스런 저택에서 나와 퍼트니의 좁디좁은 단칸방으로 막 이사를 온 뒤였다. 우리는 마룻바닥에 앉아 커피를 홀짝거린다. 임시로 쌓아 놓은 음반이며 책이며 아랍 예술품이며 음악 장비들이 주위를 빙 에워싸고 있다. 스튜어트가 여느 때의 그답지 않게 기운이 하나도 없다. 앙리를 그만두게 한 건 아주 큰 실수라는 제 형의 말을 듣고 자신감을 급격히 상실한 모양이다. 내가 스튜어트에게 이틀 뒤에 버밍엄에서 공연이 있다, 그날 3인조로 어떤 성과를 내는지 확인하기도 전에 이렇게 낙담하는 건 섣부른 예단이라고 위로한다. 하지만 앙리가 떠나고 스튜어트를 엄습한 이 착잡한 우울감이 나에게까지 옮겨 오는 걸 막을 수는 없다.

비가 줄기차게 퍼붓는 밤길을 뚫고 집에 도착한다. 조가 아프다. 온몸이 불덩이다. 그 자그마한 심장이 호도독거리며 빠르게 뛴다. 전화를 건지 한 시간 만에 의사가 도착한다. 의사가 우산을 접고 집에 들어오는데 정장 차림에 금속테 안경을 쓴, 말투도 세련되고 점잖은 흑인이다. 카펫도 가구도 없이 썰렁한 아파트가 못내 민망한데, 조가 이웃 아주머니에게 받은 골리워그_{괴상한 모양의 흑인 인형}가 힐난하는 듯한 눈초리로 부두교_{아이티에서 널리 믿는 민간신앙. 마법 등의 주술적인 힘을 믿는다}의 부적처럼 아기 침대 모퉁이에 놓여 있는 걸 보고는 아내도 나도 질겁을 한다. 빗줄기가 창문 바깥 콘크리트 바닥으로 북을 치듯 요란하게 쏟아진다. 의사가 인형을 못 본 척 아픈 아기만 살피더니 약을 먹이고 몸을 시원하게 해주라고 당부한다. 그러고는 처방전을 써주면서 이렇게 밤늦은 시각에 문을 연 약국은 피커딜리에 있는 약국이 제일 가까울 거라고 일러준다.

내가 세찬 빗줄기를 뚫고 피커딜리까지 차를 몰고 간다. 보조 약사 혼자서 약국을 지키는 통에 줄이 길게 늘어서 있다. 런던 사람 절반이 아파서 이곳으로 약을 사러 온 것 같다. 한 시간이 지나서야 집에 도착한다. 항생제가 잘 드는지 열이 금세 떨어지더니 아기가 편안하게 잠이 든다. 사나운 빗줄기는 여전히 창문을 사정없이 두들겨댄다. 나는 우리 가족을 생각하느라 밤새 한잠도 못 잔다. 가장의 막중한 책임감이 가슴을 무겁게 짓누른다. 어떻게 먹고산단 말인가? 월세는 또 어떻게 마련한단 말인가? 아내가 배역을 맡을 수 있을까? 장차 밴드의 운명은 어떻게 될까?

이튿날 아침이 되자 비가 그친다. 조도 말끔히 나은 듯하다. 라디오에서 어젯밤 강수량이 15년 만에 최고치를 기록했다고 떠들어댄다. 그리고 잠시 뒤 엘비스 프레슬리가 멤피스의 자택에서 숨진 채 발견되었다는 뉴스가 흘러나온다.

'리베카'는 버밍엄 한복판에 있는 작은 나이트클럽이자 디스코테크다. 도심을 지나며 거리거리의 벽마다 공연 전단지가 눈에 띄자 희망이 샘솟는다. 공연 기획자가 우리의 운명을 가를 이 중요한 공연에 청중을 끌어모으려고 무진 애를 쓴 모양이다. 오늘 밤 우리는 루비콘 강을 무사히 건너거나 시퍼런 강물에 휩쓸려 떠내려가거나 둘 중에 하나다. 일이 잘 안 되면 우리는 낙담의 나날을 보낼 것이고, 한때 우리가 품었던 꿈은 버려진 채 걸레 조각처럼 나뒹굴 것이다. 결전의 날이 왔음을 우리는 잘 안다. 기운을 돋우려면 뭔가 신나는 일이 일어나야 한다. 앤디가 무대에 오른다. 오늘 밤 실패하면 제 명예를 걸고 시작한 밴드도 끝장난다는 사실을 그 역시 잘 알고 있다. 나와 스튜어트는 사형수처럼 체념한 듯한 멍한 시선으로 하나둘 클럽으로 모여드는 청중을 분장실에서 바라본다.

무대에 오르자 조명이 일시에 들어온다. 절박해서인지 두려워서인지, 아니면 원래 그렇게 타고났는지 우리는 의심과 침울함이라는 족쇄를 풀고 분연히 일어나 첫 곡의 여덟 마디가 채 끝나기도 전에 10톤 망치의 괴력을 발휘하기 시작한다. 나와 스튜어트는 기관실의 터빈엔진처럼 한 마디를 여덟 박으로 치고, 앤디는 영롱한 불빛처럼 아른거리는 기타 리프를 연달아 선보인다. 내 목소리는 사납게 우는 맹금처럼 시원하게 울려 퍼진다. 청중들도 처음에는 긴가민가하다가 분위기가 점차 달아오르자 어느새 미친 듯이 껑충대며 음악에 빠진다. 일생 최대의 공연을 만들겠다고 사생결단으로 덤비는 우리와 한패가 된 듯 모두들 한바탕 난장을 떨인다. 우리는 앙코르로 세 곡을 더 부르고 무대에서 내려와 환호하는 청중을 헤치고 지나가다 승리감에 도취된 나머지 드럼을 박살낸다. 그 순간 우리는 뭔가 획기적인 전기가 찾아왔음을 직감한다. 처절하게 노력할수록 승리는 더 값진 법이다. 드디어 내 목소리에 딱 맞는 배를 찾은 기분이다. 난생처음 느껴보는 짜릿함이다. 우리는 해낼 것이다. 시간은 좀 걸리겠지만 결국 해낼 것이다. 이제 나는 확신한다.

앤디가 옆에 있다는 사실에 한껏 고무되어서 나는 그 옛날 '마지막 비상구' 시절에 그랬던 것처럼 일주일에 몇 곡씩 노래를 만들기 시작한다. 기쁨의 나날이다. '폴리스' 데뷔 앨범에 수록된 대부분의 곡을 만든 것이 바로 이때, 그러니까 1977년 8월부터 크리스마스 시즌까지다. 예전에 만든 곡의 일부를 그대로 갖다 쓰거나 코드와 선율을 살짝 바꿔서 새 곡에 인용하기도 한다. 하지만 이전 노래보다 훨씬 직설적이고 절제된 반면, 전에는 시도하지 않았던 섬세한 선율이 가미되어 곡이 한결 조화로워진다. 지금 와서 생각하면 부끄러운 일이지만 〈너무 외로워So Lonely〉는 '마지막 비상구' 시절 지은 노랫말에 밥 말리의 〈여인이여, 울지 마세요〉 코드를 살짝 비틀어서 만든 곡이다. 가사는 시적인데 리듬은 경쾌하다. 그래서 정통 로큰롤과는 색다른 느낌을 준다. 이렇게 여러 장르를 혼합하는 것이 나를 미치도록 흥분시킨다. 처연한 노랫말을 신나는 리듬으로 불러서 묘한 느낌을 주는 곡인데, 머리를 쥐어짜지 않고도 이런 곡이 척척 나오니 신기할 따름이다.

리듬이 복잡한 레게를 제대로 소화할 밴드는 사실 많지 않다. 레게는 드럼 연주가 정통 팝과 판이하게 다를뿐더러 베이스도 선율이 도드라진다. 이런 까닭에 스튜어트와 나는 주거니 받거니 하면서 미숙한 밴드라면 엄두도 못 낼 섬세한 미지의 땅을 탐험한다. 로큰롤의 폭발할 듯한 강렬함에 레게의 물 흐르는 듯한 유연함이 더해지면서 음악은 한결 풍성해진다. 더욱이 펑크 이후의 음악계는 전쟁터를 방불케 하는 혼돈의 세계이지만, 이는 곧 무한한 기회를 의미하기도 한다.

그해 10월 우리는 프랑스로 공연을 떠난다. 그곳에 웨인 카운티가 거듭 태어난 앙리와 새 드러머와 나머지 멤버들을 데리고 나타난다. 베이스 연주자인 발에 따르면 크리스가 영국으로 돌아오려고 무진 애를 썼다고 한다. 이번에는 진짜로 배에서 바다로 뛰어내렸지만 바닷가에서 붙잡힌 뒤 본국으로 또다시 추방당했다는 것이다. 가엾기도 해라. 파리에 머무는 동안 우리는 세인트저메인의 '내슈빌클럽'에서 공연을 펼친다. 바닥에 깔린 벨벳 카펫이 너덜너덜 해진 낡은 음악당이다. 우리는 며칠째 생라자르 역 뒷골목의 싸구려 여인숙에서 묵고 있다. 큰길에서 조금만 들어오면 악취가 진동하는 좁다란 골목길이 나온다. 초저녁 사방이 어둑어둑해오면 성인용품 가게에서는 휘황한 불빛이, 맞은편 중고 서점에서는 희미한 불빛이 새어나온다. 골목을 따라 스무 명 남짓한 여자들이 문간에 기대 줄담배를 태우고 있다. 번들거리는 비옷을 활짝 풀어헤치고 짧은 치마에 싸구려 부츠나 하이힐을 신은 여자들이 B급 영화 속 첩자처럼 반쯤 내리깐 눈으로 거리를 응시한다. 젊고 예쁜 여자들도 있지만, 나이 들어 뵈는 여자들도 있다. 개중에는 아주 늙수그레한 여자들도 보인다. 하나같이 뚱한 표정이거나 입가에 쓴웃음을 물고 있다. 이 바닥에선 경험과 노련함을 최고로 치는 듯 살짝 나이 들어 뵈는 여자들에게 손님이 몰린다. 비릿한 젖내가 나는지 젊고 예쁜 여자들은 한산하다. 이 유곽에서 일한 지 만년은 되어 보이는 늙수그레한 여자들도 파리 날리기는 마찬가지다.

우숭중한 여인숙 입구에 들어선다. 데스크 위 벽에 '코메디 프랑세즈_{파리에 있는 프랑스 국립극장}'의 포스터가 처량히 찢어져서 너털댄다. 〈시라노 드 베르주라크〉. 에드몽 로스탕의 연극이다. 그곳에 잠시 멈춰 서서 색 바랜 희곡 포스터를 바라본다. 유난히 큰 코에 깃털 달린 모자를 쓴 남자가 싱굿이 웃고 있다. 자신의 불행이 곧 다른 사람의 기쁨이 되는 비운의 광대. 비밀을 간직한 사내. 뛰어난 글재주와 번뜩이는 재치로 친구를 대신하여 아름다운 여인에게 연서를 보내지만, 그 친구가 죽고 나서도 자기가 편지를 썼노라고 밝힐 수 없는 사내. 한 여인을 사랑하지만 사랑받지 못한 사내. 그가 사랑하지만 품에 안을 수 없는 여인, 그녀의 이름은 록산이다.

그날 밤 나는 여인숙 방으로 올라와 한 소녀를 노래한다. 소녀의 이름은 록산이다. 화대조차 제대로 못 받는 어린 여자아이가 여인숙 아래 골목길에 오도카니 서 있다. 나는 이 아이에게 '시라노 드 베르주라크'의 낭만과 슬픔을 덧입힌다. 이렇게 태어난 소녀, 록산이 내 인생을 완전히 바꾸어놓는다.

13

그해가 저물어갈 무렵 월세도 꼬박꼬박 내겠다, 카펫에 가구까지 들였겠다, 아내와 나는 이제야 삶이 제 궤도를 찾은 기분이 든다. 아내가 티브이에 출연하는 횟수가 잦아지면서 수입도 제법 좋아진다. 아내는 BBC 라디오 드라마인 〈하루가 간다The Passing Day〉에도 출연했는데, 우연스럽게도 장인어른이 50년대 초반 웨스트엔드런던 도심의 서쪽 지역으로 영화관, 극장 등이 몰려 있는 번화가다에서 이 연극에 출연하면서 이름을 날렸다고 한다. 아내는 BBC의 뮤지컬 드라마 〈캐치페니 트위스트Catchpenny Twist〉에서도 제법 큰 배역을 따낸 터라 조만간 북부 아일랜드로 촬영을 떠날 계획이다. 경력에도 중요하지만 힘든 시기를 보내고 재충전할 더없이 좋은 기회다.

아내는 이렇게 승승장구하는데 나는 여태껏 실업급여 말고 이렇다 할 수입이 없다. 나는 살림에 보탬이 될까 싶어서 아내의 절친한 친구인 피파 마컴의 소개로 모델 일을 시작한다. 브루투스 청바지며 트라이엄프 브래지어 따위의 광고에 얼굴을 내민 뒤 토니 스콧영국 출신의 할리우드 영화감독. 대표작으로 〈탑건〉이 있다이 감독한 뤼글리 껌 광고에는 앤디와 스튜어트까지 끌어들인다. 이리하여 나는 차마 꿈도 꾸지 못한 일, 그러니까 순전히 얼굴 생김새 하나로 돈을 버는 기적과도 같은 일을 해낸다. 내 최고의 순간이랄 수는 없지만, 식구들 배곯지 않게 하고 이사 오면서 부모님께 빌린 돈을 갚기까지 했으니 나 자신이 여간 대견스럽지가 않다. 솔직히 아버지가 더 기뻐하실 줄 알았다.

"깃발은 언제 날리는 거냐?"
"아버지, 그게 하루아침에 되겠어요?"
"일하면서 처자식까지 챙기느라 지난해 힘들었을 거다."
"그래도 지금은 좀 나아요, 아버지."
"아, 그래?"

마지막 대꾸에 조롱기가 묻어난다. 엄마가 들으면 바르르 성을 내겠지만, 나는 낚이지 않는다. 아버지 말씀이 대부분 맞고 아버지가 저렇게 불행한데, 아버지와 입씨름해봐야 무슨 소용이 있으리.

나와 아내는 크리스마스를 부모님 집에서 보낸다. '집' 하면 으레 따뜻하고 환한 기운이 떠오르지만, 슬프게도 우리 부모님 집에서는 그런 걸 기대할 수 없다. 건드리면 폭발할 듯한 히스테리의 기운이 싸하니 집안을 감돈다. 이런 까닭에 엄마가 크리스마스라고 짐짓 들떠서 쇼핑이네 장식이네 요리네 하면서 호들갑을 떠는 모습이 마치 전쟁 직전에, 그것도 일촉즉발의 긴박감이 흐르는 가운데 생필품을 사들이는 광기 어린 행동처럼 보이는 건 당연하다.

아버지는 며느리와 손자를 보고 껄껄 웃으며 기뻐하면서도 나에게는 퉁명스럽게 대한다. 런던에서 헛고생이나 하고 네가 지금 제정신이냐는 메시지를 전달하고 싶은 것이다. 독립한 아들이 대처에서 성공을 거두면 그게 아버지에게는 당신 관에 대못이라도 박는 것처럼 느껴지는 모양이다. 아버지가 의미 없는 말을 몇 마디 건넨 뒤 이내 강도에 도둑에 교활한 변호사에 사기꾼들까지 온갖 범죄자들이 득실대는 런던에서 어떻게 아이를 키우겠느냐며 속내를 드러낸다. 나는 아버지에게 모르는 말씀 마시라고, 그건 시골 사람들이나 하는 소리라고 말하지 않는다. 아버지가 당신 나름의 방식으로 아들에 대한 그리움을 표현하고 있다는 걸 잘 알기 때문이다.

첫째 누이 안젤라는 결혼해서 자기 가정을 꾸리고 있었다. 누이가 결혼하고 나까지 런던으로 떠난 뒤라 위태롭게 유지되던 데탕트가 무너진 게 아닐까 하는 생각이 든다. 아직 학교에 다니는 막내 누이만이 이 집을 지키고 있다. 가족 중에서 나와 가장 가깝고 누구보다 나를 열렬히 응원해준 남동생 필은 이제 아버지를 도와 낙농장 일을 한다. 스타덤에 오르고 상류사회에 들어가는 따위의 허황된 꿈은 다 갖다 버리라는 듯이 제법 사회생활 한 티가 난다. 낙농장 일을 물려받을 사람은 남동생이다. 정작 집안의 맏아들인 나는 일시적 기분에 사로잡혀 "값비싼" 교육도, 고향에서 애써 쌓은 명성도 모조리 내팽개친 채 고향을 등진 파렴치한이 된 것 같다.

크리스마스 아침이 밝자 긴장감이 더욱 고조된다. 엄마가 조에게 장난감 자동차를 선물로 주자, 아버지가 조를 자동차에 앉히고 방 안을 돌면서 조의 관심을 끌어보려고 하지만, 애쓴 보람도 없이 조는 반짝반짝 구겨진 포장지에 더 눈길이 가는 모양이다. 프랜시스는 싸구려 티가 더럭 너럭 나는 조록색 조끼를 선물로 받는데, 조끼를 걸친 품이 꼭 크리스마스트리 같다. 분위기가 좋으면 한바탕 시원하게 웃고 말겠지만, 나와 아내는 무례하게 굴 수도, 그렇다고 불편한 걸 어찌할 수도 없어서 그저 울상만 짓고 있다.

나는 보석이란 걸 몸에 걸쳐본 적이 없다. 엄마도 이 사실을 잘 알 텐데, 어찌 된 영문인지 화려하게 포장된 상자 뚜껑을 열자 도금 팔찌가, 그것도 이름까지 새겨 넣을 수 있는 팔찌가 떡하니 들어 있다. 건달이 하면 딱 어울릴 것처럼 요란하고 번쩍거리고 묵직하다. 이름은 아직 새기지 않았다. 이 대책 없는 팔찌에 무슨 의미가 숨겨져 있단 말인가? 내가 멀리멀리 떠나갔으니 이제 나 자신을 정립할 때가 되었다고 생각한 것일까? 엄마는 내가 나 자신도 모른 채 떠도는 것 같아 불안했을까? 아니면 엄마와 내가 영영 서로를 모르는 사이가 되어버렸다고 여긴 것일까? 어쩌면 엄마 생각이 옳을지도 모른다. 하지만 내가 이런 사실을 깨달았을 때는 이미 너무 늦었다. 원치 않는 선물, 반갑지 않은 선물, 오해받는 선물은 그래서 참 슬프다.

아내는 드라마 촬영으로, 나는 공연으로 런던에 돌아가야 한다. 엄마가 새해 연휴까지 조를 봐주마 하고 흔쾌히 승낙한다. 이레 후에 내가 조를 데리러 오기로 한다. 일이 묘하게 돌아가서 '마지막 비상구' 공연이 연초에 잡혔기 때문이다.

로니가 옛 팬들을 위해 고향에서 크리스마스 공연을 하자고 지난 반년 동안 제리와 나를 계속 설득한 터였다. 로니가 대학극장 구내 술집을 예약한 지 얼마 안 돼 표가 동났다고 한다. 술집에서 연주하랴 순회공연 다니랴 정신없이 바쁜 제리도 나처럼 로니 이야기를 듣고 심정이 복잡했던 모양이다. 나는 슬며시 겁도 났다가 새삼 향수에도 젖었다가 하면서 감정의 롤러코스터를 탄다. 마침내 제리와 나는 다시 한 번 뭉치자고 의기투합한다. 날짜며 장소까지 다 정해지자 가슴이 두근거린다.

우리는 월센드의 아트센터에서 연습을 갖는다. 빅토리아풍의 학교 건물을 개조한 곳인데, 엄마가 어렸을 적에 다녔던 학교다. 흰 양말에 깜찍한 면 원피스를 입고 쌍갈래로 땋은 머리를 길게 늘어뜨린 채 두 눈을 동그랗게 뜨고 전쟁이 끝난 먼 훗날에 자신을 구해줄 백마 탄 왕자님을 꿈꾸며 이곳 강당에 앉아 있었을 엄마의 모습이 눈에 선하다.

밴드는 살짝 녹슨 듯 삐걱대지만, 연습은 무난하게 진행된다. 서로 오래간만에 보는 터라 반갑기 그지없다. 로니와 테리는 하나도 변하지 않았다. 형님들도 우리를 보고 똑같은 생각을 하지 않았을까 싶다. 예전 연주곡 목록에서 열다섯 곡을 고른 뒤 거미줄을 후우 불어 걷어내듯 옛 기억을 더듬자 금세 속도가 붙는다.

이튿날 밤 구내 술집에 수백 명이 꽉 들어찬다. 1년 전 고별 공연을 할 때와 하나도 달라진 게 없다. 놀랍기도 하고 가슴 한편이 뭉클해온다. 내 동생이며 필 서트클리프며 내가 알 만한 사람은 다 모인 것 같다. 제리와 나는 공연을 하기로 결정해놓고서도 괜한 짓을 하는 게 아닐까 불안감을 떨칠 수 없었다. 아무도 안 오면 어쩌나, 얼굴에 달걀 세례를 받으면 어쩌나 하고 걱정했던 게 사실이다. 한데 굉장한 일이 벌어졌다. 소방법이 허용하는 인원보다 더 많은 청중이 몰려들어서 콩나물시루가 따로 없지만, 우리를 다시 본 게 더없이 좋은지 다들 얼굴에 환한 미소를 띠고 있다. 이게 바로 '집'이 주는 따뜻하고 환한 기운이다.

필 서트클리프가 우리를 소개하자 박수와 함성이 요란하게 터져 나온다. 실수하면 안 된다. 1년이나 지나서 가사를 까먹으면 어쩌나 하고 조바심이 나는데, 청중들이 목청이 터져라 처음부터 끝까지 함께 노래를 불러준다.

감정과 기억의 너울에 기분 좋게 몸을 내맡기고 있노라니 파도타기를 즐기는 기분이 바로 이런 것이겠구나 하는 생각이 든다. 우리는 더 이상은 무리라고 느낄 때까지 연주를 이어간다. 취기가 거나하게 오른 팬 몇몇은 우리에게 재결성하라고 사정사정하며 자리에서 일어날 생각을 하지 않는다.

제리와 내가 런던에서의 꿈을 포기하고 이곳으로 되돌아오기를 형님들이 기대한 것 같지는 않지만, 우리 사이에 웬지 찜찜하게 남아 있던 멍울이 풀린 기분이다. 깔끔하게 마무리를 지은 것이다. 1년 전에 경황없이 헤어지느라 뭔가 미진하게 남았던 것이 싹 해결된 느낌이다.

그다음 날 아침 뉴캐슬 센트럴 역으로 걸어가는 이상한 조합의 세 남자가 보인다. 제리와 나는 두툼한 외투 차림으로 손에는 여행 가방이 하나씩 들려 있고, 조는 유모차에서 입을 헤벌린 채 세상모르고 자고 있다. 은색 방한복을 입은 품이 꼭 탈진한 우주 비행사 같다. 지독하게 춥고 습한 날이다. 플랫폼 위 높다란 벽에 걸려 있는 커다란 시계 분침이 8시 30분에서 부르르 진저리 치듯 멈춘다. 우리는 겨울바람이 매섭게 몰아치는 역전에서 따뜻한 다방으로 서둘러 들어간다. 우리처럼 남행 열차에 몸을 실을 손님 여럿이 몸을 녹이고 있다. 플라스틱 컵에 담긴 차를 호호 불며 마시는데, 한 손님이 짓궂게 주크박스에서 '애니멀스'의 〈여길 벗어나야 돼We Gotta Get Out of This Place〉를 고른다. 냉혹한 모순의 땅에서 벗어나 알 수 없는 미래에 몸을 맡기는 망명자들처럼 객쩍은 농담 같은 이 노래를 다들 즐기는 눈치다. 10년도 더 된 음반인데, 사람들이 여전히 즐겨 찾으니까 여기에 이렇게 있겠지 하는 생각이 든다. 그때나 지금이나 변함없이 암울한 노래와 암울한 농담.

만원인 기차에서 빈 좌석 두 개를 가까스로 발견한다. 맞은편 자리에 앉은 노부부는 런던에 도착할 때까지 시종일관 말이 없다. 창문에 김이 뽀얗게 서린다. 후더운 객차 안이 눅눅한 모직 외투에서 올라오는 냄새로 퀴퀴하다. 역이란 역에서는 다 멈춰 서는 것 같다. 길고 지루한 여행길이다. 잠에서 깨어난 조가 말수 적은 노부부에게 테러를 가하기 시작한다. 어지간하면 조의 매력에 빠질 법한데 이들은 꿈쩍도 하지 않는다. 어린 아들이 플라스틱 블록을 노부부에게 던진다. 아비는 머리를 조아려 죄송하다고 사죄한다. 이번에는 탁자에서 브레이크 댄서처럼 뱅글뱅글 돌다가 몸을 미끄러뜨린다. 노부부가 황급히 찻잔을 치운다. 아비는 거듭 죄송하다고 사죄한다. 어린 아들이 잇몸을 드러내며 씩 웃더니 지나가는 승객들을 불시에 공격하기 시작한다. 아비는 몇 번이고 머리를 조아린다. 이윽고 어린 아들이 결정타를 날린다. 곰 인형을 계속해서 바닥에 떨어뜨리더니 모두 들으라는 듯이 까랑까랑한 목소리로 "아, 씨발!" 외마디 탄성을 내지른다.

제리가 끙 신음 소리를 내더니 창문에 머리를 기댄 채 다시 잠이 든다. 아니 잠든 척하는 것일지도 모른다. 하얗게 눈 덮인 들판과 전신주가 저만치 뒤로 물러나고, 노부부는 쯧쯧 혀를 차며 불량스런 어린 아들과 대책 없는 아비를 무섭게 노려본다.

*

서리 사운드 레코딩 스튜디오는 레더헤드의 낡은 건물 2층에 있다. 예전에는 낙농장으로 쓰였던 건물인데, 패스웨이를 비롯한 다른 스튜디오보다 쾌적하달 수는 없어도 일단 널찍하고 아늑하고 저렴하다. 나이젤 그레이라는 의사가 스튜디오 사장인데, 처음에는 취미 삼아 시작했다가 지금은 이 일이 너무 좋아서 의사고 뭐고 다 때려치우고 오롯이 엔지니어이자 음반 제작자로 살고 싶어 하는 사람이다.

드디어 마일스 코플랜드가 우리를 도와주겠다고, 아니 적어도 조금씩 몸집을 불려가는 제 음반사 일리걸에서 첫 정규 앨범을 내주겠다고 말한다. 여전히 그의 회사에서 있으나 마나 한 존재인 '폴리스'의 성공을 확신해서라기보다는 음악계에서 여봐란듯이 재기하려면 제 회사 로고가 찍힌 음반을 많이 내놓는 게 유리하기 때문이다. 마일스는 흥정의 귀재답게 스튜디오 사장의 야망이 보통이 아닌 걸 확인하고는 그 속에서 거래의 가능성을 엿본다. 여태껏 제 이름으로 제작한 음반이 한 장도 없는 나이젤에게 우리 앨범을 공동 제작하게 해줄 테니 스튜디오를 싼값에 이용하게 해달라고 제안한 것이다. 이리하여 우리는 데뷔 앨범을 1500파운드도 안 되는 돈으로 열흘 만에 완성하게 된다. 당시 기준으로 보면 파격적인 가격에 번갯불에 콩 볶아 먹듯 순식간에 앨범을 찍은 것이다. 누군가 우리 밴드를 돈을 허투루 쓰지 않는 밴드라고 평한다면 그건 순전히 이때부터 시작된 것이다. 더욱이 우리는 마일스 차고 바닥에서 쓰다 버린 테이프를 발견하고는 다른 새의 둥지에 탁란하는 뻐꾸기처럼 뻔뻔하게 마일스의 옛 밴드가 흘린 피땀 위에 우리 곡을 덧입힌다.

나이젤은 스튜어트와 나보다 한두 살 위지만, 원체 숫기 없는 사람이 머리는 학생처럼 반듯하게 가르마 타고, 옷매무새는 흐트러진 데 하나 없이 깔끔해서 보헤미안 괴짜들이 우글거리는 이곳 스튜디오에 어울리기는커녕 시골 촌구석의 괴짜 의사처럼 보인다. 모직 재킷 주머니에 청진기가 떡하니 꽂혀 있을 듯하다. 하지만 일할 때 모습을 보면 영락없이 노련한 엔지니어다. 마취 환자의 환부를 하나하나 도려내는 외과의처럼 복잡한 스튜디오 기기를 다루는 손놀림이 예사가 아니다.

마침내 정식 앨범을 내다니 우리 모두 기뻐서 어쩔 줄을 모른다. 특히 나는 정식 앨범이 처음이라 더욱 들뜬다. 게다가 스튜어트가 부루퉁한 얼굴로 지적한 것처럼 수록곡 대부분이 내가 만든 곡이라 감회가 남다르다. 첫 싱글에는 스튜어트의 자작곡이 두 곡 실렸지만, 앤디가 밴드에 들어온 다음부터는 모든 의사 결정이 정당한 민주주의 절차에 의해서 결정되었다. 애초에 '폴리스'는 그의 손에서 나온 밴드인 만큼 그가 짜증을 부리는 것도 이해 못할 일은 아니지만, 앨범 녹음만 초짜지 작곡으로 말하자면 나도 10년 넘게 작업한 베테랑이다. 명곡까지는 아니어도 어느 정도 일정한 수준에 도달했다고 자신할 수 있다. 스튜어트도 앤디도 작곡은 아직 익숙하지 않은 분야다. 스튜어트가 평소 그답지 않게 시무룩한 표정을 짓지만, 나는 어깨를 한 번 으쓱할 뿐이다. 내 곡이 많이 실려서 미안하다고 사과할 마음은 눈곱만큼도 없다. 하지만 이 문제가 두고두고 갈등을 일으키리라는 걸 나는 어렴풋이 예감한다.

앨범 저작권료는 보통 작곡가와 가수가 반반씩 갖는다. 다시 말해 이번에 우리가 성공을 거두면 대부분의 곡을 쓴 나는 저작권료를 많이 받는 반면에 스튜어트와 앤디는 상대적으로 적은 수입을 거둔다. 이런 까닭에 가뜩이나 허약한 민주주의 기반이 한층 더 취약해질 게 불 보듯 훤한 일이다. 스튜어트와 앤디가 곡을 많이 만들거나, 이 둘에게 수익이 좀 더 돌아가도록 모종의 합의에 이르거나 해결책은 둘 중 하나다. 결국 나는 스튜어트와 앤디를 만족시키되 내 창작열을 꺾지 않는 선에서 내 몫의 일부를 나누어주는 데 동의한다. 하지만 상처를 잠시 봉합했을 뿐 병은 계속 깊어만 간다. 결국 이 문제로 인해 갈등의 골이 깊어지다 결국 '폴리스'는 해체에 이르게 된다.

우리는 몇 날 며칠 고심한 끝에 앨범에 수록할 곡을 정한다.

〈너무 외로워 So Lonely〉: 다시 쓴 '마지막 비상구'의 노래. 시대 흐름에 맞춰 분위기와 빠르기 등을 바꾸었다.

〈밑바닥 일Dead End Job〉: 스튜어트의 리프 연주와 이안이 지은 몇 줄의 가사가 기본 뼈대를 이루는 노래. 진실성을 더하기 위해 막다른 골목에 몰렸던 내 젊은 날의 이야기가 상당 부분 차용된다. 노래 후반부에서 앤디가 〈레더헤드 애드버타이저〉영국 남부 도시 레더헤드에서 발행되는 주간신문에 실린 구인 광고를 읽는다.

〈집주인Landlord〉: 사우스게이트 사건에서 영감을 받은 노래. 살 집을 찾아 런던을 헤매는 가장의 고뇌가 녹아 있다.

〈50년대생Born in the Fifties〉: 어린 시절 이야기를 담은 나의 첫 스탠자.4행 이상의 각운이 있는 시구.("케네디 대통령이 죽었을 때 엄마는 울었어/빨갱이들 짓이라고 하면서/하지만 난 믿지 않았어.") 그때부터 난 '잔디 언덕 음모론자JFK를 저격한 총탄이 잔디 언덕 쪽에서 날아왔다는 등 암살 당시 그의 위편 오른쪽에 있었던 잔디 언덕은 숱한 음모론의 중심지가 되었다'였던 모양이다.

〈땅콩Peanuts〉: 한때 우리의 영웅이었던 로드 스튜어트에게서 영감을 받아 내가 노랫말을 짓고 스튜어트가 곡을 붙인 노래. 매일같이 타블로이드 신문을 장식하는 우리의 옛 영웅을 비꼬는 내용이 담겨 있다. 몇 년 후 나 역시 타블로이드 신문에 왜곡된 기사가 실리는 같은 운명을 맞이할 줄은 꿈에도 몰랐다.

〈내 여자가 되어줄래요?Would You Be My Girl?〉: 한 줄짜리 가사가 계속 반복되는 리프. 곡 중간에 앤디가 섹스 인형에 관한 엉터리 시를 낭독한다.

〈내 인생의 구멍Hole in My Life〉: 화려하게 치장해서 오히려 더 슬픈 노래.

그리고 〈록산〉. 애초에는 재즈가 가미된 보사노바였지만, 연주를 거듭하면서 탱고 비슷하게 된다. 각 마디의 두 번째 박자마다 베이스와 베이스 드럼에 강세를 둬서 엇박자의 아르헨티나 탱고 분위기를 내자고 한 사람은 스튜어트다. 선율을 다시 생각해보면 좋겠다고, 어디로 튈지 모르는 거친 느낌 때문에 내 목소리를 좋아하는 건데 그 느낌을 살려보자고 한 사람도 스튜어트다.

내가 후렴구의 멀티 트래킹까지 다 마치자 우리 모두 지금까지와는 완연히 다른 무언가를 성취한 기분에 한껏 도취된다. 하지만 비통에 젖은 노랫말이 로맨틱한 느낌을 주는 터라 다들 슬며시 자신감이 꺾이는 눈치다. 나는 서정적인 노랫말의 〈네 옆에Next to You〉가 어쭙잖은 분노와 폭력으로 얼룩진 음악계에서 쫓겨난 사랑 노래라고 이미 변명하듯 말해야만 했다. 더욱이 마일스는 수년 동안 '스파이널 탭'가짜 다큐멘터리 〈이것이 스파이널 탭이다〉에 나오는 영국의 가상 헤비메탈 그룹. 영화에서 '스파이널 탭'은 1960년대부터 활동한 전설의 밴드로 나온다'을 지켜본 터라 우리 앨범에 '경찰의 만행Police Brutality'이라는 제목을 붙이고 경찰복 차림의 멤버들이 반나체의 여자를 심문하는 사진을 앨범 재킷으로 쓰자고 한다. 그런데 더욱 기함할 노릇인 것은 스튜어트와 앤디가 이 말도 안 되는 발상에 고개를 주억거린다는 것이다. 이제 나에게 남은 유일한 선택은 태업과 선동뿐이다. 아무튼 우리가 마일스에게 앨범을 들려준 것은 이런 분위기에서였다. 이때 마일스는 아직 우리의 정식 매니저가 아니었다.

우리의 피나는 노력에 그가 사뭇 감동받는 눈치다. 하지만 〈록산〉은 들려주기가 겁이 난다. 딱히 장르를 특정할 수 없는 이 곡을 듣고 마일스가 우리 앨범에서 손을 뗀다고 할까 봐 겁이 난다. 마일스가 다른 곡을 다 들은 뒤 마침내 〈록산〉을 듣자고 말한다. 나는 괜히 안절부절 어찌할 바를 몰라서 노래가 좀 이상할 수 있다고 안 해도 될 말을 주절주절 늘어놓는 한편으로 이 노래에 대한 내 직감이 맞기를, 마일스가 형편없는 곡이라고 생각하지 않기를 간절히 기도한다. 마침내 노래가 시작되고 나는 초조하게 기다린다. 마이크 너머 내 뒤쪽에서 들리는 무조의 피아노 선율, 어색한 웃음소리, 낯선 탱고 리듬을 타고 탁탁 화음을 맞추는 악기들 소리. 마일스는 곡이 연주되는 동안 내내 무표정한 얼굴로 발도 까닥이지 않고 뻣뻣하게 앉아 있다. 이윽고 내가 거친 목소리로 "록산"이라고 내지르는 소절에 이른다. 엘비스 코스텔로^{영화 〈노팅힐〉의 OST 〈그녀She〉를 부른 영국의 싱어송라이터. 감미로운 목소리가 매력적이다}가 들었으면 내 귀싸대기를 한 대 시원하게 내갈겼을지도 모른다. 분위기가 심상찮다. 차마 누구와도 눈을 못 마주치겠다. 스튜디오 안에 팽팽한 긴장감이 감돈다. 마지막 후렴구에 이르는 데 만년은 걸린 것 같다. 나는 말없이 바닥만 주시한다. 불길한 생각이 머릿속을 마구 휘젓는다. 마일스가 형편없는 노래라고 부추기면 이 밴드에서 노래 부를 날도 얼마 남지 않았다는 걸 잘 알기 때문이다.

내가 한참 만에 고개를 들자 마일스의 뒷덜미와 귓불이 시뻘겋게 달아오른 모습이 눈에 들어온다. 금세라도 그가 이게 무슨 노래냐며 조롱하고 성을 낼 것처럼 보이지만, 나는 애써 마음을 다잡으며 조용히 물러날 준비를 한다. 그가 머리를 절레절레 흔들며 심호흡을 하더니 마침내 입을 연다.

"최고야, 최고. 완전 대박이라고."

나에게 키스라도 할 태세로 그가 다가오자 내가 움찔 뒤로 물러난다. 이게 무슨 영문인가 어리둥절하면서도 뛸 듯이 기쁘다. 하지만 내색하지 않으려고 무던히 애를 쓴다. 마일스가 제 애완견 마시트피를 칭찬하듯 내 어깨를 몇 번이고 두들긴다.

"빌어먹을, A&M에서 '스퀴즈' 앨범 내기로 얼마 전에 계약했는데. 두고 봐. 이 노래 들으면, 다들 좋아서 펄쩍펄쩍 뛸걸."

〈록산〉에 어찌나 열광하던지 다른 곡들에 보였던 반응은 상대적으로 시들해 보인다. 마일스가 흥분해서 씩씩거리더니 〈록산〉 테이프를 움켜쥐고 남부 특유의 콧소리로 후렴구를 흥얼거리며 스튜디오 밖으로 나간다. 왕자님의 무도회가 끝나고 뒤에 남겨진 못생긴 언니들처럼 다른 곡들은 테이프 플레이어에 덩그러니 꽂혀 있다.

우리는 한껏 들뜬 기분으로 스튜디오를 나선다. A&M으로 말할 것 같으면, 구미에서 가장 신망받는 음반사 가운데 하나다. 얼마 전까지만 해도 일리걸에서 음반 낸다고, 그것도 자비로 음반 내면서도 좋아라 했는데, 지금은 마일스의 은총을 받아 감히 꿈도 꾸지 못했던 세계적 음반사를 겨냥하게 된 것이다.

이튿날 스튜어트 말에 따르면 마일스가 자기에게 전화를 해서 "침을 질질 흘리며 좋아했다"고 한다. 예상대로 음반사 임원들이 노래가 아주 좋다면서 히트 칠 거라고 입을 모았다는 것이다. 정말 이대로만 되면 구멍가게 수준의 일리걸이 아닌 대기업인 A&M에서 앨범이 나오는 것이다. 그날 저녁 스튜디오에서 마일스가 자기는 선금을 놓고 음반사와 협상할 생각이 없다고 하자 구름 위를 걷던 우리 기분이 싹 가라앉는다.

"내 말 좀 들어봐. 선금은 은행 빚이나 다름없어. 이 곡 하나만 계약하자고. 이 노래가 빵 터지면 그다음에 훨씬 좋은 조건으로 앨범 계약도 하고 저작권료 계약도 하는 거야. 선금 안 받고 지난 1년처럼 잘만 버텨내면 나중에 큰돈이 넝쿨째 굴러 들어온다고."

이것 역시 마일스의 귀신같은 사업 수완을 보여주는 단적인 예다. 선금에 혹해서 대부분의 밴드가 음반사에 노예처럼 묶이는 데 반해, '폴리스'는 마일스 덕분에 음반사와 대등한 파트너 관계를 맺는다. 예술적 자유도 더 많이 누리고, 우리가 벌어들인 수입이 온전히 우리의 것이 되는 것이다. 나는 '폴리스'를 "작은 사업체"라고 표현하는데, 애초에 이 사업체를 설계한 사람이 바로 마일스다. 우리는 꾸준히 인내한 대가로 훗날 막대한 보상을 받게 된다. 〈록산〉이 우리에게 가져다준 행운은 이게 전부가 아니다. 이 곡 덕분에 마일스가 '경찰의 만행' 어쩌고 하는 터무니없는 발상을 폐기하고, 곡의 느낌을 온전히 표현하는 낭만적 이상주의로 선회한 것이다. 그리고 드디어 그가 우리의 정식 매니저가 된다.

1978년 1월 26일 마일스 액스 코플랜드 3세가 얼추 개요만 갖춘 〈록산〉 싱글 계약서와 앨범 제목에 대한 참신한 아이디어로 무장한 채 의기양양하게 스튜디오로 걸어 들어온다. '아웃랜도스 다모르Outlandos D'Amour', 에스페란토어국제 공용어로 쓰기 위해 주요 유럽 언어를 기초로 하여 만든 인공어와 해독 불가능의 단어를 조합해서 만든 말이다. 마일스가 소르본대학이면 모를까 미국 앨라배마 주 버밍엄의 대학에서 배운 실력으로 프랑스 억양을 흉내 내며 입안에서 음미하듯 단어를 굴린다. 마일스는 참신한 제안을 할 때나 걱정 따위는 잊고 한바탕 웃자고 할 때면 톰 파커엘비스 프레슬리의 매니저. 매니저의 전형을 보여준 인물이라고 평가받는다처럼 얼뜨기 촌사람 흉내를 내곤 한다. 아웃랜도스 다모르, 분명히 이상한 제목이지만, 부조리한 현실에 부합하는 면도 있고 딱히 더 나은 제목도 없고 해서 결국 이 제목으로 정한다.

꽃 피는 3월이 되자 계약서에 서명만 하면 되는 단계에 이른다. A&M 음반사 경영진이며 회계사들까지 〈록산〉 테이프를 하나씩 다 가지고 다니는 모양이다. 홍보팀이 〈록산〉을 듣고는 한 번 더 들어보자고 청했다는데, 이렇게 두 번 들은 곡이 정말 오래간만에 나왔다는 후문이다. 나는 스튜어트, 앤디와 함께 풀람 로의 휘황한 음반사 건물로 들어간다. 데릭 그린 사장이 돌아온 탕아를 맞이하듯 우리를 반긴다. 건물 전체에 〈록산〉이 황홀하게 울려 퍼지고 있다.

그곳에 우리가 있다. 두꺼운 카펫이 깔린 사장실의 등나무 의자에 앉아 순은으로 만든 파커 볼펜을 들고 하얀 서류에 서명을 하고 있다. 모든 절차가 끝나자 사장이 자기 음반사 식구가 된 걸 환영하는 뜻으로 지하 창고에서 원하는 음반을 마음대로 가지고 가라고 한다. 우리는 걸신들린 사람들처럼 200파운드어치의 앨범을 긁어 온다. 나는 퀸시 존스와 안토니오 카를로스 조빔의 전집 음반을 싹쓸이해 온다. 그나마 전축이 없는 나는 스튜어트와 앤디에 비하면 양반이다. 상점을 턴 도둑처럼 내가 득의한 미소를 지으며 집으로 들어가자, 이번에는 프랜시스가 희소식을 전한다. 지금 막 그라나다방송국에서 드라마 제의를 받았다는 것이다. 비밀경찰 역이라고 한다. 내가 "우리 둘이 한꺼번에 풀리네"라고 말한다. 촬영지가 맨체스터라서 한동안 떨어져 지내야 하지만, 아내도 나도 이 힘든 시기를 잘 견뎌낼 것이다. 돈도 벌어야 할뿐더러 성공을 향한 꿈이 다부지기 때문이다. 아내와 나는 손을 맞잡은 채 조를 가운데 두고 빙글빙글 돌며 춤을 춘다. 버튼스는 언제나처럼 뚱한 표정을 지으며 우리를 물끄러미 쳐다본다.

막내 누이 애니타는 그날의 일에 대해서 훗날 이렇게 기억한다. 타인머스의 우리 집 차고 문이 활짝 열려 있고, 그 앞의 짧은 진입로를 밤색 차가 조심스레 후진하고 있었다고, 그 모습이 가장 선명하게 뇌리에 남는다고.

어느 화창한 토요일 아침 10시 반이다. 구름 한 점 없이 새파란 하늘에 상쾌한 마파람이 살랑살랑 부는 아침이다. 엄마가 트렁크에 가방을 싣고 있다. 엄마 옆에 애니타가 있다. 누이는 불안하고 바짝바짝 애타는 표정으로 뒷좌석에 올라탄다. 엄마는 최대한 신속하고 일사분란하게 가출할 수 있도록 아버지 몰래 옷가지들을 매일 조금씩 가방에 옮겨 담으면서 몇 달 동안 이 날을 계획한 모양이다. 아버지는 11시 반에 일을 마치고 집으로 돌아온다. 군대식으로 하나부터 열까지 모든 것이 철저하게 계획된 듯하다.

누이는 슬프고 겁도 난다. 집을 떠나고 싶지 않지만, 그저 뒷좌석에 옹크리고 앉아 무릎 위에 놓인 앵무새 새장을 꽉 껴안고 작은 새와 제 자신에게 다 잘될 거야, 다 잘될 거야 라고 되뇔 따름이다.

엄마의 눈초리가 쫓기는 동물처럼 사납다. 엄마처럼 제 가족을 버린 앞 좌석의 남자는 트렁크에 가방이 그득 쌓이도록 한마디 말도 없이 초조하게 손목시계를 들여다보다 길가를 살피다 한다. 엄마와 이 남자는 맨체스터 근처의 작은 시골 마을에서 남은 인생을, 꿈에도 그리던 새로운 인생을 살 것이다.

아버지는 텅 빈 집으로 돌아온다. 집은 정갈하게 닦인 망자의 몸처럼, 혹은 능묘처럼 티 하나 없이 깨끗하다. 쪽지 한 장 남겨져 있지 않다.

엄마의 가출 소식을 듣고 나는 화가 치솟는다. 아버지에게 전화를 건다. 예상대로 아버지는 충격에서 헤어나지 못한 채 혼이 나간 듯 멍하다. 나는 이게 도대체 무슨 짓이냐고, 이럴 바에야 모자의 인연을 아예 끊자고 성난 편지를 엄마에게 보낸다. 편지는 매몰차고 어리석고 경솔했다. 하지만 나는 분노에 눈이 멀어서 뵈는 게 없었다. 굴욕감을 맛보았을 아버지를 대신해 복수를 해야 한다고 생각했을 뿐, 그때의 나는 아버지와 엄마 사이에서 적절하게 균형을 잡을 만큼 똑똑하지도 성숙하지도 않았다.

돌이켜 생각하면 나 역시 이렇게 무모한 인생을 살지 않았을까 자문하지 않을 수 없다. 가족과 떨어져 지낸 그 긴긴 밤들은 성공을 위해 치러야만 했던 값비싼 대가였다. 그리고 종국에는 우리 가족을 산산조각 내고 만다. 불행했던 부모님의 삶으로부터 벗어나고 싶어서, 그리고 부모님처럼 살고 싶지 않아서 나는 저만치 뚝 떨어진 채 이리저리 떠도는 삶을 선택한 것인지도 모른다. 그렇지만 나는 가는 곳마다 부모님이 내 안에 심어준 불행의 씨앗을 가슴에 품고 다닌 것 같다. 엄마는 당신 삶을 구원해줄 그 무언가를 위해 평생 집 아닌 다른 곳을 갈망하며 살았다. 이것이 나에게는 한층 더 강박적인 형태로, 곧 25년간 "길바닥"을 헤매는 지독한 방랑벽으로 내재화된 것이다.

엄마가 맨체스터로 사랑의 도피를 떠난 그 달에 '폴리스'는 마일스가 미국에서 데리고 온 랜디 캘리포니아의 '스피릿' 지원 밴드로 무대에 오른다. 에섹스대학에서 시작된 순회공연은 곧바로 핀스버리공원의 '레인보우극장'으로 이어진다. 두 번째 공연은 표가 동난다. 60년대 미국 서부 지역에서 돌풍을 일으킨 사이키델릭 밴드인 '스피릿'은 그때나 지금이나 마약에 취한 듯한 아찔한 음악을 추구한다. '폴리스'와 마크 P.의 'ATV'가 지원 밴드로 무대에 오른다. '스피릿'은 마크 P.가 가장 좋아하는 밴드다. 사실 영국 순회공연도 일부분 그의 아이디어에서 나온 것이다. '폴리스'는 여전히 프로그램 목록 제일 하단에 있다. 음반사가 〈록산〉에 열렬한 반응을 보였다고 해서 드라이든 체임버스에서 우리의 위상이 순식간에 드높아지는 것은 아니다. 우리는 그래도 개의치 않는다. 마크의 밴드가 그새 실력이 많이 좋아지긴 했지만, 무대에서 우리 밴드를 위협할 정도는 아니다. 결국 차 수리비는 마일스가 대주었지만, 여하튼 나는 내 차를 박살 내고 내뺀 마크를 용서하기로 한다.

밤마다 공연장을 찾는 젊은이들은 하나같이 어깨까지 내려오는 머리에 구슬 목걸이를 칭칭 두르고 나팔바지 아래 시커멓게 때 낀 발톱이 삐죽이 삐져나온 샌들을 신고 있다. 마치 10년 전 사람들이 타임머신을 타고 불시착한 것처럼 옛날 히피 모습 그대로다. 랜디와 그의 3인조 밴드에게 경의를 표하기 위해 특별히 이렇게 차려입은 것 같지는 않고 평상시 복장인 듯하다. 히피가 지금도 이렇게 많은 줄 정말 몰랐다. 밴드 이름이 '폴리스'인 것도 꼴사나운데 우리가 죄다 경찰처럼 바싹 깎은 은발에 딱 달라붙는 바지를 입고 무대에 오르자 청중들이 우 하고 야유를 보낸다. 그러나 첫 곡이 끝날 때쯤 되자 청중들이 요란한 음악에 점차 빠져든다. 무대 위 나의 페르소나가 오만하다면 그건 전적으로 우리가 연주를 잘한다는 부정할 수 없는 사실 때문이다. 우리는 두려움을 모르며 비굴하지 않으며 자신감이 충만하다. 30분 공연이 끝나자 박수갈채가 쏟아지고 휘파람 소리가 휙휙 요란하다. 마일스가 나를 껴안더니 대스타가 될 거라며 찬사를 아끼지 않는다. 이번에는 움찔 뒤로 물러서지 않는다.

마크의 밴드도 제법 잘해서 객석 반응이 아주 썰렁하지는 않다. 이제 '스피릿'이 무대에 오를 차례다. '스피릿'은 무대에 오르기가 무섭게 공연장을 온통 뒤흔들어놓는다. 랜디 캘리포니아는 내 예상보다 지미 헨드릭스 느낌이 훨씬 많이 난다. 특히 〈헤이 조〉를 연주할 때는 코끝이 시큰한 게 아련한 향수가 밀려온다. 8년 전 비극적으로 삶을 마친 지미 헨드릭스가 새삼 그리워진다.

맨체스터 우체국 소인이 찍힌 편지를 받았을 때 처음에는 아내가 보낸 편지라고 생각했다. 하지만 아니었다.

사랑하는 아들에게

엄마가 미안하다는 말밖에 할 게 없구나. 실망시켜서 미안하다. 엄마를 용서할 날이 오기를 가만히 빌어본다. 네 노래가 생각나는구나. 다른 사람의 가슴을 찢는 건 내 가슴을 찢는 거라는. 이렇게 가슴에 와 닿을 수가 없다. 너를 잃는다고 생각하니 가슴을 도려내는 듯 아프구나. 조에게 사랑한다고 전해다오.

엄마가 사랑을 담아

나는 일곱 살로 되돌아간다.

엄마가 그때 당신에게 남은 시간이 10년도 되지 않는다는 걸 알았을 리 없지만, 엄마는 째깍째깍 시간이 속절없이 흐르는 소리를 들었던 게 분명하다. 엄마는 푸른 하늘이 손바닥만큼 남았다는 걸 알았고, 집을 나갔다. 나는 나의 꿈을 좇았고, 엄마는 엄마의 꿈을 좇았다. 하지만 나는 엄마가 가는 길에 축복을 빌지 않았다. 애써 참는다고 참았지만 그럼에도 불구하고 나는 엄마에게 매정했다. 아버지 편을 들어야 한다는 생각밖에 없었다. 인생이 축구 게임 같은 거라서 힘으로든 숫자로든 이겨야 한다고 믿었던 것 같다. 나는 그때 참 바보였다. 엄마에게 보낸 편지 마지막에 옹졸한 내 행동을 정당화하듯 이렇게 썼던 것 같다. 나는 아버지 옆에 있어야 한다고, 엄마와 절연할 수밖에 없다고, "이렇게 편지를 보내는 것마저 아버지를 배신하는 것 같다"고. 편지를 써내려가는 동안 내내 마음이 찢어질 듯 아팠다. 하지만 그 편지를 받았을 엄마는 얼마나 가슴이 아팠을까. 지금 생각해도 마음 한편이 쓰리다. 그때 난 한 치 앞도 못 내다보는 바보 중의 바보였다. 그로부터 얼마 뒤 나도 아내 아닌 다른 여자와 사랑에 빠져 호호백발이 되도록 지키겠다는 사랑의 서약을 무참히 깨고 누구도 막을 수 없는 거센 사랑과 욕망의 파도에 휩쓸렸으니 말이다.

*

4월 중순의 어느 날, 아내와 아들은 아직 맨체스터에 있고, 나는 베이스워터 로의 버진 음반 매장에 들어가 《록산》 싱글 앨범을 산다. '몽드마르상 축제'에서 신명 나게 연주하는 내 모습이 재킷 뒤쪽에 실려 있다. 앞쪽 제목 아래 내 이름이 보인다. 스팅 작곡. 버진음반사 발매. 가슴이 터질 듯하다. 〈레코드 미러〉에서는 금주의 음반으로 선정되고, 〈사운드〉에서는 "여타의 음반 중에서 최고"라는 평을 듣는다. 〈멜로디 메이커〉는 인기 끌 가능성이 있다고 점치지만, 〈NME New Musical Express〉는 아예 가타부타 언급조차 없다.

제리가 전화를 해서 그날 밤 '내슈빌 룸'에서 하는 공연에 자기를 초대해줄 수 있느냐고 묻는다. 음악 평이 좋게 나온 걸 보았나 보다.(〈타임 아웃〉은 지루하기 짝이 없고, 첫 음이 시작되기도 전에 형편없는 곡인지 알겠다고 혹평을 한다. 난 지금도 이런 평을 들으면 오히려 힘이 불끈 솟는다.) 제리가 진심으로 기뻐한다는 걸 잘 알지만, 한편으론 공연이 그렇게 대단하지 않기를 바라는 마음 역시 있다는 걸 나는 잘 안다. 나는 지금도 스승에게 인정받듯 그에게 인정받기를 원하지만, 제리와 나는 오랫동안 선의의 경쟁을 벌여온 사이다. 그날 공연은 멋졌다. 제리도 엄지손가락을 세워 보이며 최고라고 인정해준다.

결국에는 마일스와 캐럴 윌슨이 내 출판계약을 두고 한 차례 크게 말

다툼을 벌인다. 마일스는 캐럴 윌슨이 나를 위해서 해준 게 뭐가 있느냐, 이를테면 순회공연 경비를 지원해준 적도 없지 않느냐고 볼멘소리를 한다. 계약을 파기하라는 소리까지 한다. 하지만 캐럴은 이제 내 친구나 다름없고, 마일스는 또 그 나름대로 지켜야 할 행동강령이 있으니 나는 그 사이에 끼여 이러지도 저러지도 못하는 상황이 된다. 곡은 대부분 내가 만든 데다 출판계약은 '폴리스'가 결성되기 한참 전에 맺은 것이기 때문에 따지고 들면 마일스에게는 법적으로 저작권료에 대한 어떠한 권리도 없다. 하지만 이것은 후일 분쟁의 씨앗이 되어서 두고두고 분란을 일으킨다.

내가 만든 곡을 라디오로 처음 듣는 순간처럼 황홀한 때도 없을 것이다. 몇 날 며칠 머리 쥐어뜯으며 힘들게 만든 곡이 어느 날 느닷없이 라디오 전파를 타고 흘러나온다. 내 아이가 마침내 두발자전거를 타고 씽씽 달리는 모습을 볼 때에 비견할 만한 것이다. 아이가 저만치 멀어진다. 분명히 나의 일부가 맞지만, 이젠 더 이상 나와 육체적으로 연결되어 있지 않은 아이. 아이가 날개를 활짝 펼치고 폐부 깊숙이 공기를 빨아들이며 제 세계를 향해 힘껏 내달린다.

내가 싱크대 위에 서퍼처럼 균형을 잡고 올라서서 부엌 천장에 페인트칠을 하고 있는데, 스타카토로 끊어지는 G단조 화음이 들리더니 곧이어 내 목소리가 길게 공기 중에 울려 퍼지며 물음표처럼 온 방 안을 휘감는다. 나는 하마터면 바닥으로 떨어질 뻔했다. 하얀 페인트가 바닥에 후드득 떨어지든 말든 정신없이 전화기로 달려간다.

"스튜, 캐피털 라디오에서 우리 노래가 나와. 어서 들어봐!"

"나도 알아. 지금 듣고 있어."

음악이 런던 저 너머에서 전화선을 타고 흘러나온다.

"'폴리스'의 〈록산〉이었습니다. '금주의 노래' 가운데 한 곡입니다."
"와, 너도 들었어?"

나는 바닥에 주저앉는다. 방망이가 가슴을 쿵당쿵당 두드리는 듯하다. 뭘 어떻게 해야 할지 모르겠다. 오랫동안 좇아온 꿈이 불현듯 눈앞의 현실로 다가온 것처럼 이 놀라운 일을 도무지 믿을 수가 없다.

하지만 음반사의 열광적인 지지를 받으며 순조롭게 출발한 〈록산〉은 처음에 예상한 것만큼 큰 인기를 끌지는 못한다. 적어도 그 당시에는 그랬다. 언제나 넘쳐나는 곡목 표에서 한 곡이라도 빼기 위해 핑곗거리를 찾는 BBC는 내용이 외설스럽다며 이 곡을 아예 방송에 내보내지도 않는다. 영국에서 가장 영향력 있는 방송국이다 보니 다른 곳들도 BBC를 따르는 수밖에 도리가 없다.

〈록산〉이 비록 음반 차트를 휩쓰는 데에는 실패하지만, A&M은 여전히 우리에게 우호적으로 나오며 또 한 번의 기회를 준다. 그러나 차트에 오르는 노래가 나올 때까지 앨범은 곤란하다고 선을 긋는다. 그래서 일단 싱글 〈널 보낼 수 없어 Can't Stand Losing You〉를 연말에 발매하기로 한다. 〈록산〉처럼 튀는 노래가 아니라서 방송국 입맛에도 맞을 것이다. 우리에게 찾아온 두 번째 기회다. 우리는 희망에 넘친다.

하루나 이틀 뒤 프랜시스와 조가 잠시 휴식을 취하기 위해 맨체스터에서 돌아오지만, 상봉의 기쁨도 잠시 우리에게 슬픈 일이 닥친다. 내가 버튼스를 데리고 동물 병원에 간다. 마지막 외출길이 될 듯싶다. 아침부터 고통스럽게 거친 숨을 몰아쉬는 게 아무래도 심상찮다. 수의사가 심장 소리를 들으며 어두운 표정으로 나를 쳐다본다.

"주사를 놓긴 하겠지만, 워낙 늙어서……. 주사에 반응이 없으면 힘들 것 같아요."

가슴이 철렁 내려앉는다. 버튼스를 데리고 택시에 탄다. 집으로 돌아온 뒤 아내에게 슬픈 소식을 알린다. 주사가 아무 효과가 없는지 상태가 계속 나빠진다. 오전 11시 무렵 수의사에게 전화를 걸자 병원으로 데리고 오라고 한다. 이웃에게 조를 맡기고 개를 안은 채 그 끔찍한 병원으로 마지막 발걸음을 옮긴다.

14년 동안 모신 주인을 빤히 쳐다보는 눈길이 서글프다. 마치 "이제 그만 가도 돼요. 죽어가고 있는 거 나도 잘 알아요. 난 괜찮아요"라고 말하는 듯하다. 프랜시스가 담담한 표정으로 개를 가슴에 꼭 껴안는다. 하지만 병원 문을 나서기가 무섭게 아내가 걷잡을 수 없이 흐느낀다.

우리는 상실감으로 한동안 힘겨운 나날을 보낸다. 한밤중에 현관문 긁는 귀 익은 소리에 잠이 깨서 문을 열자 버튼스가 그 앞에 떡하니 버티고 서 있다. 내가 반가워서 "터디, 어디 갔다 온 거야?"라고 묻는 순간 꿈에서 깨어난다.

6월의 런던, 기분 좋은 초여름 날씨가 끝나간다. 베이스워터 로 양쪽으로는 플라타너스가 초록 거인처럼 아래를 굽어보고, 찻길에는 자동차 행렬이 줄지어 달리고 있다. 와이셔츠 바람의 남자들과 얇은 면 원피스 너풀대는 여자들이 거리를 지나간다. 도심 전역에 나른한 희망이 넘친다. 영영 이런 날씨가 끝나지 않으면 좋겠다. 햇볕 따뜻한 여름날 아침 아버지에게서 뜻밖의 전화가 걸려온다. 런던 한복판의 빅토리아 버스 정류소에 계신다는 것이다.

"아버지, 거기는 어쩐 일이세요?"

"독일에서 막 돌아오는 길이다. 아침 먹으러 가도 되겠니? 어찌 된 영문인지 차차 이야기하마."

까만 택시 한 대가 집 앞에 멈춰 서더니 잠시 뒤 지하실 계단 꼭대기에 말쑥한 가죽 구두 두 짝이 보인다. 곧이어 아버지가 쇼핑 가방을 들고 모자 차양처럼 손을 이마에 갖다 댄 채 창문 안을 들여다본다.

내가 아버지와 포옹을 푼 뒤 어깨를 붙잡고 이만치 떨어져서 얼굴을 살핀다. 크리스마스 때 뵙고 처음이다. 아버지가 환하게 웃는다. 다소 여윈 듯하지만, 이상하게 젊어 보인다. 하지만 불그스름하게 충혈된 눈은 왠지 모르게 슬퍼 보인다. 아내가 정성껏 아침상을 차린다. 아버지는 무릎에 조를 앉힌 채 스크램블드에그와 베이컨을 먹으며 중간중간 한껏 들뜬 목소리로 여행담을 들려준다.

아버지 말에 따르면 친구 부탁을 들어준 거라고 한다. 그 친구가 뉴캐슬에서 여행사를 운영하는데, 리메젠의 호텔을 이용해볼까 생각 중이라며 마침 그곳에서 아버지가 군 복무도 하고 했으니까 아버지에게 그곳으로 직접 가서 호텔이 어떤지 확인해달라고 부탁했다는 것이다. 내 생각에는 그 친구분이 아버지를 집구석에서 끌어내고 싶은데 자존심 센 아버지가 공짜 휴가를 갈 리는 만무하고 그래서 나름으로 꾀를 내서 그런 부탁을 한 게 아닐까 싶다. 발걸음도 한결 가볍고, 미소에도 슬며시 장난기가 어리는 게 여행이 기적을 행한 듯하다. 아버지가 그 옛날 그곳에서 만났던 여자들에게 연락하지 않았을까 괜스레 궁금해진다. 나는 이것저것 캐묻는 대신에 아버지가 실컷 모험담을 늘어놓게 가만히 내버려둔다. 얼마나 지났을까, 이제 그만 현실로 돌아올 때가 된 것 같다.

"엄마한테서는 연락 왔어요?"

"아니, 안 왔다. 그렇지만 힘들게 지낸다는 소리는 들었다."

앨런이라는 이름을 입에 올리지는 않지만, 목소리에 기운이 하나도 없다. 승리의 기쁨 같은 건 찾아볼 수 없다. 아버지 얼굴이 갑자기 고통스럽게 일그러진다. 그 순간 나는 똑똑히 알았다. 엄마가 아버지를 버리고 도망쳤어도 아버지는 변함없이 엄마를 사랑한다는 사실을.

나도 엄마에게서 연락이 오지 않았다고 둘러댄다. 아버지를 또 한 번 배신하는 것 같아 차마 엄마와 편지를 주고받았다는 말을 내뱉지 못한다. 나도 아버지만큼 혼란스럽다.

아침을 다 드시자 아버지가 손목시계를 들여다보고는 둘째가 이레 동안 혼자서 가게를 보고 있다며 뉴캐슬로 돌아가야겠다고 말한다. 내가 무슨 말씀이냐고 펄쩍 뛰며 아버지를 만류한다. 사정사정해도 더 계실 분이 아니라는 걸 알지만 혹시나 하는 마음에 "마루에서 주무시면 돼요"라고 말하며 아버지를 붙잡는다.

"아니다. 그만 가야지. 필이 내 몫까지 우유 배달하느라 아주 힘들 게다."

아버지가 프랜시스와 조의 뺨에 입을 맞추고는 내 손을 잠깐 잡았다 놓은 뒤 성큼성큼 걸어간다. 이생에서 아버지에게 허락된 시간이 10년 남짓밖에 남지 않았다. 불행과 좌절로 얼룩진 부모님의 삶에서 잉태된 암의 씨앗이 악의 꽃처럼 이미 두 분 육신을 갉아먹고 있었다.

14

 마일스가 '폴리스' 미국 공연을 진짜로 추진할 심산인가 보다. 그해 초 이안이 새 삶을 살겠다며 조지아 주로 거처를 옮겼는데 지금은 메이컨의 패러곤기획사에서 에이전트로 일하고 있다. '몰리 해쳇Molly Hatchet' 같은 미국 남부의 부기블루스에서 파생된 재즈 음악의 한 형식 밴드 공연을 주로 기획하는 회사지만, 이제는 이른바 영국의 뉴웨이브가 대세라고 이안이 회사 사람들을 열심히 설득한 모양이다. '스퀴즈'는 벌써 미국 본토에 상륙해 작은 클럽에서 활동을 시작했고, 우리도 연말이면 미국 땅을 밟는다. 하지만 겉만 그럴싸할 뿐이다. 이안의 회사가 경비를 대주지 않겠다고 하니 얼마 안 되는 공연 수익금으로 미국 체류를 버텨야 할 형국이다. 버는 돈보다 나가는 돈이 더 많지 않을까 싶다. 상황이 이렇게 안 좋지만 미국 공연은 나의 오랜 꿈이자, 60년대 비틀스의 성공 이후 내 삶을 이끌어준 원동력이다. 그저 미국에서 공연하는 것만으로 나는 충분하다. 돈은 그때까지 열심히 벌면 된다.

*

나는 지금껏 연기 수업을 받아본 적도, 연기자가 되겠다는 꿈을 가져본 적도 없다. 하물며 학창 시절 연극 무대에 올라가 본 적도 없다. 그런데 놀라운 사실은 내가 1978년 늦여름까지 작은 배역이긴 하지만 영화 세 편에 출연한다는 것이다. 생각지도 못한 일이지만 은근히 재미가 있다.

첫 영화는 '섹스 피스톨스'가 주연을 맡은 〈그레이트 로큰롤 스윈들The Great Rock 'n' Roll Swindle〉이다. 나는 피파 마컴의 권유로 줄리엔 템플 감독을 만난 뒤 게이 록 밴드인 '블로우 웨이브스'의 멤버로 캐스팅된다. 다른 멤버들과 함께 '피스톨스'의 드러머 폴 쿡을 납치하는 역할이다. 당연히 영화사에 길이 남을 명장면이 아닌지라 우여곡절 끝에 완전히 삭제되는 불운을 맛본다. 사실 감사할 일이다. 촬영이 끝나고 125파운드라는 거금을 손에 쥐고 얼마나 기뻐했는지 모른다.

두 번째 영화인 〈라디오를 켜고Radio on〉는 제법 재미있다. 〈타임 아웃〉에 음악 평을 쓰는 크리스 페티 감독이 로큰롤 가수의 죽음에 집착하는 주차장 직원 역을 맡겠느냐고 내게 묻는다. 미국의 전설적인 로큰롤 가수 에디 코크런이 브리스톨 공연을 마치고 런던으로 돌아오는 길에 자동차 사고로 즉사하는데, 이 비극적인 장소에서 멀지 않은 곳에 직원이 일하는 주차장이 있다. 나는 영화에서 코크런처럼 그레치 기타를 치면서 〈천국까지 세 계단Three Steps to Heaven〉을 부르고, 한 장면에서는 남자 주인공인 데이비드 빔스와 즉흥연주도 한다. 빔 벤더스가 제작하고 평론가들이 훌륭한 예술영화라고 호평하지만, 흥행에는 참패한다.

몇 년 후 우연히 햄스테드의 '에브리맨 시어터' 앞을 지나게 되는데,

심야 영화로 〈라디오를 켜고〉가 상영 중인 게 보인다. 트루디가 아직 이 영화를 못 보았다고 해서 같이 보겠느냐고 묻는다. 그녀가 피터 오툴〈아라비아의 로렌스〉에서 로렌스 역을 맡아 세계적인 배우가 되었다과 사귀던 시절에 이 명배우가 자기를 이 극장으로 데리고 와서 〈아라비아의 로렌스〉를 보여주었다고 한다. 이렇게 여자 앞에서 자랑하고 싶은 남자 마음을 잘 알기에 그녀는 흔쾌히 같이 보자고 대답한다. 그제야 내가 이 영화는 오스카상을 받은 대서사시가 아니라 예술위원회 지원을 받아 저예산으로 찍은 흑백 로드무비라고 변명하듯 말한다. 영화가 시작된 지 5분쯤 지나 극장에 들어가니 저쪽 반대편 줄 끄트머리에 두 명이 보일 뿐 객석이 텅 비어 있다. 내가 우물쭈물 말한다.

"컬트영화라서."

그녀가 앞쪽 자리에 앉으면서 대답한다.

"그러게."

난해한 이야기가 펼쳐진다. 런던 도심에서 일어난 끔찍한 살인 사건, 누아르 영화처럼 텅 빈 시골 도로를 질주하는 자동차, 중유럽을 연상시키는 암울한 분위기. 중간중간 들리는 내 노래와 이안 두리의 노래가 잠시 숨통을 틔워줄 뿐 시종일관 어두운 장면이 스크린을 채운다. 일링 코미디제2차 세계대전 이후 영국의 일링스튜디오에서 만든 사회성 짙은 블랙코미디가 아닌 것은 분명하다.

엔딩 자막이 올라간다. 자리에서 일어나 몸을 돌리려는데 저쪽에 있던 관객 둘이 외투 옷깃을 바투 세우고는 고개를 외로 꼰 채 서둘러 출구 쪽으로 걸어가는 모습이 눈에 들어온다. 머리 생김이며 겸연쩍은 걸음걸이며 죄지은 사람처럼 수상쩍게 구는 꼴이 먼발치에서 봐도 누군지 알 것 같다.

"크리스 감독님?"

남자 머리가 옷깃 속으로 바짝 움츠러든다. 이번에는 옆 사람을 겨냥한다.

"데이비드?"

게임은 끝났다.

"스팅, 오래간만이에요."

이 우스꽝스러운 상황에 결국 백기를 들었는지 둘이 동시에 대답한다. 야심한 시각 햄스테드의 '에브리맨 시어터'에 〈라디오를 켜고〉를 보러 온 관객 넷이 감독과 주연배우, 카메오 출연자, 카메오 출연자의 착한 여자 친구였던 것이다.

세 번째 영화는 〈콰드로피니아〉Quadrophenia, '더 후'가 발표한 동명의 록 오페라 앨범을 토대로 만든 영화다. 몇 달 전에 나는 워더 가의 '더 십런던의 유명한 술집'에서 제리를 만났다. '마키'에서 '다이어 스트레이츠Dire Straits'의 공연을 볼 생각이었지만, 사람들이 어찌나 많은지 아예 클럽에 들어가지도 못했다. '더 십'에 그냥 눌러앉아 저녁을 먹는데, 그때 마침 키스 문'더 후'의 드러머이 꼭 〈보물섬〉의 로버트 뉴턴실버 선장으로 분한 뉴턴의 연기는 해적 연기의 진수로 평가된다. 알코올중독으로 이른 나이에 숨을 거둔다처럼 걸어 들어온다. 영락없이 험상궂은 악당 해적이다. 그가 해적 모자를 쓰고 칼을 휘두르며 어깨에 앵무새를 앉히고 들어왔다면 오히려 우리가 이상해 보일 뻔했다. 그가 주위에 있는 손님들에게 술을 한 잔씩 산다. 제리와 내가 그의 건강을 위하여 건배하는데, 눈동자가 유난히 반짝이며 짓궂어 보인다. 이상하다 싶었는데 아니나 다를까 그로부터 한 달도 지나지 않은 어느 날 밤 키스 문은 약물 과다 복용으로 파란만장한 삶을 마감한다. 그리고 얼마 뒤 내가 피트 타운센드'더 후'의 기타리스트이자 싱어송라이터. 〈콰드로피니아〉를 작곡했다의 연가곡 〈콰드로피니아〉에서 키스 문을 연상시키는 벨보이 역을 맡는다.

내가 배역을 따겠다는 기대도 열정도 없이 워더 가의 '더 후' 사무실로 걸어 들어간다. 피파가 가라고 해서 할 수 없이 간 것이다. 가망 없는 일이라는 걸 알지만, 기왕에 왔으니까 끝까지 해보는 거다. 잠시나마 광고계에 기웃거리면서 터득한 사실은 배역을 맡든 말든 상관없다는 듯이 굴면 필사적으로 달려드는 사람보다 오히려 그 배역을 맡을 가능성이 높아진다는 것이다. 도박사의 허세나 사기꾼의 술수가 다 이런 것이겠지만, 내가 지금껏 맡은 배역이 하나같이 오만한 인물이기도 했다. 나는 오디션 장소에 들어서는 순간부터 다시 문을 박차고 나오는 순간까지 안하무인이거나 냉정하거나 거만하게 굴었다. 나는 절대 굴하지 않았다.

한번은 광고 오디션을 보는데 회사 사람들이 내가 음악가라는 사실을 알았는지 기타를 건네주며 노래를 불러보라고 한 일이 있었다. 나는 단박에 "집어치우세요!"라고 소리를 꽥 지르고는 경멸의 눈초리로 좌중을 휙 둘러본 뒤 참나무로 만든 문을 박차고 나왔다. 그랬더니 바로 나를 캐스팅하겠다는 전화가 에이전트에게 걸려왔다. 나는 연기자는 아니지만, 연기는 좀 할 줄 안다.

오디션 보기 전에 몇 시간씩 기다리는 것이 예사라는 걸 경험으로 이미 터득한 뒤라 나는 지루함도 덜 겸 침착하다는 인상도 줄 겸 하릴없이 잡담하지 않겠다는 의사도 다른 배우들에게 전할 겸 책 한 권을 꼭 들고 간다. 그날은 헤르만 헤세의 『유리알 유희』를 3분의 2쯤 읽고 그 심오한 유토피아에 빠져 있는데 배역 담당 책임자가 옆방으로 나를 데리고 간다. 나는 책을 재킷 주머니에 찔러 넣는다.

방에는 몇 달 전에 광고 찍으면서 알게 된 배역 담당 책임자와 프랭크 로덤Franc Roddam 감독 단둘뿐이다. 프랭크는 삼십 대 초반이지만 훨씬 앳

돼 보인다. 성공한 사람 특유의 패기가 엿보인다. 이름을 서민적인 K가 아니라 유럽 귀족풍의 C로 표기한 것도 자신감의 발로일 것이다. 지적 장애 소녀를 다룬 다큐드라마 〈더미Dummy〉가 외국에서 권위 있는 상을 수상하는 등 큰 성공을 거두면서 칙칙한 BBC 방송국 복도를 벗어나 화려한 영화의 세계에 첫발을 내디딘 것이다.

내가 자리에 앉자 게임이 시작된다. 일단 나를 쭉 훑어본다. 옷차림이며 행동거지며 조명 아래 얼굴 각도며 요모조모 열심히 뜯어본다. 익히 알고 있는 사실이라 나는 가만히 앉아 비웃는 듯 입가를 살짝 올린 채 빤히 그들을 쳐다보며 관찰이 끝나기를 기다린다. 입가에 미소가 어릴 뿐 두 눈에는 아무 표정도 없다. 감독의 눈길이 재킷 주머니 바깥으로 삐져나온 책에 꽂힌다.

"무슨 책이죠?"

한 마디 한 마디 신경 써서 내뱉는 깔끔한 중산층 말투에 발음도 정확하지만, 지방 억양이 섞여 있는 걸 단박에 알겠다. 아주 미세하지만 내 귀에는 똑똑히 들린다. 내 고향 억양과 똑같지는 않지만 그 근처다. 감독이 나를 아는 것보다 내가 감독을 더 많이 안다. 게임이 이어진다.

"헤세, 헤르만 헤세요."

내가 여권 건네듯 책장 모서리 접힌 책을 감독에게 건넨다. 그가 책 표지를 힐끗 살피며 말한다.

"여행을 참 많이 다닌 작가예요."

그러고는 책장을 넘기며 말을 잇는다.

"히말라야 산맥도 몇 년 동안 걸어서 여행했다는군요. 『싯다르타』 읽어봤어요?"

"아니요. 무슨 내용이죠?"

내가 말투에 뉴캐슬 억양이 살짝 묻어나게 한다. 감독이 금세 알아차린다. 이제 우리는 서로를 알아본다. 가짜 이름과 가짜 서류로 이국땅에 침입한 첩자들처럼 처음에는 서로를 탐색하고 경계하지만, 곧 암호로 이루어진 망명지의 언어로 이야기를 나눈다. 감독이 화답할 차례다.

"삶의 의미를 찾아 영적인 여행을 하는 두 명의 방랑자 이야기예요. 아주 신비스럽죠."

감독이 살짝 비꼬듯 이야기하는 바람에 내 얼굴에 미소가 어린다.

"고향이 뉴캐슬인가요?"

"월센드예요."

알 만한 사람에게는 이렇게 말하는 게 확실하다. 느낌이 훨씬 묵직하기 때문이다. 월센드는 고상한 것과는 거리가 먼 거친 곳이다. 나는 부모님의 가르침과 기대를 저버리고 방랑하는 나그네가 된다. 이건 감독도 마찬가지일 것이다.

감독이 네팔과 인도를 여행한 이야기를 꺼낸다. 우리는 책과 음악을 논한다. 애초에 배역이니 경력이니 하는 중요하게 결정할 문제가 없었던 것처럼 우리는 영화 얘기는 한마디도 꺼내지 않은 채 실컷 다른 얘기만 하다 악수하고 헤어진다. 우리는 게임 규칙을 지킨 것이다.

감독이 이 배역을 위해 런던 사람 절반을 만나 볼 정도로 고심하고 있다는 걸 잘 알지만, 나는 어쩐지 이 배역이 내 거라는 확신이 든다. 이튿날 피파가 전화를 해서 내가 캐스팅되었다는 사실을 알려줄 때에도 나는 별거 아니라는 듯 시큰둥하게 대답한다. 하지만 내가 자기 영역을 침범한다고 아내가 느끼는 건 아닐까 싶어서 은근히 걱정이 된다. 나는 조심스레 아내에게 이 소식을 알린다. 아내는 음악이라면 아낌없이 지원을 해주지만, 꽤 비중 있는 배역으로 연기를 하겠다고 하면 어떻게 나올지 잘 모르겠다. 피파는 아내의 친구이자 에이전트다. 광고하고는 차원이 다르다. 이건 상업 영화다. 내가 배역을 맡았다고 아내에게 말하자 아내가 함박웃음을 지으며 기뻐한다. 나도 남모르게 조용히 기쁨을 누린다.

딱 하나 걱정거리가 있다면 영화 촬영이 미국 출국 직전까지 이어진다는 것이다. 이안 코플랜드가 기획자들에게 부탁도 하고 모험심도 자극하고 해서 어렵사리 미 동부 지역까지 공연 일정을 짜놓은 상태였다. 지원해주는 음반사 하나 없이 미 순회공연에 나서는 영국 밴드의 위험 부담을 최대한 분산하겠다는 계산인 것이다. 클럽 공연 수익금은 여행 경비로 충당하면 거의 남는 게 없을 것이다. 이처럼 뉴욕으로 들어가는 황금 열쇠도, 색종이 흩뿌리며 반겨주는 환영 인파도 없지만, 노래 부를 무대가 있다는 사실에 그저 감사할 따름이다. 나중 일은 순전히 우리 손에 달렸다. 그나저나 나는 영화부터 찍어야 한다. 시간이 촉박하다.

엿가락처럼 늘어지던 무더운 여름이 물러나고 정신없이 바쁜 가을이 찾아온다. 이듬해 나는 그토록 꿈꿔온 많은 것들을 이루게 된다. 지금껏 주변부만 맴돌았다면, 이제는 블랙홀의 경계인 사상의 지평선$^{\text{event horizon}}$ 같은 거대한 소용돌이가 나를 안으로, 안으로 깊숙이 빨아들인다. 나는 두려워하지도, 회피하지도 않는다. 내가 지금껏 기다려온 것이다. 출전을 앞둔 의용군처럼 죽음을 불사한 채 불구덩이에 뛰어들고 싶으면서도 한편으론 죽도록 살고 싶다. 위험한 바람이다.

미국행이 10월 말로 확정되고, 그날에 브라이턴에서 〈콰드로피니아〉 촬영도 진행된다. 내가 맡은 배역의 이름은 에이스인데, 대사가 몇 줄 없다. 시각적으로 필요한 존재, 혹은 바라건대 상징적인 존재라서 다른 배우들과 유기적인 관계를 맺을 필요가 없기 때문이다. 한마디로 비전문

배우에게 제격인 배역이다. 나는 인상에 남을 만큼 제법 오래 나오지만, 딱 거기까지다. 거기서 더 길어졌으면 인상이고 뭐고 다 날아갔을 게 뻔하다.

싱글 《널 보낼 수 없어》와 데뷔 앨범 《아웃랜도스 다모르》 발매에 맞춰 라디오와 텔레비전 출연 일정이 빡빡하게 잡히는데 하필 그때 영화 촬영 일정까지 겹치게 된다. 그해 10월의 내 생일은 유난히 사건 많은 날로 기억된다.

아침 6시 반 브라이턴의 호텔 방에서 눈을 뜬다. 밖은 아직 어둠에 잠겨 있고, 온수는 조금 나오다 만다. 비틀거리며 바닷가로 걸어가서는 플라스틱 컵에 담긴 쓰디쓴 블랙커피를 벌컥 들이마신다. 이제야 정신이 든다. 샤크스킨상어 가죽처럼 거친 질감의 직물 양복에 이탈리아 단화를 신고 회색 가죽점퍼를 걸친다. 은백색으로 염색한 머리에 메탈릭 페인트까지 뿌린 뒤라 머리가 비현실적인 윤기를 뿜는다. 얼굴을 매만진 뒤 8시 정각에 촬영장으로 간다. 나는 저녁에 500킬로미터 떨어진 맨체스터로 가야 한다고, 그래서 시간이 촉박하다고 걱정스러운 마음을 감독에게 슬쩍 내비친다. 그날 저녁 '폴리스'가 영국에서 가장 영향력 있는 텔레비전 음악 쇼인 〈올드 그레이 휘슬 테스트Old Grey Whistle Test〉에 드디어 출연하기 때문이다.

오늘 촬영할 장면은 경쟁 관계에 있는 "모드족"과 "로커족" 사이에 패싸움이 붙고 그 속에 햄프셔 경찰관들까지 끼여서 난장판을 벌이는 장면이다.1960년대 모드족은 아담한 스쿠터에 패션과 음악으로 상징되는 말쑥한 이미지를 지향한 반면에 로커족은 가죽 재킷에 오토바이를 타는 남성적이고 거친 이미지로 차별화됐다.(십 대의 소외와 환멸을 그리는 이 영화는 사실감을 높이기 위해 60년대 두 패거리가 실제로 대판 붙었던 역사적인 장소에서 촬영을 한다.) 감독이 나에게 맥주 상자로 가게 유리창을 박살 내는 장면을 찍어야 하니까 어서 바닷가로 가서 맥주 상자 던지는 연습을 하라고 이른다. 나로 말할 것 같으면 이미 어렸을 적부터 아버지 낙농장에서 우유 상자를 이골이 나도록 던져본 사람이다. 이 배역을 위해 태어난 기분이 든다.

한 시간쯤 지나자 난장판이 제대로 벌어진다. 한쪽에서는 기마경찰들이 브라이턴 해안가의 좁다란 골목길로 난동꾼들을 내몰고, 다른 한쪽에서는 경찰견을 앞세운 경찰들이 경찰봉을 휘두르며 패거리들을 압박한다. 개들이 사나운 이를 드러낸 채 으르렁거리고, 미숙한 보조 출연자 몇몇은 현장 분위기에 휩쓸려 우왕좌왕 어쩔 줄을 모른다. 진짜 유리병과 벽돌이 머리 위로 휙휙 날아다닌다. 100명 남짓한 젊은이들이 좁은 샛길의 가게 앞으로 내몰린다. 유리창 앞쪽에 내가 기세 좋게 휘두를 맥주 상자가 놓여 있다.

서로 밀고 당기고, 좁다란 골목길에 공포가 짙게 깔린다. 진정하라는 조감독들의 외침이 확성기를 통해 악쓰듯 울려대지만, 상황은 더욱 악화될 따름이다. 도저히 통제가 안 될 것 같은 분위기다. 그래도 카메라는 계속 돌아간다. 프랭크 감독이 워털루전투의 웰링턴 장군처럼 속을 짐작할 수 없는 표정으로 높다란 철제물 위에 앉아 이 모든 광경을 차분히 내려다보고 있다.

내가 카메라 한가운데에 잡힌다. 팔을 휘두를 만큼의 공간을 확보한 뒤 유리창을 향해 상자를 힘껏 내던진다. 퍽! 유리창이 깨지면서 산산조각으로 부서진다. 여자들이 비명을 지르고, 말들이 앞발을 번쩍 치켜들고, 셰퍼드들이 사납게 짖어대고, 아수라장 속에서 난동꾼들은 도망치느라 여념이 없다. 이 모든 게 한 번에 끝난다. 감독이 "컷" 하고 외치자 배우들이 싸우던 동작을 멈춘다. 그런데도 여전히 경찰과 실랑이를 벌이는 아마추어 배우 몇몇이 눈에 띈다.

상황이 진정될 무렵 필름에서 에멀션이 흘러나와 화면에 "실금"이 생겼다며 감독이 다시 한 번 찍자고 말한다. 유리창을 새로 끼우는 데 족히 한 시간은 걸리고 보조 출연자 몇 명은 응급치료를 받아야 할 판이다. 그래서 다른 장면부터 먼저 찍는데, 내가 경찰관을 달리는 말에서 길 한복판으로 끌어내려 미친 듯이 발길질을 해대는 장면이다. 연기하는 게 재미있어 죽겠다. 사실 연기라고 해봤자 대단할 것도 없다. 토요일 밤이면 뉴캐슬의 비그시장에서 심심찮게 보았던 광경이다. 내가 또 한 번 맥주 상자를 힘껏 내던져 유리창을 박살 내자 우람한 경찰관 셋이 나를 덮치더니 질질 끌어내 닭장차에 구겨 넣는다.

어느새 4시 10분 전이다. 나는 뼛속까지 로커인 청년 둘과 깡마른 체구의 멋진 주인공 필 대니얼스 사이에 끼인 채 옴짝달싹 못하고 있다. 내가 가야 한다는 걸 감독이 빤히 알 텐데 이렇게 지연되는 걸 보면 나를 촬영장에 묶어놓으려고 무슨 꿍꿍이를 벌이는 건 아닐까 하는 생각이 든다. 다른 일로 더 이상 지체되지 않기를, 재촬영이 없기를 간절히 기도할 따름이다. 시간이 없다. 나를 개트윅공항으로 실어 나르기 위해 음반사 차가 저쪽에서 대기하고 있다. 오늘 촬영 일정으로 보면 아직 두 장면이나 남아 있다. 사위가 어두워져서 감독이 패싸움 장면을 내일 아침에 다시 찍자고 하면 모를까, 방송국에 시간 맞춰 가기는 다 틀린 것 같다.

공항으로 달리는 차 안에서 옷을 갈아입는다. 티브이 출연은 일생일대의 기회다. 절대 비행기를 놓쳐선 안 된다. 빗방울이 후드득후드득 떨어진다. 길이 꽉 막힌다. 거기다 운전기사는 공항까지 기름이 충분할지 모르겠다는 속 터지는 소리를 해댄다. 내가 뒷좌석에 몸을 푹 파묻고 혼자서 애간장을 졸인다. 차들은 엉금엉금 기어가고, 빗방울은 앞 유리창을 우두둑 내리친다. 간신히 공항에 도착한 뒤 미친 사람처럼 인파를 헤치며 제일 마지막으로 비행기에 올라탄다. 이윽고 비행기가 빗속을 뚫고 창공으로 이륙한다.

맨체스터에 도착한 뒤에도 비는 여전히 추적추적 내린다. 공항 밖에서 대기하던 차가 나를 태우고 방송국으로 내달린다. 나는 스튜디오로 들어서자마자 음향부터 점검한다. 오늘 밤 공연은 라이브다. 무조건 잘해야 한다. 방송까지 한 시간 남았다. 내가 별세계에서 온 듯한 외모를 손볼 요량으로 분장실에 들어가 은색 메탈릭 스프레이가 있는지 묻는다. 분장사가 선반에서 스프레이 통을 하나 꺼내 내게 건네며 묻는다.

"제가 해드릴까요?"

"아니요, 됐습니다. 제가 할게요."

스프레이를 받아 한 뼘 남짓 거리를 두고 머리 위에서 버튼을 누른다. 아무것도 나오지 않는다. 다시 한 번 버튼을 누른다. 여전히 아무것도 나오지 않는다. 통을 흔들어본다. 꽉 차 있는 게 분명하다. 한 번 더 누른다. 역시 마찬가지다. 주둥이에 바짝 눈을 들이대고 요리조리 살피다가 그렇게 주둥이를 눈앞에 바짝 붙인 채 버튼을 누른다. 우리 엄마는 내가 이렇게 바보인 줄 알고 키웠을까? 그 순간 메탈릭 스프레이가 멀겋게 뜬 두 눈으로 쫙 분사된다. 예리한 칼날이 눈알을 후벼 파는 듯하다. 나는 『리어 왕』 무대에서 막 내려온 은발의 글로스터 백작처럼 으악 비명을 지른다.¹ ¹글로스터 백작은 몰래 리어 왕을 보살폈다는 이유로 리어 왕의 둘째 사위인 콘월 공작에게 두 눈을 뽑히고 만다.

안과가 BBC 스튜디오 바로 옆 건물에 있는 게 다행이라면 다행이다. 의사가 눈에 마취제를 뿌리며 화학 화상을 입었다고 밝은 목소리로 알려준다. 스튜어트가 선글라스를 빌려주는데 내 얼굴에는 터무니없이 크다. 그렇다고 시뻘건 피눈물이 뚝뚝 떨어지는 듯한 눈으로 방송에 나갈 수도 없는 노릇이다. 거울을 보니 좀비가 따로 없다.

  방송에 10분 남짓 나가는데, 지금껏 내 인생에서 이렇게 길게 느껴진 십 분도 없다. 커다란 선글라스는 콧등에서 자꾸 흘러내리지, 두 손으로는 베이스 쳐야지, 또 노래까지 불러야지, 이렇게 난감할 수가 없다. 선글라스가 바닥에 떨어지는 걸 막기 위해서 나는 하는 수 없이 틱 장애가 있는 사람처럼 연신 코를 찡긋거리며 고개를 뒤로 젖힌다. 얼마 뒤 주위 사람들이 엘비스 프레슬리가 입을 비쭉거리고 비틀스가 후렴구 사이에 머리를 흔드는 것처럼 이것도 무대 행동인 줄 알았다면서 그다음 날 따라 하기 좋아하는 아이들이 안면 근육 장애를 가진 정신병 환자처럼 큼지막한 선글라스를 끼고 코를 찡긋거리면서 고개를 까닥이는 걸 심심찮게 보았다는 웃지 못할 이야기를 들려주었다.

  방송이 끝나고 나는 빅토리아까지 침대차를 타고 간 뒤 브라이턴으로 차를 몰아 이튿날 오전 7시 촬영장에 늦지 않게 도착한다. 천만다행으로 그날 촬영은 모조리 롱 쇼트라서 〈노스페라투〉Nosferatu, 1922년 독일의 거장 프리드리히 빌헬름 무르나우 감독이 연출한 최초의 장편 드라큘라 영화에 나오는 드라큘라 눈처럼 시뻘건 눈이 그나마 하루 휴식을 취한다. 보조 출연자들이 나를 쳐다보며 연신 코를 찡긋거린다. 유명해지는 게 좋은 건지 잘 모르겠지만, 텔레비전 출연이 밴드를 미지의 세계로 안내한 건 분명해 보인다. 여기저기서 사람들이 우리를 알아보는 것이다. 우리를 대하는 태도도 예전과 확연히 다르고, 어디를 가나 일순간 분위기가 바뀐다. 딱히 환대하는 것도, 적대하는 것도 아니지만 여하튼 다르다. 얼마 후 나는 이렇게 바뀐 세상 사람들의 인식을 눈이나 귀처럼 내 몸의 일부로 받아들이게 된다. 왜곡된 시각으로 내가 세상을 보고, 세상이 나를 보는 것이다. 그 어떤 것도 이것을 제거할 수는 없다.

엄마가 앨런과 도저히 생계를 꾸릴 수 없었는지 여동생을 데리고 집으로 돌아온다. 사랑의 도피를 포기하고 각자 자신의 집으로 돌아간 것이다. 엄마가 얼마나 큰 굴욕감을 맛보았을지 감히 상상할 수조차 없지만, 여동생의 진술을 종합해보면 집 앞에 당도했을 때 잔뜩 기가 죽어서 불쌍하게 애원하는 사람의 모습은 절대 아니었다는 것이다. 과연 우리 엄마다. 정작 속으로는 어떤 기분이었을지 모를 일이지만, 그렇게 처량한 몰골로 나타나는 것은 자존심이 허락하지 않았을 것이다. 엄마의 재입성은 극적이고, 통렬하고, 감탄사가 절로 나올 만큼 당당해서 아버지와 남동생은 믿기지 않는다는 표정으로 그저 입만 떡 벌린 채 옆에 서 있었을 것이다. 하도 기가 막혀서 환영의 말도 불평의 말도 나오지 않았을 게 분명하다. 엄마는 예식장 가듯 당신이 가진 제일 좋은 외투를 걸치고 기세등등하게 집 안으로 들어서서 부엌문을 활짝 젖히고는 당신이 집을 비운 지난 여섯 달 동안 관 덮개처럼 집 안 구석구석에 내려앉은 먼지와 새카만 더께를 보고 분노의 비명을 지른다. 그리고 나서 모자와 외투도 벗지 않은 채 위에서부터 아래까지 때를 깨끗이 벗겨내기 시작한다. 이만하면 됐다고 당신 스스로 만족할 때까지 청소는 계속된다. 격분하는 엄마는 장엄하고 영웅적이다. 여동생에게 이 이야기를 들었을 때 나는 엄마를 다시 사랑하지 않을 수 없었다. 에디 코크런의 영원불멸할 노랫말처럼 엄마는 정말 "특별한 존재"였다.

맨해튼의 달이 잘 익은 치즈처럼 밤하늘에 휘영청 떠 있다. 나는 마일스와 앤디, 스튜어트가 공항으로 보내준, 앞이 아득하게 보이지 않을 만큼 기다란 리무진에 앉아 있다. 이제껏 이렇게 기다란 차를 본 적이 없다.

처음에는 꿈인가 생시인가 했는데, 철근 골조가 위압적인 59번가 다리를 건너면서 생시인 듯 조금씩 실감이 나기 시작한다. 이스트 강이 달빛을 받아 반짝거리고, 강 너머 저만치 전설의 도시가 희뿌옇게 보인다. 뉴욕. 내가 첫눈에 사랑에 빠진 도시, 언제나 나를 취하게 만드는 도시, 무한한 상상의 도시, 아뜩한 현기를 느끼게 하는 꿈의 도시, 저속한 문화로 전설이 된 도시, 신분 상승의 드라마가 완성되는 도시. 나는 지금 사랑에 취한다. 리무진이 물웅덩이가 군데군데 괴어 있는 도로를 덜컹거리며 지나가고, 길가 아래 프로메테우스처럼 위험천만한 지하 세계는 맨홀 뚜껑 위로 허연 수증기를 뿜어낸다. 싸구려 바워리 가(싸구려 술집과 여관이 몰려 있는 뉴욕의 거리)도 나를 전율하게 한다.

'벨벳 언더그라운드'와 '텔레비전'과 '토킹 헤즈'를 배출한 그 유명한 뉴욕의 클럽 '시비지비스'도 밖에서 보니 시골 장터에 서는 싸구려 서커스와 별반 다를 게 없다. 금요일 밤, 한껏 멋을 부린 한량들이 입구에서 어슬렁거리다 길가에 멈춰서는 리무진을 무심한 표정으로 바라본다. 내가 한 손에 기타 케이스를 들고 입구에 가서 이름을 밝히자, 마스카라를 덕지덕지 바르고 어깨에 무거운 삶을 짊어진 듯한 무표정한 여자가 어두컴컴한 클럽 안으로 나를 안내한다. 클럽은 길고 좁다랗다. 객석은 3분의 1 정도 찼다. 음반사 사람 몇몇도 보인다. 그런데 홍보팀의 한 직원이 시간 낭비다, 우리를 지원해줄 음반사는 없을 거다, 멤버를 다 데리고 와서 공연해봤자 소용없는 일이라고 마일스에게 일찌감치 김새는 소리를 했다고 한다. 그러자 마일스가 음반사 지원 같은 건 필요 없다고 한마디로 일축해버렸다는 것이다. 이리하여 우리의 기백과 자립심에 흥미가 동한 몇몇 음반사 관계자들과 클럽에 허구한 날 나타나는 단골손님들이 객석에 앉아 우리 공연을 관람하게 된다. 우리는 레이커항공사에 1인당 60파운드씩 치르고 대서양을 건너온 용감한 밴드가 아니던가.

다른 멤버들은 하루나 이틀 먼저 뉴욕에 도착했다. 모두들 흥분에 들떠 있다. 나는 시차로 지치고 몽롱하지만, 신천지에 취해 공중에 붕 뜬 기분이다. 그날 밤 나는 음악에 푹 빠진 나머지 유체이탈 같은 체험을 하게 된다. 밴시가족의 죽음을 울음으로 예고한다는 아일랜드 민화에 나오는 여자 유령처럼 비명을 내지르다 어느 결에 유령처럼 무대 위에 매달려 있는 나 자신을 발견한다. 다른 멤버들 역시 그 나름으로 열정적인 무대를 꾸린 탓에 그곳에 있던 사람들 모두 우리가 괜히 온 게 아니라는 생각을 갖게 된다. 공연이 두 시간 동안 이어진다. 잠깐 짬이 나자 나는 간단히 요기를 하기 위해 밖으로 나온다. 클럽 바로 옆에 밤새 문을 여는 '피비스' 식당이 있다. 올빼미 형 손님 한둘만 눈에 띌 뿐 식당은 텅 비어 있다. 메뉴판을 쓱 훑어보자 수중에 있는 돈으로 샐러드와 커피 한 잔은 살 수 있겠다는 계산이 선다. 잠시 뒤 종업원이 산더미처럼 쌓인 샐러드를 내오는 걸 보고 내가 화들 짝 놀란다. 혹시 나중에 계산할 때 창피당할까 싶어서 가족용 샐러드를 시키지 않았다고 말하자 종업원이 미국인 혼자서 먹는 "요리사 추천" 샐러드라고 알려준다. 뜨거운 커피 한 잔에 피로가 싹 가시는 듯하다. 나는 와이드 스크린으로 뮤지컬을 보는 사람처럼 황홀한 시선으로 거리를 바라본다. 노란 택시는 콜 포터의 노래처럼 신화 속에서 방금 나온 듯하고, 스카이라인은 조지 거슈윈의 〈랩소디 인 블루〉의 클라리넷 선율처럼 하늘 높이 솟아 있고, 듀크 엘링턴의 지하철 엘링턴의 대표곡으로 〈A 열차를 타세요〉가 있다은 땅 밑을 덜컹거리며 브루클린과 코니아일랜드를 오간다.

여자 종업원이 다가와 찻잔에 커피를 채우려고 하자, 내가 당황한 나머지 얼굴이 새빨개져서 커피 두 잔 마실 형편이 안 된다고 사양한다. 그러자 종업원이 나를 이상한 눈초리로 쳐다본다.

"손님, 어디에서 오셨는지 모르겠지만, 여기 미국은요, 두 번째 잔이 항상 공짜예요."

갓 따른 뜨거운 커피가 목구멍을 타고 오장육부를 데우는 동안 머릿속에 수천수만 곡의 악상이 떠오른다. 나는 감사한 마음에 나지막한 목소리로 중얼거린다.

"미국에 신의 가호가 있기를……. 이곳이 필시 천국일 겁니다."

월요일 밤에는 포킵시의 소극장에서 공연을 갖는다. 오래되어서 낡았지만 아름다운 건물이다. 무대에 오르니 관객이 딱 여섯 명뿐이다. 움막보다 더 을씨년스러운 객석에 군데군데 앉아 있던 관객들도 우리 못지않게 당혹스런 표정을 짓는다. 나는 필요 이상으로 인기를 가장하고 싶은 생각이 없어서 모두들 무대 앞으로 내려와서 앉으라고 말한다. 그러자 여섯 명이 순순히 자리에서 일어나 무대 쪽으로 내려오더니 제일 앞줄에 나란히 앉는다. 나는 일일이 이름을 물은 뒤 서로 통성명을 하게 한 뒤 스튜어트와 앤디와도 인사를 나누게 한다. 이제 제4의 벽연극에서 객석을 향한 가상의 벽도 무너졌으니 우리가 할 수 있는 최고의 무대를 선사하면 그만이다. 우리는 이 황당한 상황과 당혹스런 표정을 짓는 관중에게 오히려 자극을 받아서 앙코르곡을 끝없이 연주한다. 체념과 환희가 묘하게 교차된다. 공연이 끝나고 여섯 명 모두 무대 뒤로 인사를 하러 온다. 나중에 안 일이지만, 그들 중 셋이 디제이다. 그 덕분에 그다음 날 〈록산〉은 지역 라디오 전파를 타고 미국에서 화려한 신고식을 치르게 된다.

그 후로 몇 달 동안 우리는 동부 해안을 따라 몬트리올에서 마이애미까지, 서부 해안을 따라 밴쿠버에서 샌디에이고까지 수많은 싸구려 극장을 돈다. 밤새 잠 못 이루고 수천 킬로미터를 달려가 고단한 몸으로 무거운 장비를 내리고 다시 싣기를 반복하지만, 우리는 여섯 명 앞에서든 육백 명 앞에서든 언제나 한결같은 열정으로 연주한다. 그렇게 공연을 마치자마자 다른 도시로 넘어가고 장터를 옮겨 다니면서 조금씩 우리의 영토를 넓혀간다. 공연 기획자와 클럽 사장들이 처음에는 큰 손해를 보지만, 한결같이 우리를 다시 초청해 종국에는 신뢰에 대한 막대한 보상을 받게 된다.

'폴리스'의 영원한 유산은 노래다. 하지만 우리가 큰 성공을 거둘 수 있었던 데에는 노래 말고도 또 다른 이유가 있다. 어떤 무대든 가리지 않고, 아무리 멀어도 한달음에 달려가고, 침대만 있으면 어디서든 자고, 100퍼센트를 주는 대신에 결코 투덜대지 않는 우리의 잡초 근성이 바로 그것이다. 보잘것없는 존재로 시작했지만, 용맹한 전사로 거듭난 뒤에는 그 어떤 것도 우리를 막을 수 없었다.

몇 년 후 '폴리스'는 마일스의 지휘 아래 전 세계에서 가장 성공한 밴드 가운데 하나로 우뚝 서게 된다. 내가 어두침침한 지하방에서 썼던 노래들은 수많은 사람들의 사랑을 받게 되고, 앨범은 내놓는 대로 각국에서 플래티넘100만 장 이상 팔린 앨범 기록을 세우게 된다. 우리는 쉼 없이 세계 곳곳을 누비며 대형 경기장에서 공연을 펼치고, 그때마다 야단스러운 홍보와 소동을 통해 명성은 더욱 견고해진다. 이처럼 그 누구도 우리를 넘볼 수 없을 만큼 정상에 오른 순간 우리는 밴드를 해체한다. 당연히 수많은 사람들이 경악을 금치 못한다. 하지만 나는 침착하다. 이미 나는 그 전부터 더 큰 자유를 원했던 터라 밴드 바깥에서 내 미래를 똑똑히 본 것이다. 스튜어트와 앤디 같은 훌륭한 음악가를 두 번 다시 만날 수 없겠지만, 3인조 밴드라는 한계에 얽매이지 않고 나만의 음악을 하고 싶었다. 허울뿐인 밴드의 민주주의를 지키겠다고 음악에 대한 내 가치 기준을 더 이상 타협하고 싶지 않았다. 한 음악 평론가는 스튜어트와 앤디가 나를 덜 필요로 하고, 내가 그들을 더 필요로 했더라면 '폴리스'가 해체되는 일은 없었을 거라고 말했다. 문제를 지나치게 단순화한 발언이지만, 일견 맞는 부분도 있다. 나는 또 한 번 도피를 꿈꾸었다. 사람 사는 이치와 상식을 거스른다 해도 나는 또다시 내 본능을 좇아 미지의 세계로 발을 내디뎠다.

  이 광란의 시기 동안 상처를 입은 것은 밴드만이 아니다. 프랜시스와의 결혼 생활이 파국을 맞이한 것이다. 우연히도 '폴리스'의 종말은 가족의 종말과 함께 찾아온다.

15

9년이 흐른다. 프랜시스가 둘째 케이트를 낳은 지 얼마 안 돼 아내와 나는 결국 갈라선다. 모두에게 지옥 같은 시간이 이어진다. 처음부터 뜨겁게 사랑한 트루디와 나는 딸 미키와 아들 제이크를 낳는다. 그사이 나는 유명해지고 상상도 못할 만큼 큰돈을 번다. '폴리스'는 1983년 해체된다. 내가 이 시기 동안 그나마 제정신을 유지할 수 있었던 것은 사도 바울처럼 어느 날 불현듯 섬광 같은 계시를 받아서라기보다는_{유대교 신자였던 사도 바울은 다마스쿠스로 가던 도중 하늘에서 쏟아지는 섬광에 눈이 멀고 쓰러진 뒤 신의 목소리를 듣고 그리스도교로 개종한다} 한결같은 마음으로 나를 사랑하고 믿어준 트루디가 옆에 있었기 때문이다. 그녀는 내 가슴 밑바닥에 아직도 빨간 불씨가 남아 있어서 불을 댕기면 다시 활활 타오를 수 있다고 믿은 것이다. 이렇게 나는 그녀 덕분에 세상에서 거둔 화려한 성공보다 쓰라린 삶의 실패에서 더 많은 것을 배우게 된다. 감사하기 그지없는 일이다.

엄마도 결국 아버지와 헤어진 뒤 아버지 집에서 2킬로미터도 떨어지지 않은 곳에서 당신이 30년 동안 사랑한 남자, 앨런과 함께 산다. 아버지는 혼자 산다.

엄마는 병원에서 간호조무사로 일하면서도 마음속에 비밀을 묻고 사는 데 워낙 익숙한 터라 가슴속에서 커다란 암세포가 자라고 있는 걸 전혀 눈치채지 못한다. 엄마의 슬픔을 먹고 자라는 기형아처럼 암 덩어리는 조용히, 조용히 자란다. 엄마가 어딘가 이상하다는 걸 당신 자신과 다른 사람들에게 인정했을 때에는 이미 림프 전이까지 일어난 뒤라 더 이상 어떻게 손써볼 수가 없었다.

내가 트루디와 네 아이를 데리고 엄마에게 작별 인사를 하기 위해 런던에서 기차를 타고 엄마 집으로 향한다. 자그마한 집의 자그마한 식탁에 앨런과 함께 앉는다. 이 집에서 엄마를 보는 게 처음이자 마지막일 것이다.

엄마가 방 모퉁이 창가에 앉아 있다. 안락의자 옆에서 산소통이 사납게 돌아간다. 얼마 안 남은 생명을 유지하기 위해 항암제와 스테로이드 약물을 쉼 없이 투여한 탓에 얼굴이며 몸이 퉁퉁 부어 있다. 엄마는 쉰셋이다. 엄마도 당신이 죽어가고 있다는 걸 알지만, 유머 감각은 여전해서 이제 방사능에 면역도 되었겠니, 딱히 할 일도 없으니 체르노빌로 가서 청소나 도와야겠다고 실없는 농담을 한다. 그러고는 작게 소리 내어 웃는데 그마저도 힘들었는지 끊어질 듯 밭은 숨을 몰아쉰다. 엄마가 숨을 깊이 들이마시며 호흡을 진정시키려고 안간힘을 쓴다.

아이들도 걱정스러운 표정을 짓는다. 이내 엄마가 평정을 되찾고는 산소마스크 뒤에서 활짝 웃어 보인다. 산소마스크 고무줄이 반백의 머리 뒤로 씌워져 있다. 엄마의 눈에 물기가 어려 반짝거린다. 여전히 아름답다. 엄마는 당신의 운명을 받아들였을까? 아니면 이 잔혹한 현실 앞에서 우리가 두려움에 떨까 봐 짐짓 담담한 척하며 연기하는 것일까? 엄마는 저 깊은 바다에 빠져 허우적대는데 우리들 중 그 누구도 엄마에게 손을 뻗을 수 없다. 그런데도 엄마는 우리에게 괜찮다고 말한다. 엄마의 모성애는 완전무결하다. 첫째와 채 다섯 살이 안 되는 꼬맹이 셋이 그제야 안심이 된다는 듯이 할머니 발치에서 놀기 시작한다.

앨런을 본 지 30년 만이다. 그는 그 긴긴 시간 살과 피를 가진 존재가 아닌 그림자로 우리 옆에 존재해왔다. 단 한 번도 입에 올린 적 없고, 단 한 번도 인정한 적 없고, 단 한 번도 생명을 부여한 적 없지만 유령처럼 우리 집을 유유히 떠다녔던 것이다. 엄마의 투병에 짓눌려 그도 한없이 나약하고 작아 보이지만, 여전히 잘생겼다. 그 순간 나는 앨런이 외할아버지와 많이 닮았다는 사실을 깨닫고 깜짝 놀란다. 이곳에 유령이 참 많다. 그림자의 그림자의 그림자들이 넘쳐난다. 차마 말로 표현하지 못하고 지나간 일들이 가슴 아프다. 이렇게 한자리에 모였지만 과거를 이야기할 시간도 없고 과거를 표현할 마땅한 말도 없다. 따듯한 밥 한 끼면 충분하다. 우리는 교구 미사처럼 편안한 분위기 속에서 조용히 음식을 나른다. 최후의 만찬이다.

식사를 마치고 앨런이 설거지를 하고 나는 접시를 닦아 식기 건조대에 하나씩 차곡차곡 쌓는다. 아이들에 둘러싸인 엄마가 방 모퉁이에서 우리를 지켜본다. 깨끗이 부신 그릇을 넘겨주면 넘겨받고, 말이 필요 없다. 뒤늦은 화해와 용서를 의미하는 일종의 상징적인 행위가 아닐까 싶다. 서로를 받아들이는 가족이 일상에서 보이는 몸짓인 것이다. 이런 무언의 행동이 어떤 말보다 울림이 크다는 사실에 마음이 놓인다. 이제는 엄마를 이해한다. 엄마가 가족을 위해 무엇을 희생했는지 이제는 안다. 나는 더 이상 엄마의 심판관도, 아버지의 무서운 대변인도 아니다. 이게 엄마의 마지막 모습일 것이다.

"엄마, 사랑해요. 언제나 사랑했어요."

엄마가 눈물을 흘리며 환하게 웃는다. 미소 띤 내 얼굴에도 눈물이 흐른다. 아이들이 할머니 뺨에 입을 맞춘다. 그리고 안녕.

엄마의 장례식이 끝나고 몇 달 뒤 아버지도 쉰아홉에 영면한다. 아버지가 죽는 그날까지 엄마를 사랑했다고 나는 믿는다. 엄마의 죽음은 아버지의 죽음을 알리는 전조였던 것이다.

아버지는 지난 1년 동안 입원과 퇴원을 반복하며 힘든 시간을 보냈다. 전립선을 갉아먹은 암세포가 이미 신장에까지 퍼진 뒤였다. 암 권위자, 외과의, 방사선, 화학 요법, 안 해본 것 없이 다 해보았지만 백약이 무효였다. 마지막 며칠을 위해 호스피스에 입원한 상태다.

내가 병실로 안내된다. 문을 열고 들어서자 십자가가 벽 쪽에 걸려 있고 그 아래 침대 하나가 놓여 있다. 몇 달 사이에 몰라보게 여위었다. 순간 병실을 잘못 들어온 게 아닐까 싶어 주춤하지만, 해골의 몰골로 굶주린 아이처럼 퀭한 시선을 던지는 저 사내는 분명 내 아버지가 맞다. 나를 병실로 데려다준 간호사가 의자 하나를 침대 옆에 조용히 내려놓으며 입을 연다.

"어르신, 유명한 아드님 오셨어요."

"아, 그래?"

나는 애써 침착함을 가장한다. 겁먹은 아이처럼 병실에서 도망치고 싶다.

"아버지, 좀 어떠세요?"

"그럼 하실 말씀 많을 테니 저는 그만 나가볼게요. 말씀들 나누세요."

간호사가 병실에서 나간다. 무슨 말을 해야 할지 모르겠다. 그저 아버지 손을 꼭 잡고 엄지와 검지 사이를 살살 주무른다. 어렸을 때 잡아보고 처음이다. 솥뚜껑같이 크고 두꺼운 손은 손가락 마디가 굵고 억세며 주름살이 굵게 패어 있다. 예술가 손처럼 곱고 섬세하지는 않지만, 어떤 우아함 같은 게 서려 있다. 죽음을 목전에 둔 말간 손이 아름답다. 정직한 노동자의 손이다.

"어디서 오는 길이냐?"

"어젯밤 미국에서 돌아왔어요."

아버지가 빙긋이 웃는다.

"몰골이 이런 아비를 보러 먼 길을 왔구나."

"한 달 전에는 좀 괜찮다고 하셨잖아요."

아버지가 힘없이 고개를 젓는다.

"네 엄마 그렇게 가고 나도 영 맥을 못 추겠더구나."

큰 용기를 내서 하신 말씀이라는 걸 잘 알기에 내가 잠자코 듣기만 한다. 반대편 손을 잡아 주무르자 아버지가 움찔 놀라는 기색이다. 얼마나 고통스러울지 상상조차 할 수 없다. 모르핀 주사가 필요할 듯싶다. 아버지가 백 살 노인처럼 한없이 늙어 보인다.

아버지 눈을 들여다보던 시선을 십자가로 옮겼다가 다시 내 손에 잡혀 있는 아버지의 두 손을 내려다본다. 바로 그 순간 찌릿, 전기 같은 게 온몸을 관통한다. 색깔만 빼면 내 손이 아버지 손과 똑같이 생겼기 때문이다. 넓찍한 손바닥, 그 위에 똑같은 모양으로 잡힌 손금, 코끼리 무릎처럼 주름이 깊게 팬 억센 손가락 마디, 손목에서부터 굵은 손가락까지 뻗은 심줄 디빌. 나는 아버지의 손을 이리저리 뒤집으며 한참 내려다본다. 내 손하고 이렇게 똑같은데 어째서 지금껏 몰랐을까?

"아버지, 아버지 손하고 제 손이 똑같이 생겼어요. 보세요."

나는 다시 아버지의 관심을 받고 싶어 하는 아이가 된다. 아버지가 당신 손과 내 손을 번갈아 쳐다본다.

"정말 그렇구나. 하지만 네가 나보다 손을 훨씬 더 잘 썼지."

정적이 감돈다. 울음이 목울대까지 차오르면서 숨이 컥 막힌다. 아버지가 이렇게 칭찬해준 적이 언제던가, 나와 내 일을 인정해준 적이 언제던가, 나의 성공과 희생을 알아준 적이 언제던가, 지난날이 파노라마처럼 뇌리에 펼쳐진다. 아버지는 한 마디 한 마디에 치명적인 힘이 실리는 이 마지막 순간을 기다려온 모양이다.

잠깐 나눈 대화로 힘이 다 빠진 듯 아버지가 지그시 눈을 감는다. 어느새 밖이 어두워졌다. 내가 아버지 이마에 가만히 입을 맞추고 속삭인다. 아버지는 좋은 분이셨다고, 아버지를 사랑한다고.

나는 부모님 장례식에 참석하지 않는다. 타블로이드 신문이 두 분 가시는 길마저 추악한 서커스로 만들까 싶어서 불안했다, 나의 슬픔은 온전히 사적인 영역이지 사진 찍힐 일이 아니다, 두 분이 살아 숨 쉴 적에 이미 작별 인사를 나누었다, 관 위에 흙 한 줌 뿌린다고 달라질 건 없다고 나 자신과 가까운 친구들에게 변명하듯 말하곤 했다. 일견 맞는 이야기지만, 사실 나는 두려웠다. 부모님 살아생전에 집에서 도망친 것처럼 할 일이 태산이라는 핑계를 대며 도망친 것이다. 꿈이 있던 자리에 이제는 막중한 책임감이 들어섰다. 줄줄이 잡힌 공연 계약을 깰 수는 없다, 육십 명도 넘는 직원을 다 쉬게 할 수는 없다, 이렇게 온갖 이유를 갖다 붙이며 장례식에 가지 않은 것이다. 공연 몇 개 취소하고 직원들을 일주일 남짓 쉬게 하는 게 그렇게 어려웠을까? 분명히 아니었을 것이다. 단지 내가 그렇게 하고 싶지 않았을 뿐이다. 도망치고 앞으로 나아가고, 또 도망치고 앞으로 나아가고, 이제 이런 삶이 나의 일부가 되었다. 나는 일과 여행에 중독된 사람이다. 숨을 오래 참을 수 없듯 나는 한자리에 오래 머무를 수 없다. 장례식에 참석한다는 생각만으로도 숨통이 조여오는 것 같았다. 숨이 턱 막히는 기분이었다. 그래서 나는 장례식 생각은 머릿속에서 싹 지우고 공연에만 몰두했다. 그렇게 나는 또 앞으로 나아갔다.

하지만 대가가 녹록지 않았다. 부모님의 죽음을 충분히 애도하지 못한 만큼 슬픔이 늘 마음 한편에 내재해 있었다. 북받치는 슬픔을 감당하지 못할까 봐, 지금껏 조심스레 쌓아온 나만의 성이 와르르 무너져 텅 빈 허무가 드러날까 봐, 나는 울지 않았고, 나 자신에게조차 감정을 내보이지 않았다. 1987년 11월 리우데자네이루에서 내 인생 최대의 공연을 앞두고 있을 때 나는 이렇게 겉으로는 무적함대처럼 거칠 것 없는 기세였지만 안으로는 전신이 허물어지는 것 같은 허탈감에 빠져 있었다. 나 자신을 다시 추스르는 데에는 그 후로도 오랜 세월이 걸렸다.

에필로그

부모님이 돌아가시고 3년 뒤 나는 트루디와 함께 월트셔의 한적한 시골 마을에 있는 '레이크 하우스'로 이사를 간다. 기네비어 왕비가 질투심에 사로잡힌 아서 왕에게 추방당해 몸을 피했다는 수도원이 1킬로미터 남짓 떨어진 곳에 있다. 16세기에 7만 평이 넘는 대지와 낙엽수림에 지은 저택이다. 에이번 강이 집의 동쪽을 휘감아 굽이친 뒤 웅숭깊은 계곡을 지나 남쪽 바다로 유유히 흘러가고, 창문은 수풀 우거진 강기슭을 바라보고 있다. 아뜩하게 솟은 350년생 아름드리 너도밤나무 한 그루가 장엄한 숲의 신처럼 무성한 가지를 지붕 위로 길게 늘어뜨리고 있다.

이 집을 지은 사람은 제임스 2세 시대에 양모 장사로 큰돈을 번 조지 공작이다. 영국 내전이 발발하자 공작은 왕당파에 가담해 의회파와 맞서지만, 전쟁에서 의회파가 승리를 거두자 집을 포함한 모든 재산을 몰수당한다. 크롬웰이 호민관의 자리에 오르자 가족 모두 서인도제도로 끌려가 비참한 노예 생활을 하지만, 찰스 2세가 왕으로 추대되며 왕정 시대로 돌아가자 신분도 재산도 되찾게 된다. 공작 가문은 대대로 19세기 말까지 '레이크 하우스'에서 살았다.

집의 정면은 궁전처럼 엄엄하다. 흑백의 격자무늬 같은 돌벽에 박공지붕 다섯 개가 뾰족 솟아 있고, 현관 양옆 1층과 2층에는 내닫이창이 나 있으며 꼭대기는 총안銃眼이 있는 성벽처럼 꾸며놓았다. 집은 어둡고 음산하고 외풍이 세다. 컴컴한 복도를 지나 삐걱거리는 계단을 밟고 올라가다 보면 햇빛 잘 들지 않는 침침한 방이 집 안 곳곳에 박혀 있다. 외관은 으리으리한데 실내는 미로처럼 얽히고설킨 게 마치 정신분열증 환자가 지은 집 같다. 내가 이 집에서 편안함을 느낀 건 당연한 일이다.

꿈꾸듯 강물 위에 떠 있는 오필리아를 그린 라파엘전파의 그림처럼 라파엘 이전의 르네상스 예술을 지향한 라파엘전파 화가들은 셰익스피어 작품에서 많은 영감을 얻었는데 그중에서도 『햄릿』의 비극적인 여주인공 오필리아를 자주 그렸다 갈대가 강물 위로 그 긴 목을 내밀고 스적스적하고, 금빛 송어 떼가 무리지어 갈대 사이를 헤엄쳐 다닌다. 강둑을 따라 걷다 보면 마로니에 숲 주위로 너른 초원이 나오고, 그 뒤로 태고의 신비를 간직한 울창한 삼림이 가파르게 펼쳐진다. 젖소 몇 마리가 한가로이 풀을 뜯는 초원에는 왠지 모르게 방치된 땅처럼 우울한 기운이 감돈다. 제 집 한 칸 처음 마련한 사람들처럼 트루디와 내가 "우리 집 경계를 확인하러" 다닐 때에도 이곳으로는 발길이 내키지 않는다.

이렇게 드넓은 터를 산책하던 어느 날 아침 트루디가 느닷없이 좋은 수가 떠올랐다고 말한다. 호수를 파자는 것이다. 호수가 생기면 풀밭이 한결 밝아질 거라며 송어를 가득 풀면 좋겠다고 들뜬 목소리로 말한다. 호수도 없으면서 무슨 '레이크 하우스'냐는 말도 덧붙인다. 내가 '레이크'는 원래 앵글로색슨어로 한곳에 가둔 물이 아닌 '흐르는 물'을 뜻하는 말이다, 그런 의미에서 보면 우리도 레이크가 있는 거라고 조목조목 설명하지만 아무 소용이 없다.

사실 내가 이 제안에 반대하는 진짜 이유는 호수를 파면 이런저런 문제로 시끄러워질 게 자명하기 때문이다. 흙을 산더미처럼 파내고 물을 채우고, 또 그 흙을 처분할 곳을 찾아야 하고 신경 쓸 게 한두 가지가 아니다. 더욱이 선사시대 무덤과 유물이 도처에 있을, 고고학적으로 가치가 있는 이런 곳을 파헤치려면 허가 받는 일도 만만찮을 것이다. 관료주의를 대해야 한다는 생각만으로도 등골이 오싹해진다. 하지만 트루디가 고분고분 물러설 사람도 아닌 데다 지금껏 그녀 말을 들으면 자다가도 떡이 생긴다는 사실을 이미 경험으로 터득한 터였다. 여하튼 그녀는 전혀 포기할 기미가 아니다.

그러나 예상했던 대로 법적으로나 고고학적으로나 문제가 여간 복잡한 게 아니다. 반대 여론이 크게 일어나는데, 일견 정당한 의견도 있지만 개중에는 말도 안 되는 소리도 많았다. 호수를 만들려고 하는 이 풀밭에는 수백 년 동안 나무 한 그루 자라지 않았는데도 한 전국지는 우리가 호수 때문에 숲을 난도질한다고 비난하기도 했다. 노는 땅에 조심스레 호수 하나 파겠다는 건데, 우리가 성당 경내에 기타 모양의 수영장을 만든다고 악의적으로 보도한 기사도 있었다.

반대 여론이 어느 정도 가라앉고, 1995년 여름 1800평의 호수를 만들어도 좋다는 허가가 마침내 떨어진다. 만일의 경우를 대비해 고고학자 한 명이 공사 현장에 상주해야 한다는 조건이 붙는데, 우리는 흔쾌히 이 조건을 받아들인다.

그날 밤 나는 악몽을 꾸다 소스라치게 놀라 침대에서 벌떡 일어나 앉는다. 꿈에서 트루디와 내가 통통 불은 허연 시체를 호수에서 건져내 부들 옆에 내려놓고 있었다. 몸서리쳐지게 섬뜩한 꿈이다. 몇 년 전 카를 융의 심리학에 스쳐 지나가듯 관심을 가진 적이 있는데, 꿈 해석에 그다지 매력을 느끼지는 못했다. 꿈의 존재와 의미를 부인하는 것은 아니지만, 대부분의 꿈은 그다음 날 아침이 되면 의식의 수면 아래로 가라앉아 까마득히 잊히고 만다. 이 꿈도 별반 다르지 않았다. 잠재의식이 제멋대로 노현된 것이거나 그날 유독 어수선한 일이 많아서 그런 꿈을 꾸었을 터다. 이렇게 이 꿈은 의식에서 사라진다.

몇 달이 흐른다. 미국 장기 순회공연 중에 로스앤젤레스에서 머물던 어느 날 '레이크 하우스'에서 전화가 걸려온다. 집사인 케이트 나이트다.

"안 좋은 소식이 있어요."

"무슨 일인데?"

"호수 공사가 중단됐어요."

불길한 예감이 섬뜩 지나간다.

"왜?"

잠시 침묵이 흐른다.

"시체가 발견됐어요!"

"뭐가 발견돼?"

"시체요."

말이 떠듬떠듬 나온다.

"누…… 누…… 누구 시체야?"

"여자예요. 살해 의식儀式을 행한 것 같아요."

케이트가 검시관 말하듯 말한다.

"살해 의식이라니? 그게 무슨 소리야?"

나는 순간적으로 공포에 사로잡혀 마치 끔찍한 살인 사건의 용의자로 내몰린 것처럼 알리바이를 대기 위해 미친 듯이 머리를 굴린다.

"여자가 등 뒤로 손이 묶여서 진흙 속에 얼굴을 파묻고 죽어 있었대요.

누구 짓인지 모르겠지만 무거운 나무토막을 여자 몸 위에 올려놓고는 여자가 질식해서 죽을 때까지 나무토막 위에서 내려오지 않았나 봐요."

애거사 크리스티 소설 속으로 들어온 기분이다.

"여자가 언제 죽었는지는 알아냈어?"

이렇게 물으면서 마음속으로 미국에 도착한 날짜를 센다. 케이트가 조금도 머뭇거리지 않고 곧바로 대답한다.

"400년경이래요. 고고학자들이 시체를 가지고 가서 이런저런 검사를 했는데 로마군이 물러난 직후에 죽은 것 같대요."

나는 휴 하고 안도의 한숨을 몰아쉰다. 불현듯 그 빌어먹을 꿈이 떠오른다. 꿈이 들어맞는 적도 없고 그런 꿈을 못 꿔서 아쉬운 것도 없는데, 이번은 좀 다르다. 1600년 전의 일이라고는 하지만 우리 집터에서 살인 사건이 발생하다니, 호수에서 허연 시체를 건져내던 꿈과 무슨 관계가 있을 것이다.

집으로 돌아오자 고고학자가 그간의 경과를 알린다. 시체가 진흙 때문에 갈색으로 변색되긴 했어도 보존 상태가 완벽하고, 살해 당시 열아홉 살이었던 것으로 추정되며, 이가 모두 온전하고, 이제 공식적으로 이 여인이 내 소유라는 것이다.

나에게 부여된 이 예기치 못한 책임감에 흠칫 놀란다. 여인이 살해당한 이유를 묻자 고고학자가 어깨를 으쓱 추켜 보이더니 암흑시대가 괜히 암흑시대였겠냐고, 말 그대로 '암흑'이니까 그렇게 불리지 않았겠느냐고 대답한다. 팍스로마나로마제국이 전쟁을 통한 영토 확장을 최소화하면서 오랜 평화를 누렸던 1세기와 2세기경의 시기가 끝나고 중세 시대가 시작되기 전에 무슨 일이 있었는지 우리는 모른다. 다만 색슨족과 주트족과 데인인이 끊임없이 침입해왔다는 것과 아서 왕의 전설이 알려져 있을 따름이다. 이민족에게 습격당했거나

마녀사냥을 당했거나 부정한 아내로 내몰렸을지 모른다. 시체가 남북 방향으로 강기슭에 엎어져 있던 걸로 보건대 정상적인 매장은 아니었던 게 분명하다. 켈트족에게 물이 얼마나 중요했는지는 여러 문서에 잘 나와 있다. 그들에게 연못과 샘과 강물은 내세로 들어가고 나오는 관문이었다. 그런데 이런 자세로 이런 곳에 매장되었다는 것은 어딘가 이상한 점이 있다는 뜻이다. 자의건 타의건 영혼을 달래기 위하여 살아 있는 자들을 대신해 제물로 바쳐졌을지도 모른다. 우리가 진실을 알아낼 방도는 없다. 하지만 여인의 죽음은 너무나 끔찍하다. 얼마나 큰 죄를 지었기에 이런 처벌을 받았을까 상상하기조차 힘들다. 어두운 그늘이 여인 곁을 떠나지 못하고 내내 감도는 듯하다. 한쪽으로는 강이 흐르고 또 한쪽으로는 숲이 병풍처럼 서 있는 이 좁다란 풀밭에 여인의 한이 서려 있는 것 같다.

고고학자가 시체가 돌아오면 어떻게 할 생각인지 묻는다. 나는 예를 갖춰서 여인을 묻어줄 거라고 대답한다.

트루디와 마을 사람 몇몇과 우리 결혼식을 주재한 존 레이놀즈 신부님이 호수 한가운데 작은 섬에 서 있다. 호수의 여인이 근 2000년 만에 얼굴을 하늘로 쳐든 채 가슴에 노란 꽃 몇 송이를 얹고 관 속에 누워 있다. 뼈가 어린아이처럼 완벽하다. 안개 내린 저쪽 호숫가에서 백파이프 연주자가 홀로 만가를 연주한다. 슬픈 선율이 고요한 호수 위를 애처롭게 감돈다. 관 뚜껑이 굳게 닫히고 여인이 땅속으로 다시 내려간다. 신부님이 이제 편히 쉬라고 기도한다.

아들인 조와 제이크가 노를 저어 사람들을 뭍으로 건네준다. 시간이 꽤 걸린다. 나 홀로 섬에 남아 있다. 오늘 밤 집에서 아일랜드 전통 악단을 불러 큰 연회를 열 것이다. 춤도 추고 산해진미도 맛보고 축하주도 마시면서 시끌벅적하겠지만, 지금은 잠시 호수의 여인과 단둘이 있고 싶다.

우리 가족이 여인을 발견했다는 게 무슨 의미일까 곰곰이 생각해본다. 중세 이후 수세기 동안 사람의 손길이 닿았던 곳이다. 강반江畔인 만큼 계절의 변화에 따라 날이 가물면 물길을 만들어 농사짓는 땅에 물을 대었을 것이고, 홍수가 지면 강둑을 쌓아 물 피해를 줄였을 것이다. 그런데도 여인은 수백 년 동안 이곳에 고스란히 묻혀 있었다. 누군가 뼈를 발견했어도 대수롭지 않게 여기고 그냥 지나친 뒤 하던 일을 계속했을지도 모른다. 그러고는 뼈의 존재를 까맣게 잊었을 것이다. 하잘것없는 감상이라면 할 말이 없지만, 왠지 여인이 나를 기다려온 것만 같다. 내가 여인을 발견하고, 예를 갖추고, 그래서 모든 일을 바로잡기를 애타게 기다려온 것 같다. 여기에 생각이 미치자 부모님 생각이 절로 난다. 나는 왜 부모님 장례식에 참석하지 않은 것일까? 예를 갖춰 애도할 수 있었는데 왜 그렇게 하지 않았을까? 이렇게 상징적인 방법으로나마 잘못된 일을 바로잡으려고 한 게 아닐까 하는 생각이 든다.

봉긋 솟은 무덤 주위에 붓꽃과 꼬리풀 꽃, 파란색의 작은 꽃이 만발해 있다. 파란색 꽃은 전에 어디선가 본 적이 있는데 도무지 이름이 생각나지 않는다. 가까이서 보려고 무릎을 꿇고 앉자 별처럼 생긴 노란 중심부에 파란색 꽃잎 다섯 장이 매달려 있다. 수년 전 브라질 밀림의 교회 돌층계 틈새에서 싹을 틔워 빛을 향해 나아가던 바로 그 작은 꽃이다.

나는 꽃 세 송이가 달린 줄기를 꺾어 손바닥 위에 조심스레 올려놓고 호수를 건너 집으로 돌아온다. 파티 준비는 착착 진행되는 모양이다. 악단은 연회실에서 악기를 조율하고 부엌에서는 맛있는 냄새가 진동하며 온 집 안에는 꽃 장식이 가득하고 촛불은 어두워지는 사위를 환히 밝히고 있다. 트루디를 도서관에서 겨우 찾아낸다. 내가 손바닥에 올려놓은 파란색 꽃을 내밀며 묻는다.

"시골 처녀니까 당신은 알겠지. 이 꽃 이름이 뭔지 알아? 영 생각이 안 나네."

아내가 유심히 들여다보며 손가락 사이에서 줄기를 이리저리 돌리자, 파란색의 작은 꽃잎들이 창문으로 내비치는 불빛 속에서 춤을 춘다.

"당신도 참 웃기네."

"내가 뭐가 웃긴데?"

내가 황당한 표정으로 묻자 아내가 깔깔 웃으며 대답한다.

"물망초니까 그렇지. 말 그대로 '물망, 나를 잊지 마세요'잖아."

아내가 꽃을 다시 건네주며 말을 잇는다.

"근데 이게 왜 궁금해?"

"아, 얘기하자면 길어."

유령처럼 방 안을 휘감는 기억의 파편을 말로 다 표현할 수 없어서 나는 그저 미소만 짓는다.

풀밭이 한결 밝아졌다. 호수는 물새의 보금자리가 되어 봄철에는 오리와 기러기와 백조가 둥지를 튼다. 호숫가에서 내다보면 저만치 여인의 무덤이 보인다. 버드나무 잎이 한들거리고 붓꽃과 꼬리풀 꽃, 쪽빛 물망초가 만개한 저 땅속에 여인이 누워 있다. 이제는 여인이 평온하게 잠들었다고, 그래서 이제는 깨진 조각들을 어울러 제자리에 맞추어놓았다고 믿고 싶다.

나의 부모님과 조부모님, 외조부모님, 에이미 이모, 토미 톰슨, 바바라 애덤슨, 맥거프 선생님, 빌 마스타글리오 선생님, 밥 테일러, 돈 에디('피닉스 재즈맨'), 나이젤 스탱어와 존 피어스('뉴캐슬 빅밴드'), 케니 커클랜드, 팀 화이트와 킴 터너께 이 책을 바칩니다. 당신들을 영원히 잊지 않을 겁니다.

옮긴이의 말

깨진 조각 맞추기

여기 한 아이가 있다. 부모가 독기 서린 원망을 서로에게 퍼붓는 동안 아이는 두 손으로 귀를 틀어막은 채 쪼그리고 앉아 있다. 어느 날 그 아이의 손에 기타가 놓인다. 아이는 '주린 배를 채우는 걸인'처럼 기타를 움켜잡고는 고통과 상처로부터 벗어나기 위해 무작정 달린다. 끝 간 데 없이 펼쳐진 저 대로 너머 무엇이 있는지 알지 못한 채 아이는 달리고, 또 달린다. 아니 달릴 수밖에 없다.

『스팅』은 세계적 가수의 '성공담'이 아니라, 한 소년이 자신의 상처를 보듬어 안고 부모를 받아들이는 지난한 과정을 그린 '성장담'으로 보는 게 옳다. 정서적으로 불행했던 유년 시절, 음악이라는 출구를 통해 외로움을 달래야 했던 소년이 이윽고 '깨진 삶의 조각'을 제자리에 끼워 맞추고 아픔을 치유하는 이야기라 할 수 있다. 이 책이 한 권의 성상소설처럼 읽히는 이유다.

이야기는 스팅이 '신비의 묘약'이라는 아야와스카를 찾아 브라질 밀림으로 들어가는 장면에서 시작된다. 그즈음 스팅은 부모님을 연달아 잃지만 이런저런 핑계로 부모님의 죽음을 외면해버린다. 지금껏 쌓아온 자신의 성이 무너져 텅 빈 허무가 드러날까 봐 울지 않았고, 주체할 길 없는 허탈감에 전신이 허물어질까 봐 슬퍼하지 않았다고 그는 후일에 고백한다. 애도란 '자기 안에 타자의 묘소를 마련하는 일'(자크 데리다)이라고 했던가. 스팅에게 아야와스카는 뒤늦게나마 부모님을 '애도'하기 위한 마중물이었던 것이다.

영국 북부 뉴캐슬의 작은 마을 월센드에서 태어난 스팅은 어려서부터 아버지를 도와 우유 배달을 했던 일찍 철든 아들이었다. 하지만 아버지는 저만치 뚝 떨어진 채 자신의 불행한 삶에 갇혀 있고, 엄마는 사랑과 가정 사이에서 끝없이 방황하며 위태로운 줄타기를 한다. 그 어디에도 마음 둘 곳 없는 어린 스팅은 마치 생명의 동아줄을 잡기라도 한 듯 음악에 빠져든다. '상상 속 첫 정부'인 엄마로부터 배신당하고 아버지에게 인정받지 못하는 슬픔과 분노를 음악으로 달래는 것이다. 그리고 '유일무이한 음악가'가 되겠다는 꿈을 향해 폭주 기관차처럼 질주한다.

소년은 마침내 세계적 스타가 되어 돌아오지만, 때는 이미 너무 늦어 있었다. 죽음을 앞둔 아버지는 병상에서 아들의 손을 내려다보며 "네가 나보다 손을 훨씬 더 잘 썼지"라고 말한다. 소년이 아버지에게 인정을 받는 순간이다. 그러나 부모의 갑작스런 죽음 앞에서 그는 두려운 나머지 언제나처럼 또다시 도망을 친다. 이미 '감정적 거세'를 당한 까닭에 부모에게조차 내어줄 마음 한쪽이 없었던 것이다. 그로부터 10여 년 후 그는 '호수의 여인'을 장사 지냄으로써 비로소 부모를 제 가슴속에 묻고 마음으로 애도한다.

스팅은 자서전을 쓰는 2년 동안 깊은 우울감에 빠져 있었다고 고백한다. 이 책이 출간된 직후 〈가디언〉과 가진 인터뷰에서 그는 이렇게 말한다.

"어릴 때 우리 가족은 그 누구도 자기 속내를 털어놓지 못했어요. (…) 못다 이룬 꿈, 나 아닌 다른 사람으로 살아가는 삶이 숙명적으로 암세포를 잉태한 게 아닐까 싶어요.(스팅의 부모님은 두 분 다 암으로 돌아가셨다.) (…) 애도가 그렇게 중요한 건지 그때는 몰랐어요. 부모님께 작별 인사를 했으니까 그걸로 됐다고 (…) 지금껏 하던 대로 계속 앞만 보면서 달리자고 생각했어요. 실은 죽도록 무서웠는데 말이죠. 하기야 도망치는 건 이력이 나도록 해온 일이니까."

『스팅』은 아픈 성장담이지만, 슬픈 노랫말을 경쾌하게 부르는 그의 음악처럼 시종일관 유머와 위트가 넘치는 탓에 결코 아프지 않게 읽힌다. 오히려 한 편의 로드무비를 보듯 신나고 유쾌하며, 책장을 넘기면서 키득거리는 즐거움마저 맛볼 수 있다. 스팅은 오만하다는 소리를 많이 듣는다고 억울함을 호소하지만, 현학적으로 보이기까지 하는 문체나 단어를 보면 그런 평이 아주 얼토당토않은 말은 아닌 듯하다. 하지만 오만한 (혹은 오만하다고 오해받는) 자신을 자조적으로 그릴 줄 아는 여유 있는 모습은 책 읽는 재미를 더한다. 더욱이 편집증에 가까운 완벽주의로 지난 날을 꼼꼼히 기록한 글은 그 자체로 6, 70년대 영국 사회를 들여다보는 소중한 자료가 되기도 한다. 음악 애호가라면 낯익은 이름, 이를테면 마일스 데이비스나 앨런 프라이스에 대한 일화를 읽으며 반가운 마음을 금치 못할 것이다.

자본에 의해서 만들어지고 소비되는 기획 가수가 아니라 노래와 음악성으로 승부하는 신성한 싱어송라이터 스팅. 달랑 여섯 명의 관객 앞에서 노래 불렀던 무명 시절을 견디고 화려한 정상에 올랐지만, 그는 지금도 공연이 있는 곳이라면 어디든 달려가겠다고 말한다. 그를 키운 건 '어떤 무대든 가리지 않고, 아무리 멀어도 한달음에 달려가고, 침대만 있으면 어디서든 자고, 100퍼센트를 주는 대신에 결코 투덜대지 않는 잡초 근성'이기에. 열정 하나로 지금껏 달려온 그가 진솔하게 지난날의 스팅을 노래한다. 그의 이야기에, 그의 노래에 가만히 귀 기울여보고 싶은 밤이다.

2014년 여름 홍천에서
오현아

찾아보기 / 인명 · 그룹명

ㄱ

가레스 모건 Gareth Morgan 171, 188~189
게리 글리터 Gary Glitter 157, 184
고든 솔로몬 Gordon Solomon 155, 158~161, 168
'공' Gong 326, 332~333
그레이스 달링 Grace Darling 231
그레이엄 본드 Graham Bond 103, 135, 177
'그레이엄 본드 오가니제이션' Graham Bond Organisation 103
글렌 밀러 Glenn Miller 156

ㄴ

네일 영 Neil Young 177
노엘 코워드 Noël Coward 180
'뉴욕 돌스' New York Dolls 221
'뉴캐슬 빅밴드' Newcastle Big Band 142, 144~145, 175, 184, 197, 203, 228
닐 헤프티 Neal Hefti 143

ㄷ

'닥터 필굿' Dr. Feelgood 332
'댐드' The Damned 221, 338
데이브 디 Dave Dee 218~219
데이비드 보위 David Bowie 157, 186, 302, 330
D. H. 로렌스 David Herbert Lawrence 56
듀크 엘링턴 Duke Ellington 143, 146, 385
디지 길레스피 Dizzy Gillespie 156, 205
딕 헥스톨 스미스 Dick Heckstall-Smith 103

ㄹ

'라몬스' Ramones 221
랄프 맥텔 Ralph McTell 126
래리 애들러 Larry Adler 251
랜디 캘리포니아 Randy California 361~362
레너드 번스타인 Leonard Bernstein 28
레너드 코헨 Leonard Cohen 126, 136
레니 화이트 Lenny White 176
레온 트로츠키 Leon Trotsky 329

찾아보기 / 인명·그룹명

로드 스튜어트 Rod Stewart 122
로만 폴란스키 Roman Polanski 231
'롤링 스톤스' The Rolling Stones 316
루이 암스트롱 Louis Daniel Armstrong
    155~156, 159
리처드 로저스 Richard Rogers 28, 102
리처드 브랜슨 Richard Branson 221, 225
리틀 리처드 Little Richard 28
'린드스판' Lindisfarne 201
린지 앤더슨 Lindsay Anderson 187

ㅁ

마르셀 프루스트 Marcel Proust 166
마빈 게이 Marvin Gaye 176
마이크 하울렛 Mike Howlett 326
마일스 데이비스 Miles Davis 107, 129,
    131~133, 175, 407
마일스 코플랜드 Miles Copeland 289,
    295~296, 352, 358
'마지막 비상구' Last Exit 174~176, 184,
    197~198, 201~202, 204, 215, 217,
    221, 244~245, 253~254, 266, 269,
    283, 287, 300~301, 308, 323, 326,
    331, 334, 342, 348, 353
마크 볼란 Marc Bolan 157, 186
'머드' Mud 184
메이 웨스트 Mae West 302
'몰리 해쳇' Molly Hatchet 370

ㅂ

밥 말리 Bob Marley 166, 342
'벨벳 언더그라운드' The Velvet
    Underground 384
브라이언 오거 Brian Auger 122
'블루 터틀스' Blue Turtles 129
비트겐슈타인 Ludwig Josef Johann
    Wittgenstein 103
'비틀스' The Beatles 55, 100~103, 172,
    273, 370, 382
빅스 바이더벡 Bix Beiderbecke 156
빌 위더스 Bill Withers 176, 253
빔 벤더스 Wim Wenders 371

ㅅ

'섀도우스' The Shadows 77

찾아보기 / 인명·그룹명

'섹스 피스톨스' Sex Pistols 221, 335, 371
셀리아 존슨 Celia Johnson 57
소냐 크리스티나 린우드 Sonja Kristina
    Linwood 279~280, 282, 289, 339
'스위트' The Sweet 157
'스퀴즈' Squeeze 297, 356, 370
'스투지스' The Stooges 221
'스트랭글러스' The Stranglers 324
'스트론튬90' strontium90 326, 332~334
'스피릿' Spirit 361~362
수지 쿼트로 Suzi Quatro 184
스탠 웹 Stan Webb 112
스탠 켄튼 Stan Kenton 143
스탠리 클라크 Stanley Clarke 176
스튜어트 코플랜드 Stewart Copeland
    267, 276, 279~280, 282~284,
    288~292, 294~298, 300~303,
    306, 308, 312, 315, 322~324,
    326~329, 331, 333, 334~336,
    338~339, 341~342, 345, 352~355,
    357~359, 381, 383, 386~387
스티브 존스 Steve Jones 335
스티브 힐리지 Steve Hillage 326, 333
시드 비셔스 Sid Vicious 335

시드니 베쳇 Sidney Bechet 156
'시커스' The Seekers 159

ㅇ

안톤 체호프 Anton Chekhov 187
알리기에리 단테 Alighieri Dante 21, 94,
    116
알베르 카뮈 Albert Camus 137
앙리 파도바니 Henry Padovani 290~292,
    294~295, 301~303, 307, 312~314,
    323, 325, 328~329, 331~334, 339,
    343
애거사 크리스티 Agatha Christie 400
'애니멀스' The Animals 103, 122, 201,
    239, 350
애커 빌크 Acker Bilk 159
앤드루 로이드 웨버 Andrew Lloyd Webber
    170
앤디 서머스 Andy Summers 326~330,
    333~334, 338~339, 341~342, 345,
    353~355, 358~359, 383, 386~387
앤디 워홀 Andy Warhol 301
앤디 허드슨 Andy Hudson 143~145,

411

찾아보기 / 인명·그룹명

147~148, 169, 176~177, 203, 237
앨런 가너 Alan Garner 183
앨런 긴즈버그 Allen Ginsberg 16
앨런 제이 러너 Alan Jay Lerner 28
앨런 프라이스 Alan Price 122, 237, 239, 240~241
'어스라이즈' Earthrise 133, 135, 142
에드먼 힐러리 Edmund Hillary 188
에드몽 로스탕 Edmond Rostand 343
E. M. 포스터 Edward Morgan Forster 94
'에디 앤 더 핫 로즈' Eddie & the Hot Rods 221
에디 코크런 Eddie Cochran 371, 383
에릭 버든 Eric Burdon 327
에릭 클랩튼 Eric Clapton 104
'에벌리 브라더스' The Everly Brothers 58, 77
에우제네 이오네스코 Eugene Ionesco 137
에이토르 빌라로부스 Heitor Villa-Lobos 53
엘라 피츠제럴드 Ella Fitzgerald 205
엘비스 프레슬리 Elvis Presley 28, 330, 340, 382
엘비스 코스텔로 Elvis Costello 356

오스카 해머스타인 Oscar Hammerstein 28, 102
'오시비사' Osibisa 211
요한 아우구스트 스트린드베리 Johan August Strindberg 187
요한 제바스티안 바흐 Johann Sebastian Bach 228
우디 허먼 Woody Herman 146
웨인 카운티 Wayne County 310, 343
'웨인 카운티와 전기의자들' Wayne County and the Electric Chairs 301, 310, 339
'위시본 애시' Wishbone Ash 296, 336
윌리엄 버로스 William Burroughs 16
윌리엄 블레이크 William Blake 21, 25, 287
윌프레드 오언 Wilfred Owen 25
이안 코플랜드 Ian Copeland 279~280, 289, 298~299, 354, 370, 377

ㅈ

자코모 푸치니 Giacomo Puccini 330
장 주네 Jean Genet 137
장 폴 사르트르 Jean Paul Sartre 137

412

찾아보기 / 인명 · 그룹명

재키 트렌트 Jackie Trent 194~195
잭 브루스 Jack Bruce 103
'잼' The Jam 324, 338
제리 리 루이스 Jerry Lee Lewis 28
제리 리처드슨 Gerry Richardson 124~129,
　　133~135, 142, 145, 152, 166,
　　168~169, 173~175, 177~181,
　　184~189, 197~200, 203~206, 210,
　　216, 219, 224~226, 228~230, 236,
　　240~242, 245, 249~251, 260~262,
　　267, 269~272, 285, 288~301, 308,
　　322~324, 326, 348~351, 364, 373
제임스 스튜어트 James Stewart 57
제임스 조이스 James Joyce 51, 94
제프리 초서 Geoffrey Chaucer 93~94
조 스트러머 Joe Strummer 338
조 카커 Joe Cocker 135
조너선 스위프트 Jonathan Swift 94
조니 댕크워스 Johnny Dankworth 143
조니 로튼 Johnny Rotten 335
'조니 선더와 하트브레이커스' Johnny
　　Thunder and the Heartbreakers 301
조지 거슈윈 George Gershwin 129, 385
조지 스티븐슨 George Stephenson 48

존 레넌 John Lennon 101~102
J. R. R. 톨킨 John Ronald Reuel Tolkien
　　183
'존 메이올&블루스브레이커스' John
　　Mayall&The Bluesbreakers 104, 112
존 콜트레인 John Coltrane 107
존 하이즈먼 Jon Hiseman 266
존 헤들리 John Hedley 143, 172, 215
주트 머니 Zoot Money 326
줄리 드리스콜 Julie Driscoll 122
줄리 런던 Julie London 79
줄리엔 템플 Julien Temple 371
지기 스타더스트 Ziggy Stardust 330
지미 새빌 Jimmy Savile 104
지미 헨드릭스 Jimi Hendrix 104, 106,
　　110, 172, 216, 281, 362
'지미 헨드릭스 익스피리언스' Jimi
　　Hendrix Experience 104, 106
지지 포시 Zizi Possi 52
진 옥토버 Gene October 297
진 켈리 Gene Kelly 29
진저 베이커 Ginger Baker 103

찾아보기 / 인명 · 그룹명

ㅊ

찰리 파커 Charlie Parker 156
찰스 밍거스 Charles Mingus 147
처비 체커 Chubby Checker 58
'체리 바닐라' Cherry Vanilla 301~302,
　　306~308, 329, 333
'첼시' Chelsea 297
'치킨 샥' Chicken Shack 112
칙 코리아 Chick Corea 175~177

ㅋ

'카라반' Caravan 296
카를 융 Carl Gustav Jung 25, 398
카운트 베이시 Count Basie 143
캡틴 센서블 Captain Sensible 338
캣 스티븐스 Cat Stevens 126
'커브드 에어' Curved Air 267, 279, 282
'코티나스' Cortinas 297
'콜로세움' Colosseum 266
크리스 바버 Chris Barber 156
크리스 페티 Chris Petit 371
크리스틴 킬러 Christine Keeler 56, 79

'크림' Cream 103, 216, 281
'클라이맥스 블루스 밴드' Climax Blues
　　Band 296
'클래시' The Clash 338
클린트 이스트우드 Clint Eastwood 72
키스 문 Keith Moon 314, 373
'킬링워스 소드 댄서스' Killingworth Sword
　　Dancers 128
킴 필비 Kim Philby 295~296
킹 올리버 King Oliver 156

ㅌ

테드 휴스 Ted Hughes 183
테리 엘리스 Terry Lynn Ellis 217, 225,
　　228, 268~269, 270~272, 288, 300,
　　331, 349
'텔레비전' Television 384
텔로니어스 멍크 Thelonious Monk 107,
　　156
토니 스콧 Tony Scott 345
토니 해치 Tony Hatch 187~191, 194
T. S. 엘리엇 Thomas Stearns Eliot 94
토마스 홉스 Thomas Hobbes 238~240

찾아보기 / 인명·그룹명

'토킹 헤즈' Talking Heads 384
트레버 하워드 Trevor Howard 57
트루디 스타일러 Trudie Styler 11~12,
　　19, 52, 61, 131~132, 321~322, 372,
　　389~390, 396~398, 401~402
팀 라이스 Tim Rice 170

ㅍ

'페이시스' Faces 122
페툴라 클라크 Petula Clark 187
펠럼 그렌빌 우드하우스 Pelham Grenville
　　Wodehouse 34
'폴리스' The Police 216, 282, 292,
　　301~303, 307~308, 324~327, 330,
　　332~333, 336, 338, 342, 352~353,
　　358, 361~362, 365~366, 370, 378,
　　387, 388~389
폴 매카트니 Paul McCartney 101~102
폴 쿡 Paul Cook 335, 371
프랜시스 토멀티 Frances Tomelty
　　196~197, 199~200, 204, 209,
　　214~215, 217, 219~221,
　　226~227, 229~231, 235, 237,

240~241, 259~260, 262, 264, 272,
285, 290, 293, 305, 347, 359,
366~367, 369, 388~389
프랭크 로딤 Franc Roddam 374
프레더릭 로우 Frederick Loewe 28
프레디 킹 Freddy King 112
'플리트우드 맥' Fleetwood Mac 112, 122
'피닉스 재즈맨' Phoenix Jazzmen 142,
　　155~156, 161, 167, 172, 197, 228
피터 그린 Peter Green 104, 112
피터 오툴 Peter OToole 372
피트 타운센드 Pete Townshend 373
필 서트클리프 Phil Sutcliffe 210, 215, 283,
　　331, 333, 349
필립 라킨 Philip Larkin 55

ㅎ

해럴드 맥밀런 Harold Macmillan 66, 79
행크 마빈 Hank Marvin 77
허디 레드베터 Huddie Ledbetter 27
허먼 멜빌 Herman Melville 246
험프리 리틀턴 Humphrey Lyttelton 156
헤르만 헤세 Hermann Hesse 374~375

찾아보기 / 인명·그룹명 | 곡명·앨범명

헨리 필딩 Henry Fielding 94
헨리크 입센 Henrik Ibsen 187
호레이스 실버 Horace Silver 205
'후' The Who 279, 374
휴버트 셀비 주니어 Hubert Selby Jr. 174

곡명·앨범명

ㄱ

〈가슴을 열어 Open Your Heart〉 188
〈고통 없는 자살 Suicide is Painless〉 126
〈굿나이트 아이린 Goodnight Irene〉 27, 67
〈그녀는 널 사랑해 She Loves You〉 101
〈그렇게 안녕이라고 말하지 마 Hey, That's No Way to Say Goodbye〉 136
〈그레이트 볼스 오브 파이어 Great Balls of Fire〉 28
〈꺼져 Fall out〉 294
《꺼져 Fall out》 331
〈끝없는 사랑 노래 Never Ending Song of Love〉 159

ㄴ

〈나랑 할 생각 아니거든 꺼져 If You Don't Wanna Fuck Me, Fuck off〉 310
〈나를 위해 울어주세요 Cry Me a River〉 135
〈내가 할 일은 꿈꾸는 것뿐 All I Have to Do is Dream〉 58
〈내 여자가 되어줄래요 Would You Be My Girl?〉 354
〈내 인생의 구멍 Hole in My Life〉 354
〈내 친구 Freind of Mine〉 253
〈너무 외로워 So Lonely〉 342, 353
〈너의 영혼에 닿고 싶어 Better Get Hit in Yo'Soul〉 147
《널 보낼 수 없어 Can't Stand Losing You》 366, 378
〈네 옆에 Next to You〉 355

ㄷ

〈다 부질없어 Nothing Achieving〉 291, 294
〈다운타운 Downtown〉 187
《당신을 체포합니다 You're under Arrest》

찾아보기 / 곡명 · 앨범명

133
〈도시의 봄 Springtime in the City〉 135, 177
〈도쿄 블루스 The Tokyo Blues〉 205, 271
〈동쪽을 따라 Way Down East〉 251
〈땅콩 Peanuts〉 354

ㄹ

〈랩소디 인 블루 Rhapsody in Blue〉 385
〈러브 미 두 Love Me Do〉 101
〈록산 Roxanne〉 354~355, 357~358, 361, 366, 386
《록산 Roxanne》 364

ㅁ

〈마지막 The Last Time〉 316~317
《멍크, 파리 올림피아홀 실황 음반 Monk Live at Olympia in Paris》 107
《미친개와 영국인 Mad Dogs and Englishmen》 135
〈밑바닥 일 Dead End Job〉 354

ㅂ

〈베이슨 가 Basin Street〉 156
〈벤드 잇 Bend It〉 219
〈별빛의 스텔라 Stella by Starlight〉 154
〈브래드퍼드 반 댄스 Bradford Barn Dance〉 154
《비치스 브루 Bitches Brew》 129, 175
〈빌 가의 블루스 Beale Street Blues〉 156

ㅅ

〈사막의 장미 Desert Rose〉 111
〈소문으로 들었어요 I Heard it through the Grapevine〉 176~177
《솔로 멍크 Solo Monk》 107
〈숨어 Hide Away〉 112
〈스페인 만세 Viva España〉 203
〈슬퍼하지 마 Don't Let It Bring You Down〉 177
〈12번가 래그 Twelfth Street Rag〉 156

찾아보기 / 곡명·앨범명

ㅇ

《아웃랜도스 다모르 Outlandos D'Amour》 358, 378
〈애타는 그리움 I Burn for You〉 197, 221
〈에덴의 문 Gates of Eden〉 106
〈A 열차를 타세요 Take the 'A' Train〉 146
〈여길 벗어나야 돼 We Gotta Get Out of This Place〉 350
〈여인이여, 울지 마세요 No Woman, No Cry〉 166, 342
〈50년대생 Born in the Fifties〉 354
〈올 슈크 업 All Shook Up〉 28
〈우디의 휘파람 Woody's Whistle〉 146~147
〈원숭이의 왕 King of the Swingers〉 126
〈일렉트론 로맨스 Electron Romance〉 329
〈일을 그만두지 마세요 Don't Give Up Your Daytime Job〉 272

ㅈ

〈자바닥 Zabadak〉 219
〈자줏빛 연기 Purple Haze〉 110
〈제7은하수 찬가 The Hymn of the Seventh Galaxy〉 177
〈지구에선 안 돼 Not on the Planet〉 329
〈집주인 Landlord〉 288, 303, 354

ㅊ

〈천국까지 세 계단 Three Steps to Heaven〉 371

ㅋ

〈카라반 Caravan〉 159

ㅌ

〈타이거 래그 Tiger Rag〉 156, 159
〈텅 빈 침대 The Bed's Too Big without You〉 197
〈테킬라 Tequila〉 58
〈투티 프루티 Tutti Frutti〉 28
〈트위스트 Twist〉 58

찾아보기 / 곡명·앨범명

ㅍ

〈편지 The Letter〉 135
〈포기와 베스 Porgy and Bess〉 129
〈폭시 레이디 Foxy Lady〉 106

ㅎ

〈해변의 길손 Stranger on the Shore〉 159
〈해티 캐럴의 쓸쓸한 죽음 The Lonesome Death of Hattie Carroll〉 106
〈헤이 조 Hey Joe〉 104, 106, 362
〈호키 코키 Hokey Cokey〉 154
〈휘청거리다 The Stumble〉 112

스팅 음반 목록

마지막 비상구 LAST EXIT

    1975   First from Last Exit

폴리스 THE POLICE

    1978   Outlandos D'Amour

    1979   Reggatta de Blanc

    1980   Zenyatta Mondatta

    1981   Ghost in the Machine

    1983   Synchronicity

스팅 STING

    1985   The Dream of the Blue Turtles

    1986   Bring on the Night

    1987   ...Nothing like the Sun

    1988   ...Nada Como El Sol

    1991   The Soul Cages

              Acoustic Live in Newcastle

    1993   Ten Summoner's Tales

    1994   Fields of Gold

    1996   Mercury Falling

    1997   The Very Best of Sting & the Police

              Sting at the Movies

    1999   Brand New Day

    2000   Live at Universal Amphitheatre

              Brand New Day: The Remixes

    2001   ...All This Time

    2002   The Very Best of Sting & the Police

    2003   Sacred Love

    2005   My Funny Valentine

    2006   Songs from the Labyrinth

    2009   If on a Winter's Night...

    2010   Symphonicities

    2011   The Best of 25 Years

    2013   The Last Ship